TATJANA GRÄFIN DÖNHOFF | CAMILLA

TATJANA GRÄFIN DÖNHOFF

CAMILLA

Diana Verlag

FSC
Mix
Produktgruppe aus vorbildlich
bewirtschafteten Wäldern und
anderen kontrollierten Herkünften
Zert.-Nr. SGS-COC-1940
www.fsc.org
© 1996 Forest Stewardship Council

Verlagsgruppe Random House FSC-DEU-0100
Das für dieses Buch verwendete
FSC-zertifizierte Papier EOS
liefert Salzer, St. Pölten.

Copyright © 2006 by Diana Verlag, München, in der Verlagsgruppe Random House GmbH
Redaktion | Regina Carstensen
Herstellung | Helga Schörnig
Satz | Leingärtner, Nabburg
Gesetzt aus der Rotis Serif 10,9/13,25 pt
Druck und Bindung | GGP Media GmbH, Pößneck
Alle Rechte vorbehalten
Printed in Germany

ISBN-10: 3-453-28503-4
ISBN-13: 978-3-453-28503-3

Für Bella und Stani

Inhalt

Vorwort 9

Die Herzenskönigin –
ein Happyend mit Hindernissen 13

Mätressentradition –
die Urgroßmutter liebte den König 35

Teenager im Tweedkostüm 51

Andrew – ein Geschenk für die Damen 69

Ein ungewöhnliches Königskind 78

Lehrjahre eines Prinzen 99

Erster Sex mit der Herzenskönigin 114

Schwere Zeiten für Charles 129

Gesucht: Prinzessin von Wales 144

Ganz indiskret, ganz freizügig 154

Die unschuldige Kindergärtnerin 163

Auf der Flucht vor der Presse 171

Treue bis zum Tod? 190

Die Windsors, echt nett und gar nicht pompös 204

Vier in der Ehe 226

Ende eines Märchens 245

Bettgeflüster 262

Das Jahr des Schreckens 287

Camillagate: Monarchie in der Krise 311

Tipp-Ex-Kampagne 336

Das neue Leben der Mrs. Parker Bowles 359

Tod im Tunnel – eine Nation im Schock 393

Rampenlicht statt Schattendasein 401

Der One-Million-Dollar-Kuss 418

Ein König braucht eine Königin 442

Was danach geschah 447

Familienstammbaum 460

Literatur, Webadressen und Bildnachweis 463

Vorwort

Camilla Parker Bowles, die Frau im Schatten, vierunddreißig Jahre lang die Geliebte des Thronfolgers: erst heimlich, dann offiziell. Und seit dem 9. April 2005 seine neue Gemahlin. Es ist eine der größten Liebesgeschichten unseres Jahrhunderts, voller Leidenschaft, aber auch voller Leid. Wer ist diese Frau, in der Prinz Charles damals eine verwandte Seele entdeckte und die der Thronfolger so begehrte, dass er nicht mehr von ihr lassen konnte – und sich am liebsten in einen Tampon verwandelt hätte. Für sie verließ er die Märchenprinzessin Diana und machte damit Camilla zur meistgehassten Person Großbritanniens. Jahrelang wurde sie beschimpft und bedroht, diffamiert als der Rottweiler, die hässliche Kuh-Milla, die gemeine Hexe von Wiltshire, die berechnende Ehebrecherin. »Wir waren zu dritt in dieser Ehe, also war es ein bisschen eng«, hatte die Prinzessin von Wales mit traurigem Augenaufschlag gesagt.

Dieses Dreieck zwischen Leidenschaft, Betrug und Tod hatte die britische Monarchie in die tiefste Krise seit der Abdankung König Edwards VIII. gestürzt. Charles und Camilla hatten für ihre Liebe gekämpft, hatten herbe Rückschläge einstecken müssen – und haben am Ende das Unmögliche geschafft. Camilla, die Mätresse im Mittelpunkt, wird eines

Tages Königin von Großbritannien werden. Auch dies ist ein Beweis dafür, dass es noch Wunder gibt. Camilla selbst hat zu allem geschwiegen. Sie folgte stets dem königlichen Imperativ: niemals erklären, niemals entschuldigen, niemals zugeben. So ist aus dem ereignisreichen Leben von Camilla, der neuen Duchess of Cornwall, nur wenig bekannt. Die wahre Geschichte dieser großen Liebe, die Hintergründe ihrer vierunddreißig Jahre währenden Affäre, wie die Gesellschaft und die englische Presse mit dem Liebespaar umgegangen ist und wie Camilla letztlich die Welt der Windsors eroberte.

Ohne die Hilfe meiner britischen Freunde und ehemaligen Kollegen Jacky und Peter Millar, Ronald Payne und seiner Frau Celia Haddon und Marita Senfft wäre die Recherche erfolglos und schnell zu Ende gewesen. Vor allem Martin Ivens bin ich sehr dankbar, dass er mir den Zugang zum Murdoch's News International Zeitungsarchiv ermöglichte. Und auch Christopher Wilson, Journalist und Autor, der Camilla seit Debütantentagen kennt, hat mich an seinem Wissen teilhaben lassen, wofür ich ihm danke.

Offizielle Interviewanfragen in Clarence House wurden höflich, aber negativ beschieden, was aber auch nicht anders zu erwarten war. Menschen, die Camilla kennen, ließen sich ebenso wenig zur Mitarbeit animieren. Aber es gab einige Ausnahmen, die zum Gespräch bereit waren. Dass sie nicht genannt werden möchten, ist natürlich keine Überraschung. Die wahren Freunde von Camilla und Charles sind wie immer schon diskret.

Sehr hilfreich waren außerdem die Experten auf dem Gebiet der königlichen Berichterstattung: die Royal Correspondents. Seit über dreißig Jahren haben manche von ihnen jeden Schritt der Royal Family beobachtet, interpretiert und regelmäßig in ihren Medien beschrieben. Die Existenz von Camilla und ihre tragende Rolle im Leben des Thronfolgers haben aber auch sie erst spät entdeckt. Dennoch konnten rund fünfzig Kilo ihrer kopierten Zeitungsartikel und einige Bücher wesentlich zur Entstehung dieser Biografie beitragen.

Tatjana Dönhoff
Hamburg, im Dezember 2005

Die Herzenskönigin –
ein Happyend mit Hindernissen

Die Blumen aus Highgrove verströmen ihren schweren Duft. Gemischt mit einem Anflug von Bohnerwachs und Holzpolitur. Die Steinplatten unter ihren Füßen fühlen sich angenehm kühl an. Der alte Stuhl, auf dem sie sitzt, ist ziemlich unbequem, aber das spürt sie nicht wirklich. Ihr ist ganz schwindelig, und sie ist nervös, so nervös wie noch nie. Aus den Augenwinkeln sieht sie die Queen und Prinz Philip, die nur etwa einen Meter entfernt sitzen. Die Königin hat ihr berühmtes Muffelgesicht aufgesetzt und würdigt Camilla keines Blickes, schaut starr geradeaus oder zu ihren Enkelsöhnen Harry und William in der Bank vor ihr. Gegenüber, auf der anderen Seite des Altarraums, nicken Vater und Schwester Annabel der nervösen Braut beruhigend zu. »Wie schade, dass Mami das nicht mehr erlebt hat«, denkt Camilla und schaut den Mann an, der rechts neben ihr sitzt und an seinen Manschettenknöpfen dreht. Ihr Herz tut einen Sprung, und der Knoten in ihrer Magengegend scheint sich aufzulösen. »Charles Philip Arthur George, du bist der Mann, den ich über alles liebe, den ich vor vierunddreißig Jahren nicht weit von hier zum ersten Mal sah. Wer hätte gedacht, dass wir einmal gemeinsam hier sitzen würden. Wie viel Freude und wie viel Leid haben wir seither erlebt.«

Camilla Rosemary, die neue Duchess of Cornwall, schaut stolz auf ihren Ringfinger. Da glänzt ihr neuer goldener Acht-Karat-Ehering hinter dem großen Diamanten, den sie zur Verlobung aus der Schmuckschatulle von Queen Mom bekam. Vor einer guten Stunde schob ihr Charles dieses Zeichen seiner Liebe über den Finger, gefertigt vom königlichen Juwelier Wartski. Das Gold dafür wurde vor langer, langer Zeit in der Clogau St. David's Mine in Wales ausgegraben. Alle Eheringe der Royal Family vom Anbeginn der Monarchie stammen von demselben Goldklumpen. Und nun auch ihrer.

Gleichzeitig wurde sie zum letzten Mal mit dem Namen angesprochen, den sie zweiunddreißig Jahre getragen hat. Im Ascot Room, in der Guildhall von Windsor, fragte sie die Standesbeamtin Claire Williams: »Camilla Rosemary Parker Bowles, geborene Shand, willst du Charles Philip Arthur George zu deinem Mann nehmen, ihn lieben und ehren, bis an das Ende eurer Tage?« Ohne Zögern hatte sie geantwortet: »Ja. Ich will.« Und Ja, Ja, Ja klang es in ihrer Seele nach. Jetzt, bei der kirchlichen Segnung des Erzbischofs von Canterbury in der St. -George-Kapelle, würde sich der Vorgang wiederholen, und sie, Camilla Shand, würde auch vor Gott, der Queen und Millionen Menschen an den Fernsehern zur Duchess of Cornwall werden, zur Gemahlin des Thronfolgers und somit zur zweitwichtigsten Frau in der Royal Family Britanniens. Dass das einmal geschehen würde, hatte bis vor kurzem keiner im Königreich geglaubt. Auch Camilla kann es noch nicht wirklich fassen.

Nach Jahren der Heimlichtuerei, Ablehnung und Demütigung hatte dieses »Yes« sie jetzt nicht nur zur Ehefrau gemacht, sondern von der meistgehassten Frau des Inselreichs zur zukünftigen Königin. Ein Status, den sie eigentlich nie haben wollte und den sie vor zweiunddreißig Jahren abgelehnt hatte. Sie ist immer eine private Person gewesen, sie liebt die Ruhe und Abgeschiedenheit des Landlebens. Doch von nun an ist alles Private öffentlich. Jeder Schritt und jedes Wort wird gnadenlos interpretiert und gewertet werden. Wird sie das aushalten können? Wird sie auch noch begeisterte Miene machen können, wenn die Aufgabe sie zu quälen beginnt? Klar, sagt sie sich, mit Charles an meiner Seite kann und werde ich alles durchstehen. Zusammen sind wir stark.

Vor vierundzwanzig Stunden hatte sie noch mit einer Feuchtigkeitsmaske in Clarence House in London gesessen. Schwester Annabel und Tochter Laura waren da und leisteten ihr Gesellschaft, und alle gemeinsam versuchten der aufkommenden Nervosität entgegenzuwirken. Friseur, Maniküre und Kosmetikerin bescherten ihnen allen einige Stunden Wellness und Ablenkung. Nachmittags erschien die Schneiderin des Designerteams Antonia Robinson und Anna Valentine zur letzten Anprobe, und Philip Treacy, der Hutmacher, lieferte seine Kreationen ab. Das Hochzeitsoutfit war das bestgehütete Geheimnis des Königreichs. Später wurde es, verpackt in seidenen Papieren, nach Windsor geliefert. Zum Abendessen erschienen Vater Bruce Shand und Sohn Tom. Ihren Bräutigam Charles hatte sie morgens zuletzt gesehen. Vor seiner Abfahrt nach Rom, wo er in Vertretung der Queen an der Beerdigung von Papst Johannes Paul II. teilnahm. Der Grund dafür, warum die Hochzeitsfeierlichkeiten kurzfristig um einen Tag verschoben werden mussten.

Traditionell verbringen die Brautleute die letzte Nacht vor der Hochzeit nicht gemeinsam. Charles kehrte aus Italien nach Highgrove, auf seinen Landsitz, zurück und verbrachte dort mit den Söhnen, Prinz William und Prinz Harry, seinen Abend vor der kirchlichen Trauung. Spätabends rief er sie an, und sie sprachen sich gegenseitig Mut zu. »Es wird alles gut gehen, so wie geplant«, hatte er gesagt und sich mit einem »Ich liebe dich, see you in Windsor« verabschiedet. Währenddessen werden in Windsor die offiziellen Vorbereitungen abgeschlossen. Die Wettervorhersage ist miserabel. Es stürmt, der Himmel ist grau und wolkenschwer, und es ist kalt: nur zwölf Grad. Den ganzen Tag über befindet sich der mittelalterliche Ort mit seinem großen grauen Schloss, den kleinen Gässchen, der steinernen Brücke, die nach Eton College führt und den vielen altmodischen Geschäften und Kneipen im Belagerungszustand. Autos dürfen die Highstreet nicht mehr befahren, überall Absperrungen mit Checkpoints. Polizisten zu Fuß und zu Pferde patrouillieren die Straßen. Einwohner verlassen ihre Wohnungen nur, wenn es wirklich nötig ist. Die Touristen sind enttäuscht, Schloss und Kirche können sie nicht besichtigen, und Überwege sind schon mit Gittern abgesperrt. Viele Geschäfte melden, dass sie erst wieder nach der Hochzeit öffnen werden. Bobbies haben Zufahrt und Durchfahrt zum Schloss abgeriegelt, kontrollieren jeden Wagen und die Passierscheine der Journalisten. Sicherheitsstufe drei ist die offizielle Lesart. Laster vom Cateringservice bringen die Hochzeitstorte und 16 800 Kanapees für den Empfang, ein Wagen aus Highgrove liefert die Blumen: Rittersporn, Maiglöckchen, Lilien und Kamelien. Charles hat sie persönlich – und manche sogar aus seinem Garten – ausgesucht, um damit Kirche, Empfangssaal und Standesamt dekorieren zu lassen.

In den Souvenirgeschäften, natürlich alle geöffnet, werden Camilla & Charles-Tassen, Teatowels, Nadelkissen und andere hübsch-hässliche Hochzeitssammelsurien angeboten. Besonderer Gag: zwei Tassen kaufen, eine mit dem falschen (8. April) und eine mit dem richtigen Datum (9. April). Die Geschäfte bezeugen per Glückwunschplakat ihre royalistische Einstellung. Nur der T-Shirt-Shop neben dem Standesamt muss gebeten werden, doch bitte den Ständer mit den T-Shirts, auf denen böse Camilla-Karikaturen aufgedruckt sind, außer Sicht der Kameras zu räumen.

Im Castle Hotel streiten sich Vertreter der Weltpresse um die letzten Hotelzimmer mit Blick auf die Guildhall, in der unter anderem auch das Standesamt untergebracht ist. Fast alle freien Zimmer sind schon vor Wochen vergeben und schnell umgebucht worden, als die Hochzeit wegen des Papsttodes um einen Tag verschoben werden musste. Es sollen bis zu 10 000 Pfund für eines mit Balkon und Blick auf Schloss und Kirche bezahlt worden sein. Fotografen haben, wie Hunde ihren Baum, mit weißem Tape und Visitenkarte ihren Standplatz auf der Straße markiert. Achtzehn Kamerateams, darunter japanische, russische, französische, amerikanische und deutsche, stürzen sich schon jetzt auf jeden vermeintlichen Eingeborenen, um ihren Vorhochzeitsbericht mit O-Tönen zu spicken. In den Hotellounges halten internationale Fernsehteams letzte Besprechungen ab.

Die 300 Jahre alte Guildhall ist fein herausgeputzt. Die alte doppelflügelige Eingangstür, durch die das königliche Brautpaar schreiten wird, ist frisch in Blutrot und Crème gestrichen. Von den steinernen Fenstersimsen und der Königin-Anne-Statue in einer Nische wurde der Taubenschiss gekratzt. Die Granitplatten und die Treppe strahlen gerade sandgestrahlt wie neu, alte Kaugummis und saurer Regenschmier sind verschwunden.

In der Halle der Guildhall wurden die Porträts englischer Monarchen von Elizabeth I. bis Elizabeth II. aus 400 Jahren abgestaubt, ebenso die zwei schweren Messingkronleuchter an der Decke, Leihgaben der Königin. Die Stufen der uralten Treppe, die in den ersten Stock führt, riechen nach frischem Bohnerwachs. Im Ascot Room stehen die Stühle schon in Reihe, der Teppich ist gesaugt, und der mächtige Mahagoni-Schreibtisch der Standesbeamtin Claire Williams auf Hochglanz poliert. Durch die Bleiglasscheiben des Fensters mit königlichen Wappentieren fällt das Licht gedämpft in den Raum. An den Wänden Gobelins und ein Ölgemälde von Queen Victoria. Auch hier beleuchtet ein großer neunarmiger Kronleuchter die Szenerie. Es wird die erste zivile Trauung eines zukünftigen Königs in England überhaupt sein. Und dafür muss alles picobello aussehen. Am Nachmittag kommen die Floristinnen und schmücken die Räume mit ihren frischen Blumengestecken: Jasmin und Lilly of the Valley, Symbole für die Rückkehr von Happiness. In der St.-George-Kapelle ist ebenfalls schon alles vorbereitet. Blühende Apfelbäume zieren die Wände der mittelalterlichen Kirche. Sie ist die Heimat der Ritter des Hosenbandordens und Grabkirche vieler Könige. Zehn Monarchen liegen hier in ewiger Ruhe, die letzte Beerdigung war die von Queen Mom, der geliebten Großmutter des Bräutigams. Es ist die Kirche, die die Royals für private Anlässe benutzen und in der Königin Elizabeth II. zur Messe geht, wenn sie in Windsor weilt. Hier hat auch Prinz Edward seine Sophie geheiratet, und jedes Jahr finden in ihr die feierlichen Zusammenkünfte der Ritter statt. Im Chor stehen wunderbar geschnitzte Bänke, auf denen die vierundzwanzig Ritter Platz nehmen, über ihnen wehen ihre Wappenfahnen, und an den Wänden sind die 670

18

Wappenschilde aller Mitglieder des Ordens seit seiner Gründung angebracht. Die königliche Familie sitzt traditionell auf der rechten Seite des Hochaltars mit der Queen im Sovereigns Stall. Das wird auch morgen bei der Segnung von Charles und Camilla durch den Erzbischof von Canterbury so sein. Die Shand-Familie wird auf der linken Seite des Hochaltars Platz nehmen. Und dann bricht der 9. April 2005 an: Camillas großer Tag. Früh müssen die Liebenden ihre Häupter vom Kissen erheben. Charles wird um 5.50 Uhr in Highgrove mit einem Tee geweckt und schaltet wie immer sein Radio ein, für die neuesten Nachrichten des Farmerfunks. William und Harry dürfen noch bis sieben Uhr schlafen. Um elf holt sie der Hubschrauber ab und fliegt die Windsors nach Windsor.

In Clarence House bekommt Camilla ihr Teetablett um sechs. Schwester Annabel ist zur Stelle, als gegen acht Uhr Friseur und Kosmetikerin erscheinen.

10.15 Uhr: Camilla im dunkelblauen Kostüm steigt mit Annabel in den dunkelblauen Audi und fährt ab nach Windsor. Dort wartet schon Charles. Sie haben Zimmer nebeneinander zugewiesen bekommen – und kleiden sich an. Camillas Zofe hilft ihr in Kleid und Hut, letzter Check am Make-up.

12 Uhr: Ein weißer Bus der Firma Windsorian fährt vor der Guildhall vor. Heraus steigt die Familie der Braut: Vater Bruce im Cut, darunter gelbe Weste. Er stützt sich auf einen schicken Stock mit Silberknauf. Gewagte lila Strümpfe blitzen unter seinen Hosenbeinen hervor, und die Sonne spiegelt sich in seinen erstklassig blank gewienerten Schuhen. An seiner rechten Hand klebt ein leuchtend lila Pflaster. Dann die Schwester der Braut, Annabel Elliot, in Petrolblau mit Stickerei und Federhut, zusammen mit Ehemann Simon und

den erwachsenen Kindern Alice, Katie und Ben. Es folgen der scharfe und abenteuerlustige Bruder Mark mit grauen Schläfen und Ehefrau Clio Goldsmith, Ex-Schauspielerin und Ex-Model. Danach erscheint Camillas hübsche blonde Tochter Laura in einem türkisfarbenen Mantelkleid mit goldenem Federhut und neuen sehr, sehr hohen goldfarbenen Pumps, die wohl noch ein wenig drücken, denn sie geht eher mühsam auf dem Kopfsteinpflaster. Dann Sohn Tom, natürlich auch im Cut, mit seiner Verlobten, der Moderedakteurin Sara Buys, die tolle Beine hat und einen extremen Mini von Yves Saint Laurent trägt, der mal gerade das Nötigste bedeckt. Alle zusammen machen sie ihrem Spitznamen Ehre: The Sexy Shands. Heute treten sie zum ersten Mal gemeinsam ins Licht der Öffentlichkeit – und der Presse. Eher ein Kulturschock für Leute, die sich bisher sehr im Hintergrund gehalten haben. Doch nun sind sie die Familie der zukünftigen Königin und werden sich dem allgemeinen Medienrummel nicht mehr entziehen können.

12.10 Uhr: Wieder nähert sich ein weißer Bus, diesmal mit Königskrone auf einem Pappschild im Fenster. Die Windsors sind da. Sechzehn königliche Prinzen, Prinzessinnen und ihre Angetrauten steigen aus. Es fehlt Fergie, die geschiedene und unbeliebte Frau von Andrew. Die wurde nicht eingeladen. Und natürlich die Königin und Prinz Philip. Die erscheinen erst in der Kirche, denn die Queen als Hüterin des Glaubens im Standesamt ist undenkbar. Und für Charles und Camilla wird auch keine Ausnahme gemacht. Harry kommt im Cut mit lila Blume. William im Cut mit gelber Blume. Mehrmals prüft er, ob die Ringe noch in seiner Westentasche stecken, denn Charles' Ältester ist gemeinsam mit Camillas Sohn Tom Trauzeuge.

20

Zara Phillips, Annes Tochter und großes Militarytalent wie ihr Vater Mark Phillips, schießt den Vogel ab. Sie kommt in einem ungebügelten Pucci-Blusenkleid mit Streifen in Rosa, Türkis und Schwarz und mit dicken weißen Plastikknöpfen, dazu Wildlederstiefel und einem braunen Männerhut. Ein unfassbares Outfit für eine königliche Hochzeit. Jede Sekretärin würde sich in ihr bestes Kostüm schmeißen oder sich zu einem solchen Anlass ein neues gönnen. Und Charles' Nichte sieht aus, als wäre sie gerade aus der Putzkolonne des Grosvenor-House-Hotels entsprungen. Da hilft auch das Pucci-Label nix. Ihre Cousinen, Prinzessin Beatrix und Eugenie, die Töchter von Andrew, scheinen mit ihren Teenagerfiguren in Ensembles von Prada irgendwie unglücklich. Sophie, die Countess of Wessex, die Frau von Prinz Edward, trägt einen verbeulten Hut, als hätte sie im Bus darauf gesessen. Prinzessin Anne steigt nun aus dem Bus, sie trägt ein knallblaues Kostüm mit Pillboxhut und kleinem Tüllschleier. Das Outfit ist vierzehn Jahre alt, sie trug es schon 1991 in Ascot und bei der Hochzeit von Linleys, auch beim 100. Geburtstag von Queen Mom – und 2003 bei einer Schiffstaufe. Sparsam ist sie eben, die Tochter der Queen. Wie immer drei Schritte hinter Prinzessin Anne, Ehemann Nummer zwei, Tim Laurence. Nach kurzem Gewinke zum wartenden Volk verschwinden sie geschlossen ins Standesamt.

Punkt 12.25 Uhr: Der rotweinfarbene Rolls-Royce Phantom VI der Queen fährt durchs Cambridge Gate in Richtung Guildhall. Das Brautpaar kommt. Die Spannung steigt.

12.27 Uhr: Ankunft im Vorhof der Guildhall. Camilla ist sichtlich nervös. Aber auch Charles fummelt an seinen Ärmeln und Manschetten herum. Er trägt Cut mit gestreiften Hosen und lilaroter Christrose im Knopfloch. Camilla lüftet das erste Geheimnis des Tages: Sie trägt ein eierschalenfarbenes Seidenkleid mit Pailletten an Saum und Ausschnitt. Darüber langer Piqué-Blazermantel, ein Hut aus Stroh mit französischer Spitze verziert und futuristisch anmutendem Federschmuck. Diamanten mit Perle zieren das Ohr und eine Brosche die linke Schulter. Sie stellt das Wappen des Prinzen von Wales dar: drei Federn aus vielen kleinen Diamanten mit einer dicken grauen Perle als Fuß. Camillas erstes Outfit vom Tage überrascht sogar die sonst äußerst zickigen Modekritikerinnen der BBC: »Sehr schick, simpel und elegant. Sehr passend für ihr Alter.« Die Kunden der Buchmacher landauf, landab, die auf Eierschale gesetzt haben, jubeln und freuen sich über ihren Gewinn.

12.40 Uhr: Im Ascot Room streift Charles den goldenen Ring, den Prinz William in Verwahrung hatte, über Camillas Finger und sagt: »Ich bezeuge vor den Anwesenden, dass ich dich, Camilla Rosemary, zu meiner rechtlich angetrauten Frau nehme ...«

Jetzt sind sie nicht mehr Charles und seine Mätresse Camilla, sondern Charles, Thronfolger von Großbritannien, und seine Gemahlin Camilla, Duchess of Cornwall, und »Queen in Waiting«.

12.45 Uhr: Auszug der Hochzeitsgesellschaft aus der Guildhall. Erster königlicher Gruß der neuen Duchess of Cornwall. Doch lange wird sich hier nicht aufgehalten. Das Volk verlangt den Kuss, das Paar überhört das fröhlich lächelnd und steigt in den Rolls-Royce ohne Nummernschild, aber mit dem Wappen der Queen auf dem Dach, und fährt zurück zum Schloss. Gnädig hört keiner die Buhrufe einiger Diana-Anhänger, die gegen die »unerhörte Hochzeit mit der Ehebrecherin« demonstrieren. Hurtig unterbinden Polizisten die peinli-

22

chen Zwischenrufe und kümmern sich auch schnell noch um den Flitzer, der in Richtung Hochzeitswagen unterwegs ist. Diskret werden die Akteure abgeführt.

In Windsor Castle steht ein leichter Imbiss für das frisch gebackene Ehepaar bereit. Sie umarmen und küssen sich zum ersten Mal als Mann und Frau. Doch viel Zeit fürs neue Glücksgefühl bleibt nicht. Sie haben nur noch eine Stunde bis zum großen Auftritt in der Kirche.

13.00 Uhr: Die Queen bittet ausländische Royals, alle Windsors und die neuen Familienmitglieder, die Shands und die Parker-Bowles-Kinder samt Verlobten zum Lunch. Für die insgesamt zweiundvierzig Gäste gibt es: Fricassée de Volaille aux Petits Poireaux, Lemon and Ginger Posset with Rhubarb Compote – und dazu einen vollmundigen Cockburn 1970.

Während im Schloss königlich gespeist wird, reisen die 780 Gäste aus Politik und Gesellschaft zur Trauung an: adelig und nicht, und vor allem jede Menge aus den künstlerischen Zünften wie Theater, Musik, TV und Comedy, und suchen ihre Plätze in der Kirche.

Eine wunderbare Modeparade der Damen – von Kittelschürze bis mondänem Seidenensemble aus den Nähmaschinen teurer französischer Couturiers – zieht an den 20 000 Zuschauern vorbei. Alle Farben einer Sommerwiese sind vertreten, wobei Pastell ein klein wenig überwiegt. Lang und kurz, manchmal zu kurz für die Trägerin, paradieren zum Kircheneingang. Bei den Kopfbedeckungen sind entweder riesige Hüte oder nur ein paar Federn angesagt.

Cherie Blair, die Ehefrau des britischen Premierministers, trägt etwas, das verdächtig an ein Nachthemd erinnert, darüber einen hellblauen Mantel mit einer dicken Stoffrose vorm Bauchnabel und einen Kompotthut gleicher Farbe auf dem Kopf. Der Premierminister im dunklen Anzug statt Cut imitiert seinen Freund US-Präsident George W. Bush und lässt die Hand seiner Frau nicht los.

Die Männer haben es bei der Auswahl ihrer Klamottage mal wieder einfacher. Immer ist es Schwarz: Cut und gestreifte Beinkleider, aufgepoppt hier und da mit einer bunten Weste oder einem knalligen Schlips. Die Komiker Stephen Fry und Rowan Atkinson sind die Einzigen mit Zylinder. Fry raucht schnell noch eine vor der Kirchentreppe und erzählt von seinem besonderen Geschenk: ein Sack seltener Kaffeebohnen, die von kambodschanischen Wieseln schon mal vorverdaut wurden, was ihre Qualität erhöht haben soll. Ein Geschenk, das Charles' und Camillas Sinn für Skurrilitäten sicher erfreuen wird.

Die weitaus schicksten Frauen sind Tara Palmer-Tomkinson, Tochter von Charles' ältesten Freunden Patti und Charles, Teilnehmerin der britischen Version von *Ich bin ein Star – Holt mich hier raus*. Sie trägt ein grau-beige-braunes Prada-Seidenchiffonkleid und eine Federkreation auf dem Kopf, die dekorativ an eine explodierte Taube erinnert. Alle anderen Damen modisch weit hinter sich lassend, erscheint Joanna Lumley von der BBC-TV-Comedy *Absolutely Fabulous* in einem altrosa-beigen Kostüm mit Blättermuster, dazu breitkrempiger Hut mit opulenter rosafarbener Pfingstrose und weißen langen Handschuhen. Sie ist die absolute Fashion-Queen des Tages.

Eingeladen sind auch Modezar Valentino, der, wie immer, bar jeder Kritikmöglichkeit, einfach perfekt mit blaugrauer Weste und gelbem Schlips auftritt; Phil Collins zeigt sich wiederum mit etwas zu langen Hemdsärmeln. TV-Mann David Frost mit seiner hübschen langbeinigen und adeligen Frau

Lady Carina beeindrucken in Hellblau. Des Weiteren wandern Schauspieler Kenneth Branagh, Tory-Chef Michael Howard, US-Komödiantin Joan Rivers, die mit Charles malt, Camilla-Freundin und Bestsellerautorin Jilly Cooper, der Parteichef der Liberalen, Charles Kennedy, mit seiner hochschwangerer Frau Sarah zur Kirche. Es folgen der Charles-Biograf Jonathan Dimbleby, das Kronprinzenpaar Mette-Marit und Haakon von Norwegen, Prinz Michael von Kent, der aussieht wie der ehemalige russische Zar und den die Russen diesbezüglich auch schon gefragt haben, und Brigadier und Ex-Ehemann von Camilla, Andrew Parker Bowles, mit gelber Rose im Knopfloch und Uhrkette über dem Hosenbund. Neben ihm seine neue Frau Rosemary in Apfelgrün und mit weißem Hut. Camillas Ex hatte gestern bei seiner Verflossenen angerufen und »Good Luck, Old Bean!« (»Viel Glück, altes Mädchen!«) gewünscht.

14 Uhr: Jetzt müssen alle Gäste ihre Plätze im Kirchenschiff eingenommen haben. Die großen Hüte versperren den dahinter Sitzenden den Blick aufs Geschehen. Aber viel werden die 780 Gäste sowieso nicht sehen, denn der Chorraum und der Hochaltar sind durch eine Wand abgeteilt. Deshalb hat man für sie Bildschirme an die Steinsäulen montiert. Auch das Volk draußen vor der Kirche kann über riesige Bildschirme die Zeremonie verfolgen. Und natürlich überträgt die BBC via Satellit diese in die ganze Welt und in jedes britische Wohnzimmer.

14.20 Uhr: Das Brautpaar und die Queen sehen sich an diesem Tag zum ersten Mal – und nur sehr kurz, im Vorraum zur Kirche. Die Königin geht zusammen mit Prinz Philip hinter dem Dean of Windsor zu ihren Plätzen in der zweiten Reihe am Kopfende des Chorgestühls, hinter den Enkeln William und Harry. Alle erheben sich, die Männer verbeugen sich, die Damen knicksen. Die Queen, und wahrscheinlich darf das nur sie, bricht das ungeschriebene Gesetz auf Hochzeiten, dass nur die Braut Weiß tragen darf. Oder hat Philip, der doch sonst auf die richtige Etikette so bedacht ist, sich diesmal nicht eingemischt? Elizabeth II. ist jedenfalls in einen weißen Mantel mit Hut gewandet, darunter blitzt ein immerhin leicht gelblich changierendes Kleid.

14.30 Uhr: Und dann geht es los. Das Sinfonieorchester spielt das Adagio von Tomaso Giovanni Albinoni. Camilla schreitet am Arm von Charles durch den Kirchgang zum Altar. Der Kronprinz hat seine lilarote Christrose gewechselt, in seinem Knopfloch steckt jetzt eine weiße. Und Camilla? Bei dem Anblick der Braut halten viele den Atem an. Ihre Augen strahlen, und auch um sie ist ein heller Glanz.

Alle hatten erwartet, sie würde dasselbe Kleid wie bei der standesamtlichen Trauung tragen. Doch Camilla hat das Gewand gewechselt und erscheint in einem taubenblauen langen Seidenkleid, darüber ein ebenfalls taubenblauer Mantel mit zarter goldener Brokatstickerei nach dem Design eines Schmuckstücks ihrer verstorbenen Mutter Rosalind. Der sie umschmeichelnde Mantel endet hinten in einer nur wenig angedeuteten Schleppe, die auf dem dunkelblauen Teppich ein kleines bisschen nachzieht. In ihrem blonden Haar steckt eine mondäne goldene Federkreation, an deren Spitzen Swarovski-Diamanten glitzern — eine Tiara von besonderer Art. Ihre Ohren zieren jetzt Diamantherzen mit einer schwingenden Perle im Zentrum. In diesem außergewöhnlichen Ensemble erscheint sie jugendlich, schlank und sehr feminin, und sie beweist einen sehr ausgefallenen Geschmack. Camilla lächelt, ihr Glück spiegelt sich auf ihrem Gesicht.

Das Paar schreitet zum Altar und bleibt sichtlich bewegt davor stehen. Zum Einzug des Erzbischofs von Canterbury und des Knabenchors wird das Lied »Immortal, Invisible God« angestimmt. Der höchste englische Bischof, Dr. Rowan Williams, begrüßt und segnet die Braut und den Bräutigam und die Gemeinde.

Dann sprechen alle gemeinsam das Schuldbekenntnis und bitten Gott um Vergebung ihrer Sünden, Verfehlungen und schlechte Gedanken, die sie von Zeit zu Zeit hegten. Auf dieses Gebet haben sich Kirchenführer und Brautpaar damals geeinigt, als Grundlage für eine kirchliche Zeremonie der beiden geschiedenen Eheleute. Dass es alle Anwesenden gemeinsam sprechen, nimmt ein wenig den Stress aus der Situation. Die Botschaft für jeden: Keiner von uns ist ohne Sünde. Oder wie es in der Bibel steht: »Wer ohne Sünde ist, werfe den ersten Stein.«

Das Beten schafft eine transzendente Stimmung, die den Geist der toten Diana heraufbeschwört. Denn gegen sie haben sich die beiden Brautleute im kirchlichen Sinn damals vor allem versündigt. Für diesen kurzen Moment scheint die Prinzessin im leer gebliebenen Gestühl neben den beiden jungen Prinzen Platz zu nehmen. Diana, die wunderhübsche junge Kindergärtnerin, die durch eine arrangierte Ehe die erste Prinzessin von Wales wurde. Schließlich ihr tragischer und viel zu früher Tod in einem Tunnel in Paris, der die Jungen zu Halbwaisen machte und der Camilla und Charles noch schuldiger aussehen ließ. Und der die Monarchie in die tiefste Krise seit der Abdankung von Edward VIII. stürzte. Ihre Söhne William und Harry wecken die Erinnerung an ihre schöne Mutter, an die Traumhochzeit des vergangenen Jahrhunderts, an Verzweiflung und Rache, an peinliche Telefongespräche bei Nacht, an indiskrete Interviews und an die Königin der Herzen, die sie so gerne sein wollte.

Die tragende Stimme des Erzbischofs bringt die Gemeinde zurück in die Gegenwart. Er verliest die vom Brautpaar ausgewählte Stelle in der Bibel: Offenbarung 21, Vers 1–7. Ekaterina Semenchuck aus St. Petersburg singt danach mit ihrer Contralto-Stimme ein eher traurig anmutendes russisch-orthodoxes Lied.

Wieder am Hochaltar, bittet der Erzbischof Camilla und Charles um ihre Ehegelöbnisse. Zuerst Charles und dann Camilla: »Hast du beschlossen, deiner Frau (deinem Mann) treu zu sein und allen anderen zu widersagen, solange ihr beide lebt?« Beide antworten laut und für alle vernehmlich: »Ja, das ist mein Wunsch, mit Gottes Hilfe.«

Das Paar reicht sich die Hände zum Segen, wobei Camilla schnell über Charles' Handrücken streichelt, bevor sie festhält. Eine rührende Geste voll Liebe, Zuversicht und Beruhigung. Die Braut ist nervös und verblättert sich in ihrem Ablaufprogramm. Der Bräutigam wendet sich ihr zu und schlägt ihr die richtige Seite auf. Auch das eine sehr liebevolle und intime Geste.

Nach der Segnung und dem gemeinsamen Gebet singen alle das bekannte Kirchenlied von Charles Wesley: »Love Divine, All Love Excelling« (»Liebe komm herab zur Erde«), bevor der Schauspieler und Freund des Brautpaares, Timothy West, William Wordsworth' Ode »On Intimations of Immortality« (»Ode an die Unsterblichkeit«) vorträgt. Schön und tragend fließt seine Stimme über die Gemeinde hinauf in die mittelalterlichen gotischen Deckengewölbe. Charles ist sichtlich bewegt. Für ihn erfüllt sich gerade der Traum, den er jahrelang in sich trug. Schon als junger Mann, gerade mal zweiundzwanzig Jahre alt, hatte er Camilla haben wollen und sich nicht getraut, sie zu fragen. Unsicherheit, Pflichtgefühl und überalterte Traditionen hatten ihn damals davon abgehalten. Der größte Fehler seines Lebens. Und er hat Schuld auf sich geladen, mit der er auch weiterhin wird leben müssen. Doch heute ist er ein glücklicher Mann. Seine Liebe hat Erfüllung gefunden vor Gott und der Welt, akzeptiert von seinen Söhnen und zumindest geduldet von den meisten im Volk. Nie mehr wird er Camilla verleugnen oder verstecken müssen. Stolz und glücklich wird er mit ihr, der Liebe seines Lebens, die ihnen verbleibenden Jahre gemeinsam gehen.

Das Sinfonieorchester spielt Bachs »Nun komm, der Heiden Heiland«, und der Chor singt das Lied, das Camilla und er so besonders gern haben.

Der Dean of Windsor segnet das Paar, die Gemeinde erhebt sich, und alle beten das »Vater -Unser«, bevor der Erzbischof den Segen spricht. Die Gemeinde steht auf und schmettert die Nationalhymne »God Save the Queen«. Nur die Lippen der Königin bleiben fest verschlossen.

Charles und Camilla, jetzt auch vor Gott Mann und Frau, stehen auf. Camilla knickst vor der Queen und verlässt am Arm von Charles und zu den Klängen von Händels »Wassermusik« den Chorraum. Gäste, an denen sie vorbeischreiten, knicksen – knicksen das erste Mal vor Camilla.

Das große Kirchentor steht geöffnet, und der leichte Frühlingswind weht dem Paar entgegen. Camillas Mantel öffnet sich leicht, und die Brise lässt ihn und die Schleppe wehen und wallen. Wie ein schöner blauer Vogel scheint sie aus der altehrwürdigen Kirche zu schweben. Camilla, Duchess of Cornwall, Queen in Waiting, tritt am Arm des Thronfolgers Großbritanniens hinaus in den jungen Frühling. In diesem

Moment verlässt die Sonne ihr Wolkenversteck und schickt ihre ersten wärmenden Strahlen herunter. Der Traum ist endlich wahr geworden. Eine große Liebe hat Erfüllung gefunden. Über die unzähligen Schwierigkeiten der vergangenen Jahre hinweg hat sie gehalten, ist gewachsen und immer tiefer geworden. Zwei Menschen, vom Schicksal vor vierunddreißig Jahren zusammengeführt, die einander nicht nur lieben, sondern die auch die besten Freunde sind, untrennbar verbunden durch ihr grenzenloses Vertrauen zueinander. Endlich stehen sie vereint im gemeinsamen Glück vor Volk, Familie und Vaterland.

Draußen vor der Kirche bleibt das Thronfolgerpaar eine Weile allein auf der Kirchentreppe. Der Wind bläst, und Camilla muss mit der einen Hand ihren luftigen Federhut festhalten, die andere hat sie durch Charles' Armbeuge gesteckt.

Erleichtert sagt der Kronprinz:»Well, hier sind wir also.«

Camilla atmet durch:»Ich war ganz schön nervös.«

Charles:»Well, nun sind wir also verheiratet. Gut, und nun zu dem weiteren Plan... Oh, schau mal, die vielen Gratulanten, wunderbar, findest du nicht?«

Camilla:»Oh ja... dieser Hut ist wirklich nichts für diesen starken Wind.«

Camilla schaut sich um:»Wo ist die Queen?«

Charles:»Sie wird gleich da sein. Sie wird sich wie immer noch irgendwo unterhalten.«

Dann erscheint die Queen, gefolgt von Prinz Philip, etwas unsicher bleibt sie am Kopf der Treppe stehen, will dem Paar nicht die Show stehlen. Klatschen und Gratulationsrufe vom Straßenpublikum ertönen.

Die Königin steigt einige Treppenstufen hinunter und stellt sich hinter das Brautpaar. Nach ein paar Minuten folgen die

Verwandten: die Shands und die Windsors. Alle stehen etwas unorganisiert, aber in bester Stimmung herum. Blitzlichtgewitter aus den Kameras der Pressefotografen, lautstark fordert die Meute den Hochzeitskuss. Doch da können sie lange schreien: Einen Kuss des Paares für das Rat Pack gibt es nicht. Hier ebenso wenig wie nach dem Standesamt. »Sie wollten keine Vorlage liefern für einen Vergleich zu seiner Hochzeit mit Diana«, erklärt später ein Freund des Brautpaares die Zurückhaltung der Spätvermählten.

Die Queen lächelt, das erste Mal seit ihrem Einzug in die Kirche vor rund einer Stunde.

Zu ihrem Sohn sagt sie: »Das ging ja alles ziemlich gut.«

Charles: »Ja.«

Queen: »Wir verlassen euch jetzt.«

Charles: »Oh, ich möchte so gerne ein Foto von uns allen.«

Die Königin tritt an seine linke Seite, steht kurz da, stellt fest: »Sind doch noch gar nicht alle da«, und nutzt die Gelegenheit. Während Charles und Camilla ihren Rundgang beim jubelnden Straßenpublikum beginnen, verschwindet sie mit ihrem Mann zum wartenden Rolls-Royce. Es gibt nichts, was sie jetzt noch halten könnte.

Queen Elizabeth und Prinz Philip haben die Hummeln. Es zieht sie in Richtung Windsor-Wohnzimmer zum Fernseher. Das Grand National in Aintree, Rennen der Rennen seit 166 Jahren, wurde wegen der Hochzeit fünfundzwanzig Minuten nach vorn verlegt. Und dieses Rennen will die Königin jetzt auf gar keinen Fall verpassen. Hochzeit hin, Fotos her.

Auch Charles und Camilla müssen ihr erstes gemeinsames Bad in der Menge schnell beenden: Der Hoffotograf bittet in den Weißen Salon zum offiziellen Hochzeitsfoto. Zehn Minuten später erscheint das Ehepaar im Waterloo-Saal auf dem Empfang zu ihren Ehren. Sie werden mit donnerndem Applaus begrüßt.

Tausende von Kanapees auf Silbertabletts werden gereicht. Natürlich englisch: Ei mit Kresse, Lachs mit Meerrettich und Reh mit rotem Gelee aus Balmoral, dazu kleine Minipasteten aus Cornwall. Kleine Eiscremetüten, Karamellbananen, Mokka-Fondant und Erdbeertörtchen und natürlich Scones mit Clotted Cream, eine typische Teatime-Delikatesse aus Cornwall. Im Hintergrund spielt eine Jazzband, die immer wieder von einer jungen Musikerin, die auf ihrer Harfe zupft, abgelöst wird.

Die Queen ist bester Laune und wirkt entspannt. Wahrscheinlich hat sie aufs richtige Pferd gesetzt und ein nettes Sümmchen verdient. Hier beim Empfang ist sie fröhlich und redselig, geht herum und begrüßt Gäste, spricht mit ihren Enkelkindern und mit ihrer neuen Schwiegertochter. Sie bringt Gäste und Brautpaar mit ihrer Rede zum Lachen: Sie sagt: »Ich habe zwei wichtige Meldungen zu machen. Ich kann jetzt verkünden, dass Hedgehunter das Grand National gewonnen hat.« Und weiter geht's im Rennjargon: »Sie haben die Hindernisse Bechers Brook und The Chair (zwei schwere Sprünge im Grand National) und alle möglichen anderen fürchterlichen Hindernisse gemeistert. Sie haben alles durchgestanden. Und mein Sohn ist jetzt warm und trocken zu Hause angekommen mit der Frau, die er liebt. Ich bin sehr stolz und wünsche den beiden das Allerbeste. Willkommen im Kreis der Sieger.«

Vater Bruce Shand hält sich kurz, lässt die Queen hochleben, bedankt sich für die perfekte Party und sagt zum Brautpaar: »Ich weiß, dass ihr nun glücklich werdet, denn ihr passt perfekt zusammen.«

Charles dankt allen, dass sie gekommen sind und ihn und Camilla so lange Jahre »unterstützt« haben. Er dankt seiner Mutter, dann seinen »loyalen« Angestellten, und als er zum dritten Mal sein Glas hebt, preist er seine Braut als »my darling Camilla, die mit mir durch dick und dünn gegangen ist und die mich mit ihrem wunderbaren Optimismus und Humor begleitet hat«. Er spricht über ihre langjährige extrem selbstlose Loyalität und dann – mit Tränen in den Augen – sagt er: »Ich danke dir, dass du die schwierige Aufgabe, mit mir verheiratet zu sein, angenommen hast.« Den jungen Prinzen, seinen »geliebten Söhnen«, prostet er zu. Tom und Laura bezeichnet er als »very special«. Major Shand nennt er den »galanten Major« und sagt: »Ich bin stolz, dein neuer Schwiegersohn zu sein.« Und dann gedenkt er seiner Großmutter: »Ich hätte mir so gewünscht, dass sie es noch erlebt hätte und heute hier wäre«, und toastet ihr im Himmel zu. Er schließt seine Dankesrede mit zwei Herzenswünschen: »Gott segne meine Eltern, meine Familie und meine Frau – und verdamme bitte die Presse.«

Dann kommt der große Moment. Camilla und Charles schneiden gemeinsam mit seinem Militärsäbel die Hochzeitstorte an. Typisch für Charles ist es keine mehrstöckige Sahnecreme, sondern ein doppelt gebackener Fruchtkuchen von seiner Konditorin aus Highgrove: ziemlich trocken, aber dafür bio. Gegen sechs Uhr begleitet die engste Familie das Brautpaar zum Tor. Während Camilla sich umzieht und wieder in ihr eierschalenfarbenes Kostüm vom Morgen schlüpft, stehlen sich William, Tom und Harry zum wartenden Bentley. Mit Rasiercreme schreiben sie »Just married« auf das Heck und auf die Frontscheibe »Prince and Duchess«. Blaue, rote und silberne Luftballons montieren sie an die Reifen und Blechdosen an die Stoßstange. Als das Brautpaar erscheint und sich von der Familie verabschiedet – Camilla darf die Queen auf die Wange küssen –, regnen tausende von bunten Blütenblättern auf die beiden nieder. William hatte sie selbst besorgt und in der königlichen Tiefkühltruhe eingefroren.

Lachend und von fliegenden Kusshänden begleitet, steigen Camilla und Charles in den Wagen und fahren ihrem neuen, nun offiziell gesegneten, gemeinsamen Leben entgegen. Hinter ihnen leuchtet der Tower von Windsor, auf dem die riesige Fahne mit dem Wappen der Könige im Abendwind flattert und anzeigt, dass die Queen in »Residence« ist. Auf Befehl der Monarchin spielen Dudelsackpfeifer, und Scheinwerfer werfen ein buntes Lichtkonzert auf die alten grauen Steine, die schon so viel gesehen haben. Und heute hat in ihrem Schatten vieles stattgefunden, was so zum ersten Mal geschah: Eine langjährige Mätresse heiratet den Thronfolger und ist gleichzeitig die erste Royal, die durch eine zivile Zeremonie Mitglied der Familie wird. Und zum ersten Mal ist eine geschiedene Frau in das Haus Windsor aufgenommen worden.

Mätressentradition –
die Urgroßmutter liebte den König

Es ist der 17. Juli 1947, ein warmer, schöner Sommertag. Um sieben Uhr morgens erblickt Camilla Rosemary Shand im King's College Hospital in London den ersten Sonnenstrahl ihres Lebens. Die junge Mutter Rosalind ist glücklich. Alles hat bestens geklappt, und das kleine rosafarbene Menschlein in ihrem Arm ist ihr erstes Kind, ein Kind der Liebe. Der Liebe zwischen Rosalind und Bruce Shand, die sich vor knapp einem Jahr versprachen, von nun an in guten wie in schlechten Tagen zusammenzuhalten. Mit der Geburt der Tochter ist ihr Glück komplett. Auch wenn es da draußen vor den Blümchenvorhängen nicht gerade rosa aussieht.

Knapp zwei Jahre nach Ende des Zweiten Weltkriegs ist es eine harte Zeit für das junge Elternpaar in der britischen Hauptstadt. Brot, Butter, Milch und Eier gibt es nur mit Coupons. In den Geschäften ist Fleisch eine teure Rarität. Stockfisch und Walfleisch werden importiert, um die Eiweißversorgung der Bevölkerung sicherzustellen. Zwei Millionen Arbeitslose stehen um Jobs an. Zeitungen durften nur vier Seiten drucken, Holz für das Papier ist rar und muss teuer importiert werden. Benzin ist rationalisiert, nur wer auf dem Land und mehr als zwei Meilen von der nächsten Busstation

35

entfernt wohnt, hat Anrecht auf ein paar Liter. Camillas erster Winter ist so kalt, dass die importierte Kohle nicht reicht und die Kraftwerke vielerorts abgeschaltet werden müssen.

In solch bitteren Zeiten ist es schön, dass Mutter Rosalind aus einer wohlhabenden Familie stammt und die kleine Tochter, die sie im Arm hält, einen Stammbaum vorweisen kann, der es in sich hat. Rosalind ist die dritte Tochter von Lord Roland Ashcombe (Familienname Cubitt), einem reichen Mann, dessen Urgroßvater Berater von Prinz Albert, Gemahl von Königin Victoria, war. Als Baumeister hat er die feinsten Stadtteile Londons errichtet und ein Riesenvermögen gemacht, was den nachfolgenden Cubitts ein angenehmes Auskommen ermöglicht und auch beim jungen Ehepaar Shand den Ofen warm hält.

Rosalinds Mutter Sonia ist die zweite Tochter von Alice Keppel. Und diese Alice Keppel ist Camillas interessanteste Vorfahrin. Deren romantisches Engagement sollte die Urenkelin faszinieren und – wie manche glauben – der Grund dafür sein, dass sie mit Charles eine Liebesaffäre beginnt, die das Königreich in seinen Grundfesten erschüttern wird. Diese Liebesaffäre wird aber auch die aufregendste, abenteuerlichste und animierendste Begebenheit im Leben beider sein. Und das nicht verhandelbare Pfand von Charles III. werden, auf seinem langen Weg zum Thron.

Einer der Gründe, dass Charles seine Camilla 1972 nicht heiraten konnte, war: Ihre Herkunft galt als nicht fein genug. Ihre Mutter stammte zwar aus einer aristokratischen Familie, Vater Shand aber hatte »nur« anständige Kaufleute unter seinen Vorfahren vorzuweisen. Doch wenn man sich mit der Genealogie von Camilla beschäftigt, findet sich Erstaunliches – vor allem auf der mütterlichen Seite.

Zunächst aber muss man einmal das britische Adelssystem verstehen. Das ist nicht ganz einfach. Im Gegensatz zu Deutschland ist auf der Insel ein Titel noch ein Titel. In Deutschland wurde das am 11. August 1919 abgeschafft. Die von der Nationalversammlung beschlossene Verfassung des Deutschen Reichs, die so genannte Weimarer Verfassung, bestimmte durch den Artikel 109 unter anderem die Aufhebung des Adelsstandes. Dies wurde später bestätigt mit Artikel 3 des Grundgesetzes der Bundesrepublik Deutschland: »Alle Deutschen sind vor dem Gesetz gleich... Öffentlich-rechtliche Vorrechte oder Nachteile der Geburt oder des Standes sind aufzuheben... Frühere Adelsbezeichnungen gelten nur noch als Teil des Namens und dürfen nicht mehr verliehen werden.« Der ehemalige Titel ist heute Bestandteil des Nachnamens. So heißt also zum Beispiel die Urenkelin vom Grafen August Dönhoff (um 1900) heute Tatjana Gräfin Dönhoff. Der Titel wanderte hinter den Vornamen, zeugt aber immer noch klar von adeliger Abstammung und wird vom Vater an jedes Kind weitervererbt. Dasselbe gilt bei uns natürlich auch für Barone, Freiherrn, Prinzen und die »Vons«.

In Großbritannien erbt ausschließlich der älteste Sohn den Titel und den dazugehörigen Besitz. Alle anderen Kinder, egal ob Junge oder Mädchen, tragen einzig den Familiennamen, der meist anders als der Titel lautet, und geben auch allein den an ihre Kinder und Kindeskinder weiter. Auf der Insel erkennt nur, wer es weiß, ob jemand eigentlich adelig ist. So ist Churchill der Familienname des Duke of Marlborough, dem das gigantische Gemäuer Blenheim-Palast und das dazugehörige dicke Bankkonto gehört. Winston Churchill war der jüngere Bruder des Duke und somit bei uns eigentlich ein Prinz, wie die Geschwister eines Herzogs bei uns geheißen hätten. Oder der Earl of Strathmore, dessen Familienname ganz anders lautet: Bowes-Lyon – und hinter diesem Namen verbirgt sich wiederum die Familie von Queen Mom.

Natürlich ist unter Aristos und in der Society jedem bekannt, dass Harris nicht nur ein normaler englischer Nachname ist, sondern der dazugehörige Titel der Earl of Malmesbury. Einfacher ist es bei Noblen wie Prinzessin Diana, sie war Lady Diana Spencer. Ihr Vater – beziehungsweise heute nach seinem Tod ihr Bruder – ist der Earl of Spencer mit dem Familiensitz Althorpe. Andere Mitglieder der Sippe heißen einfach nur schnöde Spencer. Aber nicht jeder englische Mister Spencer ist ein Mitglied der Familie Dianas. Im genealogischen Handbuch *Debrett's*, vergleichbar dem deutschen *Gotha*, sind alle Namen und Titel nachzuschlagen.

Zurück zu Camilla. Ihre Urgroßmutter Alice, geboren 1869, war die Tochter von Admiral Sir William, dem vierten Baron von Edmonstone, und Mary Elizabeth Parsons. Die Edmonstones können ihren Stammbaum bis zum königlich schottischen Haus Stuart zurückverfolgen, das ist zwar nicht englisch, aber kann vornehmer kaum sein. Im 15. Jahrhundert heiratete Mary Stuart, eine Tochter von König Robert III., einen Sir William Edmonstone of Culloden. Als Geschenk erhielt das Paar vom König den Titel »Baron« und 1445 das Schloss Duntreath am berühmten Loch Lomond. Romantisch in wunderbarer Moorlandschaft gelegen, besaß und besitzt es vier dicke Wehrtürme an jeder Ecke und einen verwunschenen Innenhof.

Mitte des 19. Jahrhunderts hatte es Alices Mutter nach neuester Mode französisch und sehr luxuriös eingerichtet, eine Mischung aus Exotik und mittelalterlichem Charme.

Hier, zwischen dicken Mauern und Petit-Point-Tapisserien, wuchs Alice auf und entwickelte sich zu einer fröhlichen und energiegeladenen jungen Dame, praktisch veranlagt, mit tadellosem Charakter und einem etwas skurrilen Sinn fürs Komische. »Sie war nicht voreingenommen, kleinlich oder boshaft«, schrieb ein Biograf später über sie. »Sogar als junges Mädchen fiel sie durch ein bemerkenswertes Taktgefühl auf.« Alice war nicht besonders hübsch mit ihrer sehr hellen Haut und den wasserblauen Augen, aber sie hatte eine wohlgestaltete Figur und eine sexy große Oberweite. Ein Zeitgenosse, Hugh Walpole, ein berühmter britischer Schriftsteller, fand: »Mit ihr kann man großen Spaß haben. Ich mag sie sehr. Sie ist wie ein Sergeant mit Sinn für Humor.«

Mit zweiundzwanzig heiratet Alice 1891 den gut aussehenden und ehrbaren Gentleman George Keppel »aus Liebe«. Er war der dritte Sohn des siebten Earl of Albermarle, also nach europäischem Standard ein Grafensohn, nach britischem: Mister Keppel, sechsundzwanzig Jahre alt und Offizier bei den Gordon Highlanders, einem angesehenen alten schottischen Regiment. Die Keppel-Familie galt als höchst vornehm, »trotz der dänischen Herkunft«, wie arrogante Briten heute noch süffisant bemerken. 1688 kam nämlich Arnold Joost Keppel gemeinsam mit dem Prinzen von Oranien, der später König William III. wurde, nach Großbritannien. Seinen engen Freund Keppel machte der neue König zum Earl of Albermarle und erhob ihn zum Ritter des exklusiven Hosenbandordens (Order of the Garter). Die Wappenfahnen der Mitglieder hängen heute in der St.-George-Kapelle in Windsor. Unter ihnen erteilt der Erzbischof von Canterbury Keppels Nachfahrin Camilla und dem zukünftigen König 316 Jahre später den kirchlichen Segen.

George Keppels Vater, der siebte Earl, war ebenfalls eng mit dem Königshaus verbunden. Er bekleidete das Amt des Schatzmeisters im Haushalt von Königin Victoria und ihrem deutschen Mann Albert. Außerdem war er zweimal hintereinander stellvertretender Kriegsminister. Seine Frau war Kanadierin, Sophia MacNab, Tochter eines superreichen Businessmans, Politikers, Rechtsanwalts und Offiziers, der mithalf, den Aufstand von 1837 in Kanada zu unterdrücken, und dafür in den englischen Ritterstand erhoben wurde.

George und Alice führten eine illustre moderne Ehe, sie verehrten sich sehr – und das blieb auch so, bis zu ihrer beider Ende. Doch das war noch lange hin, jetzt wollten sie, agil und lebenshungrig, ihre Jugend genießen. George war dem schönen Leben und den schönen Frauen zugetan, er wettete und spielte und hatte den Ruf eines Schürzenjägers. Bei Keppels war die Kasse deshalb notorisch leer. Doch das sollte sich bald ändern. Das hübsche Paar lebte in Belgravia in London, und nach drei Jahren wurde Tochter Violet geboren. (Als erwachsene Frau erlangte sie einige Berühmtheit als Geliebte der Schriftstellerin und Gartendesignerin Vita Sackville-West. Ihre Beziehung war ein früher Skandal der lesbischen Liebe, der die Gesellschaft Anfang des 20. Jahrhunderts zutiefst erschütterte.)

Am 27. Februar 1898 kam Albert Eduard, der Prinz von Wales, genannt »Bertie« (der spätere Edward VII.), zum Dinner. Der Abend wurde zum Wendepunkt im Leben der Keppels – und die Folgen führten zu einer verhängnisvollen Affäre dreiundsiebzig Jahre später.

Wie aber kommt es, dass sich der Thronfolger bei einem »einfachen« Ehepaar in ihrer bescheidenen Londoner Wohnung zum Dinner ansagt? 1898 gehörte es schließlich noch nicht zur PR des Prinzen von Wales, sich durch solcherart

Besuche beim Untertan volksnah zeigen zu müssen. Die Antwort ist einfach: weibliche Reize und königliche Begierde.

Bertie war der vornehmste Womanizer der Britischen Inseln. Verheiratet mit Alexandra, ehemals Prinzessin von Dänemark, die er zur Beschäftigung ständig schwängerte, neigte sich der Prinz der Welt außerhalb des ehelichen Salons zu. Zum Leid seiner Eltern war er nicht sehr gebildet, dafür zählten zu seinen Passionen teure Kleider, Kartenspiele und Roulette, illegale Wetten aller Art, Partys, Essen, Schießen und Sex. Das Jagen wurde zu seiner Berufung – von Hirsch und Hase in den Fluren und Wäldern seines Schlosses Sandringham und von schönen Damen in seinem zukünftigen Königreich. Schauspielerinnen, Sängerinnen und mehrere attraktive Ehefrauen der Gesellschaft hatte er schon erobert und sich in seinem königlichen Gemache mit ihnen erfreut – einige uneheliche Kinder sollen dabei entstanden sein. Geschockt haben seine amourösen Abenteuer und die seiner ebenfalls promiskuitiven Clique von Freunden kaum jemanden, schon gar nicht haben sie öffentliche Skandale hervorgerufen. Und die Presse, die hatte sich in solchen Angelegenheiten einen Maulkorb verordnet. Alle Thronfolger – und die meisten von ihnen auch noch als Könige – hielten sich vor oder neben ihren Ehefrauen Mätressen, vielfach sogar mehrere. Das war auf dem Kontinent nicht anders.

Nur einmal kam es zu einem öffentlichen Hickup. Ein gehörnter Ehemann wollte sich von seiner Frau scheiden lassen und begründete das Ansinnen öffentlich mit der Erklärung, sie habe eine intime Affäre mit dem Prinzen von Wales im Freundeskreis zugegeben. Und Bertie hatte tatsächlich eine solche, aber nicht mit der beschuldigten Ehefrau, sondern mit deren Schwester, die ebenfalls verheiratet war. Aus der

Liaison ging eine Tochter hervor. Queen Victoria unterstützte ihren Sohn zwar gegen die Anschuldigungen, warnte ihn aber davor, »dass die Öffentlichmachung seiner intimen Freundschaft mit einer jungen verheirateten Frau von solcher Dummheit zeuge, dass es sein Ansehen bei den mittleren und unteren Schichten schädigen könnte«. Wohlgemerkt: den unteren und mittleren Schichten! Unter Aristokraten kam es nie zu einem Skandal. Fremdgehen war in Aristokreisen eine alltägliche Angelegenheit, keiner regte sich darüber auf. Alle – oder zumindest viele – taten es, und sogar die Queen, Hüterin des Glaubens, schien das nicht sonderlich zu erregen, solange der Schein gewahrt wurde.

Es war ja auch verständlich, denn geheiratet wurde selten aus Liebe, sondern meistens zur Mehrung des Besitzstandes oder zur Verbesserung des gesellschaftlichen Standes. Arrangierte Ehen waren gang und gäbe. Für Gefühle kein Platz. Denen ließ man dann mit Mätressen oder heimlichen Geliebten freien Lauf. Das sollte sich auch im kommenden Jahrhundert nicht ändern. Mit einem Unterschied: Nicht die Tatsache des fröhlichen Fremdgehens, aber die Akzeptanz solcher Freizeitvergnügen sollte mehr und mehr schwinden.

Als Bertie, der Prinz von Wales, damals, 1898, auf einer Reise die Norfolk Yeomanry, eine Freiwilligen-Kavallerietruppe, inspizierte, fiel sein Blick auf die hübsche Ehefrau eines der Offiziere, die vom Rande des Platzes aus zusah: Alice Keppel. Der Prinz befahl seinem Freund Lord Leicester, sie miteinander bekannt zu machen. Auf dem Pferderennen von Sundown, ein wenig später, wurde das arrangiert. Ein Begleiter beschrieb das Treffen: »Mit einer Mischung aus offener Bewunderung und begieriger Abschätzung ließ der Prinz seinen Blick über das hübsche Gesicht und die fashionable

42

gerundete Figur der Mrs. George Keppel gleiten.« Und es gefiel ihm, was er sah. Es gefiel ihm sogar sehr. Der Prinz lud sich zum Dinner in London ein.

Und es hat »zoom« gemacht. Der Prinz verliebte sich auf Anhieb in die achtundzwanzig Jahre jüngere Alice, er war von ihrer natürlichen Art und ihrer dunklen Stimme fasziniert. Und sie von ihm angetan. Wie auch nicht, wenn der zukünftige König eindeutiges Interesse bekundet? Bertie schaute von da an täglich bei den Keppels vorbei, und es dauerte nicht lang, und das Verhältnis war in vollem Gang. »Sie unterhielt ihn, wenn er sich langweilte, beruhigte ihn, wenn er sich aufregte oder ärgerte, zeigte sich mitfühlend, wenn er krank zu Bett lag, und blieb bescheiden im Hintergrund, wenn er sich in der Öffentlichkeit zeigte«, erzählte Theo Aronson, ein Bewunderer von Alice. Sie vereinte Geliebte, Freundin, Ehefrau und Mutter in einer Person. Und – immer ein Erfolgsrezept bei reichen und berühmten Männern – sie forderte nichts. Stattdessen gab sie Verständnis, Freude, Beruhigung und – nicht zu vergessen – ihren sexy Körper. Dessen Anblick brachte das königliche Blut stets in Wallung. Alice: »Zuerst musste ich knicksen und dann gleich ins Bett springen.« Ein Lieblingssatz ihrer Urenkelin Camilla, der sie als Teenager zum Kichern brachte.

Zwischen den Laken von Bertie verbrachte die junge Mrs. Keppel von nun an viel Zeit. Ihr sexuelles Verhältnis war derart erquicklich, dass er, auch als König Edward VII., keine andere Mätresse als stete Gefährtin brauchte.

Ehefrau Alexandra wurde vor vollendete Tatsachen gestellt - und akzeptierte. Das war klug. Sie war seit fünfunddreißig Jahren mit Bertie verheiratet, und von nun an sollte ihr Körper und ihr Geist vor ihrem lüsternen und burschikosen Gemahl geschont werden. Vierundfünfzig Jahre alt und

ziemlich taub, war ihr klar, dass ein andauernder Streit über
»La Favorita«, wie Alice schon bald genannt wurde, die häus-
liche Atmosphäre unwiederbringlich vergiften würde. Außerdem wusste sie ja, wie britische Monarchen mit zickigen Ehefrauen umzugehen pflegten. Da war die Abschiebung in ein
schattiges schottisches Schloss noch human. Andere Wider-
spenstige hatten, wie bei Heinrich VIII., ihren Kopf unter dem
Beil verloren. So behielt sie ihre Contenance, beschäftigte sich
fortan mit der Erziehung ihrer Kinder und mit den Pflichten
des Repräsentierens. Sie nutzte die Situation für ihre Zwecke,
nach dem Motto: »Mach dir die Geliebte deines Mannes zur
Freundin, und du hast keine Probleme.« Ja, es ging sogar so
weit, dass eine Nichte später berichtete: »Tante Alex mochte
Alice sehr und unterstützte die Liaison. Mitfühlende Sympa-
thien waren ganz fehl am Platz, sie begrüßte das Verhältnis.«

George Keppel akzeptierte ebenfalls, ohne zu murren. Es
gab ihm die Gelegenheit, seinen eigenen amourösen Abenteuern unkontrolliert nachzugehen. Und als Offizier empfand er
es wahrscheinlich als Ehre, dass seine attraktive Frau beim
zukünftigen König Gefallen fand. Sein Schaden sollte es nicht
sein. Gesellschaftlich bewegte sich das Ehepaar Keppel von
nun an in den allerhöchsten Kreisen, und George erhielt bald
einen gut dotierten Job als Handelsagent bei Berties gutem
Freund, dem Kaufmann und Teeimporteur Sir Thomas Lipton.

Nach zwei Jahren Mätressenschaft gebar Alice Keppel
eine kleine Tochter, die sie Sonia Rosemary nannte. Historik-
ker haben sich endlos damit beschäftigt, ob Bertie des Kindes
Vater war oder nicht. Die Lampe hat keiner gehalten, aber
dass die Ehe von George und Alice zu dieser Zeit rein plato-
nisch war, davon kann man wohl ausgehen. Ein zukünftiger
König teilt seine Geliebte mit niemandem, auch nicht mit

dem Ehemann. Außerdem hat die Tochter viele Jahre später ihre Memoiren geschrieben und sie *Edwardian Daughter* betitelt: ein versteckter Beweis, so glaubt man, für die Vaterschaft Edwards VII. Eine weitere Frage könnte sein, ob Alice, vorausgesetzt, dass sie Edward wirklich liebte, Lust hatte, auch noch mit ihrem Mann zu schlafen.

Alice Keppels Töchter Sonia und auch Violet liebten den König jedenfalls – und dieser mochte sie. Sonia erinnerte sich: »Oft kam Kingy zum Tee mit Mama. Einmal erfanden wir ein wunderbares Spiel. Er lieh mir sein Bein, und ohne Rücksicht auf die Kondition seiner feinen Hose ließ ich zwei gebutterte Toaststückchen gegeneinander antreten, Butterseite nach unten. Ein Penny wurde auf Sieg gesetzt. Gewinnen tat natürlich das Stück mit der dicksten Butter drauf.«

Alice unterhielt den König aber nicht nur bei sich zu Hause. Die Keppels besuchten ihn regelmäßig in Sandringham, besichtigten seine neuesten Gartenanlagen, gingen gemeinsam jagen und fuhren zu Pferderennen. Der König und seine Geliebte spielten leidenschaftlich gern Bridge. Alice agierte als seine Gastgeberin bei vielen Dinner-Einladungen; als besondere Ehre hatte sie einmal sogar Kaiser Wilhelm als Tischherrn. Jedes Ostern verreisten sie zusammen – ohne Königin Alexandra – nach Biarritz, wo er im Hotel de Paris logierte und sie in der Luxusvilla seines Finanzverwalters Ernest Cassel in der Nähe. Mittags um viertel nach zwölf spazierten sie, von Paparazzi noch völlig unbelästigt, die Promenade entlang, und Alice fühlte sich als Queen. Zurück in seiner Suite, lunchten sie ausgiebig und tranken reichlich. Dann entspannte sich der König und – wie es so schön hieß – behandelte Alice wie seinesgleichen. Nur im Ausland zeigte sich die Mätresse offiziell an seiner Seite, in Großbritannien hielt sie sich im Hintergrund auf, bescheiden und auf den königlichen Abruf wartend. Dennoch war allen klar, welche Macht sie auf den König und seine Entscheidungen ausübte. Der damalige Chef des Außenministeriums, Lord Hardinge of Penshurst, sagte: »Mrs. Keppel hatte ein profundes Wissen darüber, was in der politischen Welt vor sich ging. Sie war wunderbar diskret und hatte einen exzellenten Einfluss auf den König. Sie hat ihr Wissen niemals zu ihrem oder ihrer Freunde Vorteil genutzt, und nie hat sie eine böse Bemerkung über irgendjemanden gemacht. Es ist schwer, jemand anderen zu finden, der die Rolle Freund des Königs loyaler und diskreter erfüllte.«

Der König bedankte sich für diese Loyalität seiner Geliebten und Freundin mit feinstem Schmuck und einem Deputat für ein Haus in Italien, vor allem aber mit seiner Beständigkeit und seinem Vertrauen, das außer Alice höchstens noch seinem erfolgreichen Finanzberater Cassel so lange zuteil wurde. Sie hatte zwölf Jahre lang im Vorzimmer der Macht verbracht, hatte ihn beraten, mit ihm gespielt und gelacht, hatte ihn ehrlich geliebt und sexuell auf Trab gehalten. Sie hatte aus ihm einen glücklichen Mann und einen glücklichen König gemacht.

Im Frühjahr 1910 kam das jähe Ende. Auf einer Reise nach Paris zog sich Edward VII. einen bösen Schnupfen zu. Sieben Wochen pflegte Alice ihn in Biarritz, bis es ihm wieder besser ging. Doch im kaltfeuchten London kam der Rückfall und entwickelte sich zur Lungenentzündung. Auf dem Totenbett im Buckingham-Palast ließ Alice nach der Königin schicken. Sie brauchte sechs Tage, um von ihrem Urlaubsort, der griechischen Insel Korfu, zurückzureisen. Kaum angekommen, zeigte Alice ihr einen Brief des Königs von 1902, in dem er die Anwesenheit seiner Mätresse an seinem Totenbett forderte: »Wenn wir sterben, sind wir uns sicher, dass die, die um uns

sein werden, erlauben werden, dass sie (Alice) zu uns kommt.«
(Majestäten reden von sich immer in dritter Person). So geschah es dann auch, und der sterbende König forderte, dass die beiden Damen sich küssten und einander verziehen. Widerstrebend erfüllte Königin Alexandra seinen letzten Wunsch, sagte aber später: »Wenn er es nicht verlangt hätte, hätte ich es nie getan.« Das ging ihr dann wohl doch zu weit.

Der König war tot – und Alice verzweifelt. »Alle Vorhänge wurden zugezogen, die Lichter gedimmt, schwarzer Trauerflor überall, und meine Unterwäsche wurde mit schwarzen Bändern durchzogen«, beschrieb Tochter Sonia die Szenerie. Nach der Beerdigung verreiste Alice mit George und den Töchtern nach Ceylon und in den Orient und kehrte erst zwei Jahre später wieder zurück. Ein neues Haus am Grosvenor Square wurde gefunden. Zu schmerzhaft waren die Erinnerungen in dem alten Gebäude, in dem sie mit dem Geliebten so schöne Stunden verlebt hatte.

Erst 1925, ganze fünfzehn Jahre später, kaufte sie die Villa in Florenz, für die der König ihr die Mittel hinterlassen hatte. Im Herbst 1940, der Zweite Weltkrieg war gerade in Italien ausgebrochen, flohen die Keppels nach England und kehrten erst 1947 nach Italien zurück. Zwei Jahre später, am 11. September 1949, starb Alice an Leberzirrhose (!). Nur kurz darauf verblich auch Ehemann George. Sechsundfünfzig Jahre hatten sie mehr oder weniger gemeinsam verbracht, bis zum Ende waren sie ein sich zutiefst zugetanes Ehepaar geblieben.

Tochter Sonia Keppel ehelichte Roland Cubitt, den dritten Lord Ashcombe. Seine Vorfahren waren ursprünglich Baumeister in Norfolk gewesen, die nach London kamen und in der Metropole den Eaton Square und andere feine Stadtteile für die größte Londoner Landbesitzerfamilie, die Grosvenors, erbaut hatten. Aber auch das Sommerhaus von Queen Victoria auf der Isle of White und den Erweiterungsflügel am Buckingham-Palast. Dafür erhielten sie den Grafentitel, was für »Handwerker«, auch für inzwischen ziemlich reiche, eine Seltenheit war. Siebenundzwanzig Jahre währte die Ehe mit Sonia und endete 1947 mit der Scheidung. Ihre Tochter Rosalind heiratete Bruce Shand und ist die Mutter von Camilla.

Also, wer behauptet, Camilla sei nicht adelig genug, ist ein ahnungsloser Snob. Mütterlicherseits fließt über mehrere Generationen blaues Blut in ihren Adern, und wenn ihre Großmutter tatsächlich die Tochter von Edward VII. war, dann kann es blauer kaum sein. Klarheit würde ein Gentest bei Camilla bringen. Und wenn der positiv ausfällt, was zu erwarten wäre, dann ist Camilla nicht nur die Urenkelin der Lieblingsmätresse von Charles' Urururgroßvater, sondern eine Tante zweiten Grades der Queen und eine Tante dritten Grades von Charles.

Aber nicht nur bei den Cubitts, auch auf der Shand-Seite gibt es illustre Persönlichkeiten, deren Blut in Camillas Adern fließt. Die Shand-Familie lebt — heute immer weniger ausschließlich — von dem Vermögen, das der Vorfahr Hugh Shand im frühen 19. Jahrhundert mit Baumwollhandel im schottischen Glasgow verdient hatte. Er heiratete 1855 Edrica, die Tochter des berühmten Malers Joshua William Faulkner, und hatte drei Söhne mit ihr. Der Älteste, Alexander Faulkner Shand, bestand zwar sein Juristenexamen in Cambridge, praktizierte aber nicht. Er lebte in London, beschäftigte sich mit Psychologie und schrieb ein viel beachtetes Buch: *The Foundations of Character*. Die Frau, die er ehelichen wollte, Constance Lloyd, verließ ihn kurz vor der Hochzeit, weil sie sich haltlos in den bisexuellen Oscar Wilde verliebt hatte, den sie später auch heiratete. Alexander nahm stattdessen die Tochter einer angesehenen Arztfamilie aus Bath zur Frau, deren Mutter aus der Reederdynastie Hope aus Liverpool stammte. Einziger Sohn ist P. Morton Shand, geboren 1888, der, ob des ererbten Vermögens vom Vater, nicht für Geld arbeiten musste. Ausgebildet im feinen Eton, waren seine bevorzugten Studienfächer Theologie und Deutsch. Er studierte aber auch in Cambridge und an der Sorbonne in Paris.

Morton Shand gerierte sich als exzentrischer Lebemann, wurde eine Autorität in der Architekturliteratur, übersetzte viele Bücher und Texte von Walter Gropius, war befreundet mit Le Corbusier und Wells Coates. Er brachte den Engländern das Wissen um die moderne Architektur bei. Allerdings mokierte er sich lauthals über manche Bauwerke, die er für amerikanische Geschwüre auf dem Antlitz der britischen Hauptstadt hielt. Als Gourmet und Weinfetischist veröffentlichte er etliche Bücher über diese Themen. Damals war es ein Novum, feingeistig über Essen und Trinken zu schreiben. Zeitgenossen sagten über ihn, er sei ein Mann mit starken Neigungen und Abneigungen gewesen. Er trank gern und viel Port, verachtete aber den Whisky, den er als Gift bezeichnete, trinkbar nur für Leute mit schlechtem Geschmack. Er hasste alle vulgären Formen von Hässlichkeit.

Der Großvater war ein ausgesprochener *Ladies Man*, ein Frauenheld. Er heiratete vier Mal und hatte mit drei seiner Gemahlinnen je ein Kind. Über Frauen sagte er: »Wenn sie keine Suppe kochen können, sollten sie nicht heiraten dürfen.« Sein ältester und einziger Sohn Bruce, geboren 1917, wurde Camillas Vater.

Shand verließ die junge Edith Margerite, die Mutter von Bruce, bald, reiste in Europa herum und betrog sie. Sie ließ sich

1920, nach vier Jahren Ehe, scheiden, und Bruce traf seinen Erzeuger erst wieder, als er selbst achtunddreißig war: »Hätte meine Frau nicht darauf bestanden, dass er seine Enkelkinder kennen lernt, hätte ich ihn wahrscheinlich nie mehr gesehen.«

Mutter Edith Margerite ehelichte ein Jahr später einen Herbert Tippet, der Golfplätze designte, und zog mit ihm in die USA. Sohn Bruce blieb bei der Großmutter. Eine Patchworkfamilie, Stiefschwestern und kein Kontakt zum Vater zeichnen Bruce Shands Kindheit. 1935 meldet er sich, gerade mal achtzehn Jahre alt, bei der Armee und wird, nach der Militärakademie 1937, bei den 12th Royal Lancers, einem vornehmen alten Kavallerieregiment, aufgenommen – weil er Pferde liebt und erstklassig reiten kann. Mit seinen Kameraden zieht er durch Londoner Nachtclubs, wettet, speist und trinkt teuer im Boodle's Club in der St. James's Street, in dem er Mitglied ist, und im notorischen Four Hundred Club. Bald hat er solch hohe Schulden, dass ihn seine Freunde auslösen müssen, was unter Gentlemen ohne Probleme geregelt wird. Im Zweiten Weltkrieg kämpft er vorbildlich, wird schwer verwundet an Bein und Auge und bekommt zwei hohe Auszeichnungen (Military Cross) wegen Tapferkeit. In Nordafrika nehmen ihn Rommels Truppen gefangen. Zwei Jahre sitzt er in Kriegsgefangenschaft im Straflager Spangenburg bei Kassel und hat seitdem eine tiefe Abneigung gegen alles, was deutsch ist.

Im Januar 1946 heiratet er die vierundzwanzigjährige Rosalind, und nach seiner Entlassung verdient er, der außer Kämpfen nichts gelernt hat, zunächst als Vertreter für staatliche Lehrfilme ein mageres Gehalt. Doch er hat reiche, adelige Freunde, und so übernimmt er mit einem Partner, kurz nach Camillas Geburt, den Weinhändler Block, Grey & Block in der South Audley Street im feinen Mayfair.

Teenager im Tweedkostüm

Die junge Familie Shand wohnt in einem gemieteten Manor House in West Dean, Sussex. Nach zwei Jahren bekommt Camilla ein süßes Schwesterchen, Annabel Sonia, und achtzehn Monate später ist der Stammhalter Mark Roland geboren. Kurz danach zieht die Shand-Familie in ihr neues, eigenes Heim um, ein gemütliches, altes Pfarrhaus aus der Tudor-Zeit: The Laines in Plumpton, Sussex.

Die Shands haben die richtigen Freunde und leben den typischen Lifestyle der vornehmen ländlichen Gesellschaft. Reiten, jagen, Hunde und jedes Jahr eine Gartenparty für die Mitglieder der konservativen Partei. Im Londoner Stadtteil South Kensington besitzen sie eine kleine Wohnung, die Bruce unter der Woche als Pied à Terre nutzt, wenn er in seinem Weinhandel arbeitet. Auch Rosalind übernachtet da, wenn sie shoppen geht oder ein Theaterbesuch oder ein Ball in der Saison ansteht. Natürlich trifft man jedes Jahr die Freunde in Ascot und Epsom, bei der Trooping-the-Colours-Parade (der Geburtstagsparade der Königin) oder in Henley zur Regatta, trägt Seidenkleid und Hut und isst Erdbeeren mit Sahne. Es gibt Nannys für die Kinder, und sonntags geht die ganze Familie fein angezogen in die Kirche. Zu Dinners und Lunchpartys am Wochenende besucht man die ebenso wohl situierten Nachbarn, oder sie kommen nach Plumpton und bringen die Kinder mit, damit die sich beim Krocketspielen auf dem getrimmten Rasen kennen lernen.

Der Major ist immer makellos gekleidet, geht stramm und kerzengerade, und Rosalind, mit einer Frisur wie die Queen, liebt ihr Twinset zur Perlenkette. Sie sind ein solides, charmantes und unkompliziertes Ehepaar. Sie sprechen das vornehme Oxbridge-Englisch, bei dem man glaubt, sie hätten mindestens zwei der berühmten Pflaumen im Mund. Beide puzzeln gern in ihrem Garten — der Major wird später ein anerkanntes Gartenbuch schreiben —, und zum sonntäglichen Mittagessen gibt es Roastbeef und Yorkshire Pudding. Pferde sind *das* Thema in der Familie. Vater Bruce wird schon bald zum Master of Foxhounds (Herr der Jagdhunde) der Southdown Hunt gewählt, dem Reitjagdverein des County. Er ist beliebt und angesehen, seine Meinung oft erbeten. Die Queen ernennt ihn zum Vice Lord Lieutenant of East Sussex, zu ihrem Vertreter im Landkreis. Überhaupt hat er gute Verbindungen zum Königshaus. Zusätzlich zu seinem Beruf als Weinhändler dient er sechzehn Jahre lang im königlichen Haushalt als Clerk of the Cheque und als Adjutant der Yeoman of the Guard, der Bewachung der britischen Kronjuwelen. »Wir sahen immer aus, als würden wir gleich in die Schlacht von Waterloo ziehen«, scherzt Bruce Shand über die altmodischen Uniformen, die sie tragen müssen. Und gleich darauf folgt seine Lieblingsanekdote: Seine Aufgabe ist es unter anderem, die königliche Fahne bei Staatsempfängen zu halten. Und einmal, als die Franzosen zu Besuch kamen, verfing sich die Spitze seiner Fahnenstange, die er senken musste, weil die Queen vorbeischritt, in der Handtasche einer der französischen Damen: »Das war vielleicht ein Drama. Die Queen war allerdings höchst amüsiert über die ganze Sache.«

In The Laines geht es fröhlich zu, es wird viel gelacht und getobt. Bruce will, dass seine Nachkommen eine schöne, warme Kindheit erleben: »Meine eigene war total zerrüttet. Ich war erpicht darauf, dass meinen Kindern ein ebener Weg bereitet wurde.« Beide Eltern sind nicht sehr streng, es gibt Hunde und andere Haustiere, und die Freunde aus dem Dorf dürfen jederzeit spielen kommen, dann essen sie Eis oder Pudding und kloppen sich bei Kissenschlachten. Im Winter wird gerodelt oder Schlittschuh gelaufen, bis alle rot gefrorene Nasen haben.

Schon als Kind hat Camilla eine tiefere Stimme als andere Mädchen, sieht mit ihren blonden Locken, blauen Augen und ihrer hellen rosa Haut aus wie Alice im Wunderland. Aber nur sonntags, wenn sie zur Kirche ein Kleidchen trägt. Unter der Woche ist sie ein Racker, unterwegs in Hosen und Gummistiefeln, und spielt eher mit Zwillen als mit Puppen. Sie sitzt mit vier Jahren zum ersten Mal auf dem Pony und reitet bald wie ein Indianer. Im Sommer fährt sie zum Ponyclub, nimmt an Turnieren teil und darf bald ihre erste Reitjagd mitmachen. Camilla ist mutig bis zur Tollkühnheit, klettert auf Bäumen herum, fängt Fische mit der Hand und rauft sich mit den Dorfjungen. Sie hat keine Probleme, Freundschaften zu schließen, sie ist kommunikativ, witzig und beliebt, athletisch, gar nicht wehleidig, ehrgeizig und hat ziemliche Kräfte. »Wenn die Kinder im Sommer im Fluss schwammen, übernahm Camilla die Führung. Sie war immer sehr selbstsicher. Und tat ihr Bruder mal was Besonderes, hat sie so lange geübt, bis sie es besser als er konnte«, erzählt ein Freund aus Kindertagen.

Dank des erfreulichen Bankkontos der Eltern und der liebevollen, fröhlichen Atmosphäre, die in The Laines herrscht,
ist Camillas Kindheit unbeschwert, ohne Verzicht oder irgendwelche Probleme. Camilla erinnert sich heute: »Wenn
Leute glauben, ich sei stark, dann ist das meiner Familie zu
verdanken. Ich bekam so viel Liebe und Sicherheit, dass ich
niemals daran zweifelte, dass meine Familie für mich in Krisenzeiten da sein würde. Was immer passierte, ich wusste, ich
wurde geliebt und war gewollt. Das ist das größte Geschenk,
das man einem Kind machen kann. Ich hatte den besten Start,
den man sich nur wünschen konnte. Und als ich älter wurde,
erkannte ich, dass das solide Fundament meiner Kindheit mir
die Stabilität gegeben hatte, alles Unschöne durchzustehen.«
    Dieser enge Familienzusammenhalt ist ihrer aller Stärke
bis heute. Begegnet man der Shand-Familie, spürt man sofort, dass sie sich lieben und – inklusive der Kinder und
Zugeheirateten – durch tiefes Vertrauen miteinander verbunden sind. Sie umarmen sich, lachen gern und viel und
sind einfach gut zueinander. Von Unsicherheiten oder gar
Rückgratlosigkeit keine Spur. Selbstbewusst, bodenständig
und charakterstark stehen sie im Hier und Jetzt.
    Damals, in The Laines, sind es nicht die Geschichten von
Schneewittchen oder vom Struwwelpeter, die Klein Camilla
interessieren, sondern die von ihrer Urgroßmutter. Alice
Keppel fasziniert das Mädchen so sehr, dass Rosalind sie
immer und immer wieder erzählen muss. Das Energiebündel
Camilla sitzt dann ganz still auf Mutters Schoß, blättert in
einem alten Fotoalbum und schaut mit glühenden Wangen
die vergilbten Schwarz-Weiß-Fotos an. Immer wieder will
sie wissen, wie Alice ging, wie sie sprach, was sie zu welchem Anlass trug, wie »Kingy« Edward war und ob er Alice

wirklich liebte und so weiter und so weiter. Der Ausspruch »Zuerst musste ich knicksen und dann gleich ins Bett springen« wird Camillas Lieblingssatz. Sie kann sich immer wieder darüber kaputtlachen, und wenn sie abends in ihr Bettchen muss, macht sie es nach: zuerst einen Knicks und dann mit einem kleinen Hopser zwischen die Laken.

Als Camilla fünf Jahre alt ist, melden die Eltern Shand sie im Internat Dumbrells in Ditchling an. Die Schule liegt nur drei Kilometer von The Laines entfernt, und Camilla geht im Sommer zu Fuß, zunächst in Begleitung der Nanny, später auch allein. Im Winter fährt die Mutter sie dorthin. Nur für Mädchen ist die Schule, die 1880 von drei Schwestern gegründet wurde, und noch Anfang der Fünfzigerjahre wird sie viktorianisch streng geführt. Internatsleiterin ist eine ehemalige Schülerin der Gründerinnen: Miss Helen Knowles. Sie hält Abhärtung und Disziplin immer noch für das einzige Ziel einer Jungmädchenerziehung.

Es herrschen spartanische Zustände: Linoleumfußböden, alte quietschende Holzbetten in den Schlafsälen und keine Heizung. Oft ist das Wasser in den Waschschüsseln gefroren, und Frostbeulen müssen regelmäßig in der Infirmerie, im Krankenhaustrakt, behandelt werden. Früh morgens geht's los. Wecken um 6.30 Uhr, dann, wenn die Glocke läutet, um Punkt halb acht, Frühsport für zwanzig Minuten, anschließend kalt duschen. Die Mädchen tragen im Winter Handschuhe, Stiefel und mehrere Pullover übereinander in den Klassenzimmern. Eine Lehrerin erinnert sich an Camilla: »Sie war ein hübsches Mädchen mit sehr guten Manieren. Sie unterschied sich nicht von den anderen Kindern, aber sie war immer sehr höflich. Sie war intelligent, begriff schnell, hatte einen süßen Charakter und hat hart gearbeitet.«

Eine riesige Fledermaus, die ausgestopft und mit ausgebreiteten Schwingen von der Decke in der Eingangshalle hängt, versetzt den Kids den ersten Schock. Auch Camilla gruselt sich vor dem riesigen, schwarzen, spinnwebenbesetzten Tier. Bestrafungen sind an der Tagesordnung. Wer nicht ordentlich ist, muss das Teil, das man vergessen hatte, stundenlang mit sich herumtragen. So begegnen sich immer wieder merkwürdig aussehende Gestalten. Eine hat drei Hüte auf dem Kopf, einer anderen baumelt ein Nähkorb vor der Brust, der ihr am Hals festgebunden worden war. Miss Knowles straft ungehöriges Verhalten oder lautes Gerede im Unterricht mit dem Lineal. Je nach Schwere des Vergehens fünf Schläge auf die Fingerknöchel oder zehn auf den blanken Po. Kleine Mädchen müssen für eine Stunde unter dem quietschenden Drehstuhl der Leiterin hocken. Als eines Tages ein Schulkontrolleur vorbeischaut, ist er sprachlos über die Tatsache, dass es solch eine Schule überhaupt noch gibt. »Wer mit Dumbrells fertig wird, der wird mit allem fertig werden«, sagt er, ohne dass sich nach seiner Abfahrt irgendetwas merklich verändert.

Im Gegensatz zu Charles lässt sich Camilla von den üblen Zuständen in ihrer Schule nicht unterkriegen. Statt zu maulen, zeigt sie sich kämpferisch und beißt sich durch. Eine Mitschülerin erinnert sich, wie tough Camilla damals schon war: »Wir müssen ungefähr sieben Jahre alt gewesen sein. Camilla hatte mal wieder im Unterricht geschwätzt und wurde nach draußen befohlen für die übliche Bestrafung. Sie kam wieder rein, und man konnte sehen, dass sie Schmerzen hatte. Aber sie setzte sich auf ihre wunden Pobacken und sah die Lehrerin herausfordernd an. Ihre Unterlippe zitterte, aber sie unterdrückte ihre Tränen. Sie war ein charakterstarkes und mutiges Mädchen.«

Sport ist für Camilla der Unterricht, in dem sie sich beweisen kann. Sie ist eine sehr gute Hockeyspielerin, eine Sportart, die vor allem im Winter auf gefrorenem Boden angesagt ist. Im Sommer punktet sie beim Stoolball, eine Art Cricket. Nach der Schule wartet auf sie die warme Atmosphäre des liebevollen Elternhauses als Gegenpol zum strengen Regime in Dumbrells. Die Shand-Kinder werden zu Hause nicht durch Verbote, sondern mit sehr viel Lob, Zuwendung und Anerkennung erzogen.

Mit zehn wechselt Camilla an die schicke Queen's Gate School in South Kensington und wohnt unter der Woche mit den Eltern in der Londoner Wohnung. Später kommt auch Annabel dazu, Mark wird mit zehn im Internat Eton eingeschrieben. Die Queen's Gate School ist eine Schule für »höhere Töchter«. Gehässige Lästermäuler behaupten, dass die Mädchen dort lernen, wie man Schecks ausstellt und Dinnertische richtig deckt. Stolz wird darauf hingewiesen, »dass wir die Ehefrauen für die meisten Adeligen und das halbe Außenministeriums produzieren«. In Wahrheit entspricht das Curriculum dem jeder anderen höheren Schule in England. Natürlich wird Englisch, Literatur, Französisch, Mathematik und Biologie unterrichtet, und es werden Abschlüsse − O-Levels und A-Levels − angeboten und erwartet. Wenn man dazu auch noch das Decken von Tischen und einige Tanzschritte lernt, kann das ja nur nützen.

Camilla ist keine Musterschülerin, ihre Noten liegen im Mittelfeld. Aber sie gibt sich Mühe. Und sie ist bei ihren Klassenkameradinnen, die sie Milla nennen, beliebt. Nicht zu hübsch, um bei den anderen Neid oder Missgunst zu erwecken, und keine Streberin. »Sie war eines dieser Mädchen, das wusste, was es wollte, und die es im Leben zu etwas bringen würde«, erinnert sich eine Mitschülerin. »Camilla hatte Ausstrahlung.« Und die untermauert sie mit ihrer Familiengeschichte, die sie gern – und oft – zum Besten gibt. Die Mitschülerin weiter: »Vom ersten Schultag an erzählte sie uns Geschichten von Alice. Wie sie mit dem König jedes Jahr Ferien in Biarritz machte und in der Schweiz die eigentliche Königin von England war.«

An den Wochenenden, zurück in The Laines, geben die Shands hin und wieder Partys für ihre Kinder, die »Duckling Dances« genannt werden. Ein Freund aus Kindertagen, Broderick Munro Wilson, erinnert sich: »Die Mädchen hatten Kleidchen mit dicken Schleifen an, gekauft beim feinen Kinderladen The White House in der Bond Street. Die Jungs kamen im kleinen blauen Blazer. Dann wurde zum Grammophon oder manchmal auch zu einer Drei-Mann-Band getanzt. Die Jungens auf einer Seite, die Mädchen auf der anderen. Alle mussten mit allen tanzen. Die Eltern führten Aufsicht und passten auf, dass keiner ein Mauerblümchen blieb. Dann gab es Eis oder Wackelpeter.« Früh übt sich, was ein Partygirl werden will.

Schweißnasse Hände vor Aufregung haben die Shand-Kids jedenfalls nicht mehr, als sie ins Teenageralter kommen und ohne Scheu auf die ersten Erwachsenenfeste gehen. Sie haben gelernt, sich zu benehmen, wenn es darauf ankommt, und richtig tanzen können sie auch schon. Im Saal der Kirche im Nachbarort Hassocks gibt eine Mrs. Robinson Tanzunterricht. Natürlich nicht Disco, sondern klassischer Ballroom: Walzer, Foxtrott und Cha-Cha-Cha, eben das, was ambitionierte junge Damen und Herren können müssen, wenn sie in der Saison nach London zu den feinen Gesellschaftsanlässen fahren.

Als Teenies sind Camilla und ihre Geschwister ein rebellischer Clan. Sie hängen ab mit ihren gleichaltrigen Freunden von den feineren Nachbarsfamilien der Ober- und Mittelklasse, der Hunting Crowd, so genannt, weil fast alle in der Jagdsaison auf ihren Ponys dem Fuchs nachjagen und hinterher Partys veranstalten. Mit fünfzehn gewinnt Camilla ihre ersten Pokale auf Military Events. Die Shand-Geschwister halten zusammen, sie lachen über Dinge, die andere nicht mal ahnen, und treffen sich an geheimen Plätzen mit den Freunden, rauchen und lästern über Leute, die sich vornehm oder spießig aufführen. Leute, die »Toilette« statt »Klo« oder »Couch« statt »Sofa« sagen, sind genauso unten durch wie die, die ihr Messer wie einen Füller in der Hand halten und statt »Wie bitte?« ein »Pardon« bevorzugen.

Die Shand-Schwestern fallen durch enormes Selbstvertrauen auf, wenig ist ihnen peinlich, und sie werden von den Eltern stets aufgefordert, sie selbst zu sein. Eine Freundin von damals weiß: »Während wir immer noch wie kleine Kinder angezogen waren, hatten die Shand-Mädchen schicke schwarze und ärmellose Kleider an. Und während wir an unseren Pullovern und Röcken rumzupften, um ja kein Stück Haut zu zeigen, was als vulgär galt, rannten sie freimütig in Bikinis herum. Sie schämten sich nicht und hatten ein gesundes Verhältnis zu ihrer Weiblichkeit.«

Camilla ist frühreif. Ein Nachbar aus Sussex beobachtete: »Sie war bodenständig und wohltuend sexuell. Sie sah nicht wie ein Filmstar aus, aber sie war eines der ersten Mädchen, das sich für Jungs interessierte.« Wen wundert es, dass das Interesse auch erwidert wird. Camilla ist blond und hat eine hübsche durchtrainierte Figur und schon früh einen ziemlich großen Busen. Sie ist unkompliziert, lacht ungezwungen selbst über schmutzige Witze und macht selbst welche. Sie ist waghalsig und draufgängerisch, und auch sonst steht sie in der ersten Reihe und macht alles mit. Das finden die Jungen cool. Carolyn Benson, Camillas Freundin aus Schultagen, erzählt: »Camilla war lustig und helle. Jungs liebten sie. Auch wenn sie zu jung für Sex war, hatte Camilla immer haufenweise Boyfriends. Sie konnte sich mit ihnen über Dinge unterhalten, die sie interessierten. Camilla war nie eine Frauenfrau, sondern immer schon eine Männerfrau. Sie hatte eine sexuelle Ausstrahlung auf Männer – und war ein ziemlicher Flirt. Sie mochte Männer und war gern mit ihnen zusammen.«

Im Gegensatz zu anderen Upperclass-Mädchen von der Queen's Gate School ist Mode Camilla eher egal. Anfang der Sechziger ist die Flower-Power-Bewegung in ihrer vollsten Blüte. Alle tragen angeklebte Wimpern, Haarteile und Miniröcke von Mary Quant und Pierre Cardin und sind außerhalb des Schulhofs mächtig geschminkt. Camilla hingegen trägt ihre hübschen blonden Haare schulterlang, und statt Paisleymuster und orangefarbenem Lacklederjäckchen sind meist Twinset und Perlenkette zu Tweedkostüm ihre Modeaussage. Und trotzdem: Konservativ ist sie, aber nie konform. Steigt etwa aus dem Fenster aufs Dach, um schnell mal eine zu qualmen, während eine ihrer Freundinnen drinnen Wache schiebt. Oder sie meldet sich zum Fechten an, statt Tennisunterricht zu nehmen. Auch diesen Schulfreundinnen erzählt sie oft und gerne die Geschichte ihrer Urgroßmutter Alice. Lynn Ripley, die später der Popstar Twinkle wird, denkt über Camilla, dass sie »das coolste Mädchen an der ganzen Schule war. Sie gab sich als kleine, feine Madame und sah immer super aus. Sie war ein Sloane Ranger, bevor Sloane

Ranger überhaupt erfunden waren.« (Sloane Ranger sind die Londoner Schickis der späten Siebziger- und frühen Achtzigerjahre. Diana war vor ihrer Hochzeit die Königin der Sloane Ranger, bevor sie Prinzessin wurde. Die trafen sich rund um den Sloane Square, kauften in der General Trading Company, trugen Barbour-Jacken zum Smoking und Abendkleid, fuhren BMW und Range Rover, ein Must waren Twinsets und Perlenkette für die Mädchen oder maisgelbe Cordhosen zum Tweedjackett für die Männer.) Statt Shopping bei Biba in Kensington, schlendert Milla mit ihren Freundinnen zu Harrods. Sie trinkt Tee bei Fortnum & Mason, obwohl eine Cola in der Chelsea Kitchen, die der junge Designer Terence Conran gerade auf der Kings Road eröffnet hat, angesagt gewesen wäre.

Camillas schulische Leistungen sind auch jetzt nicht besonders, außer, wie immer, beim Sport. Fechten ist zu ihrer Leidenschaft geworden, und sie ist ein echtes Talent. Nachdem sie ein O-Level geschafft hat, verlässt sie die Schule in South Kensington und packt ihre Koffer. Auf einer Schule in der Schweiz soll sie den letzten Schliff bekommen – und Kochen und Konversation lernen. In Genf, auf der Mon Fertile Finishing School, trifft Camilla andere junge Damen aus Europas reicheren Schichten und wird zum Skilaufen nach Gstaad eingeladen. Auch hier ist sie beliebt und findet schnell Anschluss. Nach einem Jahr ist der Kurs beendet, und Camilla reist weiter nach Paris, der Stadt, die ihre Urgroßmutter Alice und auch der Shand-Großvater so herrlich fanden. Wie er studiert sie ein Semester am Institut Britannique und kehrt anschließend nach London zurück.

Der Auslandsaufenthalt zeigt sichtbare Effekte. Camilla ist verändert, hat abgenommen, ihre Gesichtszüge scheinen modellierter, und in Paris hat sie auch ein bisschen mehr Pep in ihre Garderobe gebracht. Und sie hat richtig küssen gelernt, was sie als »ganz köstlich und etwas Wunderbares« beschreibt. Sie ist keines der Mädchen, die nur hinter vorgehaltener Hand und beschämt kichernd über Sex redet. In der Stadt der Liebe hat sie von den Franzosen gelernt, dass offen über solche Themen zu reden keine Vulgarität ist. Und Sex zu haben auch nicht.

Camilla hat also die Mauser hinter sich und beginnt ihre Flügel zu spreizen. Sie ist zu einer jungen, höchst attraktiven Dame erblüht – und weiß es. Wenn sie einen Raum betritt, fällt sie auf, und sie spürt, dass sie einen gewissen Sexappeal auf die Männer ausübt. Und ob – oder vielleicht gerade wegen – ihrer »Erdigkeit«, wie jemand ihre natürliche unaffektierte Art beschreibt, kann sie ihre Gesprächspartner faszinieren. Nun gibt es kein Halten mehr. Als an Silvester 1964/65 bunte Raketen den Himmel über The Laines erglühen lassen, sieht Camilla ein aufregendes Jahr heraufziehen: das Jahr ihres Coming-out, ihre Einführung in die feine englische Gesellschaft.

Als Debütantin heißt es nun: aufgepasst! Der richtige Termin für die Feier, die die Eltern für sie geben werden, muss geschickt gewählt werden. Es darf nicht die allererste Party sein – zu viel Aufmerksamkeit –, aber auch nicht eine der letzten – zu wenig Aufmerksamkeit. Weil die Shands kein großes Haus in der Stadt oder ein Schloss auf dem Land zu bieten haben, muss ein passender Ort in London gebucht werden, nicht zu teuer, aber dennoch vornehm genug. Die Gästeliste muss wohl überlegt, die richtigen Leute rechtzeitig eingeladen werden. Auch das Catering, der Blumenschmuck und natürlich die Kleider, von denen Camilla mehrere braucht, müssen bedacht werden. Eine Aufregung, die im Jahr 1965 insgesamt 311 Debütantinnen auf Trab hält.

Am Donnerstag, dem 25. März, ist es dann endlich so weit. Abends gegen halb acht stauen sich Taxis und Limousinen auf der Pavillion Road in Knightsbridge. Ziel ist die Nummer 30: Searcy's, der Ort für vornehme Veranstaltungen seit 150 Jahren. In dem alten Georgian Townhouse steht die Flügeltür offen, die Fenster sind hell erleuchtet. Herren im Smoking, die so genannten *debs delights*, alle aus bestem Hause und unter dreißig, steigen die steinernen Stufen herauf, Damen mit den dazugehörigen jungen Töchtern raffen ihre Abendroben, um dem Straßendreck zu entgehen. Überall glitzert Geschmeide an Hals und Ohrläppchen. Die eine oder andere blickt schnell noch einmal in den Spiegel, pudert eine glänzende Nase oder zieht die Lippen nach. Durch die Halle mit dem schwarz-weißen Marmorboden windet sich die Schlange der Gäste. In der Bibliothek vor dem Kamin steht Camilla mit ihrer Mutter Rosalind und Major Shand. Camilla trägt ein dunkelblaues Chiffonkleid mit Bustier. Die nackten Schultern sind züchtig von einem Hauch eines Jäckchens bedeckt, das aber alles darunter durchscheinen lässt – very sexy. Die Haare trägt sie nach hinten gekämmt und hochgesteckt, vorn ein modischer Pony bis zu den Augenbrauen, und an den Ohren klimpert ein Perlenensemble in Form kleiner Kronleuchter. Mutter Rosalind, mit Queenfrisur und drei Reihen Perlen, trägt ärmelloses Rosé mit Schleife vor dem Bauchnabel und Brosche auf der linken Schulter. Der stramme Major – natürlich – in makellosem Schwarz mit steifem Kragen und Blume im Knopfloch. Die Gäste defilieren an den Shands vorbei. Rund 150 Hände, manche in Handschuhen, müssen geschüttelt, ein paar Nettigkeiten gesagt werden, bevor es zum Bubbly geht. Champagner in langstieligen Gläsern und Kanapees werden gereicht. Alle amüsieren sich prächtig, und der Abend ist ein voller Erfolg.

Das Society-Magazin *Harpers & Queen* erwähnt Camillas Party in der Debütantenkolumne der nächsten Ausgabe: »Die Cocktailparty, die die honorable Mrs. Shand für ihre attraktive Debütantentochter Camilla gab, war außerordentlich erfolgreich. Es war eine der ersten Debütantenpartys und zu Beginn vielleicht etwas zäh, da sich so früh in der Saison die jungen Leute noch nicht kannten, aber die Gastgeberin und Camilla gaben sich viel Mühe, alle miteinander zusammenzubringen, und die Party war schnell in vollem Schwung.« Camilla ist nicht hübsch genug, um Debütantin des Jahres zu werden, das ist unbestritten die blonde Tochter von Lord Howe, Lady Mary Gaye Curzon, die auch auf Camillas Party eingeladen war. Was unter anderem zeigt, dass Camilla keine Zicke ist und dass das gute Aussehen ihrer Konkurrentinnen kein Hindernis für sie darstellt. Im Gegenteil: Camilla hat sich vorgenommen, in dieser ihrer Saison so viel Spaß wie nur möglich zu haben. Mit ihrem trockenen Humor und ihrem aufgeschlossenen Wesen ist sie ein Gewinn für jede Party und wird auch überall eingeladen. Ihre prächtige Oberweite tut das ihrige dazu. »Alle aus meiner Generation sind Busenfetischisten«, sagt Camillas Jugendfreund Broderick Munro Wilson. »Ich kann mit einer flachbrüstigen Frau nichts anfangen.« So ist Camillas Eieruhrfigur ein wichtiges Asset für ihren Erfolg.

Das Leben als Debütantin ist ziemlich anstrengend. Fast jeden Abend eine Cocktailparty oder ein Ball, Dinners und Disco-Nächte, Lunch- und Teeeinladungen, Sommerfeste bei Schlossbesitzern auf dem Land, Renntage zu Royal Ascot, die Regatta in Henley, Military in Goodwood – und Camilla immer mittendrin. »Sie ist eine Garantie für einen lustigen Abend«, sagt ein Freund. »Mit Camilla ist es nie langweilig.« Und das kann über manche der umwerfenden Schönheiten nicht gesagt werden. Camilla ist eine der Stardebütantinnen von »The Season 1965«.

Höhepunkt und Start der Saison, die von März bis August geht, ist der Queen Charlotte's Ball – eine Reminiszenz aus alter Zeit. Im Jahr 1780 gab König George III. einen Ball zum Geburtstag seiner Gemahlin Charlotte. Seitdem wurden jedes Jahr am 19. Mai die schönsten Jungfrauen aus noblen Häusern dem Hofe vorgestellt. Es war ein Heiratsmarkt der gehobenen Klasse, die den Herren passende adelige Gemahlinnen zur Ansicht führen sollte. Diesen hatte Elizabeth II. nach ihrer Thronbesteigung abgeschafft. Sie fand eine solche Einrichtung nicht mehr zeitgemäß. Aber da hatte sie nicht mit den ambitionierten Upperclass-Müttern gerechnet. Die wollten sich die beste Chance für ihre Töchter, den Richtigen kennen zu lernen, nicht nehmen lassen, und ein Komitee von Müttern fand sich zusammen und organisierte mithilfe von Berater Peter Townend, wandelndes Society-Lexikon, weil Redakteur beim *Burke's*, dem genealogischen Handbuch des britischen Adels, die Party von nun an selbst. Offiziell wurde sie als Charity-Veranstaltung deklariert, um Geld für das Queen Charlotte's Maternity Hospital zu sammeln.

Im feinen Grosvenor House Hotel in Mayfair findet seitdem alles genauso statt wie damals, nur ohne Queen. Die jungen Debütantinnen in weißen Ballkleidern, am Arm ihrer Galane, müssen nach dem gemeinsamen Einmarsch an der Stirnseite des Saals ihren Knicks machen. Da nun dort aber nicht mehr die Königin sitzt, sondern nur noch der riesige trippelstöckige Kuchen, heißt die ganze Veranstaltung inoffiziell *Curtsy to the Cake* (Knicks vor dem Kuchen).

Irgendwann zu Beginn der Saison lernt Camilla Kevin Burke kennen und lieben. Der gut aussehende und wohlhabende Sohn des bekannten Fliegerpioniers und Flugzeugkonstrukteurs Sir Aubrey Burke (Hawker-Siddeley-Group) ist das rechte Material, um ihr erster Lover zu werden. Behaupten jedenfalls eingeweihte Freunde, die auch auf Camillas Coming-out-Party waren. Sie wollen sogar wissen, dass es drei Tage danach zum ersten Mal passiert ist.

Keiner von ihnen war dabei, aber es stimmt, dass Camilla ungefähr ein Jahr mit Kevin befreundet ist. Es ist 1965, die Pille gibt es auf Rezept, und jeder kann ohne Babyfolgen mit jedem ins Bett hüpfen – und tut das auch. Man kann wohl mit Sicherheit davon ausgehen, dass Kevin, neunzehn, nicht ein Jahr lang nur Camillas energisches Händchen hält, schon deshalb nicht, weil sie es endlich wissen will. Camilla geht das Ganze weniger romantisch als praktisch an. Sie sagt vorher zu einer Freundin: »Es wird Zeit, dass ich herausfinde, was an all dem Gerede darüber wirklich dran ist. Kann ja sein, dass ich Gefallen daran finde.« Und das ist wie es scheint der Fall, denn Kevin jedenfalls ist begeistert über seine Camilla: »Es war eine tolle Zeit. Und ich hatte den besten Partner, den ich mir nur wünschen konnte. Camilla war immer gut drauf, hatte nie schlechte Laune. Sie wusste, wie man Spaß hat. Sie war attraktiv und sexy. Wir waren sehr verliebt, so verliebt, wie man in dem Alter nur sein kann.« Und dann lässt sie ihn sitzen.

Camilla ist inzwischen aus dem elterlichen Nest ausgezogen. Mit ihrer Freundin Virginia Carrington teilt sie sich eine Zwei-Zimmer-Wohnung im Stack House, Ebury Street in

Chelsea. (Virginias Vater, Lord Carrington, wird später einmal der Außenminister von Margaret Thatcher werden.) Camilla ist unglaublich unordentlich, was Virginia zum Wahnsinn treibt. Ihr Schlafzimmer sieht meist aus, als hätte eine Bombe eingeschlagen. Kleiderbügel scheint sie nicht zu kennen, über Stühlen und auf dem Bett stapeln sich die Klamotten. »Das Badezimmer sieht vielleicht aus, wenn Camilla drin war. Sie scheint eine Aversion gegen Putzmittel zu haben. Aber ich kann ihr kaum böse sein. Sie ist wie ein großes, ausgelassenes Kätzchen«, erklärt Virginia erstaunten Besuchern. Die schlampige Mitbewohnerin jobbt immerhin als Sekretärin und Mädchen für alles an der Rezeption bei Colefax & Fowler, dem schicken Geschäft für Stoffe und Interieurs in der Fulham Road. Sie ist eine gute Mitarbeiterin, sie spricht die gleiche Sprache wie die vornehme Kundschaft, und mit ihrem guten Französisch kann sie auch der ausländischen Schickeria behilflich sein.

Aber Camillas Ziel ist nicht eine Karriere als Dekorateurin reicher Leute Wohnzimmer und Badestuben. Sie weiß genau, was sie will. Das, was alle ihre weiblichen Vorfahren und Generationen von Frauen auf der Welt wollen: Mann, Haus und Babys. Sie träumt von dem stattlichen, gut aussehenden Mann aus dem richtigen Stall an ihrer Seite, der genug Geld verdient, damit Kinder, Hunde und Pferde nicht darben müssen. Ein schönes großes Haus, irgendwo in einem County, das mit »shire« im Namen endet, also nah von London gelegen ist und einen guten Reitjagdverein aufzuweisen hat. Küche mit AGA-Herd, Kristallgläsern und silberner Teekanne, im Kleiderschrank Hermès-Handtasche und ein paar flache Guccis, Garten mit Kieswegen und Kamelien an der Mauer. Camilla ist auf der Jagd. Und an einem Abend im

Herbst 1966, auf einer der späten Cocktailpartys der Saison, sieht sie ihn: den Mann ihrer Träume, den Mann, der ihre Knie zu Marshmellows werden lässt, den Mann, das weiß sie sofort, den sie haben will.

»Wer ist das?«, fragt sie ihren Freund und Begleiter Rupert Hambro. »Das ist Andrew Parker Bowles, Offizier bei den Royal Horseguards (Königliche Leibgarde).« Camilla hat nur noch Augen für den großen, blonden, hochgewachsenen und sehr, sehr gut aussehenden Mann im Smoking. »Stell mich ihm vor, stell mich ihm vor«, fordert sie. »Jetzt, sofort!«

Andrew – ein Geschenk für die Damen

Der schmucke Leutnant stammt aus einer alten adeligen Familie, die in Donington Castle House lebt, einem 400 Hektar großen Landsitz nahe Newbury. Er feiert drei Tage nach Weihnachten, am 27. Dezember, Geburtstag. Geboren im Jahr 1939, ist Andrew acht Jahre älter als Camilla. Sein Ururgroßvater war Thomas Augustus Wolstenholme Parker, der sechste Earl of Macclesfield. Dessen Sohn Algernon heiratete die Tochter von Lord Kenyon, einem Lord in Waiting von Königin Victoria, König Edward VII. und König George V. Und deren Sohn wiederum heiratete 1913 eine reiche Erbin, Wilma Bowles, und seitdem heißen die Parkers Parker Bowles. Geld und Adel haben sich über die Generationen mehrfach prosperitiv verbunden. Verwandt sind die Parker Bowles mit den Earls of Derby and Cadogan, den Dukes of Marlborough und über die Earls of Strathmore mit der Queen selbst. Viel vornehmer kann es kaum sein.

Andrews Vater, Derek Henry Parker Bowles, setzt die blaublütige Tradition fort und ehelichte Dame Ann de Trafford, Tochter des millionenschweren Rennpferdezüchters Sir Humphrey de Trafford und Chefin der britischen Girl Guides. Spitzname der resoluten Dame ist »Rhino«. Wegen dieser Verbindung sind Andrew Henry und seine Geschwister – Simon, Rick und Mary Ann – alle römisch-katholisch, denn die de Traffords haben sich damals, 1593, rebellisch gegen die Church of England gestellt, die sich ja von Rom losgesagt hatte – und sind ihrem Glauben bis heute treu geblieben.

Die Parker Bowles sind vermögende Leute. Grund und Immobilienbesitz in Enfield, im Norden Londons, haben mehreren Generationen ein gutes Leben gesichert. Vater Derek ist der beste Freund von Queen Mom, begleitet sie zu den Rennplätzen ihrer Wahl und sitzt oft, Gin Tonic schlürfend, auf dem königlichen Sofa in Clarence House und in Balmoral. So wurde Andrews feinste Patentante die Mutter der Königin, und er durfte als Vierzehnjähriger bei der Hochzeit der Queen als Page mit dabei sein.

Andrew und sein Bruder Simon besuchen das katholische Äquivalent zu Eton, die Klosterschule Ampleforth College, eine Benediktinerabtei in Nordyorkshire. Schwester Mary Ann wird auf eine Klosterschule für Mädchen geschickt. Viel Beten und viel Sport formt aus den Schülern gottesfürchtige, moralisch integre und charakterstarke Menschen. Zumindest ist das die zugrunde liegende Idee der kirchlichen Erziehungsanstalten. Andrew bewirbt sich nach seinen A-Levels in Sandhurst, der königlichen Militärakademie. Er weiß alles über Pferde und ist ein erstklassiger Reiter, spielt Polo mit hohem Handicap, gewinnt den einen oder anderen Pokal auf Springturnieren und reitet als Amateurjockey das berühmte Grand National. Bei einem Rennen in Ascot fällt er vom Pferd und bricht sich das Rückgrat. Nach einigen schmerzhaften Wochen im Gipsbett und mit einer einmontierten Metallplatte steht er gottlob ohne bleibenden Schaden wieder auf.

Nach der Akademie meldet sich der junge Offizier zu den Royal Horseguard, bei denen schon sein Vater diente. Es ist die traditionsreiche und hoch angesehene berittene Garde, die schon in Waterloo siegreich war und auch zusammen mit den 12th Lancers, bei denen Camillas Vater gedient hatte, Rommels Truppen in Al Alamein bekämpft hatte. Die Blues and Royals, ein Zusammenschluss der 1st Royal Dragoons und der Royal Horseguard, stellen mit den Life Guards die Household Cavalry. Jeder Tourist erkennt die Blues an ihren blank gestriegelten Rössern und ihren Reitern in blauer Uniform mit rotem Kragen und den silbernen Brustplatten. Sie sind die persönliche berittene Schutztruppe der Queen und eskortieren sie bei jeder zeremoniellen Ausfahrt. Pferde und Männer leben in den Hyde Park Barracks in Knightsbridge. Viele Söhne alter adeliger Familien sind auf der Offiziersliste zu finden, und Andrew hatte mit seiner Herkunft und seinen königlichen Verbindungen keine Probleme, angenommen zu werden.

Als Camilla den feschen Andrew auf der Party entdeckt, ist er siebenundzwanzig Jahre alt und gerade zum Captain befördert worden. Für den Debütantenzirkus ist er eigentlich schon ein bisschen zu alt, aber er ist ein bekannter Liebhaber des schönen Geschlechts, und so geht er gerne nach Dienstschluss zu den Debpartys. Und solch ein feiner, adeliger, hervorragend aussehender Offizier ist natürlich immer gern gesehen. Blond, mit ebenen Gesichtszügen und strahlend blauen Augen, ist er ein Hingucker. Er kann amüsant über Pferde, die Jagd, das Militär und seine Auslandseinsätze erzählen, macht häufig mal doppeldeutige Bemerkungen, was die Debs errötend giggeln lässt. Er trinkt gern mal einen steifen Whisky und isst mit Vorliebe dicke Steaks. Und wie sein berühmter

Großonkel, der das ultimative Gartenbuch geschrieben hat, interessiert er sich für das Gärtnern. Seine Manieren sind ohne Tadel. Ältere wie junge Damen sind von diesem herrlichen Tantentäuscher fasziniert. Sein Ruf als Herzensbrecher ist schon Legende. Debütantinnen, aber auch gestandene Frauen, sind heiß darauf, von Andrew erobert zu werden. Und solange sie hübsch sind, lässt Andrew sich nicht lange bitten.

Eigentlich hätte Camilla ihn schon viel früher treffen können, denn Simon, Andrews Bruder, arbeitet in Bruce Shands Weinimport und fungierte im vergangenen Jahr öfter schon mal als Chaperon von Camilla. Aber Andrew weilte im Ausland, in Neuseeland hatte er dem Generalgouverneur gedient. Jetzt, zurück in London, stürzt er sich ins hauptstädtische Partyleben.

Camilla lässt Rupert Hambro stehen und geht hinüber zu Andrew. Und vom ersten Satz an sind die beiden unzertrennlich. Gemeinsam verlassen sie die Party und fahren gemeinsam zum Abendessen in ein Restaurant. Beobachter dieser Szene wissen zu berichten: »Sie berührte seinen Arm, als sie die Party verließen. Ich dachte eigentlich, dass Camilla für Andrew nicht hübsch genug sei. Gar nicht sein Typ. Er nahm sonst nur die schönsten und aufregendsten Mädchen auf dem Markt mit nach Hause. Aber es sah aus, als ob er von Camilla sofort fasziniert war. Sie hatte ihn neugierig gemacht. Sie war schlagfertig und hatte immer eine passende Entgegnung zu seinen schlüpfrigen Bemerkungen parat. Das hatte er so noch nicht erlebt.«

Camilla ist in nächster Zeit in der Ebury Street nur noch selten anzutreffen. Die heiße Affäre mit Andrew ist schnell in vollstem Gange. Andrew lebt in einer Wohnung in der Portobello Road in Notting Hill. Und dort lehrt er Camilla, was ihr weiteres Leben bestimmen sollte: die Lust am Sex. »Sein größtes Geschenk an die Damen war, ihnen beizubringen, dass Sexualität gesund ist und etwas, das eine Frau entdecken sollte«, weiß eine von Andrews Verflossenen. Und er wiederum ist überzeugt von dem, was er tut. Seine Abschussliste ist lang, und es gibt keine, die sich beschwert hätte, er sei ein langweiliger Liebhaber. Im Gegenteil.

Seine Erfahrung, seine Ausstattung und sein Spaß an der Sache ist für Camilla eine Offenbarung. Nichts ist peinlich oder darf nur bei ausgeschaltetem Licht getan werden. Andrew animiert sie, ihren Körper zu entdecken und sich diesen neuen ekstatischen Gefühlen hinzugeben. Freunde, die in der Portobello Road vorbeischauen, werden Zeuge der lustbetonten Beziehung. »Wenn ich etwa am Samstagmorgen zu ihm hinging, war Andrew auf, machte Frühstück und kochte Kaffee. So gegen elf stolperte Camilla die Treppe runter, zerknautscht und verschlafen. Meistens hatte sie eines seiner Hemden übergezogen. Sie war sehr offen, was eher selten war für Mädchen ihrer Herkunft, selbst in den Sixties. Dann hockte sie auf Andrews Schoß und streichelte sein Haar und seinen Nacken. Und sehr oft verschwanden sie mitten am Tag im Schlafzimmer, und wir hörten nur noch Gekicher und Gestöhn. Sie hatten ganz klar ein sehr lustvolles, gesundes Sexleben miteinander.«

Camilla ist über alle Maßen verliebt in den Mann, der sie fortwährend in wahre Ekstase versetzen kann. Doch Andrew, der Herzensbrecher, kennt keine Treue. Wenn Camilla nicht in London ist, sondern etwa zu Hause in Sussex reitet oder ein Wochenende bei Freunden — meist auch zu Pferde — verbringt, dann lädt er andere, langbeinige Schönheiten zu sich in die Portobello Road ein, mit ihm die Nacht zu verbringen. Und Camilla weiß es. Einmal taucht sie unerwartet auf. Andrew steht in Unterhosen in der Haustür und im Hintergrund ist Bewegung zu hören. Camilla dampft in die Küche und bellt: »Wen zur Hölle hast du da drin? Welche Tussi war's denn letzte Nacht?« Sie lässt sich von Andrew, der mit rotem Kopf dasteht, nicht aufhalten, und stürmt ins Schlafzimmer. Da trifft sie auf eine atemberaubende Blondine, die gerade hastig ihren BH zufummelt. Camilla, der Verlegenheit unbekannt ist, und die auch nicht in Tränen ausbricht, sagt nur cool: »Ziemlich unaufregend, alter Mann. Konntest du nichts Besseres als das hier abschleppen? Was ist los mit dir? Bist du jetzt schon zufrieden mit Secondhand-Ware?« Sie macht auf dem Absatz kehrt und zieht ab.

Die beiden ungleichen Lover – Camilla bisher noch treu, Andrew fröhlich promiskuitiv – haben zu Beginn ihrer Affäre immer wieder Mörderkräche über die Untreue des Captains. Der Vater bemerkt in einen Brief an seinen Sohn Simon: »Andrew geht es gut, wie immer. Er hat zurzeit vier Freundinnen. Ich weiß nicht, welche die Favoritin ist, aber er sucht immer noch weiter.«

Der schmucke Offizier will sich durch eine feste Bindung nicht den Spaß nehmen lassen, und Camilla muss lernen, dass es eben auch so gehen kann. Sie will ihn auf keinen Fall aufgeben. So entwickelt sich die Beziehung zu einer sehr freien und offenen, bei der beide Seiten anderweitig engagiert sein dürfen. Wobei Camilla dabei wohl diejenige ist, die diesbezüglich nicht hundertprozentig mitmacht. Einmal erwischt sie Andrew mit der Ehefrau eines Mitarbeiters von Christie's, die sich hinter einem Sofa versteckt. Ein anderes

Mal, auf einer Party, steht Andrew mit einer seiner Geliebten, Lady Caroline, der Schwester des Duke of Northumberland, zusammen. Camilla geht hin und sagt zu ihr, sie solle ihn in Ruhe lassen, denn Andrew sei jetzt mit ihr zusammen. Diesmal bekommt sie aber eine gehörige Abfuhr, denn die Lady meint nur: »Wenn ich mit ihm fertig bin, kannst du ihn wiederhaben!«

Und Andrew kehrt auch tatsächlich immer wieder zu Camilla zurück. In der Londoner Society haben die beiden den Ruf eines aufregenden, interessanten Paares. Eingeweihte allerdings finden, dass »Andrew Camilla unmöglich behandelt«. Doch Camilla selbst lässt sich nicht unterkriegen. Auf einer Party sieht sie den schicken Rupert Hambro wieder, ihren alten Freund und Sohn aus superreicher Bankerfamilie, und fängt ihrerseits mit ihm eine lustvolle Affäre an.

Andrew wird immer wieder für längere Zeit von seinem Regiment ins Ausland abkommandiert, etwa 1969 nach Deutschland in die Hobart Barracks nahe Hannover. Das gibt Camilla Zeit, um zu verschnaufen. Sie geht mit Freundinnen essen, flirtet mit anderen Bewerbern, reitet Jagden, reist nach Paris und fährt zum Skilaufen. Trübsal blasen kennt sie nicht. Sie amüsiert sich und genießt ihr Leben. Wenn Andrew auf Heimaturlaub zurück an die Themse kommt, sind sie wieder ein Paar. Nicht ohne die üblichen kurzen Unterbrechungen.

Eine Eroberung von Andrew ist für Camilla jedoch höchst beunruhigend. Denn da ist es ihr unmöglich, etwas entgegenzusetzen: Anfang der Siebzigerjahre wird Andrew mit Prinzessin Anne gesehen, die, wie der britische Autor und Journalist Christopher Wilson weiß, »eine Libido hat, die der

75

Andrews ebenbürtig ist. Sie hatten eine heiße Affäre, die beiden sehr viel Befriedigung verschaffte.« Andere behaupten sogar, Andrew habe der Prinzessin ihre königliche Jungfräulichkeit geraubt. Aber eine feste Beziehung oder sogar eine Heirat der beiden ist ausgeschlossen. Mit Andrew, dem Katholiken, hätte die Prinzessin sich von ihrem königlichen Stand verabschieden müssen. Er will den Royals diesen Skandal ersparen und zieht sich zurück, macht den Weg frei für seinen Offizierskameraden Mark Phillips. Camilla atmet erleichtert auf und nimmt ihn zurück.

Während Andrew bei seinen Blues and Royals Dienst schiebt, fährt Camilla oft, wenn das Wetter schön ist, mit ihrer Freundin Carolyn nach Windsor zum Smith's Lawn. Carolyns Vater, Colonel Gerard Leigh, ist Vorsitzender des dortigen Guards Polo Clubs. Auch mit Andrew, der ein sehr guter Polospieler ist, fährt sie oft zum Training auf den Smith's Lawn, im Schatten des imponierenden alten Schlosses der Windsors. Der Sport wird noch vornehmlich von jungen Militäroffizieren und wohlhabenden jungen Männern aus Adelskreisen gespielt, ohne das Schickimicki-Sponsoring-Getue der Achtzigerjahre, nachdem Polo hip wurde. Viele der gemeinsamen Freunde trainieren den »Sport der Könige« – und Thronfolger. Und oftmals kommen die Royals zum Feld herausgeschlendert, verfolgen das Training oder Wettbewerbe. Prinz Philip hat selbst, bis zu einem Unfall, bei dem er sich das Handgelenk verletzte, erfolgreich Polo gespielt, und natürlich ist er oft im Clubhaus anzutreffen. Außerdem ist er Präsident des Guard Polo Clubs. Und an einem schönen Sommertag ist auch sein Sohn Charles da. Camilla steht ganz still an der Bande und beobachtet den jungen, sexy Prinzen beim Training. Und dann, als er abgestiegen ist und sein dampfendes Pony abreibt und absattelt, fasst sie sich ein Herz, geht quer übers Feld zu ihm und sagt: »Das ist ein feines Pony, das Sie da haben, Sire. Meine Urgroßmutter hatte was mit Ihrem Ururgroßvater, wie wäre es da mit uns?«

Ein ungewöhnliches Königskind

Wer ist dieser sportliche Prinz von dreiundzwanzig Jahren, mit dem weichen Charakter, der einerseits militärisch stramm daherkommt und den andererseits im Verborgenen tiefe Selbstzweifel quälen, der mal fröhlich-derbe Witze reißt und sich dann wieder tiefer Melancholie hingibt? Was ist das für ein Mann, dieser Charles, den Camilla so forsch anmacht, und der ihr Leben in den kommenden vierunddreißig Jahren so nachhaltig bestimmen sollte?

Um die komplexe Persönlichkeit des Charles Philip Arthur George von Windsor zu begreifen, muss man, wie ein guter Therapeut, ganz am Anfang anfangen. Am 14. November 1948, als kurz vor Mitternacht Prinzessin Elizabeth einen sieben Pfund schweren Jungen gebiert, hat sie damit ihre wichtigste Pflicht für Königreich und Vaterland bereits erledigt. Sie hat der alten Monarchie einen Erben geschenkt. Des Babys Kopf ziert goldenes Haar, und der Junge hat »sehr große Hände mit langen, hübschen Fingern, die er nicht von mir haben kann und schon gar nicht von Philip«, wie die Mutter verwundert feststellt. Das Gleiche gilt allerdings auch für seine Ohren, die mehr als normal abstehen. Doch das stört nicht weiter, alle sind »hocherfreut«. Der neue Kronprinz für das Königreich wird im Park mit Kanonenschüssen begrüßt, weltweit feuern Kriegsschiffe der Königlichen Marine ihre Bordkanone ab, und der berühmte Brunnen am Trafalgar Square sprudelt blau, dank eines Eimers Farbe, der sofort nach Bekanntgabe der wunderbaren Nachricht ins Becken geschüttet wird.

Es ist nicht die prosperitivste aller Zeiten für die Weltmacht, in die der neue Erbe hineingeboren wird. Großvater George VI. herrscht zwar noch über 800 Millionen Menschen, in einem Reich, in dem die Sonne niemals untergeht, und noch kommandiert er darin eine Armee von 1,5 Millionen Soldaten, aber der Staat ist bankrott. Der Zweite Weltkrieg, dessen Ende gerade drei Jahre her ist, hat die Briten viel, zu viel gekostet. Die finanziellen Verpflichtungen müssen schnellstens verringert werden – und das dachte der Premierminister durch eine Verkleinerung des riesigen Reichs zu erzielen. Ein Ansinnen, das zwar ökonomisch richtig ist, aber schwer an der Ehre der ehemaligen Weltmacht kratzt. Doch es hilft nichts. Indien und Palästina werden auf den Weg in die Unabhängigkeit entlassen, und die Armee gibt ihren Standort in Griechenland auf.

Um die Wirtschaft zu Hause steht es schlecht. Das britische Pfund muss gegenüber dem Dollar um rund die Hälfte abgewertet werden. Die Arbeitslosigkeit steigt ständig, und immer noch gibt es die wichtigsten Verbrauchsgüter nur auf Zuteilung. Die Briten sind sauer, schimpfen auf die sich weiter ausufernde Bürokratie und die Regierung, die keinen Lösungsvorschlag parat hat. Aber sie stehen loyal zu ihrem König und seiner Familie, das ist britische Ehrensache.

Mit acht Monaten zieht Charles mit seinen Eltern aus dem Buckingham-Palast in das kleinere, familiärere Clarence House um. Schon als Säugling bekommt er einen streng durchstrukturierten Tagesablauf verpasst. Punkt sieben Uhr wecken, die Nachtschwester zieht die Vorhänge auf. Gewaschen und angezogen gibt es Frühstück um acht. Eine Stunde später: dreißig Minuten Audienz bei Mutter Elizabeth. Danach spielen bis halb elf im Kinderzimmer. Pünktlich kommt eine der Nannys, von denen es zwei gibt, Helen Lightbody und Mabel Anderson. Eine von ihnen macht den kleinen Prinzen zum Spaziergang fertig. Frische Luft für zwei Stunden im Park, bewacht von einem Polizisten in Zivil.

13 Uhr Lunch: Das Prinzlein liebt Hühnchen mit Reis. Danach ein Schläfchen, und später am Nachmittag wieder ein Spaziergang. Oder ein Besuch bei Urgroßmutter Mary, die er »GanGan« nennt. Dort darf er mit den kostbaren Steinen aus ihrer Jadesammlung spielen, eine absolute Bevorzugung, denn seine Vettern und Cousinen dürfen sie nicht mal aus der Ferne anschauen.

Tee um 16 Uhr, dazu muss er zurück in seinem Kinderzimmer sein. Um fünf kommt die Mutter zum Baden und Gute-Nacht-Sagen. Halb sieben geht das Licht aus. Die Nachtschwester im Nebenzimmer hält Wache.

Die Eltern sehen das Kind selten, Vater Philip eigentlich gar nicht. Der ist im Dienst bei der Navy, kommandiert sein eigenes Schiff irgendwo im Mittelmeer, und die Mutter übernimmt mehr und mehr repräsentative Pflichten für ihren krebskranken Vater. Sie bereitet sich auf ihre Aufgabe als Königin vor. Also sind die Nannys – und hier vor allem Mabel Anderson, die Charles besonders liebt – diejenigen, die den Kronprinzen und später auch die anderen Geschwister erziehen, sich mit ihnen beschäftigen, sie strafen und ihnen Gehen und Sprechen beibringen. Und auch, wie man knickst oder sich verbeugt und die Hand küsst.

Denn so haben die kleinen Königskinder ihre älteren Verwandten zu begrüßen.

Kurz nach Charles' zweitem Geburtstag fährt die Mutter nach Malta zu ihrem Gemahl Philip und verbringt ein unbeschwertes Weihnachten mit ihm und anderen Navy-Gattinnen. Charles und Anne, die inzwischen zur Welt gekommen ist, werden über die Feiertage zu den Großeltern nach Schloss Sandringham expediert. Der kleine Charles liebt seine Großmutter, die ihn oft umarmt und gerne mit ihm spielt. Diese Zuneigung wird ein Leben lang anhalten. Es ist wahrscheinlich die intimste Beziehung zu einem Familienmitglied, die der Prinz je entwickelt hat. Und bis zu ihrem Tod bleibt er ihr eng verbunden.

Als Charles drei Jahre alt wird, sind die Eltern wieder nicht da. Sie reisen durch Kanada, es ist ein offizieller Staatsbesuch. Zu Weihnachten jedoch sind sie dieses Mal zu Hause, und gemeinsam wird in Sandringham gefeiert. Der König ist schwer krank, er hat gerade eine von mehreren Krebsoperationen hinter sich. Einen Monat später, am 6. Februar, stirbt er. Elizabeth weilt gerade in Kenia, eine Station auf ihrer Commonwealth-Tour. Sie kehrt sofort nach London zurück. Einen Tag nach ihrer Ankunft, am 8. Februar, proklamiert man sie zur Königin Elizabeth II. – und Sohn Charles wird nach alter Sitte automatisch der Duke of Cornwall.

Von nun an sehen Charles und Anne ihre Mutter noch seltener. Kurz nach Ostern zieht die jetzt königliche Familie wieder in den Buckingham-Palast ein. Im dritten Stock, im Nordflügel, liegen die sechs Zimmer des Kindertrakts, inklusive Schlafzimmer der beiden Nannys und ein Schulzimmer – alles in Chintz, hell und freundlich dekoriert.

Die Routine geht ungebrochen weiter. Einzige Änderung: Die Kinder müssen nicht mehr knicksen oder einen Diener machen, wenn die Mutter ins Zimmer kommt. Elizabeth schafft das für ihre Nachkommen ab; die eigene Mutter – eben noch selber Queen – und alle Tanten und Verwandten jedoch müssen weiterhin ihre Honneurs auf diese Art bezeugen – bis heute.

Zur Beerdigung des Großvaters muss Charles nach Sandringham, er soll bei der Trauerfeier nicht dabei sein. Aber bei der Inthronisierung seiner Mutter in Westminster Abbey erhält er einen Platz neben seiner Großmutter ganz vorn. Später darf er dann mit auf den Balkon vom Buckingham-Palast. An diesem aufregenden Tag wird wohl schon dem Dreijährigen geschwant haben, dass er nicht wie andere Kinder in England ist.

Seine Mutter hat nun kaum noch Zeit, sie versucht aber immer da zu sein, wenn die Kinder ins Bett gebracht werden. Prinz Philip übernimmt das Regime zu Hause. Und er ist ein strenger Vater, mit einer immensen Präsenz. Klein Charly schüchtert das ein. Im Gegensatz zu seiner Schwester Anne ist er zurückhaltend, fühlt sich schnell bedroht und hat sehr nah am Wasser gebaut: Ihm kommen sofort die Tränen, wenn sein Vater mit ihm schimpft und ihn zurechtweist – und das wiederum kann Philip nicht ausstehen. Er vermag mit seinem feinfühligen Kind nicht umzugehen. »Philip versuchte seinen Sohn zu einem starken Mann zu erziehen, um in einer harten Welt König sein zu können. Er realisierte nicht, wie sensibel der Junge war. Andere Jungen hätten es vielleicht weggesteckt, aber Charles schrumpfte zusammen und zog sich in sich zurück«, erzählt ein Freund der Familie.

Schon zu seinem ersten Geburtstag hatte der Vater ihm einen Cricketschläger geschenkt und gesagt: »Ich will, dass er ein Mann für Männer wird.« Philip ist nicht bösartig, er denkt, er tut das Richtige. Und als alter Marinemann, sportlicher Macho und Chef des Hauses sind ihm Tränen und ein weicher Charakter ein Graus. Dass er mit seiner Härte nur das Gegenteil erreicht, geht ihm in völliger Unkenntnis moderner Kinderpsychologie nicht auf. Da unterscheidet er sich aber auch nicht von anderen englischen Vätern seiner Zeit. Er ist selbst durch eine strenge Kindheit gegangen und will, koste es, was es wolle, einen zukünftigen charakterstarken König modellieren.

Kurz vor Charles' fünftem Geburtstag taucht die Schottin Catherine Peebles im Kindertrakt auf, und der junge Prinz hat seine erste Schulstunde. »Mispy« nennt er bald seine Lehrerin, die ihm jeden Wochentag zwei Stunden lang Lesen und Schreiben beibringt und die er sehr mag. Er ist kein besonders engagierter Schüler, aber er singt und malt gern, vor allem Pferde und Hunde. »Er war fleißig und gewissenhaft und sehr empfänglich für Freundlichkeit, aber wenn ich mit ihm schimpfte, zog er sich in seine Muschel zurück – und es war nichts mehr mit ihm anzufangen«, erzählte Miss Peebles später.

An seinem fünften Geburtstag ist Charles wieder ohne Eltern. Sie bleiben in Sandringham und bereiten sich auf eine sechs Monate dauernde Reise durch zehn Commonwealth-Staaten vor. Die Kinder verfolgen die Tour auf dem Globus im Klassenzimmer. Erst im April dürfen Charles und Anne ihre Eltern wiedersehen. Zur Jungfernfahrt der *Royal Britannia* segeln sie sieben Tage nach Malta, wo sie von den Eltern erwartet werden, und an den Staatsbesuch werden ein paar Tage Ferien im Mittelmeer drangehängt.

Nach diesem ersten Auslandsbesuch, der von der Presse positiv reportiert wird, darf der Kronprinz ein paar Stadtbesuche machen: Das Museum of Science (Museum der Wissenschaften) und das National History Museum (Museum für Geschichte) für die Bildung, aber auch Madame Tussauds Wachsfiguren und das Planetarium für die etwas fröhlichere Unterhaltung stehen auf dem Programm. Ansonsten geht der königliche Alltag im Buckingham-Palast weiter. Mit acht Jahren kann Charles fließend lesen und schreiben und die ersten Sätze auf Französisch parlieren. Er liebt Geografie und Geschichte, die er zusammen mit seiner Lehrerin über Porträts der toten Verwandtschaft in den Sälen und Gängen des Palastes lernt. Rechnen findet der junge Prinz langweilig und doof.

Am 7. November 1956 ist es dann mit der »Heimerziehung« vorbei. Charles betritt in Schuluniform das erste Mal eine richtige Schule im Westen von London. Hill House, direkt hinter dem Kaufhaus Harrods gelegen, ist eine private und exklusive Vor- und Grundschule, die von dem Ex-Militär Colonel Townend und seiner Frau fünf Jahre zuvor gegründet worden war. Sie hat eine Dependance in der Schweiz, und die eine Hälfte der Schülerinnen und Schüler sind Engländer, die andere Ausländer. »Die Kinder sollen lernen, mit anderen Nationalitäten zusammenzuleben und sie zu respektieren. Die Schule will eine Tür zu einer Welt öffnen, die jeden Tag näher zusammenrückt«, beschreibt der Gründer die Idee, die hinter dieser Erziehungseinrichtung steht. Prinz Philip hatte Hill House School ausgesucht, denn sein Sohn sollte ein möglichst »normales« Leben führen, also auch eine Ausbildung außerhalb der Palastmauern erfahren.

Nun, so normal ist diese Schule natürlich nicht. Die Eltern müssen Schulgeld bezahlen, und die Schüler kommen alle aus der britischen Upperclass oder aus reichen ausländischen Familien. Aber es ist der erste Schritt in die richtige Welt, raus aus dem schützenden Schlossleben.

In der Schule muss Charles Windsor — wie alle anderen — den Boden fegen, das Klassenzimmer aufräumen und Geschirr abspülen. Er lernt, mit dem Bus zum Sportplatz zu fahren, und er kann bald die verschiedenen Wertigkeiten der Geldmünzen mit Mutters Antlitz darauf unterscheiden. Aber da hört es mit dem »normalen« Leben auch schon auf. Der Schwimmunterricht seiner Klasse findet einmal in der Woche im Pool vom Buckingham-Palast statt, denn dem kleinen Prinzen soll ein öffentliches Schwimmbad nicht zugemutet werden. Physisch ist er nicht sehr robust, leidet oft an verstopften Nasennebenhöhlen, Schnupfen und Grippe. Zusätzliche Bazillen aus fremden Nasen soll er sich nicht auch noch einfangen.

Seine erste Beurteilung beschreibt einen selektiv interessierten und musisch-künstlerisch begabten Jungen. Er ist zurückhaltend, intelligent und unsicher. Daran soll sich in den nächsten fünfzig Jahren wenig ändern. Colonel Townend: »Lesen: wirklich sehr gut. Gute Ausdrucksweise. Schreiben: stabil, klar und gut ausgeformt. Rechnen: unterdurchschnittlich. Er ist vorsichtig und langsam, und nicht sehr interessiert. Religion: sehr interessiert. Geografie: gut. Geschichte: er liebt es. Französisch: vielversprechend. Latein: guter Anfang. Kunst: sehr gut, er liebt das Zeichnen und Malen. Gesang: eine nette Stimme, vor allem in den unteren Stimmlagen. Football: er mag das Spiel. Gymnastik: gut.«

Schon früh gilt Charles' große Liebe der Natur. Auf Schloss Balmoral, das in Schottland liegt, streift der junge Prinz durch die Wälder und Täler, sitzt oft stundenlang allein unter Bäumen oder an den klaren Lochs, beobachtet die Fische oder sieht den Wolken nach, die über die grandiosen Bergkuppen der Highlands dahinfliegen. Wie schon seine Vorfahrin Victoria empfindet er hier – und das wird ein Leben lang anhalten – »Ruhe, Rückzug, Wildnis, Freiheit und Abgeschiedenheit«. Als er etwas älter ist, bringt sein Vater ihm Schießen und Fischen bei, und er darf bei den Jagden mit den Treibern und Förstern mitgehen. Von den Wildhütern lernt er Vogelstimmen, Bäume und Pflanzen zu unterscheiden und den Hirschen nachzustellen. Stundenlang und bei jedem Wetter wandert er mit ihnen über die mit Heide bewachsenen Hochtäler und durch dunkle sumpfige Moorebenen und fragt ihnen Löcher in den Bauch. Alles will er ganz genau wissen. Mit einer lapidaren Antwort gibt er sich nicht zufrieden. Und Lachsangeln, mit der weit ausgeworfenen Schnur im flachen Wasser stehend, wird zu seinem besonderen Faible.

In Balmoral geben sich die Windsors entspannt, das Protokoll ist minimal, zu Besuch kommen nur Menschen, die sie wirklich sehen wollen. Und hier haben die Kinder auch mehr von ihren Eltern. Gemeinsam picknicken sie im Grünen oder veranstalten Barbecues. Sie gehen baden in den Seen, reiten mit der Mutter durch Wald und Flur und dürfen Jeans tragen oder Schottenrock. In Balmoral geben sich die Königs wie eine von vielen reichen englischen Familien, die irgendwo im Norden einen Landsitz haben. Charles genießt das freiere Leben in Schottland. Später wird er hierher seine engsten Freunde einladen – und hier auch seine potenziellen Bräute testen. Nur wer sich in Balmoral wohl fühlt, das Landleben liebt, reitet, zum Jagen und Angeln geht, wird es überhaupt in die engere Wahl schaffen. Doch das ist noch lange hin. Erst sind Schule, Uni und Militärkarriere zu absolvieren – und so einiges mehr, wovon der kleine Prinz noch keinen Schimmer hat.

Im September 1957, Charles ist gerade neun geworden, wechselt er von der Londoner Tagesschule in die achtundfünfzig Meilen entfernt gelegene Cheam School in Berkshire. Es ist ein Internat für Jungen zwischen acht und vierzehn Jahren, Kosten pro Term: 90 Guineas, damals etwa 100 Pfund. Gegründet im 17. Jahrhundert, hat die Schule Generationen von Upperclass- und Adelssöhnen in ihren Mauern erzogen, was ihr den Spitznamen »Little House of Lords« eingebracht hat. In den Dreißigerjahren hatte dort auch ein kleiner deutsch-griechischer Prinz sein erstes Englisch gelernt: Prinz Philip. Und er hat seine Zeit in der Cheam School geliebt, trotz harter Disziplin. »Im Entwicklungsprozess zu einem kontrollierten, aufmerksamen und unabhängigen Erwachsenen muss die Schule«, so findet Philip, der gestrenge Vater, »eine spartanische und disziplinierende Erfahrung sein.«

Für Charles, der vor lauter Angst zitterte, als er zum ersten Mal nach Cheam fuhr, wurde es zu einer Erfahrung, die mit schmerzendem Heimweh, tiefster Einsamkeit und dem beschämenden Gefühl, ausgeschlossen zu sein, verbunden ist. Oft liegt er nachts in seinem Schlafsaal und weint, hält sich dabei das Kissen aufs Gesicht, damit seine sechs Mitbewohner nichts hören. Sogar im Unglück vergisst er nicht den royalen Imperativ, den man ihm schon früh eingebläut hatte: »Niemals Emotionen in der Öffentlichkeit zeigen, immer höflich sein und bescheiden, und vergiss nie, das jedes Tun deinerseits unter penibler Beobachtung steht.«

Oft sitzt er allein herum, während die anderen Jungen im Team spielen oder sich raufen. Zu beidem laden sie ihn nicht ein. Sein bester Freund ist ein Mädchen, die kleine Tochter des Schulleiters. Charles erinnert sich als Erwachsener: »Ich war nicht so ein umgänglicher Typ, und ich hatte immer einen Horror vor Gangs. Ich bevorzugte es, allein zu sein oder mit nur einer anderen Person.« In Wahrheit hätte der zurückhaltende Junge alles dafür gegeben, seine Schüchternheit überwinden und mit den anderen ohne Hemmungen mitmachen zu können. Die Mitschüler sollen, qua Brief an die Eltern, Prinz Charles »ganz normal« behandeln. Sie tun das aber natürlich nicht. Und manchmal, wenn die Lehrer nicht hinschauen, zischen sie irgendetwas Gemeines. Er ist nicht »ein kleiner freundlicher happy boy«, wie ihn ein Erzieher von Cheam beschreibt. Aber er ist auch kein Feigling. Bevor er nach Cheam geht, erhält er Unterricht in Boxen und Ringen, und wenn es nötig ist, kann er sich durchaus anständig kloppen. Das bringt ihm den einen oder anderen Strafeinsatz, etwa Unkrautrupfen am Cricketfeld, oder auch schon mal eine körperliche Züchtigung durch die Hand eines Lehrers ein. Und was wird dem Pädagogen das für einen Spaß gemacht haben, den zukünftigen König zu verhauen. Nicht lange war es her, und er hätte dafür seinen Kopf unter dem Beil verloren. Die Erzieher versagen jedenfalls auf ganzer Linie. Keiner versucht wirklich, den kleinen Prinzen in die Gruppe zu integrieren.

Charles mag in Cheam eigentlich nur seinen Englischlehrer: »Er war ein wunderbarer alter Ex-Indien-Armee-Colonel, mit buschigem Schnauzer, dicken Armeestoffhosen und einer schreiend orangefarbenen Tweedjacke.« Dieser ließ ihn Gedichte und ganze Passagen von Shakespeare auswendig lernen. »Das gibt einem in Momenten von Stress, Gefahr oder Unglück enormen Trost und Aufmunterung«, sagt Charles, der sie bis heute nicht vergessen hat.

Ansonsten sind die Tage voll gestopft mit Lernen, Drill und Sport. Zu Weihnachten bekommt er von seinem Lieblingsgroßonkel, Lord Mountbatten, sein erstes Fahrrad – »aber weil es so teuer war, ist es für Geburtstag und Weihnachten zusammen« – und vom Vater ein Teleskop. Erziehung, wo man hinschaut. Sparsamkeit ist eine der Devisen der Windsor-Kinderpädagogik. Wobei Charles da noch Glück hat. Seine jüngeren Geschwister, Prinz Edward und Prinz Andrew, die nach seiner Schwester Anne noch folgten, müssen später seine alten Klamotten auftragen, und sie erben auch sein Spielzeug. Nur zu Geburtstagen und zu Weihnachten wird es mal was Neues geben.

In den nächsten fünf Internatsjahren stellt sich heraus, dass Charles, trotz seiner Feingliedrigkeit, die Anlagen zu einem guten Sportler hat: Cricket spielt er annehmbar, und beim Fußball bringt er es sogar zum Mannschaftskapitän. Rugby liebt er nicht besonders, da die anderen es besonders witzig finden, den zukünftigen König unter ihren schweren Körpern zu begraben. Theater spielt er gern und gut. Als Duke of Gloucester brilliert er in dem Stück *The last Baron*. Nach dem Fall des letzten Vorhangs vermeldet der Schuldirektor, auf der Bühne stehend, die Geburt seines Bruders Andrew. Eine andere wichtige Nachricht, die ihn betrifft, erfährt er ebenfalls nicht von seinen Eltern, sondern während er vor dem Fernseher im Internatswohnzimmer sitzt. Nach dem Ende der British Empire and Commonwealth

Games in Cardiff, im Sommer 1958, proklamierte seine Mutter via TV: »Ich habe beschlossen, meinen Sohn zum Prinzen von Wales zu ernennen.« Charles sitzt mit rot angelaufenen Wangen und ziemlich gepeint auf seinem Fernsehsessel, von gaffenden Mitschülern umringt.

In seinem letzten Jahr in Cheam wird Charles zum Schulsprecher gewählt. Was er selbst bescheiden zur Kenntnis nimmt und verantwortungsbewusst ausfüllt. Führungsqualitäten scheinen bei ihm angeboren zu sein.

Ausgleich für die harschen Internatswochen findet er in den Ferien. Wenn die Familie zusammen ist, etwa Weihnachten in Sandringham, spielen die Erwachsenen mit den Kindern Karten, schauen gemeinsam Fernsehen oder verstecken sich in den verwinkelten Gängen und hinter unbezahlbaren Gobelins. Abklatschen ist das Lieblingsspiel der Kinder, und sie sind begeistert, wenn alle versammelten Royals juchzend durchs Schloss flitzen.

In Balmoral und bei seinem Großonkel Mountbatten in Broadlands darf Charles seine ersten Enten, Moorhühner und Fasane schießen. Und mit elf Jahren nimmt er an seiner ersten Fuchsjagd zu Pferde teil, was sofort flammende Proteste bei der Presse auf den Plan ruft – und eine entsprechend hochnäsige Verteidigung in der *Times*. Charles ist ein sehr guter Schütze, und es macht ihm Spaß, als Jungjäger mit den großen Jagdgesellschaften mitgehen zu dürfen. Eine Bestätigung, die er dringend braucht.

Oft jedoch ist er, während alle anderen – Familie und oder Gäste – fröhlich und lautstark Canasta spielen, sich unterhalten und lachen, in sich zurückgezogen und abwesend. Und während seine Schwester Anne ihre Pferdepassion entdeckt hat und mehr Zeit im Stall verbringt als sonst wo, außerdem eine kleine freche, lustige königliche Göre ist und Liebling des Vaters, weil sie vollkommen furchtlos über jedes Hindernis springt, geht Charles lieber zum Bibliothekar, stöbert in alten wertvollen Büchern und redet begeistert über Leonardo da Vinci.

Der Prince of Wales ist ernsthaft, nachdenklich und weiterhin sehr schüchtern. Philip findet das ärgerlich und treibt seinen Sohn dadurch noch mehr an den Rand des Geschehens. Zum Entsetzen manches Familienmitglieds kanzelt er ihn für irgendeine begangene Kleinigkeit sofort ab oder macht sich über ihn vor anderen lustig. Charles kann nichts Schlagfertiges erwidern, fühlt sich vor Publikum angegriffen und herabgewürdigt. Verzweifelt und unglücklich, kommen ihm die Tränen, was den Vater nur in seiner Idee, er sei ein Schlappschwanz, bestätigt. Charles hat Angst vor seinem Vater. Mutter Elizabeth mischt sich nicht ein, denn sie hatte ja die Kindererziehung an Philip abgetreten. Oft flüchtet das unglückliche Königskind in die Arme seiner Nanny Mabel. Sie hört ihm verständnisvoll zu, macht ihm Mut und unterstützt ihn, seine Hemmungen zu überwinden.

Die Großmutter, Queen Mom, besucht Charles regelmäßig. Fasziniert hört er ihren Geschichten über den Hof in früheren Zeiten zu. Sie pflanzt in ihm das Verlangen, unbedingt nach Italien zu reisen und die Kunstschätze in Venedig, Rom und Florenz mit eigenen Augen zu sehen. Malen und Musik bringt sie ihm nah. Schon mit sieben hatte sie ihren ältesten Enkel in den Covent Garden mitgenommen, als dort das Bolschoi-Ballett auftrat. Charles war hellauf begeistert. Noch als erwachsener Mann wird er diesen Abend als den Moment beschreiben, als er die Musik für sich entdeckte. Mozart, Beethoven, Schubert und Haydn werden seine liebsten Komponisten. Moderne Pop- und Rockmusik mag er dagegen nicht besonders. Als Erwachsener wird er, wo auch immer er ist, einen CD-Player dabeihaben, und in jedem Raum, in dem er sich länger aufhält, wird im Hintergrund klassische Musik spielen.

Im April 1962 beginnt eine Zeit, die Charles heute »eine Gefängnisstrafe« nennt. Gordonstoun, das Internat in Elgin, im Norden Schottlands. Es wurde gegründet von Dr. Kurt Hahn (Gründer von Salem), der in den Dreißigerjahren Deutschland verlassen hatte. Seine Erziehungsphilosophie: Egalitarismus durch intellektuelles, moralisches und physisches Training nicht nur des Geistes, sondern ebenso des Charakters. Eine Gesellschaft ohne Klassenunterschiede und Hierarchien, außer erworben durch Verdienst und Charakter, ist möglich durch Selbstdisziplin und Selbstständigkeit. Konkret heißt das für Charles: immer offene Fenster bei Nacht, ob im Sommer oder im Winter, vierzehn quietschende Holzbetten im Schlafsaal in einer ehemaligen RAF-Baracke. Kalt duschen nach dem obligatorischen Morgenlauf vor dem Frühstück. Stets kurze Hosen, egal bei welchem Wetter, Liegestütze machen, Seile raufklettern und Enthaltsamkeit. Aber die hehren Ziele werden oft völlig außer Acht gelassen: Die älteren Schüler quälen die Jüngeren, es gibt derbe Späße, manchmal Schlägereien zwischen den verschiedenen Häusern, auf die die Internatsschüler aufgeteilt sind. Es ist eine Welt, in der der Machismus regiert: Schweiß, Sport und Strafmärsche.

Die Mitschüler werden zum Schuljahresbeginn eingenordet, den Thronerben in keinem Fall anders als andere zu behandeln, und schon gar nicht zu piesacken. Wer dabei erwischt wird, habe mit Rausschmiss zu rechnen. Das stört die

Halbstarken unter den Jungen wenig. Sie errichten sofort eine Sperre um den Thronerben. Immer wenn ein Junge sich mit Charles unterhalten oder befreunden will, machen sie komische Schnalzgeräusche, als Synonym für Schleimer, oder sie drohen mit Schlägen. Besonders das Rugbyspiel wird zu einer Tortur, die der Prinz zwar stoisch durchsteht, die ihn aber auch darin bestätigt, dass Gangs verabscheuungswürdig sind. Wenn Charles, sportlich, aber kein muskelbepackter Athlet, überhaupt mal den Ball zu fassen bekommt, werfen sich die anderen sofort auf ihn, und ungesehen vom Schiedsrichter treten und boxen sie ihn. Später hört einer sie angeben: »Dem haben wir's aber gezeigt. Wir haben gerade dem zukünftigen König eine verpasst.«

Auch hier scheinen die Erzieher von den ständig gemeiner werdenden Aktionen nichts mitzubekommen. Ergebnis ist, dass Charles einsam und unglücklich ist. Und während andere Freundschaften fürs Leben schließen, bleibt der Thronfolger allein. Immer wieder wird er zudem wegen seiner Segelohren laut gehänselt. Warum die Eltern ihm die Ohren nicht schon als Baby haben anlegen lassen, bleibt ein Rätsel. Witze darüber, wie etwa die Bezeichnung »Royal Dumbo«, hat er bis heute zu ertragen.

Er schickt verzweifelte Briefe nach Hause und an seinen Lieblingsonkel Mountbatten. »Ich hasse es, alle zu Hause zu verlassen und hierher kommen zu müssen«, schreibt er. Oder: »Ich bekomme kaum Schlaf. Weil ich schnarche, hauen die anderen mir ständig nachts auf den Kopf. Es ist die absolute Hölle hier. Wie kann man nur so gemein sein. Sie schmeißen ihre Schuhe nach mir und hauen mich so hart sie können und flitzen wieder zurück in ihre Betten. Letzte Nacht war absolute Hölle. Dieser Platz hier ist solch ein Loch ...« Oder:

»Es ist zu schade, dass ich keinen Hausunterricht mit Miss Peebles mehr haben darf.«

Seine Zuflucht wird die Musik. Er singt im Chor von Elgin und lernt, Trompete und Cello zu spielen. Seine besondere Begabung jedoch ist das Theaterspiel. Er brilliert als Macbeth und als Exeter in Shakespeares *Henry V.* Der Kunstlehrer Robert Waddell wird sein einziger Vertrauter. Bei ihm und in seinen Stunden fühlt er sich sicher und freundlich behandelt. Charles findet Gefallen am Töpfern. An den Wochenenden besucht er ihn zu Hause und hilft dabei, die Töpfe zu brennen. Und ihm erzählt er irgendwann auch, wie furchtbar sein Leben im Internat ist. Er nimmt ihm aber das Versprechen ab, auf gar keinen Fall irgendeinem Menschen davon zu berichten. Der Lehrer versucht dennoch einiges, hat aber keinen Erfolg. Vater Philip, der selbst ein paar Jahre in Gordonstoun verbracht hat und begeistert war, antwortet voller Tadel und Ermahnungen. Sein Sohn solle sich nicht so anstellen, sich zusammenreißen und stark und erfinderisch sein.

1964 macht Charles seine O-Levels (kommt unserer Mittleren Reife gleich) in Latein, Französisch, Geschichte, Englisch und Literatur. Mathe schafft er nach dem zweiten Anlauf. Prinz Philip hat nach fast vier Jahren endlich kapiert, dass sein geliebtes Gordonstoun nichts für seinen Sohn ist. Es wird beschlossen, Charles für ein Jahr nach Australien zu schicken, nach Timbertop, einer Jungenschule, 100 Meilen nordöstlich von Melbourne enfernt. Dort soll er »Initiative und Selbstvertrauen« entwickeln.

Zuerst allerdings muss er der Presse ins Gesicht schauen, die natürlich angetreten ist, um über seinen Schulwechsel ins Outback zu berichten. Er hatte zuvor schon den einen oder anderen Zusammenstoß mit den Vertretern von Zeitungen und TV, und nicht alle waren positiv. Mutter Elizabeth bat die Chefredakteure immer wieder über ihren Privatsekretär, dem Sohn einen Freiraum einzuräumen und ihn während seiner Schulzeit in Ruhe zu lassen, doch die neuen Massenmedien halten sich nicht daran. Kaum dass der königliche Schüler seine Nase aus dem Tor seiner jeweiligen Schule steckt, klemmen sich die Reporter gnadenlos an seine Fersen.

Einmal muss er sich auf dem Boden eines Landrovers verstecken, um ihnen zu entkommen, ein anderes Mal flieht er in ein schottisches Pub. Als der Barkeeper ihn fragt, was er denn trinken wolle, bestellt er schnell einen Cherry Brandy, ein Getränk, das er von seiner Großmutter kennt. Minderjährig Alkohol zu bestellen ist ein willkommener Fauxpas, aus dem sich wunderbar ein Skandal aufbauschen lässt. Dann wieder verkauft jemand eines seiner Schulhefte an den *Stern*, der daraus eine peinliche Skandalgeschichte macht, und die natürlich auch die britische Presse nachdruckt. Charles lernt also schon als Teenager, dass es unangenehme Gesellen unter den Vertretern der Medien gibt – und entwickelt über die Jahre wenig Sympathie für die Branche. Obwohl er als Klassenarbeit eine flammende Abhandlung über die Freiheit der Presse schreibt, beginnt er die Royal-Reporter zu hassen.

Der Trip ins Outback wird als »privat und inoffiziell« bezeichnet, dennoch stehen ihm bei seiner Ankunft in Australien 320 Journalisten gegenüber. Und auch die Menschen auf den Straßen winken und warten vor der englischen Botschaft. Erst hinter den Toren von Timbertop kehrt wieder Ruhe ein. Und obwohl die Schule nach denselben Prinzipien wie Gordonstoun geführt wird, gefällt es Charles hier. Zum ersten Mal findet er Freunde. Als Älterer bekommt er die Leitung und Verantwortung über fünfundvierzig von hundertvierzig Schülern. Er teilt sich ein Apartment mit Stuart McGregor, den er sympathisch findet, und sie freunden sich an. An Mountbatten schreibt er, dass »einige der Jungens wirklich nett sind« und dass er sich mit dem Schulleiter und dem Priester »gut unterhalten kann«. Er stellt fest, dass Schule auch Spaß macht – und er hat kein Heimweh.

Charles' Selbstvertrauen steigt, und selbst die vielen anstrengenden Aufgaben schrecken ihn nicht. Ausflüge in die brütend heiße Wüste, kombiniert mit sportlicher Betätigung, sind eine der nervenstärkenden Ideen, die Schüler zu mehr Selbstständigkeit zu erziehen. Nach einigen Wochen schafft Charles einen Siebzig-Meilen-Rundlauf in brütender Hitze in drei Tagen – und das als Erster. Die riesigen Blasen an seinen Füßen und den gigantischen Muskelkater erträgt er mit Humor. Er paukt für seine A-Levels in Englisch und Geschichte und geht zum Ausgleich Forellen fischen. Eine Klassenfahrt nach Papua-Neuguinea fasziniert den siebzehnjährigen Prinzen. Vor allem die tiefe Religiosität der Neuguinesen beeindruckt ihn tief. Selbst ein gläubiger Mensch, war er zutiefst entsetzt gewesen, dass es in Gordonstoun nicht mal eine richtige Kapelle gab.

David Checkett, seines Vaters persönlicher Diener, ist mit nach Australien geschickt worden. Er soll sich um alles Administrative und auch um die persönlichen Dinge des Prinzen kümmern. Zu ihm und seiner Familie fährt Charles an den Wochenenden und verlebt fröhliche und unbeschwerte Zeiten auf einer Farm. Er entdeckt, dass er ein Talent für Imitationen hat. Gepaart mit seinem etwas skurrilen Sinn für Humor, bringt er alle zum Lachen, wenn er die Komiker Spike Milligan und Peter Sellers aus seiner Lieblingsradiocomedy *The Goon*

Show nachmacht. »Er konnte das wirklich gut. Wir haben Tränen gelacht«, erinnert sich Checkett.

Insgesamt genießt der Prince of Wales sein Jahr in Australien, und allen fällt nach seiner Rückkehr die große Veränderung auf. Er sieht erwachsener aus, bewegt sich selbstsicherer, wenn er auch immer noch zurückhaltend ist, seine Lieblingsthemen mit den anderen zu diskutieren. Aber er vertritt seine Argumente, statt sich einschüchtern zu lassen. Er ist aktiver, alerter und disziplinierter. Sogar seine letzten Monate in Gordonstoun, wohin er wieder zurückmuss, hält er besser durch. Sein neues Selbstbewusstsein führt dazu, dass er zum Schulsprecher ernannt wird. Und bei dem egalitären System von Hahn bekommt er diese Auszeichnung nicht, weil er der Thronerbe ist, sondern weil er sie sich durch sein offensichtliches Verantwortungsgefühl und seine Verlässlichkeit erworben hat. Natürlich behaupteten seine Gegner, der Prinz hätte dies nur seinem Status zu verdanken.

Einen großen Vorteil hat sein neuer Job: Er erhält ein eigenes Zimmer. Also keine Quälereien, kein Geboxe, kein Gekneife, auch keine nächtlichen Kopfnüsse mehr. Nebenan wohnt sein Kunstlehrer Waddell, mit dem er sich nächtelang unterhält und auf einer Kochplatte Pfannkuchen fabriziert. Waddell lernt ebenfalls des Prinzen Nachahmungstalent und Witz kennen und schätzen. »Wir rollten am Boden und lachten uns halb tot«, erinnert er sich. Charles töpfert wieder. »Er machte wirklich sehr gute Sachen, richtig professionell. Man wäre froh, solche Dinge im Laden kaufen zu können«, sagt Waddell. Die Becher in Tierformen mit Hörnern, Beinen und Schwänzen kommen gut an, und allen Familienmitgliedern wird einer zu Weihnachten geschenkt.

Im Juli 1967 besteht Charles seine A-Levels: Geschichte mit B und Französisch mit C. Außerdem schreibt er freiwillig einen Aufsatz für das Oxford und Cambridge Examination Board (Prüfungskommission) – und ist unter den Top-Sechs-Prozent von 4000 Applikanten. Nach sechs Jahren und einer Abschiedsparty, auf der Charles mit jedem Mädchen tanzen muss, verlässt er das Internat in Schottland, ohne einen Blick zurück und schon gar kein Bedauern im Herzen, in Richtung Balmoral.

Lehrjahre eines Prinzen

Hinter den Kulissen streiten sich die Queen, Prinz Philip,
Onkel Mountbatten, der Premierminister und die verschiedenen Deans der Universitäten in Cambridge und Oxford, was
als Nächstes mit Charles passieren sollte. Die einen wollen
gleich eine Karriere beim Militär und empfehlen, dass der
Prince of Wales zur Militärakademie gehen soll, andere bevorzugen vorerst einen normalen Uni-Abschluss in Cambridge oder Oxford.

Charles fragt erst einmal keiner, was er denn wolle. Doch
nun, da er »erwachsen« ist, lässt er es nicht mehr zu, dass
seine Zukunft ohne ihn entschieden wird. Er will zuerst an
eine Universität, und da ist ihm Cambridge lieber als Oxford,
weil es näher an Sandringham liegt. Auch seine Studienfächer bestimmt er selbst: Statt Ökonomie und Politik belegt
er Archäologie, Anthropologie und ein Fach, das er sich
noch aussuchen wird. Welches College er schließlich in Cambridge besuchen soll, überlässt er den anderen. Das altehr-
würdige Trinity wird ausgesucht, und Charles ist nach einer
Führung mit dem Sohn des Dean zufrieden damit.

Doch nun geht das Theater erst richtig los: Soll Charles
ein eigenes Auto zur Verfügung haben? Wo soll sein persönlicher Sicherheitsdienst wohnen? Wo wird er essen? Welchen

Clubs soll er beitreten, und ob überhaupt? Was wird wegen der Presse unternommen? Und, und, und. Charles ist das alles eher wurscht, er macht Ferien in Australien und in Balmoral.

Zum Start des Herbstsemesters fährt er mit seinem blauen Morris Mini-Minor nach Cambridge. Normalerweise hat ein Student nur ein Zimmer im College. Für den Thronfolger hatte man jedoch einige Sondervereinbarungen getroffen. Der Polizist wohnt in einem Raum nebenan, und Charles bekommt zusätzlich einen Salon zugewiesen. Alles ist frisch gestrichen, neue Vorhänge an den Fenstern, ein eigenes Telefon und einige Möbel aus dem Palast, von der Mutter geschickt, verschönern die Zimmer. Ein Anschluss für seinen Herd, den er mitbringt, wurde installiert, und im Badezimmer eine Steckdose für seinen Rasierapparat. Er erhält ein separates Postfach, und der Sicherheitsbeamte soll sich um seine Wäsche kümmern. Vorsichtsmaßnahme gegen Diebstahl von königlichen Unterhosen zu Souvenirzwecken.

Die Söhne des Dean werden schnell zu Freunden, und Charles hat bald eine feste Gruppe um sich, die er oft zum Wochenende und zur Jagd nach Sandringham einlädt. Und er meldet sich beim Universitätspolo an, bis zum Examen wird er ein Handicap von plus zwei erreichen. Der Sport macht ihm Spaß: »Ich liebe die Ponys. Ich liebe die körperliche Betätigung. Es ist das einzige Teamspiel, das ich spielen kann. Außerdem passt es mir, ich kann ja schlecht aus Windsor mal eben abhauen, um Fußball zu spielen.« Und er kann den anderen Polospielern als Gleichgesinnter begegnen.

Dennoch: Es fällt ihm weiterhin nicht leicht, neue Leute kennen zu lernen. Sind seine Kumpels nicht dabei, bleibt der Stuhl neben ihm unbesetzt, vor und hinter ihm entsteht jedes Mal eine Leere, wenn er irgendwo ansteht. Und immer muss er den ersten Schritt machen, und das traut er sich selten. »Ich habe darüber nachgegrübelt und bin zu dem Schluss gekommen, dass ich eine Person bin, die lieber allein ist. Ich bin glücklich zwischen Hügeln und mit Bäumen als einzigen Gefährten. Wenn ich mich unter die Leute mische, dann ist das mehr Schein, und das Schreckliche ist, die Leute fühlen das auch genau. Trotzdem muss ich dringend daran arbeiten«, schreibt er in einem Brief an Checkett, seinen Freund und Diener aus der Zeit im Outback, der jetzt wieder in Prinz Philips Diensten steht.

Zum ersten Mal befindet sich Charles in einer Welt, in der hübsche junge Frauen mit Miniröcken und Highheels an ihm vorbeischlendern. Ganz normale sexy Engländerinnen, zum Greifen nah. Von einem aktiven Sexleben zu Schulzeiten oder nur heimlichen Knutschereien ist nichts bekannt. Der Prinz hatte auch keine Gelegenheit: In den Internaten lebte er ausschließlich mit Jungen zusammen, und ob er im Dorf, im Pferdestall oder sonst wo Mädchen intimer begegnete, ist zweifelhaft. Einerseits war er viel zu schüchtern, Mädchen anzusprechen, andererseits hätte er sich mit Töchtern vom Personal nicht eingelassen, und die Angst vor Entdeckung verhinderte zudem jede Realisierung.

Nun ist er am Ende seiner Teenagerzeit angelangt – und immer noch »Jungfrau«. Im Gegensatz zu anderen jungen Männern seiner Generation ist er noch nicht in den Genuss der freien Liebe oder anderer Revolutionen der Swinging Sixties gekommen. Nicht mal an den Studentendemonstrationen oder den heißen politischen Diskussionen gegen Vietnam darf er teilnehmen. Als Mitglied der Royal Family ist ihm jede politische Äußerung verboten. In Zeiten des Aufbruchs und der Auflehnung gegen Autoritäten wird ihm ein erzkonservatives Leben zugedacht, das er ohne Protest annimmt. Er hätte die Chance, aber er bricht nicht aus. Andere königliche Prinzen und Prinzessinnen aus dem In- und Ausland, die zur gleichen Zeit an den Traditionsuniversitäten von Oxford und Cambridge − Oxbridge wie die Engländer das abkürzen − studieren, zeigen sich da sehr viel mutiger. Sie genießen ihre Freiheiten, tanzen die Nächte durch und rauchen Marihuana. Mehr als ein oberflächlicher Kontakt zu seinen Standesgenossen besteht bei Charles nicht, und zu ganz normalen Menschen ohne Geld und ohne Titel kommt eine nähere Bekanntschaft auch nicht zustande.

Aber es ergibt sich plötzlich eine Gelegenheit, die dem Prinzen von Wales zu seinen ersten Erfahrungen mit Frauen außerhalb der Family verhilft. Allerdings nicht selbst entdeckt. Die Frau des Dean gibt eine Dinnerparty, mit dem Hintergedanken, Charles' konservativen Freundeskreis zu erweitern. Und sie lädt dazu Lucía Santa Cruz ein, die schicke, hübsche und fröhliche Tochter des chilenischen Botschafters. Und tatsächlich befreundet sich die drei Jahre ältere rassige südamerikanische Schönheit mit dem Prinzen. Wie weit diese Beziehung wirklich geht, weiß niemand. Nicht einmal die Presse, die davon natürlich Wind bekommen hat. Man kann für Charles nur hoffen: so weit wie möglich! Jedenfalls scheint sich der Knoten bei ihm gelöst zu haben. Es folgt eine kurze Liaison mit Lucinda Baxton, die später Filmemacherin wurde und sich sexuell eher den Frauen zuneigte.

So romantisch Charles in Bezug auf die Natur, die Musik und andere Bereiche seines Lebens ist, beim Liebesspiel scheint ihm das innige Gefühl abzugehen. Er schenkte der auserwählten Dame eher eine Kiste, die beim Öffnen explodiert und bei der irgendetwas Dämliches herauskatapultiert, als einen Rosenstrauß. Frauen findet er mysteriös, und sie machen ihn unsicher. Während sich normale Männer austesten und zum Blödmann machen können, vermochte Charles nie unerkannt etwas auszuprobieren, und die Mädchen erwarteten von ihm als Königssohn Wunder was. Also blieben ihm nur Verkleidungspartys oder die Dunkelheit, um sich anonym ranzumachen. Sein Polofreund Luis Basualdo, in dessen Landhaus Charles öfter die Wochenenden verbringt, erzählt: »Wir spielten *Murder in the Dark*, das Lieblingsspiel des Prinzen. Die Mädchen, die ich eingeladen hatte, versteckten sich im Dunkeln, und wenn er eine zu fassen kriegte, küsste er sie und führte sie zu irgendeinem Sofa oder Bett und hatte Sex, auf der Stelle. So vernaschte er vier oder fünf Farmerstöchter und ein Mädchen aus dem Fleischerladen.« Sehr gefühlvoll klingt das nicht, eher wie eine Szene aus einem schlechten Porno. Aber als erste Einweisung in das Wie sicherlich recht brauchbar.

Seine Examen am Ende des Semesters besteht Charles mit Bravour. »Ich habe ihnen gezeigt, dass ich weder ignorant noch inkompetent bin. Jetzt wird sich das Blatt wenden, und ich werde als prinzlicher Streber angesehen werden«, sagte Charles humorig, aber dennoch höchst zufrieden mit sich selbst. Aber ein normaler Student wird er nie sein.

Viel Zeit für Disco oder Barbesuche hat der Kronprinz nicht. Neben seinem Studium muss Charles damit beginnen, seine öffentlichen Auftritte als Thronfolger zu üben. Er muss zum ersten Mal bei der Eröffnung des Parlaments am 31. Oktober dabei sein. Und er darf bei verschiedenen Gelegenheiten die Queen vertreten, etwa im Dezember 1967 in Australien, bei der Beerdigung von Premierminister Harold Holt. Im Juni des darauf folgenden Jahres wird er feierlich als Ritter in den Hosenbandorden aufgenommen, und er gibt seine erste eigene Gartenparty für das Volk im Buckingham-Palast. Außerdem spielt er inzwischen erstklassig Polo und nimmt an verschiedenen Wettbewerben teil, gewinnt mit seinem Team den Prince Louis Cup im Club von Malta, dessen Präsident Mountbatten ist. Er schreibt an seinen Großonkel: »Ich bin extrem stolz, deinen Pokal gewonnen zu haben.«

Im zweiten Jahr in Cambridge konzentriert er sich auf das Fach Geschichte, »in mit haarigen und ungewaschenen Studentenkörpern voll gestopften Sälen«. Geruch und Fülle sind ein Horror für den immer tipptopp gekleideten Prinzen, der Körperpflege nicht für eine politische Aussage hält. Und Charles nimmt all seinen Mut zusammen und geht zum Vorsprechen ins Theaterseminar – und er wird angenommen. »Er ist wahnsinnig komisch und echt begabt«, findet, wie einige vor ihm schon, der Regisseur. Charles erhält den Part eines Paters in der geplanten Revue. Ein Reporter von *Paris Match* schmuggelt sich in die Proben, und sein heimlich geschossenes Foto vom Prinzen mit einer Torte als Kopfbedeckung erscheint auf einer Doppelseite in dem französischen Magazin. Im Semester darauf wird eine Vorstellung für die Presse organisiert, damit die unziemliche Neugier vorab befriedigt wird und es keine Exklusivitäten gibt.

Am 1. Juli 1969 wird Charles mit allem Pomp und Gloria im alten Castle von Caernarvon zum Prince of Wales eingesetzt. Zuvor muss er ein Semester Walisisch in der Universität von Aberystwyth studieren. Die Inthronisierung findet in einer innenpolitisch angespannten Atmosphäre statt. Die Waliser streben mal wieder nach Unabhängigkeit, und die Separatisten wollen keinen Engländer auf ihrem Thron, der auch noch publikumswirksam vor den Kameras der Welt walisisch spricht, wo den Walisern selbst ihre Muttersprache in den Schulen verboten ist. Mehrere Bombenanschläge erschüttern die Briten, und die Veranstaltung findet unter höchster Sicherheitsstufe statt.

Die Einsetzung zum Prince of Wales, dem vierundzwanzigsten, verfolgt via TV von rund 500 Millionen Menschen weltweit, bedeutet nicht nur eine aufwändige traditionelle Zeremonie, sondern ist zur gleichen Zeit der Startschuss für Charles, seine offiziellen Aufgaben und Verantwortlichkeiten zu übernehmen. Von nun an ist er Thronfolger im Amt. Die Abkürzung seines Namens POW, Prisoner of War, so der militärische Jargon, wird von nun an auch als Prisoner of Windsors übersetzt. Mit seiner Privatheit ist es jetzt endgültig vorbei. Alles, was er in Zukunft sagt und tut, jeder Patzer, jeder Witz und jede Laune, sind die Äußerungen, Befindlichkeiten und Empfindlichkeiten des zukünftigen Königs – und somit im Kern politisch: offen für allgemeine Beurteilung, Diskussion und jedwede Interpretation. Und von nun an führen seine öffentlichen Auftritte zu Menschenaufläufen.

Seinen neuen Status begreift Charles sofort, als er nach den Feierlichkeiten auf eine Tour durch sein neues »Reich« reist. Trotz der Proteste stehen überall hunderte und tausende Waliser an den Straßenrändern und sind begeistert. Zurück von seiner ersten aufregenden Reise, ist in Windsor keiner da, mit dem er seine Gedanken hätte teilen können. Prinzessin Anne und Vater Philip sind schon zu Bett, und die Queen weilt im Buckingham-Palast. So schreibt er an seinen Großonkel Mountbatten: »Die letzte Woche war die unglaublichste in meinem bisherigen Leben... Das momentane Problem ist, nicht verrückt zu werden und sensibel zu bleiben. Und solange ich mich nicht selbst zu wichtig nehme, ist alles in Ordnung ... Ich werde mein Bestes tun, auch wenn die Öffentlichkeit vielleicht mehr von mir erwartet.«

Seit Edward I. seinen Sohn 1301 zum ersten POW machte, ist die Übergabe von Wales, der ersten Kolonie Englands, das Übungsfeld für die spätere Souveränität. Mit dem Titel kommt auch das Herzogtum von Cornwall (Duchy of Cornwall) von knapp 55 000 Hektar Größe in zwanzig Countys. Das meiste ist Farmland, aber auch Immobilien und ein nicht unerhebliches Finanzportfolio gehören dazu. Das Einkommen soll den POW unabhängig vom Monarchen und der Regierung machen. Das Herzogtum muss wie ein Trust geführt werden, der Aktivbestand muss erhalten und an die nächste Generation weitergegeben werden, damit auch die nächsten POWs ein Auskommen haben. Über den erwirtschafteten Gewinn kann der Prinz natürlich frei verfügen. Bei einem Verkauf ist der Betrag neu zu investieren. Prinz Charles ist jetzt reich, wirklich reich. Sein Einkommen pro Jahr beträgt rund zehn Millionen Pfund. Das gibt einem vorher eher kurz gehaltenen Prinzen ein beruhigendes Gefühl von Unabhängigkeit. Seine POW-Vorgänger waren immer luxussüchtig, kapriziös und verschwenderisch gewesen. Bei Charles besteht diese Gefahr erst mal nicht.

Nach seiner Rückkehr an das Trinity College in Cambridge im Juli 1969 muss er nun ab und an allein ein offizielles Engagement wahrnehmen. Zu Filmpremieren, Musikevents oder Gala-Essen gehen, Reden zu irgendeinem Thema halten, die er alle selbst schreibt, auch Gebäude einweihen. Und als Stellvertreter der Queen Präsidenten empfangen. Das erste Staatsbankett absolviert er genauso wie seine Auftritte zu den jährlich wiederkehrenden britischen Feierlichkeiten, etwa die Geburtstagsparade der Mutter, bei der er gemeinsam mit Anne hinter der Mutter reitet. Er legt dabei – die Pressemeute meistens im Schlepptau – nicht viel Enthusiasmus an den Tag, aber er klagt auch nicht.

Sein Geschichtsexamen läuft, ob der sieben Monate in Wales und den vielen offiziellen Verpflichtungen danach, nicht besonders gut. Aber immerhin erreicht er ein »second class degree«, und damit ist er der erste Thronfolger, der überhaupt einen Universitätsabschluss hat. Sein Zeugnis kann er dann aber zu seinem größten Bedauern nicht persönlich in Empfang nehmen. In Cambridge sind Studentenunruhen ausgebrochen. Ein Student kam wegen Sachbeschädigung während einer Demonstration ins Gefängnis, und den deutschen Rudi Dutschke hatten die Richter der Krone wegen Aktivismus der Uni und des Landes verwiesen. Das erregte die Studentenschaft und führte zu Aufruhr und täglichen Demos. Der Vizekanzler der Universität empfiehlt Charles, in solch aufgeheizter Atmosphäre nicht aufzutreten. Nach dem berühmten May Ball verlässt er seine Alma Mater. Sein Zeugnis erhält er per Royal Mail.

In Windsor erholt er sich erst einmal von den Strapazen. Spielt Polo im Park und begleitet etwas unwillig die Familie zu den Rennen in Ascot. Er ist inzwischen so geübt in der Gesellschaft von vielen Menschen, dass er sich sogar auf der großen Geburtstagsparty mit 800 Gästen amüsiert, die die Queen für ihre Verwandten gibt. Queen Mom, Louis Mountbatten, Prinzessin Alice und der Duke of Beaufort sind alle siebzig geworden. Bald danach wird sein Dienst vom Premierminister eingefordert. Staatsbesuche in Kanada und den USA stehen auf dem Programm. Zusammen mit Prinzessin Anne wohnt er im Weißen Haus als Gast von Präsident Richard Nixon, mit dem er sich gut versteht und in

einer Neunzig-Minuten-Audienz die momentane Weltpoli-
tik vom Kalten Krieg in Europa bis zum Heißen Krieg in
Vietnam diskutiert. Natürlich ohne dass seine Meinung publik
gemacht wird. Nach den obligatorischen Sommerferien der
Royals in Balmoral vertritt er die Queen auf den Fidschi-
Inseln zu den Unabhängigkeitsfeiern. Er hängt noch ein paar
Tage dran, geht tauchen und mit der Harpune fischen, ge-
meinsam mit seinem alten Freund Nicholas Soames.

Inzwischen hat Prinz Charles ein Büro im Buckingham-
Palast, das für ihn arbeitet, geführt von seinem persönlichen
Sekretär und Freund David Checkett, der nun seinen
Dienstherrn gewechselt hat. Das vertrauliche und fröhliche
Verhältnis, das Charles in seiner Schulzeit in Australien mit
Checkett aufgebaut hatte, zahlt sich nun aus. Alle organisa-
torischen Fäden liegen jetzt in der Hand des Ex-Militärs, er
fungiert als Berater und kommuniziert mit den persönlichen
Sekretären der anderen Royals und der Presse.

Das Verhältnis zwischen Vater und Sohn ist weiterhin
eher formell als warm. Obwohl sie im Buckingham-Palast
nah beieinander wohnen, sehen sie sich selten. Meist nur bei
den Familienzusammenkünften in Balmoral, Windsor und
Sandringham und zu offiziellen Anlässen. Charles besteht
darauf, mehr und mehr sein eigener Mann zu sein, und geht
seinem ewig kritischen Vater lieber aus dem Weg. »Viel zu
stolz, es zuzugeben, sehnte er sich nach Zuneigung und Anerkennung, die Vater – und Mutter – nicht fähig oder nicht
willig waren zu zeigen«, weiß Jonathan Dimbleby, Charles'
offizieller Biograf. »Deshalb und zum Selbstschutz rettete er
sich in immer größere Förmlichkeiten im Umgang mit den
Eltern. Nicht mal die engsten Freunde der Familie konnten
das rückgängig machen.«

Natürlich liebt Charles seine Eltern, aber nach den vergangenen harten Teenagerjahren voller Pflichten und wenig Wärme hat er sich emanzipiert und innerlich distanziert. Dennoch erkennt er den Charakter seines Vaters an, der »die Dinge immer auf den Punkt bringt und in seiner praktischen Art analysiert ... Ich bin dankbar für seine Ratschläge – auch wenn sie manchmal in einer barschen Art vorgetragen werden, gerade weil sie von einer so konträren Perspektive kommen wie der meinen, die so unheilbar romantisch ist.«

Mountbatten ist der einzige wirkliche Vertraute, den Charles in der Familie hat – und wahrscheinlich auch derjenige mit dem größten Einfluss auf den zukünftigen Thronerben. Denn Onkel Dickie ist der Verwandte – nicht die Queen und auch nicht Prinz Philip –, der dem Kronprinzen in den vergangenen Jahren beigebracht hat, was die Aufgabe des Monarchen und die Rolle der Royal Family ist. Er instruiert ihn über die Regierung Britanniens und über die Vorgänge in Whitehall. Er lehrt ihn, was seine Aufgaben und Verpflichtungen sein werden und welche Möglichkeiten er hat, Macht auszuüben.

Der alte Mann, den Charles liebevoll seinen »honorary grandfather« (Großvater ehrenhalber) nennt, formt den Charakter seines Großneffen und pflanzt in ihn die gleichen hohen Moralvorstellungen (politisch, nicht sexuell), die ihn selbst umtreiben. Sowie die Jagdlust, sein Interesse für Geschichte und für hübsche Frauen. Ihm ist klar, dass Prinz Charles Probleme hat, adäquate junge Damen kennen zu lernen, um mit ihnen in Abgeschiedenheit flirten zu können – oder mehr. Einerseits ist ihm die Presse ständig auf den Fersen, sodass seine Vorliebe zu jemandem sofort entdeckt und veröffentlicht werden würde. Andererseits kann er unter

ständiger Beobachtung von Sicherheitspersonal, Hofange-
stellten und Kommilitonen keine lockere Atmosphäre für ein
Rendezvous schaffen, mal abgesehen von seiner Schüchternheit, die das größere Handicap ist.

Mit seinem Großonkel kann Charles dieses sensible Thema
aber diskutieren, und Mountbatten bietet Charles an, Broadlands für seine amourösen Abenteuer nutzen zu dürfen, ja
er lädt sogar passende Flirts zum Wochenende ein, wenn
Charles sich angesagt hat. Selbst kein Kostverächter bis ins
hohe Alter, bestärkt er ihn darin, umtriebig, aber diskret zu
sein: »Ich glaube, in deinem Fall sollte ein Mann seinen
wilden Hafer säen und so viele Affären haben, wie er nur
kann, bevor er sich zur Ruhe setzt.« Doch in einem Punkt
denkt der alte Graf und Macho antiquiert und eindeutig: »Als
Ehefrau sollte er sich ein passendes Mädchen mit einem netten Charakter wählen, bevor sie jemanden anderen trifft«,
rät er seinem Großneffen. Heißt so viel, dass sie adelig und
noch Jungfrau sein sollte. Mountbatten: »Ich glaube, es ist
für junge Frauen verwirrend, wenn sie Erfahrungen haben,
aber nach der Hochzeit auf einem Podest leben müssen.« Das
ist uralter Eigennutz und reiner Bullshit in Zeiten der sexuellen Revolution, der Charles hier beigebracht wird: Frauen
mit sexuellen Erfahrungen haben Aufregendes kennen gelernt und hegen somit Erwartungen. Außerdem können erfahrene Weiblichkeiten die Performance beurteilen, aber solch
eine Frau mit Kenntnis und Urteilsvermögen ist als Ehefrau
nicht erwünscht, schon gar nicht für den Thronfolger.

Heimlich denkt Mountbatten an seine Enkelin Amanda
Knatchbull, die er gerne an den Prinzen verkuppeln möchte.
Das würde seiner Ansicht nach eine wunderbare Verbindung
sein, und die Dynastie der Mountbattens hätte endgültig

den britischen Thron übernommen. Amanda ist zu der Zeit gerade mal vierzehn, aber der Großvater zieht hinter den Kulissen immer wieder seine Fäden. So oft wie möglich ist sie ebenfalls anwesend, wenn Charles in Broadlands ist. Doch dieser egomanische Traum des alten Haudegens wird nicht in Erfüllung gehen. Amanda wird den Plan einige Jahre später zerstören, indem sie einfach »Nein« sagt.

Die letzte Chance, dem romantischen Charakter des Prinzen einen Gegenpol entgegenzusetzen, kommt mit dem Beschluss, dass Charles für fünf Jahren zum Militär gehen wird. Onkel Dickie jubelt, als die Royal Navy ausgewählt wird. Der Marinemann hatte in den vergangenen Jahren immer wieder geschickt auf seinen Protegé eingewirkt, die Marine aus den verschiedenen Teilen der Armee als Dienstbereich auszuwählen. Enttäuscht darüber, dass damals die Priorität auf ein ziviles Studium gelegt worden war, sieht er seinen Traum nun endlich erfüllt. Viele Vorfahren der Mountbattens, wie er selbst und auch Prinz Philip, hatten Karriere in der Navy gemacht. Die jahrelange Beeinflussung hatte nun Früchte getragen, Vater und Großonkel sind hocherfreut.

Damit die anderen Militärdepartments sich nicht beleidigt fühlen, wird verkündet, dass Charles, bevor er nach Dartmouth zum Royal Naval College geht, zunächst einen Pilotenkurs bei der Royal Air Force absolviert. Schon während seiner Zeit in Cambridge hatte der Kronprinz Flugstunden gehabt und seinen Schein gemacht, jetzt soll er Hubschrauber und Jets beherrschen lernen.

Am 8. März 1971 geht's los. Der Prinz ist begeistert, auch wenn er aus Sicherheitsgründen nicht so oft in die Luft darf wie seine Kameraden. In sein Tagebuch schreibt er am 31. März: »Mein erster Soloflug! Schaffte es schon nach acht

111

Stunden statt nach zehn. Es ist ein aufregendes Gefühl, losgelassen zu werden im eigenen Jet ... Das Gefühl von Kraft, diese fließende, schwebende Kraft, es ist einfach unbeschreiblich.«

Charles' Selbstbewusstsein bekommt einen positiven Schub, endlich hat er etwas gefunden, in dem er wirklich gut ist und immer professioneller wird. Bald springt er auch zum ersten Mal mit dem Fallschirm ab. »Ich hab's getan, und keiner kann mir das wegnehmen«, sagt er stolz. Charles ist bester Stimmung, endlich kann er sich beweisen, der Sommer ist fast da, er ist zweiundzwanzig, und das Leben scheint sich zum Guten zu wenden.

In der knappen Freizeit schwingt er sich in seinen Aston Martin Volante, den er gegen den Protest der Eltern − zu auffällig, zu alt, zu gefährlich − gekauft hat, und fährt in der Abendsonne über die kleinen Landstraßen, besucht den Großonkel zum Dinner in Broadlands oder saust schnell mal zum Polotraining nach Windsor. Mitte April eröffnet die Polosaison auf dem Smith's Lawn, und Charles muss sich und seine Ponys trainieren, damit er bei den Turnieren im Sommer brillieren kann. Er ist inzwischen ein sehr guter Spieler, hat Ehrgeiz und Kampfgeist entwickelt. Der »Sport der Könige« ist in den letzten Jahren zunehmend auch bei Neureichen populär geworden, vor allem bei den Ladys. Oft lungern attraktive junge Damen am Spielfeldrand herum, denn die wendigen Ponys und die schweißigen Reiter sind höchst sexy − und eventuell lässt sich hier ein veritabler Ehemann finden. Oder zumindest ein kraftvoller Lover. Und Charles weiß, dass er zu Pferde recht passabel aussieht: Er ist drahtig und durchtrainiert, und in den engen Reithosen kommen seine wohlgeformten königlichen Schenkel gut zur

Geltung. Die Atmosphäre ist unangestrengt und ohne jedes höfische Zeremoniell. Außer seinem Sicherheitsbeamten kein Höfling in Sicht. Auch die Presse hat das Polospiel noch nicht als Heiratsmarkt entdeckt, kein Vertreter der gefürchteten Zunft ist in Sicht.

Es ist Anfang Mai, ein schöner warmer Nachmittag, Charles sattelt gerade sein Polopony ab, als hinter ihm jemand plötzlich mit rauchig tiefer Stimme sagt: »Das ist ein feines Pony, das Sie da haben, Sir. Meine Urgroßmutter hatte was mit Ihrem Ururgroßvater, wie wäre es da mit uns?«

Charles dreht sich um. Vor ihm steht eine attraktive Blondine. Sie schaut ihn mit sehr hellen blauen Augen geradeheraus und mit einem Lächeln im Gesicht an.

Erster Sex mit der Herzenskönigin

Es gibt mehrere Versionen der ersten Begegnung zwischen Charles und Camilla, die Einzug in die Geschichtsschreibung gefunden haben. Weder Camilla noch Charles haben bisher ihre Variante des ersten Treffens zum Besten gegeben. Die Poloplatzstory ist natürlich eine für Medien höchst attraktive: Sie ist unanständig und plakativ. Aber sie stimmt nicht. Denn eine junge Lady wie Camilla, mit einer teuren Upperclass-Erziehung, macht keinen Herrn – und schon gar nicht den Thronfolger – derart ordinär an. Nicht bei dem ersten Gegenübertreten. Das ziemt sich nicht. Und auch wenn Charles einen ziemlich skurrilen Sinn für Humor hat, solcherart lose Sprüche goutiert er gar nicht.

Wahrscheinlicher ist diese Variante: Während Charles zum Flieger ausgebildet wird, verbringt er seine freien Wochenenden auf Broadlands beim Großonkel. Der organisiert regelmäßig Dinnerpartys, Jagden und Barbecues, um seinem schüchternen Lieblingsneffen eine Freude zu machen und ihm in vertrauter Umgebung neue interessante Leute beiderlei Geschlechts zuzuführen – inklusive der Aussicht, in einem der gräflichen Schlafzimmer den eventuell aufflammenden prinzlichen Gelüsten zur Befriedigung zu verhelfen. Da ist der Graf gar nicht spießig.

114

Natürlich kann Charles zu den Wochenenden auch seine Freunde einladen. Bei einem dieser feuchtfröhlichen Partys scherzt seine alte Freundin und erste Liebe Lucía Santa Cruz: »Ich habe das perfekte Mädchen für dich gefunden.« Und bei einem der nächsten Besuche in Broadlands bringt sie Camilla Shand mit, die Freundin aus ihrer fröhlichen Clique, die sich in London jeden Abend ins Nachtleben stürzt. Charles und Camilla sind sich auf Anhieb sympathisch, schnell merken sie, dass ihr Sinn für Humor der gleiche ist. Camilla ist mit ihrer fröhlichen Ungeziertheit, ihrer Liebe zu Pferden und Hunden und ihrer ländlichen Bodenständigkeit eine Offenbarung. »Charles hat sich auf den ersten Blick in Camilla verliebt«, sagt ein Freund des Kronprinzen. »Vom ersten Moment an fühlte er sich in ihrer Gesellschaft wohl und entspannt. Und sie behandelte ihn wie einen normalen Mann, das fand er erfrischend.« Die beiden lachen und amüsieren sich miteinander wie auch mit den anderen Gästen. Aber weiter passiert nichts. Camilla kehrt mit Lucía nach London zurück. Zurück zu ihrem Andrew.

Und dann kommt der gewisse schöne Maitag, an dem Camilla zum Polo nach Windsor fährt. Die einen sagen, es habe geregnet und sie sei in Begleitung von Andrew erschienen. Andere erinnern sich an einen warmen Tag und behaupten, Lucía Santa Cruz hätte sie mitgenommen. Wieder andere wollen wissen, es seien die Tochter des Clubmanagers gewesen, Carolyn Gerard Leigh, und Mary Ann, Andrews Schwester und Ehefrau von Charles' Freund Nick Paravicini, mit denen sie gemeinsam auf dem Poloplatz in Windsor auftaucht. Ist ja auch eigentlich egal, mit wem sie dort erscheint. Bezeugt ist das Treffen dort jedenfalls. Und da sie sich ja vorher gesellschaftlich kennen gelernt haben, ist es ganz natürlich, dass Camilla über den Platz marschiert, um Charles Guten Tag zu sagen.

In solch einem Zusammenhang ist die freche Begrüßung und das eindeutige Angebot ein Witz und keine ordinäre Anmache. Charles findet das komisch – und fühlt sich geschmeichelt. Es imponiert ihm, dass Camilla den ersten Schritt tut. Sonst sprechen ihn Mädchen aus Feigheit oder Ehrfurcht nicht an, warten, dass er den Anfang macht. Und das kann er, der schüchterne Prinz, selten.

Mit ihren blitzenden blauen Augen, blonden Locken und der verführerischen Oberweite strahlt Camilla einen Sexappeal aus, dem Charles nicht widerstehen kann – und auch nicht will. Camilla gibt ihm mit ihrer natürlichen und direkten Art die Möglichkeit, sich als ganz normaler junger Mann zu fühlen, der mit einem sexy Mädchen flirten darf. Und sie macht es ihm leicht. Sie lacht über die gleichen Witze, ist wie er ein Fan der *Goon Show*, liebt es, Fratzen zu schneiden und doofe Akzente zu imitieren. Sie ist bescheiden und herzlich, Koketterie ist ihr fremd. All das gefällt dem Thronfolger. Es gefällt ihm sogar sehr. Fast augenblicklich verliebt er sich in dieses ungewöhnliche Mädchen.

Er hat zum ersten Mal im Leben eine wirklich gute Zeit. Das Fliegen macht ihm Spaß, und seine Künste darin werden immer besser. Kameraden und Vorgesetzte erkennen seine Leistungen an. Und eine attraktive Blondine hat ihm einen Antrag gemacht. Das Selbstwertgefühl des sensiblen Prinzen bekommt immensen Aufschwung. Und er ist verliebt, richtig verliebt, mit wackeligen Knien und Flugzeugen im Bauch, wenn er Camilla sieht.

Die beiden sehen sich gelegentlich. Immer wenn er vom Militär freigestellt ist, fährt er nach London, und wenn er dann keine offiziellen Verpflichtungen hat, treffen sie sich, auf dem Poloplatz, auf Festen in Ascot, in der Royal Enclosure, der Königsloge, und bei anderen festen Terminen im britischen Gesellschaftskalender. Und er lädt sie zu seinen Dinnerpartys in den Buckingham-Palast ein. Aber Camilla ist bislang nur eine Bekannte, mit der sich Charles allerdings bestens versteht. Andrew ist ihre große Liebe, und immer wenn er von seinen Auslandseinsätzen wieder in London ist, ist er die Nummer eins.

Im Sommer macht Camilla eine aufregende und höchst schicke Ferienreise. Lord Ashcombe, der Bruder ihrer Mutter, hat Camilla und ihren vier Jahre jüngeren Bruder Mark nach Barbados eingeladen. Zur Begleitung nimmt sie ihre Mitbewohnerin Virginia Carrington mit. Einen herrlichen Monat lang baden sie, tauchen und laufen Wasserski – und lernen berühmte Leute kennen. Lord Ashcombe hat gesellschaftlich weltumspannende Kontakte, so ist es nicht verwunderlich, dass auch Jackie Onassis, ihre Kennedy-Kinder und die Schwester Prinzessin Lee Radziwill mit von der Partie sind. Die karibische Luft bringt die Hormone der Sommergäste zum Wallen. Die Prinzessin ist vom gut aussehenden und amüsanten zweiundzwanzigjährigen Mark hingerissen, und die beiden beginnen eine Affäre, wie die Yellow-Press-Blätter später herausfinden werden. Onkel Ashcombe verliebt sich in die zweiundzwanzig Jahre jüngere, wunderhübsche Virginia, und wird sie alsbald heiraten. Mark, der einen Kurs bei Sotheby's absolviert und sich auf Art déco spezialisiert hatte, findet aber auch die Schülerin Caroline Kennedy süß. Begeistert erzählt er ihr von seinem interessanten Studium. Ein Jahr später wird sie in London auftauchen, und Mark wird sich ihrer aufblühenden Bedürfnisse annehmen.

Charles' Amüsement ist im Sommer und Herbst 1971 ziemlich begrenzt. Seine Navy-Karriere hat Vorrang vor allem anderen. Nach fünf Monaten bei der RAF erhält Charles im September seine Flügel an Brust und Barett, und er verlässt die Kaserne »mit sentimentalen Tränen in den Augen«. Nun hat er seinen Pilotenschein, und in den kommenden Jahren wird er sich oft selbst zu irgendeinem Royal Event fliegen.

Im Anschluss an die RAF, bei der er gerne geblieben wäre, muss er, wie unter Onkel Mountbatten und Vater Philip abgesprochen, ans Dartmouth Naval College. Nach einem Kurzurlaub in den grünen Hügeln von Balmoral geht's am 13. September dorthin. Das Militär-College wirft Charles zurück in seine Internatszeit: Disziplin, Drill und Pauken, Pauken, Pauken. Einziger Spaß: Er lernt Scubatauchen und geht in den Freistunden surfen. Nach sechs Wochen Crashkurs in Militärgeschichte, Morsecodes, Navigation und Schiffstechnik verlässt er als Sub-Leutnant Dartmouth im Transportflugzeug der Marine in Richtung Gibraltar, wo er am Samstag, dem 6. November 1971, die Planken des Zerstörers HMS *Norfolk* betritt. Er ist stinksauer, denn eigentlich hätte er an diesem Wochenende in Broadlands bei Onkel Dickie Fasane schießen sollen – und Camilla sehen. Er hatte sich so gefreut. Aber die Navy verlegte seinen Dienstantritt zwei Tage vor – und so wurde nichts daraus.

Charles ist besonders ungnädig und zeigt das auch eher undiszipliniert, wenn an seinen »privaten« Tagen etwas dazwischen kommt oder sie etwa ganz gestrichen werden. Da sein Leben monatelang oder gar Jahre im Voraus verplant wird, ist es zu einer Art Obsession geworden, sich auf die Tage zu freuen, an denen er frei hat. An diesen kann er nämlich das tun, wonach ihm der Sinn steht, hingehen, wohin er will, und nur die Menschen sehen, die ihm am Herzen liegen. Geht dann was schief, tobt er und hat, irgendwie verständlich, plötzlich überhaupt keinen Humor mehr. Seine Neigung zu Tobsuchtsanfällen hat er vom Vater geerbt. Aber zum Glück für die Betroffenen sind beide niemals nachtragend, und so hat sich ihre Umwelt daran gewöhnt. Sie würden sich auch niemals so weit vergessen, in der Öffentlichkeit oder gegenüber Verwandten königlichen Dampf abzulassen.

Zwei Tage nach Dienstantritt war seine schlechte Laune verschwunden. Gemeinsam mit anderen Offizieren macht Charles inkognito einen kleinen Ausflug nach Toulon. Dort besuchen die jungen Marinesoldaten eine ziemlich zwielichtige Hafenbar. Zum ersten Mal im Leben trifft Charles Damen vom horizontalen Gewerbe. Er spendiert einer professionellen Französin einen Drink, lehnt aber weitere Angebote dankend ab und verbucht den Besuch ins richtige Leben mit der Bemerkung: »Es trug zu meiner Allgemeinbildung bei.«

Gleich zu Beginn seiner Dienstzeit nimmt die *Norfolk* an einem Nato-Manöver teil. Charles hat Brückenwache, lernt das Schiff zu steuern und muss sich mit Navigation beschäftigen, was ihm immer noch schwer fällt. Nach ein paar Wochen wird er auf das Atom-U-Boot *Churchill* abkommandiert, wo er unter anderem lernt, in 100 Meter Tiefe »auszusteigen«. U-Boote sind für den Frischluftfanatiker Charles ein Gräuel, und die Enge setzt ihm zu. Er ist froh, als er wieder auf der *Norfolk* ist. Sie segeln im Mittel- und im Nordmeer. Nach neun Monaten ist sein Dienst beendet, und er betritt wieder britischen Boden. Sein Tagebuch, alle jungen Navy-Offiziere müssen bei ihrem ersten Einsatz eines führen, wird als »das beste, das hier je geführt wurde« kommentiert.

Charles hat, wegen seiner Unfähigkeit, mit Zahlen umzugehen, immer noch erhebliche Probleme mit der Navigation. Weil er die aber beherrschen muss, um ein Kommando auf einem eigenen Schiff zu übernehmen, hat die Admiralität beschlossen, dem Thronfolger einige Wochen Nachhilfeunterricht zukommen zu lassen. Das ist zwar ziemlich beschämend, hat aber auch sein Gutes. Charles kann dafür in England bleiben. Auf der langen Seereise mit der *Norfolk* ging ihm Camilla nicht aus dem Kopf, und jetzt, kaum dass er festen Boden unter den Füßen hat, nimmt er wieder Kontakt mit ihr auf.

Während Charles die Meere durchkreuzte, hat Camilla die Saison mit den üblichen Partys in London und den Reitwochenenden auf dem Land hinter sich gebracht. Außerdem hat sich ihre Schwester Annabel verheiratet. Am 27. April 1972 war große Hochzeit im Hause Shand. Die hübsche jüngere Schwester von Camilla hatte Ja gesagt zu Simon John Elliot, Immobilienmakler und Sohn des berühmten Air Chief Marshalls Sir William Elliot. Rosalind und insbesondere Soldat Bruce sind über die Wahl begeistert. Ist Schwiegervater Elliot doch wie er, Bruce Shand, ein dekorierter Weltkriegsteilnehmer mit hohen Auszeichnungen: Flying Cross der RAF und Ritter des Britischen Empires, des Order of the Bath und des Royal Victorian Order. Der neue Sohn stammt also aus guter verlässlicher britischer Militärtradition. Er sieht klasse aus, ist amüsant – und er liebt seine hübsche Braut. Das erste große Fest mit allem Drum und Dran muss organisiert werden – und es wird auch ein Riesenerfolg. Die Gesellschaftsmagazine berichten lobend.

In London ist der Herbst angebrochen. Die ersten Nachtfröste färben die Blätter der Platanen im Park von St. James golden. Die britische Society ist aus den Ferien an der Côte d'Azur, Long Island oder von ihren Landsitzen in die Stadt zurückgekehrt. Die Wintersaison hat begonnen: Theaterpremieren, Konzerte, Dinners und Teatime-Treffen in den großen Hotels. Und die Nightclubszene blüht wieder auf. Das Annabell's am Berkeley Square ist der angesagteste Club. Dort, im Keller eines Hauses, in dem einst König George III. mit seiner Mätresse Lady Isabelle Finch lebte, trifft sich alles, was mondän, langbeinig oder reich ist. Rein kommt nur, wer Clubmitglied ist, königlichen Geblüts oder ein Star. Man kann in verschiedenen, ineinander übergehenden Räumen speisen, an mehreren Bars teure Drinks schlürfen und natürlich tanzen. Hier können Politiker, Popstars, Models und Royals mit ihren Freunden und Freundinnen flirten, ohne dass es am nächsten Tag in der Klatschpresse steht. Es ist wahrscheinlich einer der diskretesten Orte Londons, Medien verboten. Und Gäste, die quatschen, gehen ihrer Clubkarte für immer verlustig.

Der 22. Oktober ist überraschend warm. Charles hat Camilla nachmittags angerufen und sie eingeladen, den Abend mit ihm zu verbringen. Schwester Anne ist gerade von einer viertägigen Staatsreise mit ihrer Mutter aus Jugoslawien zurück und will sich amüsieren. Und so geschieht es, dass Charles mit Camilla und Prinzessin Anne in Begleitung von Gerald Ward, Großgrundbesitzersohn und einer ihrer Flirts, die Kellertreppe von Annabell's hinunterklettert und sich einen Tisch in einer der vielen Nischen geben lässt. Anne und Gerald Ward tanzen viel und ausgelassen, während Charles und Camilla die Köpfe zusammenstecken und sich unterhalten. Nicht einfach, bei der lauten Musik. Eric Clapton, die Bee Gees und Roxy Music rocken aus den Lautsprechern. Doch dann wechselt der Discjockey zu Schmusemusik. Charles nimmt Camilla an die Hand und geht mit ihr zur Tanzfläche. Faron Young singt seinen Hit »It's Four In The Morning«. Camilla ist eine gute Tänzerin, und schnell hat sie sich Charles' Takt angeglichen. Der junge Prinz ist aufgeregt. Endlich hält er das Mädchen im Arm, das ihm im Traum in seiner Koje so oft erschienen ist. Sie fühlt sich gut an, warm und weich, und sie riecht wunderbar.

Als Anne kurze Zeit später zur Tanzfläche schaut, sind Charles und Camilla nicht mehr da. Sie haben sich auf Französisch verabschiedet und das Annabell's verlassen, spazieren unerkannt durch das stille, nächtliche London. In die Ebury Street, zu Camillas Wohnung. Sie küssen sich und haben leidenschaftlichen Sex miteinander. Ihre Körper entdecken in dieser Nacht eine Lust aufeinander, der ihre Herzen erst später folgen werden. In dieser Nacht ist es weniger Liebe als Verliebtheit und heißer Sex. Charles erfährt erstmalig, was guter Sex wirklich ist. Camilla, Andrews gelehrige Schülerin, ist die erfahrene Liebhaberin, und sie öffnet dem unerfahrenen und sich immer kontrollierenden Thronfolger die Tür zu einer Welt, in der er sich gehen lassen muss, um die wahre Leidenschaft zu entdecken.

Eine Leidenschaft, die, einmal erspürt, Charles nicht mehr wird missen können, wie die Frau, mit der er gemeinsam diese beflügelnden Gefühle genossen hat. In dieser Nacht in der Ebury Street empfangen Charles und Camilla einen Funken der Vorsehung, die das Schicksal für sie bereithält, und der in den kommenden Jahren ihrer beider Leben so eng miteinander verschmelzen wird. Charles hat in dieser Nacht seine Herzenskönigin gefunden.

122

Charles und Camilla sind bald unzertrennlich, sehen sich, wann immer es geht. Der große Seehafen Portsmouth, wo Charles seinen Nachhilfeunterricht in Navigation erhält, liegt nicht weit von Broadlands, dem Familiensitz der Mountbattens. Und Charles bekommt Erlaubnis, dort Quartier zu beziehen und täglich zu pendeln. Er ist begeistert. Nicht nur liebt er Broadlands – »das beste und willkommenste Zuhause, das es gibt« –, er kann auch Camilla sehen. Treffen an den Weekends sind schon fest verabredet, aber auch unter der Woche kann sie jetzt abends zu ihm kommen. Onkel Dickie ist natürlich eingeweiht. Er gibt der Affäre seinen Segen, findet, Camilla ist »excellent mistress material«, und sagt das auch zu Charles. Insgeheim hegt er ja weiterhin den Traum, seine Enkelin an den Neffen zu verheiraten.

Mountbatten ist – wie der Kronprinz – bald von Camillas Humor und Natürlichkeit fasziniert. »Sie ist gut für Charles. Sie gibt ihm das Gefühl, etwas Besonderes zu sein. Wie Alice Keppel bei Edward VII.«, sagt er, der die Urgroßmutter kannte. Er findet sie »unglaublich ähnlich, ihre Art sich zu bewegen, ihre Figur, ihre Züge sind dieselben«. Großzügig gibt er Anweisung: »Charles braucht etwas Privatheit. Von jetzt an kann er mit wem er will jederzeit herkommen, und nicht mal seine Familie braucht davon zu erfahren.« Wieder einmal macht er sich zum Verbündeten von Charles – und überlässt Camilla das Portico-Zimmer, in dem die Queen mit Prinz Philip die Hochzeitsnacht verbrachte. Gleich nebenan, verbunden durch eine Tapetentür, ist der Prince of Wales in der Lady-Luise-Suite untergebracht. »Natürlich wusste jeder, dass die beiden miteinander schlafen«, sagt John Barratt, Onkel Dickies Privatsekretär. »Eines der Betten war am nächsten Morgen immer unberührt.«

Das Liebespaar geht zusammen fischen, reiten oder macht einfach nur lange Spaziergänge mit Picknick auf dem weitläufigen Besitz des Onkels. In dieser Zeit geben sich die beiden Liebenden auch ihre Spitznamen nach Figuren aus Comic-Radiosendungen, die sie beide lieben: »Gladys« für Camilla, eine Figur aus der *Spike Milligan Show*, und »Fred« für Charles aus der *Goon Show*.

Wenn er muss, weil seine Mutter ihn in Staatsangelegenheiten anfordert, fährt Charles nach London. Camilla besucht ihn dann heimlich in seinem Apartment zum Dinner, gefolgt von dem königlichen Dessert, auf das beide nicht mehr verzichten können. Manchmal gehen sie auch zu Annabell's tanzen. Unter den Freunden und Freunden von Freunden spricht sich bald herum, dass die beiden ein Paar sind. Zur Presse trägt das damals keiner weiter. Eine Vertraute von Camilla erinnert sich: »Die Leute waren erstaunt, wie schnell sich das Verhältnis entwickelte. Bald war klar, wie eng die beiden miteinander waren und wie sehr sich gegenseitig zugetan. Camilla war äußerst diskret, sie hat nie auch nur ein Wort erzählt.«

Charles ist in ihrer Gesellschaft froh und gut gelaunt. Es ist klar, dass er sie liebt und dass er eine sehr körperliche Beziehung mit ihr hat. Bei Annabell's tanzt er nur noch mit ihr. Einer der Gäste beobachtete damals: »Obwohl er niemals trank, schlürfte er Champagner, und er ließ, wenn er sie im Arm hatte, seine Hand über Camillas Rücken bis hinunter zu ihrem Po streichen.« Die Geliebte ist für den Kronprinzen etwas wirklich Besonderes. Seine Augen leuchten, sobald er sie nur sieht, und stehen die beiden zusammen, dauert es nicht lange, bis sie in Gelächter ausbrechen. Sie ist sein Ideal von einer Frau. Und auch noch gut im Bett.

Und was ist mit Camilla? »Sie mochte ihn wirklich sehr, aber ihr Puls fing nicht sofort an zu rasen. Die Liebe entwickelte sich bei ihr erst später«, sagt ein Freund. Camilla hatte mal wieder Andrew aufgegeben, der sie nach sechs Jahren immer noch nicht gefragt hatte, ihn zu heiraten. Aber doch nicht ganz. Einer Freundin sagt sie: »Ich kann ihn einfach nicht vergessen. Oft frage ich mich, wo er ist und was er gerade macht. Ist es möglich, zwei Männer gleichzeitig zu lieben?« Andrew ist wieder nach Deutschland versetzt worden, und wenn er mal in London ist und Zeit hat, ist er vor allem mit Prinzessin Anne beschäftigt. Aber auch andere Frauen verschmäht er weiterhin nicht. Das weiß Camilla genau. Einige behaupten, sie würde nur mit Charles gehen, um Andrew eifersüchtig zu machen. Doch das ist unwahrscheinlich. Denn eines ist Camilla nie gewesen: eine Zicke und eine dieser taktierenden Schläppchentussis, die Männer mit weiblichen Tricks in ihre Arme locken – oder auch zurücklocken – wollen. Und damit fängt sie jetzt auch nicht an.

Natürlich fühlte sich Camilla geschmeichelt, dass Charles sie toll findet. Wer würde das nicht? Doch viele Gedanken verschwendet sie nicht auf das Wieso oder Warum. Sie genießt einfach ihre Zeit mit ihm. Schließlich ist sie frei, zu tun, was sie will, und zu lieben, wen sie will. Und Letzteres klappt bestens. So gut, dass einige Neider behaupten, sie hätte Charles sexuell verhext. Doch darüber lacht sie nur in ihrer unnachahmlich ansteckenden Art.

Camilla ist eines völlig klar: Heiraten wird sie den Prinzen nicht. Ein Grund ist, dass ihr das Leben am Hofe und unter ständiger Beobachtung der Öffentlichkeit nicht zusagen würde. Sie favorisiert ein ruhiges Leben irgendwo auf dem Land. Auf die Frage, ob sie Charles heiraten würde, antwortete sie lachend: »Warum um alles in der Welt sollte ich in einem Aquarium leben wollen? Nein, danke.«

Charles hingegen steckt in einem Dilemma. Camilla ist seine große Liebe, das ist ihm klar, aber ob sie seine Hand akzeptieren würde? In dieser Frage hegt er melancholische Gedanken. »Wer sollte mich heiraten wollen, wenn dies gleichzeitig ein Vertrag mit einer Institution bedeutet, die Verpflichtungen fordert, die sehr viel weiter gehen als die, die Kirche oder Gesetz von einem verlangen. Meine Frau wird die zukünftige Königin Englands werden, ein Objekt unersättlicher Kuriosität und das Ziel öffentlicher Launen.« Soll er das Camilla zumuten?

Er diskutiert die Frage mit Mountbatten. Der ist geschockt, als Charles ihm erzählt, er wolle seine Geliebte fragen, ob sie seine Frau werden wolle. »Es ist ausgeschlossen, Camilla zu heiraten«, sagt er rigoros: »Bed her don't wed her« (»Schlafe mit ihr, aber heirate sie nicht«) ist das Motto des alten Charmeurs. »Als zukünftiger König muss deine Frau noch Jungfrau sein, und Camilla ist keine mehr. Da sind zu viele Leichen im Keller, die zu Skandalen führen könnten.« Dann beruhigt er den unglücklichen Neffen und empfiehlt, er könne sie als Mätresse ja in jedem Fall behalten. Der Onkel ist dennoch ärgerlich, dass Charles sich schon so fest gelegt hat: »Sei ein bewegliches Ziel, wenn es um die Frauen geht. Um Himmels willen, du bist der beneidenswerteste Mann in Großbritannien, du kannst doch jedes Mädchen vögeln, das dir gefällt.«

Doch das will Charles gar nicht mehr. Er will Camilla. Aber nicht nur, dass sie keine Jungfrau mehr ist, sie ist auch nicht adelig genug. Und die mögliche Verwandtschaft zum Königshaus über die urgroßmütterliche Mätresse zählt hier nicht. Viel zu peinlich, das öffentlich darstellen zu müssen. Und dann ist da noch die Großtante Violet mit ihrer lesbischen Liebe zu Vita Sackville-West, und die vielen Ehen ihres väterlichen Großvaters sind da auch nicht dienlich. Also steht sein Ansinnen außer jeder Frage. Das ist auch die Antwort der Queen. Unmissverständlich und kategorisch sagt sie »No« zu Camilla. Für den zukünftigen König haben moderne Zeiten keine Bedeutung. Er muss sich bei der Wahl seiner Königin an Gesetze aus dem Mittelalter halten. Charles fühlt sich gefangen.

Inzwischen ist aber auch Andrew wieder aufgetaucht. Wegen seines katholischen Glaubens ist eine eheliche Verbindung mit Prinzessin Anne ausgeschlossen, so tritt er gentlemanlike zurück. Außerdem hat sie vor kurzem den Offizier Mark Phillips kennen gelernt, und Andrew klingelt wieder bei Camilla an. Natürlich hat er mitbekommen, dass seine Freundin mit dem Thronfolger schnackselt – und ist geschmeichelt. »Wir waren ja alle Mitglieder eines bestimmten sozialen Zirkels, und innerhalb dieses Zirkels erfuhr Andrew ein gewisses Upgrading, weil seine Freundin mit dem Thronfolger schläft«, erklärt ein Freund. »Andrew war ziemlich stolz auf Camillas Errungenschaft. Und gleichzeitig erwachte wieder sein Interesse an ihr und sein Ehrgeiz, sie zurückzugewinnen.« Und das war nicht besonders schwer. Eher so, wie eine Biene mit Honig zu locken. Es dauerte nicht lange, und Camilla und Andrew gehen in London wieder miteinander aus.

Doch dieses Mal will Camilla es ihrem Frauenheld nicht zu einfach machen. Sie schreibt Briefe an Charles, und sie sieht ihn weiterhin in Broadlands. Drei Wochen vor Weihnachten beginnt der Kronprinz seinen Dienst auf der *HMS*

Minerva. Er lädt Mountbatten und Camilla zu einer Inspektion des Schiffes ein und zum anschließenden Lunch. Ein Wochenende später, am 16. und 17. Dezember, treffen sich die Verliebten zum letzten Mal vor seiner Abreise in die Karibik. Der Abschied am Sonntagabend ist schmerzlich. »Tränen auf beiden Seiten, aber mehr bei Charles. Camilla musste ihn trösten. Ihm war sterbenselend, dass er sie verlassen musste«, weiß eine Freundin zu berichten. Das Paar verspricht sich, oft zu schreiben und, wann immer es möglich ist, zu telefonieren. »Ich werde sie acht Monate nicht mehr sehen«, formuliert er traurig in einem Brief an seinen Großonkel.

Der Thronfolger hat gar keine andere Chance. Er muss seine Pflicht erfüllen und mit dem Schiff in die Ferne segeln. Und er ahnt, dass dieser Abschied ein Abschied für immer ist. Andrews Anwesenheit im Leben seiner Camilla ist ihm nicht verborgen geblieben. Und er wird nicht da sein können, um im Liebesdreieck mitzuspielen und seinen Part darin zu verteidigen.

Schwere Zeiten für Charles

Queen Mom sitzt gemütlich beim Frühstück in Clarence House und liest wie immer ihre frisch gebügelte *Times*, Ausgabe vom 15. März 1973. Auf Seite achtzehn stößt sie auf eine kleine Meldung, die sie hoch erfreut. Unter den Gesellschaftsnachrichten, Rubrik: Hochzeiten, steht als erste von neun Ankündigungen:

Major A. H. Parker Bowles and Miss C. R. Shand.
    Bekannt gegeben wird die Verlobung von Major Andrew Parker Bowles, The Blues and Royals, ältester Sohn von Mr. und Mrs. Derek Parker Bowles aus Whiteoak House, Highclere, Newbury, Berkshire, und Camilla, ältester Tochter von Major und der Hon. Mrs. Shand, aus The Laines, Plumpton, Sussex.

Das Problem hätten wir vom Tisch, denkt die Königinmutter und freut sich gleichzeitig über die frohe Nachricht, dass der Sohn ihres besten Freundes endlich heiraten würde. Sie kannte Camilla, hatte sie zu verschiedenen Anlässen getroffen, vor allem bei Pferderennen, und sie schon in Balmoral begrüßt, als sie zusammen mit Andrew und ihrem zukünftigen Schwiegervater zu Besuch erschien. Und sie hatte das

Thema Camilla mit Charles diskutiert, als er seiner Großmutter letzten Herbst gestand, dass er sie heiraten wolle. Queen Mom mochte Camilla sehr, aber nicht als Braut für ihren Enkel. Da ist sie altmodisch und strikt. Sie hatte ihrem Enkel gesagt: »Camilla ist ein wunderbares Mädchen, mein Liebling, aber sie ist kein Material zum Heiraten.«

Sie hätte es besser wissen müssen. Ihre Phobie ist und würde es immer sein: die Abdankung von König Edward VIII., weil er diese unerhörte Amerikanerin Wallis Simpson liebte und seine Pflicht vergaß. Das zwang sie, Elizabeth I., gegen ihren Willen in das Licht der Öffentlichkeit zu treten, und Ehemann George, sprachbehindert und scheu, musste den unangenehmen Job als König übernehmen. Das hat sie Edward nie verziehen. Und dennoch, nun macht sie denselben Fehler noch einmal. Statt einen Weg zu suchen, wie Charles vielleicht doch seine große Liebe heiraten könnte, verbietet sie es mit Bestimmtheit. Sie dachte der Affäre nicht so viel Bedeutung zu, wie sie es verdient hätte. Glaubte, Charles ist jung, das geht vorüber, er wird eine passendere Frau finden, die keine Ex-Lover und Mätressengroßmütter vorzuweisen hat. Wie wäre die Geschichte abgelaufen, wenn die geliebte Großmutter ihren Einfluss anders genutzt hätte?

Camilla und alle Familienmitglieder sind seit Weihnachten in die Hochzeitsvorbereitungen eingebunden. Den Tag festlegen, Einladungen verschicken, Listen führen, Kirche buchen, die beiden Geistlichen verpflichten. Andrew, der Katholik, und sie, Anglikanerin, haben beschlossen, sich ökumenisch trauen zu lassen. Die Blumendekoration muss ausgewählt, Champagner bestellt werden. Und am allerwichtigsten ist das Kleid. Die Couturière der Queen, Belville Sassoon, schneidert einen Traum aus weißem Organza mit einem vier Meter langen Seidenschleier für 2000 Pfund. Die Shands lassen sich die Hochzeit ihrer ältesten Tochter einiges kosten, es soll ja schließlich standesgemäß zugehen. Camilla saust zwischen Plumpton und London hin und her. Nur eines lässt sich die Braut nicht nehmen: ihre Nachtruhe mit viel Schlaf. Die Vorbereitungen laufen dank dem Organisationstalent der Schwester und einer völlig unhysterischen, praktisch denkenden und handelnden Braut wie am Schnürchen. Keine Katastrophen in Sicht. Das ist wichtig, denn einige Royals haben sich angesagt, und alles muss perfekt sein.

Und dann ist es so weit: Am 4. Juli 1973 übergibt Major Bruce Shand seine geliebte Tochter am Altar der Guards Chapel in Birdcage Walk, ganz nah am Buckingham-Palast, an Andrew, der im Cut mit weißer Nelke im Knopfloch über das ganze Gesicht strahlt. Er hat eine heiße Junggesellenabschiedsnacht im exklusiven White's Club hinter sich, wo sein Bruder Simon in den frühen Morgenstunden zerschlagene Gläser, Stühle und Geschirr bezahlen musste. Dafür sieht Andrew perfekt aus, die anstrengende Nacht sieht man ihm nicht an.

Camilla hingegen hat wie immer lange und gut geschlafen. Sie schaut süß aus in ihrem Traum in Weiß. Auf ihrem Haar mit modischer Innenrolle sitzt die Familientiara und hält den Schleier. Das Kleid mit Puffärmeln endet züchtig, also hochgeschlossen am Hals, und bringt dennoch ihre Kurven darunter bestens zur Geltung. Sie hat zwei Wochen gehungert, damit sie noch schlanker ist. Weiße Lilien duften in ihrem Strauß, und Camilla ist glücklich. Queen Mom und Prinzessin Anne sitzen in der ersten Reihe, 700 weitere Gäste füllen die Kirche.

Nach der Trauung schreiten Mister und Misses Parker Bowles den Mittelgang mit großem Aufgebot hinaus. Fünf kleine Mädchen in weißen Kleidchen streuen Blumen und zehn kleine Jungen in Blues-and-Royal-Uniförmchen folgen ihnen. Die Nichte des Duke of Marlborough, Mary Muir, achtet hinter der Braut auf die Schleppe. Draußen im gleißenden Sonnenlicht stehen Soldaten aus Andrews Kompanie und salutieren mit ausgestreckten Säbeln. Es ist eine Hochzeit wie aus dem Bilderbuch kleiner Prinzessinnen. Die Presse titelt am nächsten Tag: »Hochzeit des Jahres.«

Zum Empfang geht's in den nahen St. James's Club. Da erscheint auch Prinzessin Margaret und toastet den Frischvermählten zu. Die Gästeliste liest sich wie *Burke's* Adelsregister. Lord und Ladys, Dukes und Prinzessinnen. Nur einer fehlt.

Prinz Charles ist nicht gekommen. Gute 3000 Meilen entfernt verbringt er einen Tag voller trauriger Gedanken. Geschockt hatte er die Verlobungsnachricht seiner Camilla entgegengenommen. »Es schmerzte, dass das Schicksal ein so glückseliges, friedliches und wechselseitig wunderbar empfundenes Verhältnis nach nur sechs Monaten beendet hat«, erzählt Charles seinem Biografen Dimbleby. Und an einen Freund schreibt er frustriert: »Ich nehme an, das Gefühl von Leere wird irgendwann verschwinden.« Er schließt sich in seine Kabine ein und erscheint drei Stunden später mit roten Augen zum Dinner der Schiffsoffiziere, berichtet einer, der dabei war. Charles' Herz ist gebrochen. Wochenlang darf keiner den Namen von Camilla erwähnen. Natürlich erscheint er nicht auf der Hochzeit. Von ihm gibt es nur ein Glückwunschtelegramm.

Er hätte sicher kommen können, als Kronprinz hätte er sich einfach freinehmen können – und wäre dann mit einem

Flugzeug der Königlichen Flotte von Barbados nach London geflogen. Aber diejenigen, die von Camillas und seiner Affäre wissen, ahnen, warum Prinz Charles nicht da ist. »Er konnte den Gedanken nicht ertragen, sie den Kirchgang heruntergehen zu sehen, direkt in die Arme von Andrew. Er bereute seine Entscheidung, sie nicht gefragt zu haben, kaum dass sein Schiff abgelegt hatte. Als er dann hörte, dass sie Andrew heiraten werde, wollte er sie mehr denn je. Er verschloss seine Liebe tief in seinem Herzen, aber sie ist nie gestorben. Jahrelang grübelte er darüber nach, dass er Camilla nicht genommen hatte, als sie noch frei war«, sagt ein Freund.

Camilla denkt an diesem ihrem großen Tag nicht an ihren verflossenen Prinzen. Sie hat es geschafft. Der Mann ihrer Träume hat nach sieben langen Jahren nun endlich Ja gesagt. Camilla schwebt auf Wolke sieben und kann das Glück kaum fassen. Voll Liebe und Euphorie ergreift sie immer wieder Andrews Arm. Für immer mein, denkt sie und strahlt ihn an. Kurz vor Ende des Empfangs steigt sie mit ihrem Ehemann in den wartenden Oldtimer-Rolls-Royce und fährt unter lautem Applaus und Gejohle der Familie in ihr neues Leben als Misses Parker Bowles.

Kurz vor der Hochzeit haben Andrew und Camilla sich gemeinsam ihr erstes Haus gekauft. Ein altes Gemäuer aus der Tudor-Zeit aus gelben Cotswold-Steinen, mit hohen Decken und Sprossenfenstern, mit Ställen für die Pferde und einem Garten für Gemüse und Blumen. Camilla hatte sich gleich beim ersten Anblick in das Anwesen verliebt, auch wenn Bolehyde Manor, im wunderschönen ländlichen Wiltshire gelegen, ein sehr stattliches Heim für ein junges Paar ist. Aber sie wollen ja nicht lange allein bleiben. Kinder sind im Zukunftsplan inbegriffen – und dafür muss Platz im Haus sein.

Doch erst einmal fliegen sie in die Flitterwochen. Acht Tage Sonne, Sand und romantische Nächte in Cap d'Ail in Südfrankreich. Dann muss Andrew zurück zum Dienst nach London. Er ist gerade zum Major befördert worden, und das bedeutet Pflichterfüllung ohne Wenn und Aber.

Camilla stürzt sich voller Enthusiasmus in die Renovierung und Einrichtung von Bolehyde Manor und schwingt den Pinsel. Beide Familien steuern Möbel und andere Einrichtungsgegenstände bei, Annabel, die kreative Schwester, hilft bei der Auswahl von Stoffen und Dekorationen. Geschirr, Silber, Vasen und einige andere Dinge gab's zur Hochzeit – und bei 800 Gästen nicht zu knapp. Mit Papierkörben, Toastern und Tabletts ist Misses Parker Bowles für Jahre ausgestattet. Andrew entdeckt seinen grünen Daumen und legt am freien Wochenende den Garten an, pflanzt und buddelt, rupft Unkraut und setzt Zaunpfähle.

Das junge Paar führt von Beginn an eine Wochenendehe, denn Andrew muss von Montagmorgen bis Freitagnachmittag Dienst in Knightsbridge schieben. Er hat sich eine kleine Wohnung gemietet und übernachtet dort. Wiltshire ist zwar nur gute zwei Stunden von London entfernt, aber jeden Tag will er das nicht zweimal fahren. Camilla ist mit dem Arrangement vollauf zufrieden. Es gibt so viel zu tun und zu organisieren. Und auch die neuen Nachbarn müssen kennen gelernt, die örtlichen Reitmöglichkeiten getestet und die Clubs der Umgebung abgefahren werden, um zu sehen, bei welchem sie denn in Zukunft ihre Reitjagden mitmachen will. Im Herbst reitet Camilla das erste Mal mit der Beaufort-Meute, der vornehmsten im Lande.

Die frisch Angetraute gibt das eine oder andere Abendessen und manchen Sonntagslunch für Freunde und neue Nachbarn. Sie ist eine perfekte Köchin, und ihre gegrillten Hühnchen haben schnell den Ruf, die besten des Landes zu sein. Es entwickelt sich alles so, wie sie es sich schon in Schultagen erträumt hatte. Auf dem AGA-Herd in der Küche steht immer eine Kanne Tee, der Terrier springt im Garten herum, und der schwarze Labrador liegt gemütlich vor dem Kamin, wenn Camilla rauchend und mit einem Gin Tonic in irgendwelchen Mode- und Einrichtungsmagazinen oder in *Horse and Hound* blättert, bevor sie früh schlafen geht. Camilla ist eine zufriedene und glückliche junge Ehefrau. Und wenn Andrew am Freitagabend nach Hause kommt, geht's erst mal ins Bett, und sie haben schönen langen Sex miteinander, bis sie ermattet in die Kissen sinken.

So vergehen die ersten Monate ihrer Ehe ganz gemütlich und ohne irgendwelche Aufregungen. Außer vielleicht der großen Hochzeit von Prinzessin Anne mit Mark Phillips in der Westminster Abbey am 14. November 1973, bei der der alte Ex-Lover und Camilla natürlich eingeladen sind. Da sieht sie auch Charles wieder. Aber nur kurz wechseln sie ein paar Worte. Der Bruder der Braut ist bei diesem Staatsereignis schwer beschäftigt. Am 31. August hatte er wieder englischen Boden betreten und war sofort nach Balmoral gefahren. Nur zwei Tage konnte er dort ausspannen, dann musste er in Portsmouth einen Weiterbildungskurs belegen.

Charles ist über die Wahl seiner Schwester Anne zunächst nicht begeistert. Er hat das Gefühl, nun auch von ihr verlassen worden zu sein. Sie war für ihn eine Vertraute, die Einzige, mit der er innerhalb seiner engsten Familie über alles reden konnte. Nun hatte sie jemanden anderen, der ihre Zeit in Anspruch nehmen würde. Frustriert schreibt er an einen Freund: »Alle um mich herum heiraten. Wenn ich nicht irgendwo auf einer Scholle allein und hilflos herumtreiben will, dann werde ich mir wohl sehr schnell eine Frau suchen müssen, sonst bleibe ich übrig und werde sehr unglücklich sein.« Doch es wird noch eine Weile dauern, bis Charles zu einer anderen Frau als Camilla Ja sagt. Er leidet immer noch unter Liebeskummer, hat sich aber zurzeit von Annes Hochzeit oberflächlich gefangen. Ihm ist klar, dass sein Ehrgefühl als Soldat und Freund ihn davor zurückhalten muss, Camilla, die junge Ehefrau seines Militärkameraden und Polokollegen Andrew, weiter zu verfolgen.

Weihnachten verbringt Charles wie immer mit der ganzen Familie in Sandringham, wahrend Camilla ihr erstes eheliches Christfest mit Plumpudding und Tannenbaum in Bolehyde Manor verlebt. Mitte April dann die frohe Botschaft vom Frauenarzt: Camilla ist schwanger, und am 18. Dezember wird Thomas Henry Charles geboren. Prinz Charles nimmt ihr Angebot, beim ersten Kind Patenonkel zu sein, liebend gerne an. Es ist immerhin eine Möglichkeit, wieder Kontakt mit ihr aufzunehmen. »Er hatte beschlossen, dass er sie, wenn schon nicht mehr als Geliebte, dann wenigstens als Freundin und Beraterin haben will. Er hat ihr immer mehr vertraut als irgendjemandem sonst und seine innersten Gedanken mit ihr geteilt. Sie urteilt niemals über ihn. Sie ist selbstlos und will keine Punkte bei ihm sammeln. Ihre Ratschläge sind ihm wichtig«, sagt ein Freund. Camilla versteht ihren Prinzen, versteht den Mann hinter dem Titel. Camilla ist diejenige, die ihm immer die Wahrheit sagt. Und Charles hält sie mit Briefen auf dem Laufenden und will zu fast allem ihre Meinung wissen. Wenn er an Land oder in London ist, besprechen die beiden in stundenlangen Telefonaten am Abend und oft auch mehrmals tagsüber alles, was hauptsächlich ihm wichtig ist. Es wird zu einer Angewohnheit, die später einmal unglaublich peinlich werden soll.

Natürlich schlagen die Gerüchte im Bekanntenkreis und außerhalb Wellen, als Tom geboren wird und Charles auch noch Patenonkel ist. Auf dem Guards-Polofeld sind sich die Klatschtanten sicher, dass Tom nicht von Andrew ist. Aber: »Honi soit qui mal y pense.« (»Schmach über den, der Böses dabei denkt.«) Erstens ist Charles die letzten zehn Monate als Navy-Offizier im Ausland gewesen, und zweitens ist die Ähnlichkeit von Tom mit seinem Vater nicht zu übersehen – aber das konnten die Gerüchterührer von damals natürlich noch nicht erkennen.

Camilla ist sexuell nicht zu haben, und so stürzt sich Charles ins Highlife, wird zum Playboy-Prinzen, wie die Presse ihn schnell nennt. Noch in der Karibik verknusperte er die eine oder andere Dame, die sich bei seinen Landgängen nicht lange bitten lassen und sich in seine Kissen legen. Den Vorschlag von Onkel Dickie, sich als bewegliches Ziel zu zeigen, setzt er mit Bravour um. In Venezuela ist es die Frau eines Polospielers: »Ich verliebte mich sofort und tanzte wild mit ihr.« Er übt, was er die »alte Augenzwinkertechnik« nennt, und auf Samoa stiehlt er sich eine halbe Stunde mit einem »wunderbaren Mädchen mit schwarzen Haaren bis zur Hüfte und einem unwiderstehlichen Lächeln« davon. In San Diego ist es eine umwerfende Blondine in einem schimmernden grünen Kleid, auf Hawaii wollen es gleich zwei »spektakuläre blonde Ladys« wissen. Wie ein echter Seemann hat Charles bald in jedem Hafen eine Braut – oder zumindest einen Flirt.

Mountbatten hatte diese Beschäftigung zwar vorgeschlagen, aber ihm wird dann doch ein wenig bange. Was würde passieren, wenn Charles bei einem dieser amourösen Abenteuer in Schwierigkeit geriet? Ein Skandal könnte die Monarchie erschüttern – obwohl königliche Bastarde ein fester Bestandteil der britischen Geschichte sind. Sicherheitshalber installiert er bei einer Bank in Nassau einen *Slush Fund* (Schmiergeld-Fond), der eventuelle Schweigegelder zahlen würde. Es heißt, zwischen 1974 und 1979 wäre das zwei- bis dreimal passiert.

Zwischen seinen Einsätzen auf See weilt Charles auch immer wieder für mehrere Wochen in England. Oder er kommt für ein paar Tage eingeflogen, um an einem staatstragenden Termin teilzunehmen. Es dauert nie lange, bis er in Bolehyde Manor vorspricht. Oft sitzt er dann in Camillas Küche. Sie reden zusammen, während sie das Abendessen zubereitet. Manchmal erscheint er sogar an Abenden, wenn sie eine Dinnerparty gibt. Teilnehmen will er nicht, das könnte zu Gerede führen, meint er. Und während die Gäste im Esszimmer speisen, nimmt er sich ein Tablett und geht mit Käsenudeln oder Fischstäbchen rauf ins Kinderzimmer und isst und spielt mit seinem Patenkind, bevor er leise und ungesehen wieder verschwindet. Oder er wartet, bis alle weg sind. Dann ist er wieder bei Camilla, und während sie die Küche aufräumt, unterhält er sie.

Andrew beunruhigen diese Besuche des prinzlichen Ex-Lovers nicht. »Nicht nur, dass er es akzeptierte, er ermunterte Camilla geradezu, Charles zu treffen. Er wusste alles über ihre Liebesaffäre, und es störte ihn kein bisschen, wenn sie diese spezielle Freundschaft nach der Hochzeit wieder aufnahm«, berichtet ein Freund. Und es dauert nicht lange und

Camilla und Charles schlafen wieder miteinander. Wann genau sie auch diesen Bereich ihrer Freundschaft wieder aufnehmen und fortsetzen, ist nicht ganz klar. »Nicht lange nach Toms Geburt«, will Biograf Christopher Wilson wissen. Erstaunlicherweise kochte die Gerüchteküche 1978, bei der Geburt von Camillas Tochter Laura, nur auf ganz kleiner Flamme, obwohl Charles und Camilla schon lange wieder Sex miteinander hatten.

Andrew hatte nach seiner Hochzeit keine seiner Freundschaften aufgegeben, und während er in London wohnt, geht er weiterhin mit attraktiven, oft verheirateten Frauen aus – und ins Bett. Camilla weiß das. Warum hätte sich an der promiskuitiven Einstellung ihres Mannes auch etwas ändern sollen? Er hatte das während der gemeinsamen sieben Jahre so gehalten, also warum sollte er das nach der Hochzeit und an den einsamen Abenden in London nicht wieder aufnehmen? Ihre Beziehung zueinander ist solide, sie lieben sich, und sie haben einen kleinen süßen Sohn und bald auch die kleine Laura miteinander. Sie führen eine offene Ehe, und sie sind beide gleichermaßen zufrieden mit diesem Arrangement. Außerdem ist es in adeligen Zirkeln in England keine Besonderheit, wenn Ehepaare mal hier oder da einen kleinen außerehelichen Flirt genießen. Es ist in Ordnung, solange es nicht à la Lady Chatterley praktiziert wird, also etwa mit Reitlehrern, Jagdaufsehern, Gärtnern oder Dienstmädchen. Nur dann gibt es Gerede, im eigenen, adeligen Gesellschaftskreis ist Schweigen Gesetz.

Charles und Andrew kennen sich schon von Kindheit an und mögen sich. Sie spielen seit Jahren Polo zusammen und gegeneinander, lieben Pferderennen und Hunde – und beide lieben sie Camilla. Andrew fühlt sich wohl in dieser Ehe zu dritt, es bleibt ihm auf diese Weise Zeit, seine Freiheiten zu genießen. Und wo seine Frau ist und was sie tut, das weiß er immer genau. Und ein bisschen stolz ist er auch darüber, dass Camilla immer noch solch eine Faszination auf den Thronfolger ausübt. Schaden kann es ja nicht! Am Wochenende bleibt Andrew nach dem Polo nicht mehr zu den obligatorischen Drinks, die mit den Mitspielern eingenommen werden, sondern verabschiedet sich mit dem Satz: »Bye, bye, ich habe noch eine royale Verabredung.« Dann fährt er nach Hause und mixt für Charles, Camilla und sich die Gin Tonics.

Sehr diskret sind die Liebenden nicht. Oft sieht man sie – auch ohne Andrews Begleitung – auf Festen oder nach Polospielen zusammenstehen und miteinander flirten und lachen. Das berühmte Foto vor der großen alten Birke entsteht nach einem solchen Poloturnier. Camilla mit rotem Shirt und Jeans und Charles in seinem Teamhemd mit der Nummer 4. Was für ein Foto für die, die mehr wissen! Camilla, die junge Ehefrau und Mutter, im intimen Gespräch mit ihrem Lover, dem Thronfolger. In die Borke der Birke hinter ihnen hat ein Liebespaar »CR« in die Rinde geritzt: Es könnte Charles und Rosemary – Camillas zweiter Vorname – heißen, oder noch besser und doppeldeutiger: Camilla Regina, Königin Camilla.

Hinter den Kulissen geht es fröhlich zur Sache. In Bolehyde Manor, dem ehelichen Haushalt und Heim der Kinder, ist kein Sex angesagt. In London, in Charles' Gemächern im Buckingham-Palast, ist es auch schwierig. Da haben die Wände Ohren, und vor dem Tor könnten die Reporter lauern, die bisher gottlob von Camillas Wiederkehr noch keinen Schimmer haben. So bleibt ihnen nur, sich woanders ein Liebesnest zu suchen. Und da hat Camilla eine Idee. Ihre

Großmutter Sonia Cubitt lebt in Hampshire, in Hall Place, einem Anwesen mit großem Park und außerhalb öffentlicher Einsichtnahme. Und wer sollte bitte Verdacht schöpfen, wenn sie ihre Großmutter ab und an besuchen fährt.

Sonia Cubitt ist, wie es aussieht, eingeweiht. Ihr Butler beschreibt einen dieser Besuche wie folgt: Charles hat sich für sechs Uhr angesagt, und Camilla läuft immer noch in alten Jeans herum und mit offenem Hosenstall. Der Reißverschluss ist nur von einer Sicherheitsnadel zusammengehalten. »Ich kann deine Unterhose erkennen, Kind, ich hoffe, du ziehst dich noch um, bevor der Prinz kommt«, sagt die alte Dame mahnend. Camilla findet das ziemlich unnötig. »Oh, Charles ist das egal«, antwortet sie. Klar, er hat ja alles schon gesehen. Und kaum dass Charles ein paar Schluck von seinem Willkommensdrink genommen hat, verschwinden Camilla und er in den Park, in Richtung Birkenwäldchen, und ab in den Schatten.

Charles' Sicherheitsoffizier ist beunruhigt, fragt den Butler, ob er wüsste, wohin sie denn gegangen seien. Der beruhigt den Mann und sagt: »Geh nicht hinterher, das ist zu peinlich. Ich weiß, wo sie sind. Die verschwinden immer gleich hinter die Büsche, stehen an irgendeinem Baum und machen das, was Lady Chatterley am meisten erfreute. Ich hab es selbst gesehen.«

Die Queen weiß von all dem nichts, bis Lord Charteris, ihr Privatsekretär, petzt, dass Charles mit der Frau eines Offizierskameraden schläft, der auch noch in ihrer Leibwache dient. »Und das Regiment mag das gar nicht«, fügt er hinzu. Die Queen will sich nicht in die Angelegenheiten ihres Sohnes einmischen, verfügt aber, dass in Zukunft Camilla nicht auf der Gästeliste eines offiziellen Termins stehen darf.

Merke: offiziell und Gästeliste. Was ist, wenn Charles die Parker Bowles nach Balmoral einlädt oder Camilla und er bei Queen Mom auf dem Sofa sitzen?

Die Ehe zu dritt scheint allen Beteiligten zu gefallen. Auch Charles gibt andere Frauen nicht auf. Zwar schafft es keine, Camilla von ihrem Podest zu stoßen, aber der Kronprinz muss dringend eine Ehefrau finden. Mit dreißig will er verheiratet sein, das hat er sich fest vorgenommen. So testet er verschiedene Anwärterinnen, nicht ohne ihre Vor- und Nachteile mit Camilla zu diskutieren. Das Problem, das sich bei seinen Testläufen herauszustellen beginnt, ist: Wenn sie toll im Bett ist, findet er sie als Person nicht so interessant, findet er sie auf geistiger Ebene toll, macht sie ihn meist sexuell nicht an. Ein Dilemma, das bisher nur Camilla durchbrach.

Die Geliebten wiederum charakterisieren ihn entweder als schüchtern oder beschreiben ihn als melancholische Seele. Allgemein wird gefunden, dass er Frauen für seine Zwecke benutzt und anschließend kalt abserviert. Was auch stimmt! Prinz Philip wird immer unruhiger und fordert höchste Diskretion, aber eigentlich erwartet er endlich eine Entscheidung. Charles lässt es laufen, und so wird die Sexliste immer länger. Erstaunlich lang sogar. Ob alle Mädchen, die die Presse in sein Bett legt, wirklich drin gewesen sind, ist fraglich, aber gleichwohl hat der Thronfolger eine recht ansehnliche Zahl von Ladys flachgelegt. Die interessanteren Exemplare müssen den Balmoral-Test bestehen — oder sie sind gleich weg vom Fenster.

Balmoral heißt: früh hoch, wasserdichte Klamotten anziehen, Angel unter den Arm klemmen und dann den ganzen Tag bis zum Bauch im Wasser stehen. Oder zumindest Charles dabei zuzusehen. Egal bei welchem Wetter. Viel geredet wird nicht, das stört die Lachse. Oder, zweiter Test, dasselbe nur mit dem Gewehr und mit den Treibern über die Highlands stolpern, während die Herren versuchen, je nach Jahreszeit, Hirsch, Reh oder Moorhuhn zu erlegen. Wer von den Damen reitet, kann extra Punkte sammeln. Nächste Stufe: die Freunde treffen – und hier vor allem Camilla –, zur weiteren Begutachtung und um eine »unabhängige« Meinung einzuholen. Letzte Stufe: die Familie – und an ihr scheitern die meisten. Und wenn doch nicht, killt sie die Presse mit irgendeiner Leiche im Keller, die sie ausgegraben hat.

Gesucht: Prinzessin von Wales

Eine der Ersten, in die sich Charles nach Camilla verguckt, ist 1974 Laura Jo Watkins, die große blonde Schönheit aus San Diego. Charles trifft die Tochter eines US-Admirals bei einem offiziellen Besuch – und findet sie klasse. Auch sie ist angetan, und die beiden gehen aus und verlieben sich. Mountbatten ist ein Freund des Vaters von Laura Jo und lädt sie nach London ein. Die Presse macht aus der Amerikanerin aber sofort »eine Art unverheiratete Wallis Simpson«. Das Schreckgespenst der Royals erscheint wieder am Firmament – und es ist sofort aus.

Neun Monate versucht es Charles mit Georgina Russel, Tochter des britischen Botschafters in Spanien und Redakteurin bei der *Vogue*. Sie verlässt ihn nach einem saukalten Wochenende in Balmoral, wo Charles mal wieder den ganzen Tag fischt und sich nicht um sie kümmert. Dann erscheint 1975 Lady Jane Wellesley auf der Bildfläche. Sie ist hübsch, graziös und adelig. Ihr Vater ist der achte Duke of Wellington und ein Freund der Queen. Fleet Street, das Zentrum britischer Zeitungsproduktion, ist begeistert und sieht in ihr eine passende Prinzessin von Wales. Charles ist sich mal wieder nicht sicher. Er findet sie zu emanzipiert, zu knallhart und zu unverblümt. Außerdem arbeitet sie bei der BBC, und

Charles glaubt, sie könne sich später nicht unterordnen. Also ein viel zu modernes Mädchen. Das Ende kommt nach einem Fauxpas. Lady Jane reagiert ungehalten auf die Frage eines Reporters, ob sie Charles denn heiraten wolle: »Ich brauche keinen weiteren Titel, ich hab schon einen. Danke sehr.« Aus vorbei, das war's.

Dann trifft Charles ein Jahr später erneut eine blonde Schönheit, die ihn anmacht: Davina Sheffield. Sie besteht den Balmoral-Test bravourös, fährt im Sommer nach Vietnam und arbeitet in einem Kinderasyl mit Kriesgwaisen in Saigon. Also nicht nur hübsch, sondern auch mit Herz, findet die Presse. Alles sieht gut aus, die Familie mag sie ebenfalls, doch dann platzt die Bombe. Ein Ex-Lover erzählt den Medien, dass er mit Davina zusammengelebt habe, inklusive Sex. Pech für Charles: Gebrauchtes Gut kann nicht Braut sein. Wieder aus und vorbei.

Am 31. Dezember 1976 beendet Charles seine Militärzeit. Von nun an muss er die Pflichten des Thronfolgers an Land erfüllen. Im Grunde beginnt erst jetzt, mit achtundzwanzig, sein eigentliches Leben als Erwachsener. Bisher hat er nur das getan, was entweder der Vater oder der Onkel für ihn vorgesehen hatten und/oder die Queen von ihm verlangte. »Ich fühle, ich kann zu Hause hilfreicher sein als irgendwo viele Meilen entfernt«, hatte er kurz vor seiner Entscheidung, beim Militär aufzuhören, geschrieben.

Aber was sollte er nun tun? Wo sich engagieren? Bei welchem Thema seinen Einfluss und seine Kontakte einbringen? Er musste etwas finden, das ihn nicht nur ausfüllte, sondern auch erfüllte. Klar war die Zukunft ja sowieso. Bis zum Tode seiner Mutter, und die ist erst fünfzig und feiert demnächst ihr silbernes Thronjubiläum, würde er in der zweiten Reihe stehen und König sein üben. Immer von der Presse und Sicherheitsbeamten umgeben, beobachtet und kritisiert für alles und jedes. Er musste einen Erben produzieren und allzeit bereit sein, im In- und Ausland die Monarchie zu vertreten. Alles Politische scheidet also für seinen zukünftigen Job von vornhinein aus, somit sind seine Optionen begrenzt. Er fühlt sich hin und her gerissen, und auch Camilla kann ihm bei dieser Entscheidung nicht helfen. Anlässlich einer Rede in Cambridge sagte er: »Mein größtes Problem im Leben ist, dass ich nicht weiß, welche Rolle ich spielen soll. Im Moment habe ich keine. Aber irgendwo muss ich eine finden.«

Verschiedene Jobs werden zwischen Queen und Downing Street Nr. 10 diskutiert: Generalgouverneur in Australien beispielsweise. Dazu muss er aber erst heiraten, und außerdem ist dies ein viel zu politischer Posten in einem Land, in dem Stimmen laut werden, sich von Großbritannien loszusagen. Botschafter in Paris: Geht auch nicht, und zwar wegen der unterschiedlichen Auffassungen der beiden Staaten zum europäischen Zusammenschluss. Der Prinz hätte sich dann mitten in dieser Auseinandersetzung befunden.

Charles entscheidet, sich für seinen Besitz, die Duchy of Cornwall, zu engagieren, und für Charity-Verpflichtungen und Patronagen, von denen er schon eine ganze Reihe hat und die eine Menge Zeit in Anspruch nehmen. Dazu zählen: The Prince's Trust, The Prince of Wales Environment Committee for Wales, United Worlds Colleges, The Joint Jubilee Trust, Chancellorship of the University of Wales, British Sub-Aqua Club, Royal Anthropological Institute, Colonel in Chief von fünf Regimentern. Und er will in den nächsten Jahren als eine Art königlicher Auszubildender in verschiedene Bereiche des politischen, wirtschaftlichen und sozialen Lebens hineinschauen. Dabei liegen ihm die Landwirtschaft, das Gesundheitswesen, die städtische Architektur und die Zukunft der Jugend besonders am Herzen.

Doch dieses Interesse wird zunächst noch nicht sichtbar. Nachdem die Öffentlichkeit eine Weile zugeschaut hat und sieht, wie die Zeitungen den Kronprinzen hauptsächlich beim Jagen, Skilaufen und Polospielen ablichten, erscheint in der *Daily Mail* eine Anzeige: »Prinz, 29, Studienabschluss, Ex-Army, Navy, RAF, sucht Anstellung, egal wo. Versucht alles.« Besonders komisch finden Charles und seine Berater das nicht. Es zeigt ihnen aber, dass sie über die nicht so erkennbaren Einsätze des Prinzen mehr trommeln müssen, damit das Volk sieht: Er tut was.

Sport ist für Charles ein Ausgleich – und immer kommt er damit gut an. Polo spielt er in der Saison, und im Winter 1977 fährt er zum ersten Mal mit seinen Freunden Charlie und Patti Palmer-Tomkinson nach Klosters zum Skilaufen, die dort in der Schweiz ein Chalet besitzen. Schnell lernt er, mit den Skiern umzugehen, und bald ist er abseits der Piste im Tiefschnee unterwegs. »Er verausgabt sich völlig, und ich fragte mich, warum er das tut. Er ist sehr extrem in dem, was er macht. Manchmal kann er nicht mal mehr gehen vor lauter Muskelkater«, sagt Patti. Die Palmer-Tomkinsons spüren eine Art Verzweiflung bei Charles, den sie als »den einsamsten Menschen, den sie je getroffen haben« beschreiben.

Camillas Spaß am Jagdreiten steckt ihn an – und Charles fängt auch damit an. Proteste vom Buckingham-Palast, er begäbe sich damit auf ein problematisches Territorium, schon allein wegen der lautstarken Anti-Fuchsjagd-Lobby und ihren politischen Demonstrationen gegen den »Blutsport«, wischt er vom Tisch. Charles hat mithilfe von Camilla entdeckt, dass Jagdreiten »eine aufregende, herausfordernde und gefährliche Sache ist, die einen außergewöhnlichen Rausch hervorruft«. Und außerdem kann er dabei »Menschen aus allen möglichen Bereichen des Lebens kennen lernen«. Was er nicht öffentlich erklärt: Es ist eine der wenigen Möglichkeiten, mit Camilla zusammen den Fuchs zu jagen. Fast alle Reitjagden, etwa die des Duke of Beaufort in der Nähe von Bolehyde Manor, finden auf privatem Gelände statt. Für die Presse ist Zutritt verboten, und somit können die beiden sich einen gemeinsamen Tag ungestört in freier Natur stehlen. Die Medien bekommen, wie geplant, davon nichts mit. Stattdessen machen sie Charles zum »Action-Man vom Buckingham-Palast«.

Innerlich unausgefüllt und ohne Herausforderung, außer beim Sport, aber gleichzeitig von einem Termin zum nächsten hetzend, wird Charles' Laune immer übler. Und auch die Frauenwelt hat keinen Lichtblick, sondern nur schnell verlöschende Flämmchen zu bieten. Der Prinz bleibt nie lange bei der Stange. Einfachheitshalber beflirtet er oft Schwestern oder Cousinen nacheinander. Wird erst mit der einen und dann mit der anderen Schwester Grosvenor gesehen, Leonora und Jane, dann hintereinander mit zwei Töchtern des Duke of Northumberland: Lady Victoria und Lady Caroline Percy, dann Bettina Lindsay, Tochter von Lord Balneil, gefolgt von Henrietta FitzRoy (Duke of Grafton), Cecil Kerr (Marquis of Lothian), Charlotte Manners (Duke of Rutland) und ihre Cousine Libby. Angela Nevill (Lord Nevill) und Louise Astor (Lord Astor of Hever), Camilla Fane (Earl of Westmoreland). Alles adelige Töchter, die sich natürlich große Hoffnungen machen. Aber leider, leider: Der Prinz ist unstet und will sich nicht festlegen. An allen findet er irgendetwas auszusetzen. Er versucht es auch mal mit einer Bürgerlichen, Fiona Watson, der Tochter eines reichen Landbesitzers. Doch wie sich herausstellt, hat sie sich für den *Playboy* ausgezogen, und das geht natürlich gar nicht. Man stelle sich vor: die Prinzessin von Wales als Pin-up in den Spinten jedes zweiten Automechanikers.

Eine heimliche kurze Affäre mit der Schauspielerin Susan George, Dinners und Desserts irgendwo in St. James inklusive, ist zwar lustig, hat aber natürlich auch keine Zukunft. »Es wird langsam peinlich«, sagt ein Freund. »Und je mehr Zeit ins Land geht, umso mehr Druck wird auf ihn ausgeübt, sich endlich zu binden.«

1977, bei einem Wohltätigkeitsball, sitzt Charles neben Caroline von Monaco, und die Klatschpresse hält die Drucker an. Das wär's doch endlich. Doch Charles findet sie irritierend und sie ihn todlangweilig. Dann verlobt ihn die Medienwelt eben mit Prinzessin Marie-Astrid von Luxemburg, die hat er aber nicht einmal kennen gelernt. Stattdessen hat er gerade angefangen, mit Lady Sarah Spencer auszugehen. Als er mit ihr jedoch zu einem Polospiel fährt, trifft er auf die rassige und reiche Kolumbianerin Christabel Barria-Borsage. Unstet wie er ist, tanzt er auf der Reiterparty den ganzen Abend mit ihr und nimmt sie zurück mit nach London. Sarah Spencer ist wenig begeistert, als sie im Fond, neben dem Sicherheitsbeamten sitzend, beobachten muss, wie Charles mit seiner neuen Errungenschaft bei 180 auf der Autobahn flirtet. In der City wird sie schnell abgesetzt, und Charles begleitet Christabel nach Hause und ins Bett. Die Dame kann ihren Mund nicht halten und erzählt am nächsten Tag einer Freundin, dass der Prinz mit ihr geschlafen habe. »Als wir ins Bett gingen, fragte ich ihn, wie ich ihn nennen sollte, Sir oder Charles. Nachdem er mich ausgezogen hatte, antwortete er: ›Nenn mich Arthur!‹«

Camilla lacht sich halb tot, als er ihr davon berichtet. All diese Unternehmungen und die jeweiligen Protagonistinnen werden ja mit ihr besprochen und das Für und Wider diskutiert. Dabei amüsieren sich die beiden jedes Mal königlich. Doch am Ende zieht Charles immer wieder traurig von dannen, denn die Einzige, die für ihn perfekt ist, ist vergeben, und sie will ihre Ehe und ihr Leben auch nicht aufgeben.

Zu seiner dreißigsten Geburtstagsparty am 14. November 1978 sind viele der getesteten Ladys geladen. Charles tanzt aber vor allem mit Camilla. Eigentlich hatte er sich ja vorgenommen, bis zu diesem Datum verheiratet zu sein. Aber das hat nicht geklappt. Und nun wird es langsam eng.

Freunde und Familie machen sich zunehmend Sorgen um Charles. Sein unstetes Leben und seine vielen wechselnden Liebesaffären zeugen von einem zerrissenen Inneren, gepaart mit zunehmender und offen gezeigter Selbstsüchtigkeit. Es sind die gleichen Qualen und Querelen, die man mit Onkel David, später König Edward VIII., erlebt hatte. Man beginnt zu fürchten, dass es bei Charles ähnlich enden könnte. Louis Mountbatten schaltet sich ein und warnt seinen Lieblingsneffen, dass sein derzeitiger Selbstfindungskurs nicht positiv sei: »Ich sehe keine Anzeichen dafür, dass du dich zusammenreißt. Du befindest dich auf demselben abschüssigen Weg, der schon einmal das Leben eines Thronfolgers zerstörte und zu einer schimpflichen Abdankung führte.«

Charles ist sauer, dass sich alle derartig in sein Leben einmischen, und der Vergleich mit Onkel David schmerzt ihn besonders. Er schreibt an einen Freund: »Ich muss sagen, die ständige Kritik über meine fortschreitende Ichbezogenheit beunruhigt mich ziemlich. Sie sagen, der einzige Ausweg ist eine Heirat, und langsam glaube ich, dass sie Recht haben.« Zu seinem Butler Stephen Barry sagt Charles aber seufzend: »Wenn ich könnte, wie ich wollte, dann würde ich ein fröhlicher Single bleiben. Aber es heißt immer: Pflicht, Pflicht, Pflicht. Eine Scheidung kommt aber in meiner Position nicht infrage. Wenn ich doch nur mit einem Mädchen leben könnte, bevor ich es heirate, ein bisschen austesten könnte, ob es auch klappt. Aber nicht mal das darf ich.«

Mit Sarah Spencer ist es nach der Windsor House Party anlässlich der Ascot-Woche vorbei. Im Winter ist er noch mit ihr nach Klosters gereist, wo sie sich ein Zimmer teilten, doch sie war mit der Zeit zu fordernd geworden, wollte überall mit hingenommen werden. Außerdem hat sie durch ihre Bulimie nicht gerade an Attraktivität dazugewonnen. Sie ist spindeldürr geworden, und das Emaille ihrer Zähne ist durch das ständige Erbrechen angegriffen. Charles versucht zwar, ihr zu helfen, aber er hat selbst genug Probleme und ist kein Psychiater. Und dann gibt Sarah ein Interview und zieht mit dem, was sie sagt, endgültig den Schlussstrich: »Ich werde Prinz Charles nicht heiraten. Ich liebe ihn nicht, und ich könnte niemanden heiraten, den ich nicht liebe, egal, ob es ein Müllmann oder ein Prinz ist.«

Jetzt glaubt Charles, der Zeitpunkt sei gekommen, um mit Amanda Knatchbull Tacheles zu reden. Ihr Großvater Mountbatten hatte das ja nun schon jahrelang eingefädelt und immer wieder Treffen organisiert: in Broadlands, auf der Bahamas-Insel Eleuthera, wo die Eltern von Amanda ein Haus besitzen, auf dem königlichen Dampfer *Britannia*, in Balmoral, in Sandringham. Charles hat seine Cousine bei

Familientreffen und anderen Anlässen häufiger gesehen als irgendeine seiner Freundinnen. Und das war vielleicht auch der Killer. Amandas Eltern, Lord und Lady Brabourne, glauben zwar auch, dass die beiden »sich langsam in Richtung Hochzeit bewegen«, aber die Rechnung geht nicht auf. Charles und Amanda verstehen sich prächtig, mögen sich, sind aber nicht ineinander verliebt. Eben mehr so, wie nahe Verwandte sich besonders gern haben. Für Charles ist das genug, denn Liebe findet er ja bei Camilla. Aber Respekt und Sympathie könnten auch als Grundlage für eine königliche Ehe dienen − das wäre mehr, als manche Gemahlin im Laufe der Geschichte erhalten hat.

Eine Reise nach Indien, bei der Mountbatten und Amanda ihn begleiten wollen, ist geplant. Sofort ist das Dilemma da. Kommt Amanda mit, wird sich die Presse auf sie stürzen und alles kaputtmachen. Also muss Charles sie vorher fragen, denn wenn sie verlobt sind, ist das alles kein Problem mehr. Aber als er Amanda dann um ihre Hand bittet, lehnt sie ab. Wie schon zuvor Camilla, will sie ihre Unabhängigkeit nicht aufgeben und sich einem System opfern, das Unterwürfigkeit und Gehorsam von ihr fordert und außer einem feinen Titel und einem Leben in Luxus nur viele Pflichten zu bieten hat. Auch für Amanda ein: Danke, aber Nein Danke.

Charles wird wieder mal darin bestätigt, dass eine Heirat mit ihm und in das Haus Windsor ein Opfer darstellt, das von niemandem verlangt werden darf. Aufgelöst bespricht er das mit Camilla, denn wer kann ihm in diesem Zusammenhang besser raten als die Frau, die genau aus demselben Grund einen anderen vorzog. Die Geliebte baut ihn wieder auf und tröstet ihn: »Eines Tages wird die Richtige für den Job kommen. Ganz sicher.«

Enge Freunde – und auch Camilla selbst – beginnen sich in den adeligen Familien des Landes nach passenden Töchtern umzuschauen: hübsch, hochadelig und unangetastet. Letzteres ist Ende der Siebziger endgültig ein Problem geworden. Alle Frauen über zwanzig haben ihre ersten Bettgeschichten hinter sich, oder sie sind so hässlich beziehungsweise unintelligent, dass sie eh nicht als Prinzessin von Wales infrage kommen. Selbst bei den unter Zwanzigjährigen sind zunehmend auch nicht mehr nur Jungfrauen zu finden. Eile ist geboten.

Ganz indiskret, ganz freizügig

Am 27. August 1979 explodiert in Classiebawn, an der West-
küste Irlands gelegen, eine Bombe. Sie zerreißt die *Sha-
dow V*, ein kleines Fischerboot, das an diesem schönen
Augustmorgen gerade den Hafen verlassen hat. Klar ist
sofort: Die IRA, die Irisch-Republikanische Armee, hat wieder einen Anschlag verübt. Lord Louis Mountbatten, sein
vierzehn Jahre alter Enkel Nicholas und der irische Boots-
führer sind sofort tot. Tochter Patricia Brabourne, ihr Mann
John und Sohn Timothy, der Zwillingsbruder von Nicholas,
überleben verletzt, die Schwiegermutter Doreen Lady Brabourne stirbt am nächsten Morgen.

Prinz Charles weilt in Island, als ihn die Nachricht erreicht.
Er ist am Boden zerstört. In sein Tagebuch schreibt er: »Ich
habe jemanden verloren, der für mein Leben unendlich wichtig war. Jemand, der mir seine Zuneigung zeigte, der mir
auch Unangenehmes sagte, das ich eigentlich nicht hören
wollte, der mich, wenn angebracht, lobte und auch kritisierte.
Jemand, dem ich vertrauen konnte und der mir unschätzbare
und weise Ratschläge gab. Er war für mich Vater, Großvater,
Onkel, Bruder und Freund in einem. Das Leben wird niemals
wieder so sein wie bisher. Es wird wohl weitergehen, aber
heute muss ich gestehen, wünschte ich, es hielte an.«

Charles weiß kaum, wie er die Tage bis zum Staatsbegräbnis am 5. September in der Westminster Abbey verbracht hat. Camilla ist ständig an seiner Seite, versucht ihn zu trösten und ihm neuen Lebensmut zu geben. Aber nicht einmal sie schafft es, die Verzweiflung aus seinem Herzen zu vertreiben, sie kann ihm nur ihre Schulter zum Ausweinen bieten. In der Kirche spricht Charles ein paar sehr persönliche Abschiedsworte, bei denen er die Tränen kaum zurückhalten kann, und als er dann dem Sarg seines Großonkels folgt, wird ihm bewusst, dass er jetzt endgültig erwachsen ist. Es ist vorbei, niemals wird er wieder die tiefe Stimme seines geliebten Freundes hören und ihm sein Herz ausschütten können. Er muss sein Leben von jetzt an selbst in die Hand nehmen. Beratung und bedingungsloses Vertrauen kann er nur noch von Camilla erwarten. Sie wird zusätzlich auch den Part seines Lebens ersetzen müssen, den bis dahin Onkel Dickie erfüllt hat.

Es dauert ein paar Wochen, bis Charles sich wieder im Griff hat. Doch er ist der zukünftige König, und er will im Gedenken an Mountbatten sein Leben und Tun so ausrichten, dass er stolz auf ihn sein kann.

Während die Freunde und die Familie weiterhin nach einer Braut Ausschau halten, versucht Charles es auch auf eigene Faust. Kurz ist der Flirt mit Jane Ward, der hochwohlgeborenen Assistenzmanagerin des Guards Polo Clubs, genauso wie das Intermezzo mit Sabrina Guinness aus der Bierbrauerdynastie. Sabrina, die auch schon mal mit Jack Nicholsen und Mick Jagger gesehen worden ist, tritt in ein Fettnäpfchen nach dem anderen. Als sie auf Charles' Einladung nach Balmoral kommt, lästert sie erst über das Vehikel, das sie vom Flughafen abholt, und setzt sich dann auch noch

155

ungefragt auf einen heiligen Stuhl. Die Queen hasst die mondäne Sabrina auf den ersten Blick und zischt sie an: »Das ist Queen Victorias Stuhl, der ist nicht für Sie zum Sitzen gedacht.« Sabrina bleibt nicht bis zum geplanten Ende des Besuchs. Sie schreibt anschließend zwei Briefe an Charles, die ohne Antwort bleiben.

Und dann erscheint Anna Wallace: Schottin und reiche Großgrundbesitzerstochter, fünfundzwanzig Jahre alt, intelligent, hübsch und pferdenärrisch. Charles ist hin und weg, und macht ihr bald einen Antrag. Doch bevor das publik wird, ist es auch schon wieder vorbei. Er kümmert sich nicht genug um Anna, als er sie zum achtzigsten Geburtstag von Queen Mom einlädt. Sie ist aufgebracht und fährt ihn vor anderen an: »Wage es nicht, mich jemals wieder in dieser Art zu ignorieren. Niemand behandelt mich so, auch du nicht.« Als der Prinz wenig später auf einem Polofest bei Lord Vestey den ganzen Abend mit Camilla tanzt, steigt Anna in ihren Wagen und ward nie mehr in Charles' Armen gesehen.

Er besucht jetzt ab und an Camilla bei ihren Eltern in Plumpton, ein Zuhause, dessen fröhliche Wärme er schätzt. Mutter Rosalind ist ziemlich beunruhigt über das, was sie da zwischen ihrer verheirateten Tochter und dem Thronfolger beobachtet. Vater Shand nimmt es eher gelassen. Solange Andrew und die Kinder nicht unglücklich sind, will er sich nicht einmischen. Und das ist das Gesetz, das Camilla und auch Charles einhalten. Die Familie geht vor und darf in keinem Fall durch ihre Affäre in Mitleidenschaft gezogen werden. Camilla ist eine liebende Mutter, die für ihre Kinder alles tut, ihnen Ponys schenkt und ihnen das Reiten beibringt, Baumhäuser baut und tolle Geburtstagspartys organisiert. Ihnen fehlt es absolut an nichts. Und Charles bringt seinem

Patensohn immer etwas Nettes mit und spielt einige Zeit mit ihm und seiner kleinen Schwester, wenn er in Bolehyde Manor auftaucht.

Andrew ist Anfang 1980 nach Rhodesien (heute Simbabwe) abkommandiert. Am 15. April wird das Land unabhängig, und der ambitionierte und gerade zum Oberstleutnant beförderte Andrew ist von Gouverneur Lord Soames, dem Schwiegersohn von Winston Churchill, als Verbindungsoffizier angefordert worden. Er soll helfen, den unsicheren Frieden zu sichern. Und das tut er mit Erfolg. Bald bekommt er einen Orden für seine Chuzpe, weil er völlig unbewaffnet einer Gruppe Guerillakämpfern gegenübertrat und sie ohne gewaltsame Auseinandersetzung zum friedlichen Abmarsch überredete. Robert Mugabe, der bereits bestimmte Premierminister von Simbabwe, nennt ihn daraufhin »Comrade Parker«.

Währenddessen amüsiert sich Camilla mit Charles – und die Presse wird zum ersten Mal aufmerksam. Die *Daily Mail* berichtet von einem Besuch des Thronfolgers bei den Shands in Plumpton, und das Satiremagazin *Private Eye* macht sich lustig über den prinzlichen Aston Martin in der Auffahrt von Bolehyde Manor, während der Ehemann im Ausland weilt. Am 11. April gibt es dann einen weiteren Schuss vor den prinzlichen Bug. Charles soll an den Unabhängigkeitsfeierlichkeiten in Rhodesien teilnehmen und hat Camilla gebeten, ihn offiziell zu begleiten – obwohl Andrew dann schon wieder in London ist. Die *Daily Mail* schreibt doppeldeutig: »Offizielle vom Buckingham-Palast sind immer erfreut, wenn Prinz Charles von glücklich verheirateten Frauen begleitet wird. Solche Anblicke können keinen Anlass zu Gerüchten geben.«

Journalist Christopher Wilson und alle Londoner Kollegen denken dasselbe: »Die Bombe ist geplatzt. Keiner glaubte die Erklärung mit der ›offiziellen Begleitung‹. Ihre aufgeflammte Passion ist sichtbar und gefährlich geworden und völlig außer Kontrolle.« Im Außenministerium sind sie außer sich, als Charles dennoch dabei bleibt: Camilla kommt mit. Punkt aus! Ein Diplomat sagt: »Es ist unfassbar. Schon demütigend genug, die britische Flagge für immer einholen zu müssen, aber dann bringt der britische Abgesandte auch noch sein Popmäuschen mit – das ist an Taktlosigkeit nicht zu überbieten.«

Um die Aufregung etwas abzumildern, reist auch Andrew wieder in die damalige rhodesische Hauptstadt Salisbury. Doch eigentlich macht es die Sache nur noch problematischer. Denn er hatte sich in den vergangenen Monaten in Afrika über alle Maßen in Soames' Tochter Charlotte verliebt. Der Lord und seine Frau sind wenig begeistert und schicken sie nach England zurück. Das dräuende Unabhängigkeitsdinner empfinden alle als »Dinner in der Hölle«, und die Gräfin stöhnt: »Ich bete zu Gott, dass wenigstens der Rotwein gut ist.«

Charles und Camilla geben jetzt keinen Deut mehr dafür, was andere über sie denken. Auf einer Sommerparty bei Earl Bathurst in Cirencester, nicht weit von Bolehyde Manor, beobachtet die Ex-Freundin Jane Ward eine Szene, die wirklich »höchst erstaunlich« und ein bisschen »too much« ist für die meisten der 150 Gäste. Camilla und Andrew sind da, Charles ist Ehrengast. Der Prinz tanzt den ganzen Abend allein mit Camilla, und sie knutschen ununterbrochen. Andrew sagt zu indignierten Freunden nur: »Seine Königliche Hoheit scheint sich mit meiner Frau gut zu verstehen. Und sie scheint ihn ebenfalls zu mögen.«

Ein anderes Mal − wieder auf einer privaten Party mit ihresgleichen und ohne Presse − erscheint Camilla in einem tief ausgeschnittenen, sehr kurzen Kleid. »Charles sah sie nur einmal an, fuhr mit beiden Händen in ihren Ausschnitt und begrapschte ihre Brüste«, erzählt ein Gast später. Der Thronfolger hat seine scheue Zurückhaltung sichtlich abgelegt und gibt sich seinen lustvollen Eingebungen ungehemmt hin − zumindest unter Freunden. Es existieren wahrscheinlich nicht viele Frauen auf dieser Welt, die Männern − auch nicht Prinzen − etwas Derartiges erlauben, ohne ihm eine Ohrfeige zu verpassen. Camilla lacht einzig über so viel offen ausgelebte Frechheit. Und Andrew spielt, obwohl ihm nicht nur Hörner, sondern schon ganze Hirschgeweihe aufgesetzt werden, weiterhin den Toleranten. Kaum zu fassen, dass er das zulässt, denn der stolze Soldat muss sich von nun an vielsagende Blicke und ab und an auch einmal unverschämte Sprüche gefallen lassen.

Im Herbst ist Camilla der Grund für eine Riesenaufregung in der Royal Family. Charles hat sie nach Balmoral eingeladen, und am Morgen wacht sie mit Mumps auf, wahrscheinlich bei ihren Kindern eingefangen. Mumps kann impotent machen, und so ist alles in Panik. Camilla wird augenblicklich aus dem Haus entfernt und mit hohem Fieber ins Krankenhaus gebracht. Charles wird sofort vom Arzt untersucht, hat sich aber nicht angesteckt, und seine Zeugungskraft ist noch vorhanden.

Schon seit einiger Zeit sucht er ein Haus. Der Prinz will etwas haben, was ihm gehört und wo er allein sein kann, was er in all den Palästen der Königin nicht kann. Zusammen mit Camilla schaut er sich einige Immobilien an, bis die perfekte Location gefunden ist. Nahe Tetbury in Gloucestershire verkauft der Sohn des ehemaligen Premierministers Harold MacMillan sein Haus. Highgrove liegt perfekt. Es sind nur ein paar Meilen bis zu Prinzessin Anne nach Gatcombe Park, und die Kents wohnen auch nicht weit. Aber am wichtigsten ist: Bolehyde Manor ist nur einen Katzensprung entfernt.

Eigentlich ist Highgrove nur ein größeres Landhaus und mit seinen neun Schlafzimmern für einen Thronfolger viel zu klein, aber für Charles ist es wunderbar: »Es ist eine Herausforderung, daraus etwas zu machen. Ich habe mich gleich verliebt in das Haus und die großen alten Zedern, die davor stehen.« Für rund 800 000 Pfund kauft die Duchy of Cornwall das Haus, und Charles macht sich daran – immer mit Camilla als Beraterin –, es einzurichten. Sein besonderes Interesse gilt der Gestaltung des Gartens, wo er auch selbst mit Hand anlegt. Er pflanzt Weidenhecken und große Solitäre, legt einen Gemüsegarten an, und hinter dem Haus, durch die großen Glastüren direkt erreichbar, einen barocken, symmetrischen Blumengarten mit Kieswegen und Sonnenuhr. Alles ist biologisch und nachhaltig konzipiert, und in den nächsten Jahren werden die Gärten von Highgrove in vielen Büchern dargestellt werden, Gartenfreunde aus aller Herren Länder werden jahrelang auf einen Termin warten, an dem sie endlich eine Besichtigungstour durch diese machen dürfen.

Nun besitzt der Thronfolger alles, was er sich erträumt hat: Haus und Garten, an dessen Konzeption er sich verwirklichen kann – und nur zwanzig Meilen entfernt, wohnt die Frau, die er liebt. Sie kann schnell zu ihm kommen, wenn er in Highgrove ist. Und da weilt er, nachdem die Räume renoviert und dekoriert wurden, so oft, wie es nur eben geht. Es fehlt einzig noch die Mutter seiner Kinder, damit er seiner dynastischen Aufgabe gerecht werden kann.

Camilla fühlt sich in ihrer mannigfachen Beraterrolle wohl. Neben ihren gemeinsamen Interessen — Reiten, Malen, Architektur und Sex — übernimmt sie jetzt ganz inoffiziell-offiziell die Musterungsagentur für die Brautsuche. »Es kann doch nicht so schwierig sein, eine Jungfrau aus der richtigen Familie zu finden. Wenigstens eine muss es da draußen doch geben«, sagt sie. Für Charles stellt sie sich eine Frau vor, die »jung ist und noch nicht viel Zeit hatte, sich ihre Meinungen zu bilden, und vor allem eine, die nicht zu viel Ärger macht«. Ärger für wen? Ob sie dabei wirklich an die beste Wahl für Charles denkt oder eher an sich und daran, dass ein kleines naives Dummchen ihr und ihrem zukünftigen Zusammen-sein mit Charles keine Probleme machen würde, erklärt sie nicht. Denn dass sie ihr heimliches Leben weiterführen wer-den, auch wenn Charles verheiratet ist, daran besteht zu die-ser Zeit kein Zweifel. Großmutter Alice und Edward VII. haben das ja auch schon so gehalten.

Als sie eines Abends mal wieder die möglichen Kandi-datinnen durchgehen, kommen sie auf Diana Spencer, die Schwester seiner Ex-Freundin Sarah Spencer. Die hatte schon Queen Mom im Blick — und sie hatte Charles auch auf sie aufmerksam gemacht. Camilla geht da konform und empfiehlt ihrem Geliebten, sie sich doch mal näher anzuse-hen: »Ich habe mit einigen Leuten über Diana gesprochen, und alle sagen, sie sei süß und freundlich und gut zu Kin-dern. Sie könnte für das, was du suchst, perfekt sein.«

Charles war Diana zum ersten Mal 1977 auf Althorpe, dem herrschaftlichen Besitz der Spencers, begegnet, als er Sarah besuchte. Diana war damals sechzehn und pummelig und fiel ihm nicht wirklich auf. Eben die jüngere Schwester, die aus ihrem Internat West Heath in Kent zum Wochenende nach Hause gereist war und dort herumtollte. Ein Jahr später, zu seiner Party anlässlich seines dreißigsten Geburtstags, wurde Diana auf Direktive von Queen Mom eingeladen. Sie hatte, früher als Camilla, die junge Diana als eine potenzielle Braut entdeckt. Ihre beste Freundin, Lady Fermoy, ist Dianas Großmutter, so war die Verbindung unproblematisch hergestellt. »Sie ist niedlich, bescheiden und vor allem unschuldig«, preiste die Großmutter ihre Entdeckung an. »Aber sie ist so jung«, erwiderte der Enkel damals. Charles lädt sie daraufhin dennoch zu seiner Geburtstagsparty ein, aber beachtet Diana auch dieses Mal nicht weiter, tanzt vor allem mit Camilla und ein paar seiner anderen alten Flirts. Diana weiß es noch nicht, aber es ist auch das erste Mal, dass sie ihre Gegenspielerin sieht, die Frau, die in ihrem weiteren Leben, die wohl größte Rolle spielen wird.

162

Die unschuldige Kindergärtnerin

Diana Frances Spencer wird am 1. Juli 1961 in Park House auf dem Grund von Schloss Sandringham geboren, wo der Vater, während er im Dienst der Königin steht, lebt. Sie wächst mit ihren drei Geschwistern – Jane, Sarah und dem jüngeren Bruder Charles, Patensohn der Queen – auf dem Familienanwesen Althorpe auf. Sie ist, wie ihr Bruder Charles erzählt, ein »stilles, einsames und unglückliches Mädchen«. Wen wundert's? Mit sechs verlässt ihre Mutter sie nach einer furchtbaren Scheidung, in der der Vater, Earl Johnnie Spencer, nichts unversucht lässt, die Kinder zu bekommen – obwohl er derjenige ist, der sich am Zerbrechen der Ehe schuldig gemacht hat. Er trank, schlug seine Frau fortgesetzt und behandelte sie wahrlich auch sonst nicht vornehm. Dreckige Wäsche wurde in der Öffentlichkeit gewaschen, was eigentlich höchst ungewöhnlich und verwerflich war für die feine Gesellschaftsschicht, aus der die Streitenden stammen. (Die Spencers finden ihre Anfänge im 16. Jahrhundert und haben mit Schafzucht und strategischen Heiraten in adelige und königliche Kreise ein Vermögen gemacht.)

Zum Schrecken der kleinen Diana sagt sogar die Großmutter gegen ihre eigene Tochter aus. Die Mutter, Frances

Spencer, verlässt England bald mit ihrem neuen Mann, dem reichen Australier Peter Shand Kitt (keine Verwandtschaft zu Camilla). Der Vater ist so gekränkt und in seinem Stolz verletzt, dass er sich wochenlang einschließt und mit keinem der Kinder redet. Diana erinnert sich: »Es war eine furchtbare Zeit. Ich beschloss damals, dass, sollte ich heiraten, es für immer sein müsste. Ich würde mich niemals scheiden lassen.«

Schon als kleines Mädchen hatte Diana eine Gabe, die ihr als erwachsene Frau alle Türen öffnete. Sie hat Charme, und sie geht auf die Menschen zu. Die wiederum haben keine Scheu, sich ihr mitzuteilen. In der Schule ist Diana immer diejenige, die anderen unglücklichen oder verzweifelten Mädchen zuhört und sie tröstet. Denn Diana weiß, wie es sich anfühlt, einsam zu sein und verzweifelt.

Als sie sechzehn wird, heiratet der Vater wieder. Diana hasst ihre Stiefmutter auf den ersten Blick. Raine, die Tochter der Schriftstellerin Barbara Cartland, kommt ins Haus und beginnt sofort alles umzumodeln und den Kindern zu verbieten, was Spaß macht. Diana ist fortan glücklicher im Internat als zu Hause. Ihre Lehrer finden, dass sie zwar keine Akademikerin ist, aber dennoch eine kluge Schülerin. Sie weiß, was sie will, und setzt das auch immer durch. Doch einen Abschluss schafft sie nicht, wahrscheinlich ist sie von den Vorgängen auf Althorpe und der zickigen Stiefmutter zu sehr gestresst. Als ihr Vater einen Schlaganfall erleidet, verbietet Raine ihr, ihn im Krankenhaus zu sehen. Von den fünf O-Levels, die Diana erreichen will, schafft sie keinen einzigen. Das bestärkt sie in dem Glauben, sie sei dumm. Oft hört man sie von nun an sagen: »Ich habe ein Hirn, nicht größer als eine Erbse.« Oder: »Ich bin so schlau wie ein Stück Holz.« Ihr Selbstbewusstsein ist schwer angekratzt.

Nach der Schule geht sie, wie auch Camilla vor ihr, in eine Finishing School in die Schweiz. Sie bleibt dort sechs Monate und kommt mit mehr Selbstvertrauen wieder zurück. »Das hässliche Entlein hatte angefangen, sich in einen Schwan zu verwandeln«, sagt ihr Bruder. Aber sie ist immer noch unendlich scheu und zurückhaltend.

1979 zieht Diana nach London und kauft sich für die 50 000 Pfund, die sie vom Vater zum achtzehnten Geburtstag erhalten hat, eine Drei-Zimmer-Wohnung in Coleherne Court in Pimlico. Im Young England Kindergarden erhält sie ihren ersten Job, nebenbei verdient sie sich etwas Geld dazu, als Zugehfrau bei ihrer Schwester Sarah, die nicht weit entfernt wohnt. »Sie war sich nicht zu schade, den Abwasch zu machen oder den Müll rauszubringen«, sagt eine Freundin.

Diana führt das Leben einer typischen jungen Aristo in der Hauptstadt. Die Sloane Rangers sind gerade hip – und Diana ist eine von ihnen. Sie spielt Bridge und trifft sich abends mit Freunden beim Italiener am Sloane Square oder geht ins Kino. Mehr nicht. Vorehelicher Sex kommt nicht infrage. Diana ist sportlich, kann schwimmen, tanzen und Klavier spielen. Reiten hat sie schon als Kind nach einem bösen Sturz aufgegeben.

Studieren oder einen richtigen Beruf erlernen, das will sie nicht. Für ihresgleichen steht irgendwann der richtige Mann, reich und/oder adelig, vor der Tür. Dann wird geheiratet und Kinder, Haushalt und das eine oder andere gesellschaftliche Outing wird das zukünftige Leben bestimmen. Eine Idee, nicht anders als bei Camilla vor knapp fünfzehn Jahren. Dass Ende der Siebzigerjahre moderne Frauen normalerweise studieren und sich erst einmal beruflich verwirklichen, bevor es eventuell ans Heiraten und Kindermachen geht, scheint bei

165

Diana und ihren Freundinnen nicht angesagt zu sein. Sie träumen von einem Leben wie anno dazumal. Und solche Väter wie Earl Spencer und seinesgleichen haben den Takt der Zeit auch nicht erkannt, halten für ihre Töchter die Ehe für die einzig richtige Karriere – eine Vorstellung, die nur noch die ganz Reichen oder die Bitterarmen haben.

Im Juli 1980 erhält Diana dann die Einladung, die ihr weiteres Leben total verändern wird. Sie soll zum Wochenende nach New Grove in Sussex kommen. Philip de Pass hat sie eingeladen. Sein Vater, Commander Robert, ist ein alter Freund von Charles. Er hat ihm des Öfteren sein Haus zur Verfügung gestellt, wenn der Thronfolger mal wieder einen geheimen Ort für ein amouröses Treffen brauchte. Sohn Philip gehört zu Dianas Freunden in der Sloane-Ranger-Gruppe. Er sagt zu ihr: »Prinz Charles kommt auch. Du bist jung, vielleicht magst du ihn.« Im Hintergrund sind zuvor einige Drähte heiß gelaufen. Camilla, Queen Mom und der Freundeskreis nehmen die Sache jetzt in die Hand und spielen Schicksal.

Zuerst fahren alle Gäste zusammen zum Cowdray-Park-Polofeld, wo Charles mit seinem Team, den Les Diables Bleus, den blauen Teufeln, spielt. Unbemerkt hat sich der *Sun*-Fotograf Arthur Edwards eingefunden und sieht Diana in Charles' Gesellschaft zum ersten Mal. Er wundert sich: »Was will der Prinz mit einem Teenager?« Nach dem Spiel geht's zum Barbecue zurück zum Haus, und es findet das ominöse erste intime Gespräch zwischen Charles und Diana statt. Auf einem Heuballen. Nach einigem Geplänkel sagt sie: »Du sahst auf der Beerdigung von Dickie Mountbatten so traurig aus. Es war das Tragischste, was ich je gesehen habe. Mein Herz blutete für dich, und ich dachte, du solltest nicht so allein sein, du solltest jemanden haben, der sich um dich kümmert.« Ein Satz, der, wenn Diana nicht ein naives junges Ding gewesen wäre, ziemlich schlau, hintergründig und effektheischend klingt. Denn über Charles weiß man ja, dass der Tod des Onkels ihn damals schwer getroffen hatte und er sich einsam und ungeliebt fühlte.

Also: Hat Diana hier unwissentlich oder absichtlich seine Achillesferse getroffen? In jedem Fall zeigt es den gewünschten Effekt: Der Thronfolger ist angenehm überrascht und bekundet sofort Interesse. »Er nahm mich gleich in den Arm und versuchte mich zu küssen. Ich dachte, das ist nicht wirklich cool – und sehr merkwürdig. Männer sollten doch eigentlich nicht so offensichtlich sein«, wundert sich Diana.

Als Charles die Party verlässt, wünscht er Dianas Begleitung. Doch die lehnt auf Geheiß ihrer Schwester ab, sie soll es ihm nicht zu einfach machen, denn das könne sich kontraproduktiv auswirken. Der Kronprinz, kaum in London angekommen, telefoniert mit Camilla und erzählt ihr von diesem ersten Treffen, und dass Diana wirklich süß, nett und einfühlsam sei. Ein paar Tage später lädt er sie mit ihrer Großmutter Lady Fermoy in die Oper ein, anschließend zum Souper in sein Buckingham-Palast-Apartment. Auch dieses Treffen findet seinen Gefallen, und Camilla schlägt vor, sie doch nächsten Monat nach Balmoral zu bitten, wo sie und die Freunde sie kennen lernen können – und vice versa. Auch die Royal Family weiß natürlich Bescheid. Die königliche Buschtrommel zwischen Lady Fermoy, Queen Mom und der Queen funktioniert ohne Verzögerung. Vorsichtig empfehlen sie Charles, Diana doch zur traditionellen Segeltour bei der Cowes Week einzuladen. Und so geschieht es auch.

Die ziemlich aufgeregte Diana macht, noch unbeachtet von der Presse, die Fahrt der königlichen Familie auf der *Britannia* mit. Die Atmosphäre an Bord findet Diana »höchst seltsam«. Bei weitem ist sie die Jüngste, und alle scheinen sie komisch anzusehen. »Sie waren zu freundlich und zu wissend«, sagt Diana später. Sie merkt genau, dass sie getestet wird. Charles nennt sie »Diana«, und sie ihn »Sire«. Einem Freund sagt der Kronprinz, er habe vielleicht das Mädchen gefunden, das er heiraten könnte.

Im September lädt Charles sie nach Balmoral ein, wo Diana zum ersten Mal auf die Parker Bowles trifft, die natürlich auch da sind. Charles nimmt sie mit zum Jagen und zum Fischen und geht mit ihr spazieren. Die Freunde sind angetan. Diana stellt sich nicht dumm an und scheint das Landleben zu genießen, ja, sie mault auch nicht, als sie stundenlang beim Angeln zusehen muss. Wieder entdeckt sie der Fotograf Arthur Edwards, doch sie springt schnell hinter einen Busch, und Charles ist »äußerst angetan«, wie geschickt sie dem Teleobjektiv ausweicht. Diana hat den ersten Test bestanden.

Zusammen mit Andrew und Nicholas Soames fliegt Diana zurück nach London. Camilla bleibt mit Charles in Balmoral. Das fällt Diana zwar auf, aber sie denkt sich erst einmal nichts dabei. Camilla befindet, dass Diana »eine kleine ruhige graue Maus ist« und dass »keine Schwierigkeiten von ihr zu erwarten sind«.

An einem der nächsten Wochenenden nimmt Charles Diana mit nach Bolehyde Manor, in die Höhle der Löwin. »Es kam mir eigenartig vor, dass Camilla so ungefähr jedes Mal, wenn ich Charles sah, dabei war«, sagt Diana später. »Ich war naiv, aber ich begann mich doch darüber zu wundern, ob das eine normale Art war, eine Romanze anzugehen.« Am nächsten Morgen gehen Charles und Andrew auf die Jagd, und Camilla bleibt mit Diana zurück. Sie spazieren durch den Garten und Camilla fragt sie, ob sie gern Jagden reitet. Als Diana dies verneint und ihr erzählt, sie würde überhaupt kein Pferd besteigen, ist Camilla erleichtert. Das wird also in jedem Fall ihr Terrain mit Charles bleiben. Sie unterhalten sich über dies und das, und Camilla gibt der jungen möglichen Braut einen wichtigen Ratschlag: »Du musst vorsichtig mit ihm sein. Versuche nicht, ihn zu sehr zu puschen.« Diana schwant langsam, das hier etwas nicht ganz koscher ist. »Sie wusste so viel über Charles, was er privat tat, und auch, was wir zusammen erlebten. Ich begann langsam zu begreifen, was hier lief.«

Ganz klar wird ihr dies, als sie im Oktober zu den Ludlow-Rennen fährt, wo Charles als Amateurjockey sein Pferd Allibar reitet. Camilla ist selbstverständlich wieder da, und Charles bittet sie, Diana zu begleiten. Nachher fahren sie gemeinsam zu Camilla, wo sie auch übernachten – in getrennten Schlafzimmern natürlich. Die Ehre der Zukünftigen darf ja nicht angetastet werden. Und dass sie die Zukünftige ist, ist jetzt sicher. Nachdem sich Diana und Charles im Gemüsebeet von Camilla lange übers Heiraten unterhalten haben, er ihr aber keinen Antrag macht, fahren sie nach Highgrove. Charles zeigt ihr das Haus und bittet die erstaunte Diana, ihm bei der Renovierung und Einrichtung zu helfen. Ihr scheint, dass dafür doch noch etwas Entscheidendes fehlen würde. Ohne Antrag kann sie doch schlecht sein Haus einrichten, denkt sie.

Camilla ist natürlich im Schlepptau, und Diana bleibt es nicht verborgen, dass sie hier jede Ecke kennt. Sie ist verunsichert: »Ich fühlte mich so verletzlich. Es wurde mir klar, dass ich in dieser Freundschaft eine Außenseiterin war. Charles wollte viel lieber mit Camilla reden als mit mir. Mich hat er eigentlich ignoriert. Man konnte erkennen, dass die beiden was miteinander hatten, man musste nur beobachten, wie sie sich ansahen.« Das nächste Wochenende verbringen Charles und Diana wieder in Bolehyde Manor – und das nächste und übernächste auch.

Von nun an nimmt Charles die mögliche Braut öfter mit. Broadlands, Windsor, Sandringham und immer wieder Bolehyde Manor. Aber einen Antrag macht er ihr nicht.

Die Presse bekommt langsam Wind davon, dass es eine Neue im Leben des Kronprinzen gibt. Es bleibt ihr nicht verborgen, dass etwas im Busch ist. Zu viel Heimlichtuerei und dasselbe Mädchen beim Polospiel, beim Angeln in Balmoral und in Sandringham. Die Reporter liegen Tag und Nacht auf der Lauer.

Auf der Flucht vor der Presse

Von dem Moment an, als Diana Spencer auf der Bildfläche erscheint, ist die Boulevardpresse hinter ihr her. Was ja auch nicht verwunderlich ist. Der spannendste Junggeselle Europas hat sich eine potenzielle Braut ausgeguckt. Das allein weckt das Interesse in den Redaktionen – und hatte es schon zuvor. Jedes Mädchen, mit dem Charles irgendwo gesehen wurde, ob beim Kinobesuch oder als Tischdame, wurde als mögliche Braut betrachtet und eingehend inspiziert. Er brauchte nur zweimal mit derselben Dame zu tanzen, und schon spekulierten die Journalisten. Hier ging es nicht nur um eine mögliche Liebesaffäre, sondern auch um Politik. Die Herzdame von Charles würde schließlich die zukünftige Königin Englands werden, und da blasen die Chefredakteure natürlich ins Jagdhorn und schicken ihre Bluthunde ins Feld. Und nun taucht Lady Diana Spencer auf – und sie scheint nicht nur ein Flirt zu sein.

Schon nach ihren ersten Besuchen beim Zukünftigen erhält die junge, adelige Kindergärtnerin einen Vorgeschmack auf das, was kommen wird. In Balmoral versteckt sie sich ja schnell hinter einem Baum, und der lauernde Fotograf erwischt sie nur von hinten – das ist natürlich kein Bild für die Titelseite. Aber die Tatsache, dass sie überhaupt dort allein mit Charles am Fluss sitzt, ihm beim Angeln Gesellschaft leistet und blitzartig in Deckung geht, beweist den Beobachtern, dass es sich nicht um eine schon bekannte Freundin oder ein Familienmitglied handelt. Es muss jemand Neues, Wichtiges sein. Also ist die Devise: dranbleiben. Und Geduld zahlt sich bei einer Verfolgungsjagd irgendwann aus.

Zu dieser Zeit gibt es nur eine Hand voll Reporter und Fotografen, die sich mit Geschichten über die Royals ihr Geld verdienen. Dazu zählen die Journalisten James Whitaker und Harry Arnold und die Fotografen Arthur Edwards und Kenny Lenox, die im Auftrag ihrer jeweiligen Zeitungen arbeiten. Außerdem noch freie Journalisten wie Tim Graham, Anwar Hussein und – die einzige weibliche Gesellschaftsfotografin – Jayne Fincher, die Diana als Erste in Charles' Dunstkreis entdeckt hatte.

November 1980 ist es dann so weit. Diana hat das Weekend in Schloss Sandringham mit der königlichen Familie verbracht. Am Sonntagabend steigt sie in ihren roten Metro, um zurück nach London zu fahren. Der königliche Sicherheitsservice dreht am Ende der Parkauffahrt ab, und Diana fährt allein weiter. James Whitaker überholt, fährt auf der engen Landstraße gleichauf und Arthur Edwards hängt bei 120 Stundenkilometern mit seinem Fotoapparat aus dem Rückfenster. Das erste Foto einer erschreckten Diana entsteht. Dies »war der Beginn der Presseverfolgung einer Prinzessin im Werden«, wie Edwards später zugibt, der Diana gemeinsam mit hunderten von anderen in den folgenden siebzehn Jahren auf Schritt und Tritt begleiten wird. Diana wiederum wird lernen, mit der Presse und vor allem den Fotografen zu spielen, ihre Kontakte wird sie im Rosenkrieg gegen ihren Mann zu nutzen wissen. Die erste Berührung zu

172

einer unheiligen Allianz mit tragischem Ausgang ist an diesem Abend auf der Landstraße gemacht.

Pionier bei der Presseverfolgung von britischen Royals war der Fotograf Ray Bellisario vor rund vierzig Jahren. Er hatte sich das Thema Königshaus zu Eigen gemacht und war damit in Großbritannien allein auf weiter Flur. Denn es gab eine Abmachung: keine Fotos ohne Genehmigung. Cecil Beaton war der offizielle Queenporträtist und der Einzige, der näher als zehn Meter mit der Kamera an sie herandurfte. Ray Bellisario störte das überhaupt nicht. Es war die Zeit der ersten Farbfotos, und das Problem war nicht nur die Entfernung, sondern vor allem die Bewegung der Objekte, die noch zu einer Unschärfe führte. Bellisario tüftelte herum und entwickelte verschiedene neue Techniken. Einmal stand er vor dem Royal Opera House in Covent Garden und wartete auf die Queen. Als sie aus ihrem Rolls-Royce ausstieg, drückte er auf den Auslöser, und zwei zusammengeschaltete Riesenblitzlichter, die er auf seine Plattenkamera gebastelt hatte, gingen los. Die Königin war kurzzeitig geblendet und gar nicht amüsiert. So entstand das erste inoffizielle Foto, das am nächsten Tag als Doppelseite und in Farbe im *Harpers & Queen Magazine* erschien.

Das allein führte aber nicht zum Bann von Bellisario beim Buckingham-Palast. Er arbeitete für sich, hatte gute Kontakte zum Sicherheitsservice und war so immer erstklassig informiert, wo und wann jemand aus der Familie auftauchen würde. Er überließ nichts dem Zufall, recherchierte die Örtlichkeit genau und saß schon mit dem Tele schussbereit hinter irgendeinem Busch, lange bevor das Royal-Wild auftauchte.

Ein ungeheurer Scoop gelang ihm, als er von dem ersten Treffen des Duke of Windsor mit der Queen ein Foto machen konnte. Der ehemalige König Edward VIII. lebte in Frankreich, seit er wegen seiner Liebe zu Wallis Simpson abgedankt hatte. Er durfte ohne Zustimmung nie wieder in England auftauchen, und er hatte nur brieflich mit seinen Verwandten korrespondiert. Faktisch lebte er in einer selbst gewählten Verbannung. Doch eines Tages war er heimlich nach London gereist und wollte mit der Queen, seiner Cousine, eine mögliche Rückkehr in sein geliebtes Heimatland besprechen. Der Besuch hatte höchste Geheimhaltungsstufe. Doch Bellisario wusste davon. Er mietete sich ein Zimmer im Park Lane Hotel gegenüber vom Buckingham-Palast. Als die beiden Monarchen, der eine ex, die andere on, im Hof wandelten, schoss er mit seinem 1500-mm-Teleobjektiv das Foto, das um die Welt ging.

Buckingham-Palast nannte es »unerlaubtes Eindringen in die Privatsphäre«, und Bellisario fand sich fortan wegen jeder Kleinigkeit vor Gericht wieder; er brauchte nur in Windsor Park spazieren zu gehen, und schon erschien ein Polizeiwagen. Einmal soll Lord Snowdon, der Mann von Prinzessin Margaret, sogar sein Auto gerammt haben, vor Wut über seine Anwesenheit bei einem nichtöffentlichen Ausflug. Im Vergleich zu den heutigen rüden Methoden von Journalisten erscheint vieles harmlos und fast noch gentlemanlike: Heute lässt sich schon mal ein Reporter vom *Daily Mirror* mit gefälschten Papieren einige Wochen als Diener im Buckingham-Palast anstellen und fotografiert der Königin Schlafgemach und Badezimmer. Oder andere geben sich als arabische Geschäftsleute aus und verführen die Countess von Wessex, die Frau von Prinz Edward, zur Lästerei über die Familie.

Richtigen Ärger aber brachte Bellisario damals das erste Foto einer Königlichen Hoheit im Badeanzug ein. Beim Urlaub in Virginia Waters, bei Windsor gelegen, fuhr Prinzessin Margaret Wasserski und ihre Schwester, die Queen, steuerte das Speedboot: Bellisarios Kamera klickte. »Nach der Veröffentlichung brach die Hölle los«, erzählte Bellisario. »Ich war erstaunt, dass ich mich nicht im Tower wiederfand.« Auch die Kollegen von der königstreuen Presse, die das Foto nicht gedruckt hatten, gingen auf Distanz. »Sneaky Rat« (»neugierige Ratte«) nannten sie ihn. Daraus sollte später der Begriff »Rat Pack« (»Rattenpack«) werden, mit dem die königlichen Presseverfolger, vor allem die Paparazzi bezeichnet wurden, in England vielfach auch »Snap Pack« (Knipsermeute) genannt. Nach dem Badefoto verstärkte man die königliche Sicherheitstruppe, die Queen beschwerte sich beim Presserat, und wenn irgendwer im Palast den Namen Bellisario aussprach, erging sofort der Befehl an die Diener, die Vorhänge zuzuziehen.

Bellisario wurde von offiziellen Terminen mit den Royals verbannt, er bekam keine Akkreditierungen mehr für die königlichen Reisen, und die Drohungen des Pressesekretärs der Queen, Commander Colville, bewahrheiteten sich: »Sie werden nie wieder ein Foto von der königlichen Familie machen, und Sie werden nie wieder einen Presseausweis erhalten.« Die inzwischen bekannten Kontaktleute des Fotografen im Umkreis der Familie wurden verwarnt und Bellisarios Zugang zu ihnen erfolgreich geblockt. Das englische Establishment boykottierte ihn, und ohne deren Informationen und kleinen Tipps konnte Bellisario nicht mehr arbeiten. Die britische Presse, außer dem kommunistischen Blatt *Daily Worker*, druckte seine Geschichten und Fotos nicht mehr. Buckingham-Palast zerstörte effektiv seine Karriere.

Das Verhältnis der Presse zu den Royals wurde erst nach der Krönung von Königin Elizabeth II. schwierig, das heißt, dann entwickelte sich überhaupt erst eines. Vorher gab es nur Zensur und/oder Selbstzensur. Ehrerbietung und Respekt bestimmten die Berichterstattung einerseits, andererseits gab es Verbote, Vorkommnisse in der königlichen Familie in Bild und Text überhaupt darzustellen. Skandale, da konnten die Royals und auch andere Blaublütigen gewiss sein, wurden von Verlegern und Chefredakteuren aus der Berichterstattung gestrichen. Das ging so weit, dass etwa Fotos von Edward mit Wallis Simpson damals in Großbritannien nicht gedruckt werden durften, und auch über die Staatskrise, die sich anbahnte, wurde dem britischen Leser nichts mitgeteilt. Die Engländer erfuhren – im Gegensatz zum Rest der Welt – erst vom König selbst von seinem Rücktritt, und zwar über das Radio.

Natürlich war alles, was die Königsfamilie und deren Anverwandten taten, von Interesse. Aber es wurde stets ohne Kritik dargestellt. Es glich eher dokumentarischen Auflistungen: Wer wann wo war, was er, aber vor allem sie dabei trug, und was sie sagten, wenn sie was sagten. Da es ihnen konstitutionell verboten ist, etwas Politisches von sich zu geben oder zu kommentieren, gab es nicht viel Interessantes zu zitieren. Privates war absolut tabu. Zumindest in Großbritannien. Auf dem Kontinent berichteten die Society-Magazine natürlich ohne britische Selbstzensur.

Die meisten Engländer kauften sich 1953 ein TV-Gerät, um die Krönung ihrer neuen Queen anzusehen. Es hatte lange Diskussionen gegeben, ob das Ereignis überhaupt gesendet werden sollte. Die moderner denkenden Hofleute und die BBC setzten sich am Ende durch, und so durften die Untertanen die flimmernden Schwarz-Weiß-Bilder der Inthronisierung ihrer neuen jungen Königin verfolgen.

176

In den Fünfzigerjahren gab es zwei akkreditierte Hofkorrespondenten, bezahlt von der Press Association, die im Frack und mit Zylinder zum Briefing in den Buckingham-Palast gingen und mit offiziellen Ankündigungen und Verlautbarungen wieder herauskamen. Das Persönlichste, was sie erzählt bekamen, war, welchen Hut die Queen tragen würde und welche Farbe ihr Kleid hätte. Commander Colville hasste die Medien und machte daraus kein Geheimnis. Während andere Wirtschaftsunternehmen zu dieser Zeit begannen, ganze Abteilungen für Öffentlichkeitsarbeit einzurichten, um den Journalisten jede mögliche Hilfe zuteil werden zu lassen, hieß es aus dem Buckingham-Palast stets nur: »Sorry, no comment!«

Ergebnis davon waren nicht immer ganz korrekte und manchmal sogar erfundene Berichte. Kontakte zu Dienern und Leuten vom Sicherheitsdienst oder die so genannte »Freundin«, die nicht genannt werden möchte, und die »gut informierte Person aus dem Umkreis« waren die einzigen Quellen. Wirkliche Freunde, Familienmitglieder und Palastangestellte schwiegen eisern. Hätten sie mit der Presse geredet, hätte sie der Bannstrahl der Royals getroffen. Dies passierte zum Beispiel Marion Crawford, dem Kindermädchen von Margaret und Elizabeth. Sie schrieb ein rührendes Buch über die Kindheit ihrer königlichen Hoheiten *(The Little Princesses)*, und diese Indiskretion, obwohl gar nicht negativ, wurde ihr niemals verziehen.

Natürlich wollten die Briten über die jungen hübschen Prinzessinnen und deren Leben – vor allem über die potenziellen Ehemänner – informiert werden. Wo sie auch auftauchten, warteten schon tausende von Briten und jubelten ihnen zu. Sie liebten ihre zukünftige und dann gekrönte junge

Königin mit ihrem adretten deutsch-griechischen Prinzen. Highlights für die Yellow Press waren die Hochzeiten. Prinzessin Margaret mit Anthony Armstrong-Jones (am 6. Mai 1960) und Prinzessin Alexandra mit Sir Angus Ogilvy (1963). Freundliche Geschichten und vorteilhafte Fotos erschienen in den Zeitungen und im *Majesty Magazine*. Kritisches oder gar Unfreundliches kam in der respektvollen Berichterstattung nicht vor.

Eine aktive PR existierte nicht, die Queen fand sie nicht nötig. Ende der Sechzigerjahre änderte sich das. Das Interesse an der königlichen Familie war eingeschlafen. Charles und seine Geschwister gingen zur Schule, die Queen und Prinz Philip repräsentierten wie immer. Prinzessin Margaret, nun verheiratet, spielte mit ihren kleinen Kindern. Die Briten fanden die Royals einfach nur langweilig. Ihre Entourage kam darin überein: »Die Königin sollte sich ein bisschen besser verkaufen.«

In Zusammenarbeit mit Mountbattens Schwiegersohn Lord Brabourne entstand 1969 der BBC-Film *The Royal Family*. Zum ersten Mal konnten die Untertanen einen kurzen Blick in das Privatleben der Windsors werfen. Etwa bei einem Picknick am schottischen See. Teenager Prinzessin Anne zündete das Feuer an, Vater Prinz Philip mimte den Grillmeister, Charles mischte Salat, Andrew hopste auf dem Dach des Landrovers herum, und die Queen, mit Gummihandschuhen, machte den Abwasch im Seewasser. Faszinierend: die Windsors, eine fast ganz normale englische Familie beim Weekend-Barbecue.

Die Briten waren begeistert und verlangten natürlich nach mehr. Auf diese Weise wurde die Queen die Architektin ihres eigenen Unglücks, so interpretiert es jedenfalls die königliche Biografin Penny Junor: »Sie ließ als Erste das Tageslicht herein, und es sollte nicht lange dauern, bis die Medien den Vorhang ganz herunterrissen.« Das Privatleben der Royals war von nun an nicht mehr tabu, und die Presse würde über kurz oder lang nicht mehr auf kleine Bissen warten, die der Palast eventuell servierte. Der Beruf des Royal Correspondents oder Royal Reporters wurde erfunden – und einige von ihnen sollten am Ende zum Royal Rat Pack degenerieren. Die Bluthunde liegen von nun an mit Teleobjektiv und Stift auf der Lauer, und sie beginnen, im Privatleben der Vorbildfamilie zu recherchieren. Und es wird nicht lange dauern und sie werden fündig.

Im selben Jahr, 1969, erlaubte die Queen, die Inthronisierung von Prinz Charles Duke of Cornwall – wie er bis dahin hieß – zum Prince of Wales im Fernsehen zu übertragen. Ein Schauspiel mit Pomp und Gloria, das unter anderem Lord Snowdon, der Top-Modefotograf und Ehemann von Margaret, mediengerecht inszenierte.

In den Siebzigern waren es dann wieder Hochzeiten, die den Glamour in die Windsor-Berichte brachten. Prinzessin Anne heiratete ihren Offizier Mark Phillips am 14. November 1973. Davor wollte natürlich jeder wissen, wer denn dieser Mann ist. Wie haben sie sich kennen gelernt? Ist es die große Liebe? Und warum einen Bürgerlichen, kann das überhaupt gut gehen? Ansonsten gab es wenig Interessantes zu publizieren, nur die traditionellen Outings der Queen und anderer Hoheiten, einige Auslandsreisen, bei denen akkreditierte Journalisten mitreisen durften. Alle waren freundlich miteinander – bis auf Prinzessin Anne. Sie fiel durch besondere Muffeligkeit auf und war ziemlich unfreundlich zu den Journalisten. Als erfolgreiche Militärreiterin der königliche

Sportstar, grantete sie die wartenden Reporter regelmäßig an. »Naff off!« (»Haut ab!«), hieß es dann, sobald sie diese zu Gesicht bekam.

Im Court Circular, einer klassischen Spalte in der *Times*, konnte der interessierte Leser die täglichen Engagements der Royals verfolgen: Wer ist wo, hält eine Rede, besucht ein Krankenhaus oder eröffnet einen schottischen Spielplatz. Wer ist anwesend bei welchem Wohltätigkeits-Dinner, besucht abends die Oper oder gibt ein Bankett für Künstler, Politiker oder Tierschützer. Das ist bis heute so. Und man kann feststellen, dass die meisten Mitglieder des Königshauses ziemlich beschäftigt sind und vielfach mehrere solcher Termine am Tag absolvieren.

In den Siebzigerjahren war vor allem Charles interessant. Er kam ins heiratsfähige Alter, und die Pressebeobachter passten auf wie die Luchse, um ja keine junge Dame in seiner Nähe zu verpassen. Kurz fiel ihnen da auch Camilla auf, aber sie verschwand wieder aus dem Fokus, als sie heiratete. Alle paar Monate wurde spekuliert, ob die oder jene diejenige welche sein könnte. Der junge Charles war aktiver Soldat, fuhr zur See und flog Hubschrauber, was die militärliebenden Briten immer wunderbar finden. Und nicht zu vergessen, er war unheimlich sportlich, spielte Polo, ritt Jagden, angelte und surfte in der Karibik. Er war vielleicht etwas klein für einen Mann und offenkundig ein wenig zu sensibel, aber er hatte eine sexy durchtrainierte Figur und er sah — hätten ihm seine Eltern als Kind noch die Ohren anlegen lassen — gar nicht so übel aus. Alles in allem ein feiner Prinz, ein bisschen Playboy, ein bisschen Sportstar, ein bisschen Militär. Laut seinem Wappenspruch — »Ich diene« — schien er seine Aufgaben ernst zu nehmen. Und die Medien gingen freundlich mit ihm um, einige schrieben sogar mit Stolz über ihn. Das sollte aber nicht allzu lange andauern.

Anfang der Achtziger änderte sich die britische Presselandschaft. Bis dahin stammten die Verleger der großen Zeitungen alle aus dem Establishment, einige waren gar adelig und mehr oder weniger Monarchisten. Lord Beaverbrook verlegte den *Express*, Lord Rothermere die *Mail*. Der Kanadier Lord Roy Thomson hatte die gute alte *Times* und den *Observer* 1966 von der berühmten Astor-Familie übernommen, die Gebrüder Berry Lord Camrose und Lord Kemsley verlegten den *Daily Telegraph* und die *Sunday Times*. Die *Mirror*-Gruppe gehörte Lord Cecil King. Alle waren stinkreich und hielten sich ihre Blätter mehr zum Prestige als zum wirtschaftlichen Erfolg. Dann erschien der Australier Rupert Murdoch in der Fleet Street – kaufte die *Times* und zog aus dem traditionellen Gebäude aus. Er verlegte sein neues Medienimperium über Nacht nach Wapping, im Osten Londons gelegen, nahe dem Tower. Mit neuer Technologie und sehr viel weniger Mitarbeitern sagte er den Gewerkschaften den Kampf an und gewann. Der Weg war frei für den Wettbewerb untereinander und den gnadenlosen Kampf um die Leser. Marketing- und Anzeigenchefs gewannen an Macht in den Verlagen, und Gewinn wurde zum einzigen Ziel. Dabei halfen ihnen die Royals ungewollt mit ihren ständigen Skandalen. Und zwar erheblich.

Die Presselandschaft wurde in ihrem Konkurrenzkampf immer aggressiver. Die alten Verleger gaben auf und verkauften. Der *Express* gehört bald Richard Desmond, der sein Geld mit Softpornos gemacht hatte, der *Telegraph* wurde von einer Gruppe von Businessmännern übernommen (und seit 2004 von den schottischen Milliardärszwillingen David und

Frederick Barclay), die Geld sehen wollten. Ähnliches galt für den illustren Verleger Robert Maxwell, der von Lord King für 113 Millionen Pfund die *Mirror*-Gruppe kaufte und somit, bis zu seinem Selbstmord 1991, den *Daily Mirror*, die andere Boulevardzeitung, besaß. Heute gehört die MGN der Trinity-Gruppe, einem der größten Verlagshäuser Englands. Fast allen ist eines gemeinsam, so Guy Black, Chef des Presserats: »Sie müssen steigende Gewinne für ihre Aktionäre ausweisen. Sie proklamieren vielleicht hehre Prinzipien, aber am Ende sind die immer zweitrangig, wenn es um die Auflagensteigerung geht.«

Harmsworth blieb der einzige Name aus alter Zeit unter den Verlegern. Alfred Harmsworth (ab 1905 Lord Northcliffe) hatte 1896 die *Daily Mail* gegründet – und sie gehört der Familie noch heute. Und dann ist da noch der australische Tycoon: Rupert Murdoch. Sein Imperium News International verlegt die *Times* seit 1981, das Boulevardblatt *Sun* (seit 1969), welches die *Bild*-Zeitung wie eine anständige Zeitung aussehen lässt, und die *News of the World* (seit 1968). Außerdem gehören zum Imperium Buchverlage, Fernsehkanäle und verschiedene Zeitungsverlage im Ausland, USA und vor allem Australien.

Rupert Murdoch ist ein global agierender Geschäftsmann, er zahlt in England keine Steuern, was ihn unkontrollierbar macht. Er ist konservativer Republikaner, und die Royal Family ist für ihn nur eine Gruppe, die beständig Vorlagen für auflagensteigernde Skandalgeschichten in seinen Blättern produziert. Respektvoller Umgang mit ihnen würde da nur hinderlich sein. Er gab den Befehl aus, gnadenlos zu recherchieren und heuerte entsprechende »Türeintreter-Reporter« an. Seine Chefredakteure drucken, was Auflage bringt. Und wenn das die Royal Family oder einzelne Mitglieder unglücklich macht: Pech! Murdoch, so sagen Medienexperten, hat das alte britische Gesellschaftssystem mit Geld und modernen Klassenkampfmethoden mehr als irgendjemand sonst unterminiert.

Der 1986 gegründete liberallinke *Independent* und der ebenfalls linke *Guardian* interessierten sich anfangs kaum für Royal-Geschichten. Der *Independent* druckte jahrelang keine einzige königliche Story und hatte auch keinen Royal Correspondent. Das änderte sich, als Mitte der Neunzigerjahre die Auflage in den Keller ging. Da Diana und Charles und ihr Rosenkrieg erheblich die Verkaufszahlen steigerten – wenn Diana auf dem Titel abgedruckt war, wurden gleich mehrere tausend Exemplare mehr verkauft –, knickte der Chefredakteur ein. Und so erschienen im kränkelnden *Independent* ab und an Kommentare zu dem Thema.

1987 machte das Fernsehspiel *It's a Royal Knockout* (die königliche Variante von *Spiel ohne Grenzen*), eine Idee von Prinz Edward, die Royals zum Gespött der Briten. Die Honorare wurden zwar für wohltätige Zwecke verwendet, aber das rettete wenig. Edward, Anne und die Yorks traten in altmodischen Verkleidungen gegeneinander an und machten blöde Witze. Damit begaben sie sich auf den Stand von mediokren TV-Stars und öffneten die Büchse der Pandora. »Wer sich mit Prominenten sehen lässt, wird auch so behandelt«, weiß Autorin Penny Junor. »Ihr Privat- und ihr Sexleben, ehemals und zukünftig, wird von den Boulevardblättern gierig aufgesogen, im Gegenzug für Veröffentlichung und Publizität, und manchmal gegen Bezahlung – und sie lieben es, inszenieren private Auftritte gar für die Presse«, erklärt die Autorin weiter. Die jungen Royals stellten sich durch die Show auf die gleiche Stufe mit irgendwelchen Celebrities wie Madonna, den Beckhams oder TV-Urwald-Überlebenden und wurden folgerichtig von den Medien auch entsprechend angesehen.

Respekt für den eigentlichen Status kommt da nicht ins Spiel. Wenn es um Millionenauflagen geht und Indiskretionen dicke Honorare bringen, dann gibt es nicht mehr viele, vor allem schlecht bezahlte Diener, die ihren Mund halten. Und wenn ein Foto Millionen bringt, das einen Royal in doppeldeutiger Situation zeigt oder eine angenommene These beweist, dann machen sich ungezählte Reporter auf, dieses eine Foto oder die eine Geschichte zu bekommen. Nach der Hochzeit von Charles und Diana verzehnfachte sich die Zahl der Royal Reporter. Zeitungen, die vorher nie einen Journalisten für dieses Thema hatten, stellten welche ein, die sich nun exklusiv um die königliche Familie kümmerten.

Klar ist: Wer nicht in die Presse will, schafft das auch. Die Kinder von Prinzessin Margaret sind da sehr erfolgreich. Sie gehen nicht ständig in angesagte Nachtclubs oder notorische Lieblingsrestaurants, fahren in den Ferien nicht in mondäne Orte, wo die Kameras schon warten, und rufen vor allem nicht die Presse selber an, um sicherzustellen, dass die Fotografen anwesend sind, wenn man auftaucht. Natürlich stehen die Top-Royals mehr im Fokus des Interesses als andere, aber auch sie können sich zurückziehen – und tun das auch. Charles hat die Medien jahrzehntelang erfolgreich an der Nase herumgeführt. Und er schaffte es, dass das exklusive Foto von ihm mit Camilla, für das bis zu drei Millionen Pfund ausgeschrieben waren, nicht gemacht werden konnte, obwohl er sich fast dreißig Jahre lang heimlich mit ihr traf. Eine königliche Meisterleistung.

Klar ist aber auch, dass die Monarchie die Medien braucht. Nur durch diese kann sie kommunizieren und sich direkt artikulieren. Läuft da etwas schief, ist das für die Royals eine Katastrophe, denn sie haben dann keine Möglichkeit der Mitteilung mehr. Und gleichzeitig sind »die Medien womöglich das größte Fragezeichen über der Zukunft der Monarchie... Es gibt immer einen Markt für Skandale oder Sex, und geht es um die Royal Family, da gibt es gewöhnlich die Möglichkeit, beides zu verbinden«, so Penny Junor. Für die Monarchie ist es wichtig, dass die Briten an die Besonderheit der Royals glauben und an ihre staatstragende Aufgabe. Denn sonst sind sie obsolet.

Die Press Complaints Commission (PCC), 1991 eingesetzt, sollte sich mit den unerhörten Eingriffen in die Privatsphären der königlichen Mitglieder, vor allem Dianas und der kleinen Prinzen, befassen, rügen und diese verhindern. Die Regierung hatte gedroht, ein Gesetz zu erlassen, das die Pressefreiheit, also das Recht auf Informationen und deren Beschaffung, erheblich einschränken würde. Schnell erfanden die Zeitungen diese Kommission der Selbstregulierung, ähnlich unserem Presserat, freiwillig. Sie erließ einen Verhaltenskodex. Doch die PCC war ein zahnloser Tiger. Bis zu Dianas Tod ging die sensationslüsterne Verfolgung Tag und Nacht weiter, es wurden Diener bestochen, Geschichten erfunden und heimlich Fotos in Fitnessstudios geknipst. Ja, sogar Bänder von illegal abgehörten Telefongesprächen besorgt, und, etwas zögerlich zwar, dann aber doch gedruckt. Eigentlich eine justiziable Angelegenheit. Christopher Wilson, langjähriger (anständiger) Journalist und unabhängiger Biograf der königlichen Familie, sagt: »In den meisten Geschichten über die Royals oder Camilla sind ungefähr fünfzig Prozent

wahr, der Rest reine Erfindung. Vor allem bei den Boulevardblättern sind so genannte Fakten oft nichts als Fiktion.«

Nicht immer. Diana, Princess of Wales, entwickelte ein
besonderes Verhältnis zu einigen Pressevertretern. Der alte
Royal-Haudegen James Whitaker etwa wurde früh eine Art
Freund und Vertrauter. Und Richard Kay, mit dem Diana sich
heimlich im Auto auf Parkplätzen traf, ihn sogar in den Kensington-Palast einschmuggelte. Und natürlich Andrew Morton, den sie auswählte, ihre Biografie zu schreiben, und
für den sie Tonbänder besprach. Oder Martin Bashir vom
BBC, mit dem sie die berühmte TV-Dokumentation aufnahm.
Diana lud Journalisten zum Lunch, rief Fotografen an und
teilte ihnen anonym mit, wo sie gleich erscheinen werde.

Während des so genannten *War of the Windsors*, dem
Rosenkrieg zwischen Diana und Charles, nutzten beide Seiten ihre Kontakte zur Presse, wobei Diana vor allem Boulevardzeitungen auf ihrer Seite hatte und somit viel mehr Leser
erreichte als Charles, dessen Kontakte dorthin nicht so ausgeprägt und eher in der etablierten Presse wie der *Times* und
dem *Telegraph* zu finden sind. Beide, Charles allerdings sehr
viel später, erlaubten auch ihren Freunden, bestimmten Pressevertretern Antworten zu geben, oder lancierten, hier vor
allem Diana, Geschichten. Die Prinzessin nutzte ihr Talent
und ihre Pressefreunde aktiv, sie manipulierte die Meinungen wie ein Profi. Charles reagierte mehr, als dass er die
Initiative übernahm. Doch auch er hatte starke Stimmen zu
seinen Gunsten: Jonathan Dimbleby und Penny Junor. Beide
sind lang gediente Journalisten, beide schrieben zu seinem
Nutzen, Dimbleby sogar die autorisierte Biografie. Er war
auch für den Film verantwortlich, in dem Charles seine Untreue mit Camilla zum ersten Mal zugab.

Seit 1997, nach Dianas Unfall, gibt es einen neuen Code bei der PCC, der bis heute ganz gut funktioniert. Er soll vor allem die jungen Prinzen bis zum Ende ihrer Ausbildung schützen. Aber auch die Royals haben dazugelernt. Ja, Charles bricht sogar das alte Gesetz von »No comment!«. Modernes Pressemanagement wurde installiert, jüngere PR-Spezialisten, die aktiv vorgehen, hat er in den letzten Jahren engagiert. Sie erarbeiten PR-Konzepte und dealen erfolgreich mit der Presse. Charles' momentaner Pressechef ist Paddy Harverston, Anfang vierzig, ehemaliger Sportreporter bei der renommierten *Financial Times* und zuvor Pressechef des Fußballclubs Manchester United, bei dem damals auch der Superstar David Beckham spielte. Er bringt einschlägige Erfahrungen mit der Boulevardpresse mit, ist direkt, immer freundlich, aber konsequent, wenn's um die Sache geht.

Bei unwahren Behauptungen ist mit ihm im Amt nicht gut Kirschen essen. Im Februar 2004 hatte etwa eine Kommentatorin im *Daily Express* biestig über Prinz Harry hergezogen, habe er doch nie irgendetwas Wichtiges freiwillig getan, und seine Finger würde er nur heben, um billige Flittchen in einem Nachtclub anzugrabbeln. Die Druckerfarbe ist kaum getrocknet, da hat Harverston schon eine flammende Gegendarstellung an den Chefredakteur zum Abdruck geschickt, der Prinz Harrys guten Charakter und seine Einsatzbereitschaft etwa in Afrika beschreibt. Als einige Zeit später die *Sun* heimlich aufgenommene Fotos von Prinz William beim Skilaufen mit seiner neuen Freundin veröffentlicht, reagiert Pressechef Harverston wieder sofort und verbannt den altgedienten *Sun*-Fotografen Harry Arnold von allen zukünftigen Fotosessions mit den Prinzen. Das muss eine große Freude für Prinz Charles gewesen sein, der über Arnold einmal sagte: »Ich hasse und verachte diesen Mann.«

Als die *Mail on Sunday* behauptet, Prinz William hätte während seines Aufenthalts in Kenia einen Dikdik, die kleinste Antilope der Welt, mit dem Speer erlegt, beschwert sich Clarence House bei der PCC über diese Lüge. Nach einigem Hin und Her nimmt die Zeitung die Geschichte zurück und entschuldigt sich. Harverston: »Nun werden sie (die Presseleute) endlich begreifen, dass wir Dinge Ernst nehmen, und wir werden sie festnageln bei Geschichten, die unwahr sind und bei denen wir die Lüge beweisen können.« Ein absolutes Novum im royalen Umgang mit den Medien.

Das Einzige, was Mitglieder der königlichen Familie niemals unternehmen können, um Recht zu bekommen, ist eine Zeitung oder einen Vertreter der Presse vor Gericht zu bringen. Das können sie sich nicht leisten, denn dann müssten sie sich einer Zeugenbefragung vor Publikum aussetzen. Und sie müssten wahrheitsgemäß antworten. Ein Jubeltag wäre das für die Medien, denn sie bekämen all die Informationen, für die sie sonst Millionen bezahlen, ganz umsonst. So ist und bleibt es ein wackeliger Deal. Die Royals können sich nur an die PCC oder direkt an den jeweiligen Chefredakteur wenden, um ihren Protest über Unwahrheiten oder unerlaubtes Eindringen in ihr Privatleben auszudrücken. Und als echte Waffe im ungleichen Kampf bleibt ihnen allein der Bann des unangenehm aufgefallenen Journalisten. Nicht viel, wenn man bedenkt, was für Schaden eine millionenfach verbreitete Falschmeldung anrichten kann.

Und Camilla? Zunächst verpassen die Königsschreiber, dass es sie immer noch in Charles' Leben gibt. Doch als das publik wird, Diana in ihrem TV-Interview bemerkt, dass sie in einer »Ehe zu dritt« lebte »und es da zu eng war«, beginnen alle ausnahmslos, Camilla zu hassen. Sie wird verfolgt, beschimpft und beleidigt. »Rottweiler«, »gemeine Hexe von Wiltshire« sind nur einige Namen, mit denen sie bedacht wird. Ihr werden üble Charaktereigenschaften angedichtet, und sie wird ausnahmslos schuldig gesprochen für das Wales-Ehedesaster, wenn nicht sogar für Dianas Tod. Ihre Kleidung, ihr Aussehen, ihre Art zu leben wird diskreditiert. Und dass sie nie auch nur den kleinsten Kommentar zu irgendeinem Vorkommnis oder gar zu einer Person aus dem königlichen Haushalt abgibt, macht das Presspack ziemlich sauer. Sie erfinden Gemeinheiten, und um die festgelegte Meinung zu untermauern, drucken die Medien nur scheußliche, unvorteilhafte Bilder von ihr, ja, Fotografen werden sogar für miese Bilder besser bezahlt.

So sind die meisten Briten außerordentlich erstaunt, wie attraktiv die berühmte Mätresse in Wahrheit aussieht, als sie endlich aus den Kulissen ins Blitzlichtgewitter der wartenden Fotografen tritt. Und als klar wird, dass sie für Charles »nicht verhandelbar« ist, es wahrscheinlich irgendwann zu einer Hochzeit kommen wird, da rudern die Redaktionen heftig. Reporter, die eben noch boshaft geschrieben haben, gerieren sich als Wendehälse und versuchen sich mit nunmehr nur noch positiven Geschichten und Interpretationen einzuschmeicheln. Und ab sofort werden einzig vorteilhafte Fotos gedruckt. Denn wer will es sich schon mit der zukünftigen Queen Camilla versauen!?

Doch immer schön der Reihe nach. Im Herbst 1980 ist von all dem noch lange nichts zu lesen.

Treue bis zum Tod?

Die *Sun* ist die erste Zeitung – nach der wilden Verfolgungsjagd und einer intensiven Recherche in London –, die es den Briten in dicken Lettern mitteilt: »Er ist wieder verliebt. Lady Di ist das neue Mädchen von Charles.«

Von da an belagern die Fotografen Dianas Wohnung in Pimlico, und bald entsteht die Aufnahme im Kindergarten, die um die Welt geht. Es zeigt Diana mit zwei Kindern auf dem Arm und ihre schönen langen Beine, die durch ihren Sommerrock hindurch sichtbar sind. Die Fotografen hatten die Unerfahrene mit dem Rücken zur Sonne gestellt, um diesen Anblick möglich zu machen. Erstes Anzeichen dafür, dass das Rat Pack vor nichts zurückschrecken wird, um Dianas Körper im Bild festzuhalten. Anstand war von jetzt an nicht mehr zu erwarten.

Die junge Lady weiß immer noch nicht, woran sie ist. Charles kann sich einfach nicht entschließen, ihr einen Antrag zu machen. Er schreibt in sein Tagebuch: »Ich denke, es wird wohl am Ende das Beste sein. Ich will wirklich für das Land und für die Familie das Richtige tun, aber es jagt mir einen unglaublichen Schrecken ein, ein Versprechen zu geben und später festzustellen, dass ich es nicht halten kann.«

Diana ist verliebt, doch sie spürt, dass er nicht ganz bei der Sache ist. Ihre Mutter warnt sie davor, zu viel oder überhaupt etwas zu erwarten, denn ihr ist das lange Verhältnis mit Camilla bekannt.

Auch nicht alle Freunde von Charles sind von der Wahl überzeugt. Nicholas Soames und Mountbattens Enkel mit Frau, Lord und Lady Romsey, warnen ihn, er würde mit Diana einen Riesenfehler machen. Sie wissen, er braucht dringend eine Frau, aber sie spüren, dass er keine tieferen Gefühle für die Kindergärtnerin hegt. Und sie glauben auch, dass Diana ihrerseits mehr verliebt in die Idee ist, Prinzessin von Wales zu werden, als in Charles. Mehrmals hatte sie gesagt: »Wenn ich Glück habe und die Prinzessin von Wales werde, dann...« Lady Romsey verspürt auch Unbehagen darüber, dass die beiden bisher so wenig gemeinsame Interessen entdeckt haben. Als die Freunde dem Kronprinzen ihre Bedenken mitteilen, zeigt der sich hochgradig indigniert und fährt sie alle wütend an. Sie hatten den königlichen Nagel wohl auf den Kopf getroffen.

Nur Camilla bleibt dabei: Diana ist die Richtige für Charles, auch wenn er selbst es noch nicht glaubt. Einer Freundin teilt sie mit: »Das Gute ist, dass Diana ihn sehr lieben wird.« Über Charles' Gefühle sagt sie offiziell nichts. Sie weiß, in welchem Dilemma er steckt. Als er am Abend nach Prinzessin Margarets Geburtstag mit ihr telefoniert, schlägt er ihr vor, doch sofort zu kommen. Charles übernachtet gerade im königlichen Zug, weil er früh morgens bei einem Termin im Norden des Landes sein muss. Doch bis Mitternacht würde der Zug noch in Staverton stehen. Camilla ist unterwegs, kaum dass sie den Hörer aufgelegt hat. Staverton liegt nur fünfzehn Meilen von Bolehyde Manor entfernt. Sie merkt nicht, dass irgendwo bei den dunklen Gleisen ein paar wache Augen ihre Ankunft registrieren.

Zehn Tage später erhält Charles die Quittung für das nächtliche Tête-à-Tête im Zug. Am 16. November 1980 schreibt der *Sunday Mirror*, der wie die gesamte britische Presse begeistert ist über die romantische Royal Love Affair mit der Kindergärtnerin: Am sechsten des Monats habe man eine Blondine beobachtet, wie sie abends den königlichen Zug bestiegen hätte. Und das könne ja nur Diana gewesen sein, die wohl die erste Liebesnacht im königlichen Zugabteil mit Charles verbracht hätte. So verliebt seien die beiden, dass sie nicht bis zur Hochzeitsnacht warten konnten, interpretiert die Sonntagszeitung.

Buckingham-Palast ist »not amused«, denn Diana soll und muss sich schicklich zeigen und ihre Jungfräulichkeit bis zur Hochzeitsnacht erhalten. Und sollte die beschriebene Blondine tatsächlich die mögliche zukünftige Braut gewesen sein, gäbe es nun ein ernstes Problem. Der Privatsekretär fragt Charles, der sagt irgendetwas wie »unverschämte Sensationspresse«. Diana verneint mit Schärfe: »Ich war niemals auch nur in der Nähe des Zuges.« Mutter Frances schreibt an die *Times*, Buckingham-Palast beschwert sich beim Presserat über solche unwahren und rufschädigenden Geschichten und verurteilt, wie man mit Diana umgegangen sei. Chefredakteure treffen sich mit dem Presserat. Eine gigantische Aufregung wegen ein paar gestohlener Stunden. Charles ist inzwischen auf einer Reise durch Indien und Nepal und entflieht der Diskussion dankbar.

Diana hingegen ist verzweifelt. Sie glaubt diese Geschichte sofort, obwohl schon so viel Erfundenes über sie und ihre Beziehung zu dem Prinzen berichtet wurde. Sie spürt im tiefsten Inneren, dass er gefühlsmäßig nicht so involviert ist wie sie. Er hat ihr noch nie gesagt, dass er sie liebt. Auf diese unschöne Weise hat sie nun den Beweis erhalten, dass er es noch mit einer anderen treibt. Sofort bekommen das Gespräch, das sie mit ihm über Camilla führte, und seine Antwort damals, einen ganz anderen Sinn. Sie hatte ihn gefragt, warum er so viel Zeit mit der Frau von Andrew verbringen würde. Charles erwiderte: »Weil es sicher mit ihr ist.« Bis jetzt dachte Diana, er hätte gemeint, als Freundin sei sie sicher, doch »nun wurde mir klar, er meinte, sie sei sicher, weil er mit ihr weiterhin schlafen konnte, ohne dass jemand vermutete, eine verheiratete Frau täte das – am wenigsten ich«.

Sie ist tief enttäuscht. Nur einen Abend nach ihrer bisher romantischsten Begegnung mit ihm trifft er sich wieder mit Camilla, während sie die Nacht nach Prinzessin Margarets Geburtstagsball im Ritz völlig erschöpft zu Hause verbringt und glücklich die vergangenen Stunden Revue passieren lässt. Ihr ist sofort klar, die Frau im Zug kann nur Camilla gewesen sein. Aber statt nun, da noch Zeit ist, die Reißleine zu ziehen, fährt sie Neujahr nach Sandringham und spricht das Thema nicht an. Warum sie das tut – beziehungsweise nicht tut –, hat sie nie aufgeklärt. Die einen sagen, sie habe unbedingt Prinzessin von Wales werden wollen und ein Streit über den Zugvorfall hätte das erschweren können. Andere glauben, Diana habe Charles zu diesem Zeitpunkt schon so geliebt, sie wollte ihn, koste es, was es wolle, und sie sei fest davon überzeugt gewesen, dass ihre Liebe zu ihm auch ihn bald entflammen würde – und dann würde er allen anderen Weibern abschwören.

Camilla und Charles haben nicht das Gefühl, dass sie bis zur Hochzeit unterlassen sollten, was ihnen beiden Spaß

193

macht. Das Arrangement mit Diana würde erst mit dem Ring am Finger beginnen. Und dann, das ist beiden klar, wird es mit dem sexuellen Part ihrer Beziehung vorbei sein. Aber bis dahin... Sie scheinen nicht darüber nachzudenken, wie verletzend es für ein junges naives Mädchen ist, herauszufinden, dass es in der Flirtphase vor der Hochzeit eine andere gibt, von der der Bräutigam die Finger nicht lassen kann. Vor allem aber scheint ihnen nicht klar zu sein, wie gefährlich ihr Tun ist. Eine Aufdeckung würde nicht nur einen Skandal bedeuten, sondern vor allem wäre das ganze mühsam ausgetüftelte Arrangement perdu, sollte Diana daraufhin das Handtuch werfen.

Großmutter Ruth Fermoy glaubt nach dem Zugvorfall, dass ihre Kuppelei falsch war. Sie mahnt ihre Enkelin zum erneuten Nachdenken: »Du musst verstehen, der Lebensstil der Royals ist sehr verschieden von unserem, auch ihr Humor. Ich glaube, es wird dir nicht gefallen.« Doch Diana lässt sich trotz allem nicht beirren.

Als Charles aus Indien wiederkommt, fährt er sofort nach Highgrove und verbringt die Woche bis Weihnachten fast ausschließlich mit Camilla. Und sie haben ihren ersten massiven Streit. Der Prinz hatte während seiner Auslandsreise Zeit gehabt, über alles nachzudenken, und nun findet er, dass er wenig Gemeinsames mit Diana hat, weder intellektuell noch spirituell und wahrscheinlich auch nicht sexuell. »Sie ist ein Kind«, sagt er, »außerordentlich hübsch, aber eben ein Kind.« Camilla ist wütend. Sie hält dagegen, Diana sei die perfekte Braut, und sie ist aufgebracht, dass er ihrem Urteilsvermögen zum ersten Mal nicht traut. Charles bleibt jedoch bei der Meinung, er sollte alles absagen, jetzt, wo noch Zeit dazu wäre. Camilla wiederum ist überzeugt, er solle Diana endlich fragen.

Am Ende gibt der Kronprinz klein bei, und zu Weihnachten erzählt er der Familie, dass er Diana wahrscheinlich bald fragen wird. Statt den Sohn zu bestärken oder mit ihm über seine Bedenken zu reden, ist die einzige Antwort von Vater Philip, dem die Zauderei langsam auf die Nerven geht und der Dianas Ruf dadurch geschädigt sieht: »Dann mach aber mal los!« Doch so schnell geht's dann auch wieder nicht.

Charles reist erst einmal nach Klosters zum Skilaufen. Nachdem er mit Camilla wieder und wieder am Telefon gesprochen hat und sie ihm wieder und wieder versichert, dass »ich immer für dich da bin, auch wenn du verheiratet bist«, ruft er Diana an und teilt ihr mit: »Wenn ich zurück bin, muss ich dich etwas Wichtiges fragen.« Charles hat sich endlich entschlossen und will »la grande plonge« (»den großen Sprung ins kalte Wasser«) wagen, wie er das nennt. Er liebt Diana nicht, aber die Ehe ist für ihn auch nicht Erfüllung von Gefühlen, sondern »die Grundlage, um Kindern eine glückliches und sicheres Zuhause zu geben«. Er mag Diana, und er ist jetzt sicher, dass »ich mich mit der Zeit in sie verlieben werde«.

Am 6. Februar 1981 bestellt er Diana dann nach Windsor. »Ich kam um fünf Uhr nachmittags an. Er setzte mich auf ein Sofa und sagte: ›Ich habe dich so sehr vermisst‹«, erzählt Diana später. »Es war sehr außergewöhnlich, aber ich hatte ja keinen Vergleich, hatte ich doch noch nie einen Freund gehabt. Dann fragte er: ›Willst du mich heiraten?‹ Und ich lachte. Ich dachte, es sei ein Witz. Aber er war todernst und sagte weiter: ›Dir ist klar, dass du eines Tages Königin sein wirst?‹ Und ich sagte: ›Ja!‹«

Charles rennt los, um die gute Nachricht mitzuteilen, zuerst seiner Mutter – und dann Camilla.

Diana fährt kurz darauf zehn Tage mit ihrer Mutter nach Australien. Nach ihrer Rückkehr wird sie vom Gynäkologen der Queen untersucht. Alles ist okay. Diana ist gesund, zeugungsfähig und Jungfrau. Am 24. Februar gibt der Buckingham-Palast offiziell die Verlobung bekannt. Die Briten sind begeistert, und die Presse jubelt. Das erste TV-Interview zeigt, nicht nur heute, wo wir alle mehr wissen, dass damals etwas nicht so war, wie es sein sollte:

BBC: Wie fühlen Sie sich heute?
Charles: Schwierig, die richtigen Worte zu finden.
Diana nickt.
Charles: Einfach nur entzückt und glücklich. Ich bin erstaunt, dass sie tapfer genug ist, es mit mir zu versuchen.
Beide lachen.
BBC: Und ich nehme mal an, verliebt.
Diana: Natürlich.
Charles: Was immer Liebe bedeutet.
Diana: Ja.
Charles: Das können Sie selbst interpretieren.
BBC: Es bedeutet wohl: zwei sehr glückliche Menschen.
Diana: Wie Sie sehen können.

Camilla, die das Interview natürlich im Fernsehen anschaut, ist geschockt. Wie kann er so etwas Unsensibles zu seiner Braut und vor der ganzen Welt sagen. Doch alle sind so begeistert über die romantische Geschichte, dass Charles' merkwürdige Antwort keinem auffällt, auch nicht der sonst hyperkritischen Presse.

Einen Tag vor Bekanntgabe der Verlobung zieht Diana nach Clarence House – und einen Tag später in den

Buckingham-Palast: aus Sicherheitsgründen. Vor ihrer Wohnung in Pimlico lagern jetzt Tag und Nacht hunderte von Fotografen und Reportern. Eine Zumutung, der sie nun nicht mehr ausgesetzt sein soll. Im Palast ist sie besser aufgehoben. Und sie muss ja auch noch ihre Schulung bekommen, wie sie sich in Zukunft zu verhalten hat. Wie sie gehen und stehen, wie sie mit normalen Leuten und mit Royals reden soll, was sie sagen darf und was nicht, vor wem sie knicksen muss und dass in ihrem Saum immer ein wenig Blei eingenäht sein muss, damit eventuelle Windböen nichts Privates in Sicht wehen. Und auch die ganzen Hochzeitsvorbereitungen, vom Tragen der meterlangen Schleppe bis zum Ablauf in die Kirche, müssen geprobt werden.

Als sie in ihrem Gastzimmer eintrifft, findet sie auf ihrem Bett einen Brief. Er ist von Camilla. Charles hatte seine Geliebte gebeten, sich um Diana zu kümmern. Er selbst kann das nicht, er muss auf eine schon seit langem geplante Staatsreise nach Australien, Neuseeland und Venezuela. Sechs Wochen wird er fort sein. Camilla schreibt: »So aufregende Neuigkeiten. Lass uns zum Essen gehen, während der Prinz auf Reisen ist. Ich möchte unbedingt den Ring sehen. Viel Liebe, Camilla.« Diana kann es nicht fassen. Weder Charles noch sonst jemand von der Familie begrüßt sie, als sie im Palast eintrifft, aber diese Frau weiß schon wieder mehr als andere – und früher als sie selbst. Der Brief ist vor drei Tagen geschrieben worden, da wusste Diana noch nicht, dass sie umziehen würde.

Niemand im Schloss kümmert sich um die zukünftige Braut. Einsam und allein streift sie durch die Flure. Und außer den Damen, die ihr die Queen zum Unterricht geschickt hat, taucht keiner bei ihr auf. Auch nicht ihre Großmutter, die ihr mit ihren Kenntnissen über den königlichen Haushalt und deren Bewohner eine echte Hilfe und Beraterin sein könnte. Es ist unfassbar, unfreundlich, ungeschickt und dumm von allen Beteiligten. Nichts hätte Diana nötiger gehabt als vertraute Gesichter und ein bisschen Freundlichkeit. Menschen, die ihr hätten helfen können, mit der neuen Situation klarzukommen. Stattdessen sind die einzigen netten Zeilen, die sie vorfindet, von der Nebenbuhlerin. Und hier ist spätestens der Moment, an dem Dianas Eifersucht einsetzt. Und wer will ihr das vorwerfen?

Eine erfahrene Großmutter, Mutter oder Tante hätte mit ihr darüber sprechen können. Hätte ihr vielleicht den Rat gegeben, den schlaue Ehefrauen beherzigen: Eifersucht treibt den Mann aus dem Haus. Mach dir die Geliebte deines Mannes zur Freundin, und du hast alle Zügel in der Hand. Wie anders wäre vielleicht die Geschichte von Diana und Charles, aber auch die von Charles und Camilla verlaufen, hätte man die neunzehnjährige Braut nicht allein mit ihrer Angst, ihren Unsicherheiten und ihrem aufkeimenden Misstrauen gelassen? Hätte Charles, wohl wissend, welche emotionale Kälte im Palast herrscht, sich selbst um seine blutjunge Braut gekümmert, statt Camilla zu beauftragen, hätte Diana mit ihm über ihre Gedanken reden und Probleme gleich von Anfang an ausräumen oder zumindest eine andere Perspektive entdecken können. Doch Charles, sein Leben lang an die Vorgänge im königlichen Haushalt gewöhnt, von Dienern umgeben, von Disziplin getrieben, denkt nicht daran, dass alles das einem jungen Mädchen Angst machen könnte. Und sagen tut es ihm auch niemand. Mit seinem Auftrag an Camilla glaubt er das Bestmögliche getan zu haben. Er ist überzeugt, dass die Person, der er am meisten traut, auch die beste ist, um Diana bei ihrer Eingewöhnung zu helfen. Und so würde sich alles fügen.

Aber es fügt sich nichts. Stattdessen verschlimmern sich Dianas Essstörungen, die vor einiger Zeit eingesetzt hatten, und ihre Abneigung gegen Camilla und die hartherzigen Palastangestellten beginnen sich festzusetzen. Dianas Freundin Carolyn Bartholomew erzählt: »Sie war nicht glücklich, und ich begann mich zu sorgen. Sie wurde plötzlich mit diesem Druck konfrontiert, und es war ein Albtraum für sie. Das war, als die Tränen zu fließen anfingen.«

Diana trifft sich zwar mit Camilla zum Lunch, aber sie ist nicht sehr freundlich gestimmt und hält das Gespräch kurz. Camilla erkennt, dass es sinnlos und eher kontraproduktiv ist, weiterhin zu versuchen, Charles' Auftrag auszuführen und die Freundschaft der zukünftigen Prinzessin zu gewinnen. Sie spürt ihre Abneigung und zieht sich zurück.

Kurze Zeit später entdeckt Diana im Büro von Charles' Privatsekretär zwischen Bergen von Post und Paketen eine kleine Schmuckdose mit einem Zettel, auf dem »Camilla« steht. Sie greift sie sich, und zum Schrecken des Sekretärs öffnet sie sie auch. Innen drin liegt ein Armband mit einem Emailleschildchen, in das »GF« (für »Gladys« und »Fred«) eingraviert ist.

Als Charles von seiner Reise am 3. Mai zurück ist, stellt Diana ihn sofort zur Rede und fragt, was es mit dem Armband für Camilla auf sich hat. Der Prinz erklärt ihr, dass es ein Geschenk ist, um seiner besten Freundin für ihre Treue und Unterstützung zu danken, und dass er anderen Freundinnen und Freunden ebenfalls etwas geben möchte. Diana bekommt einen Wutanfall. Den ersten, den Charles erlebt − und der ihn schockt. Das nette, liebe kleine Mädchen verliert seine Contenance, schreit ihn an und verlässt türenknallend den Raum. »Ihre andere Seite« wird er das später nennen. Doch jetzt ist ihm nicht verständlich, warum Diana so ausrastet. Er ahnt ja nicht, dass sie mehr weiß. Die »kleine Maus« zeigt zum ersten Mal, dass eine Tigerin in ihr steckt.

Camilla sieht Charles erst drei Wochen vor der Hochzeit in Windsor Castle wieder. Die Queen gibt zu Ehren des Brautpaares ein Fest für 1000 Gäste. Charles tanzt mehrmals mit Camilla, aber sie erinnert ihn daran, was sie beschlossen haben, dass er sich um seine Braut und auch um die anderen Gäste zu sorgen hat. Diana beobachtet das alles genau. Und plötzlich ist sie überzeugt, dass sie Charles nicht heiraten kann. Am nächsten Morgen flieht sie nach Althorpe und will das Land verlassen. Aber ihr Vater sagt, sie solle sich beruhigen, und er überredet sie, nach London zurückzufahren. Der Buckingham-Palast ist in heller Aufregung, denn Diana hatte nicht hinterlassen, wohin sie wollte, und sie war ohne Sicherheitsbeamte losgefahren. Aber das ist auch alles. Warum sie so plötzlich verschwand, darüber redet keiner mit ihr, und auch nicht über die anderen Probleme. Sämtlichen Royals geht es völlig ab, dass dieses junge Mädchen eventuell mit den Gesetzen und Gepflogenheiten im Herzen der Monarchie nicht zurechtkommen könnte. Die Queen hat für sie eine offene Tür und empfängt ihre zukünftige Schwiegertochter ab und an, aber natürlich erzählt Diana auch ihr nichts von ihren Schwierigkeiten oder gar Bedenken.

Zwei Tage vor der Hochzeit ist Charles nicht aufzufinden. Er ist zu Camilla gefahren, um sein Geschenk zu übergeben und um sich zu verabschieden. Und auch sie hat ein Abschiedspräsent für ihn: Manschettenknöpfe, die zwei in sich verschlungene C darstellen. Charles ist gerührt. Es ist das letzte Treffen als heimliche Geliebte. Sie nehmen Abschied und schwören sich ewige Treue – aber von nun an ohne Sex. Camilla muss erneut beteuern, immer für ihn da zu sein. Sie werden Kontakt halten, das ist die Abmachung, aber nie wieder werden sie miteinander schlafen. Charles will, dass seine Ehe funktioniert. Das hat er sich fest vorgenommen.

Camilla ist unglücklich, aber sie fügt sich in die Situation. Sie wusste ja, dass es so kommen würde. Sie hatte selbst daran mitgewirkt. Doch sie kann sich noch gar nicht vorstellen, wie sie das aushalten soll. Ihr Kopf hat es zwar kapiert, aber ihr Herz schmerzt über den Verlust. Als sie an der Haustür steht und immer noch dem Aston Martin nachschaut, obwohl der schon lange die Auffahrt verlassen hat, verspürt sie eine unendliche Leere.

Diana hat natürlich mitbekommen, dass Charles weggefahren ist. Er hatte zwar behauptet, er ginge nur zur Taufe von Annes jüngster Tochter Zara, aber das hatte sie ihm nicht abgenommen. Und falls es doch wahr wäre, dann käme auch Andrew Parker Bowles dorthin, der ja als Patenonkel bestimmt war – und Camilla wäre dann sicher nicht weit weg. Sie ruft ihre Schwestern an und bestellt sie in den Buckingham-Palast. Als sie ihnen völlig aufgelöst alles erzählt und sie endgültig die Hochzeit absagen will, ist die Antwort der Schwestern: »Zu spät, meine Liebe. Dein Gesicht ist schon auf den Teatowels.« Und so fügt sich Diana in ihr selbstgewähltes Schicksal. Abends werden 900 Gäste zum Polterabend erwartet. Man sieht ihr die Zweifel nicht an, als sie gemeinsam mit Charles die Gäste begrüßt. Unter ihnen sind auch Camilla und Andrew Parker Bowles.

Jahre später wird von einigen behauptet, Charles hätte sich mit Camilla von der Party davongestohlen, als Diana sich schon nach Clarence House zurückgezogen hatte. In dieser Nacht, dem eigentlichen Moment der Verabschiedung, hätten sie den vorerst letzten Sex genossen. Ein Butler soll das dem Royal Correspondent James Whitaker erzählt haben. Der Diener war allerdings kurz vor Veröffentlichung der Geschichte an Aids gestorben und konnte zu dieser unglaublichen Story nicht mehr Stellung nehmen. Vorstellbar? Warum nicht. Aber realistisch? Eher nicht. So dumm konnten Charles und Camilla nicht sein.

Sie hatten die ganze Woche Zeit gehabt, sich zu verabschieden und noch ein letztes Mal miteinander zu schlafen. In der Nacht vor der Hochzeit, mit über 900 Gästen im Haus, einem Haufen Dienern hinter jedem Vorhang und Sekretären, die noch zu später Stunde hereinplatzten, um irgendetwas für die Hochzeit nachzufragen, vielleicht sogar die Queen selbst − das war viel zu gefährlich. So tollkühn ist Charles dann auch wieder nicht. Und auch nicht so doppelzüngig. Denn bewiesen ist, dass er noch am späten Abend einen Diener nach Clarence House zu Diana schickt und ihr ein Päckchen überbringen lässt. Darin befindet sich ein Siegelring mit dem Wappen des Prinzen von Wales und eine Karte, auf der steht: »Ich bin so stolz auf dich, und wenn du morgen den Gang heraufkommst, werde ich für dich am Altar sein. Schau ihnen in die Augen und hau sie um.« Diana ist glücklich, und ihr fällt ein Stein vom Herzen. Solche liebevollen und Mut machenden Worte hat sie von Charles nicht erwartet: »Da hatte ich plötzlich ungeheure Hoffnung in meinem Herzen.«

Die Märchenhochzeit am nächsten Tag, am 29. Juli 1981, bringt ganz Großbritannien auf die Beine und 700 Millionen Menschen weltweit vor die Fernseher. Camilla sitzt mit ihrem kleinen Sohn Tom in der dritten Reihe in der St.-Paul's-Kathedrale. Andrew ist nicht dabei. Er reitet als Leibgardist erst hinter der Kutsche der Queen und dann, nach der Trauung, hinter der des Brautpaares. Die Ex-Geliebte fühlt sich allein unter den 2500 Gästen, die dem Traumpaar zuhören, wie sie laut und deutlich Ja sagen zueinander und sich Treue bis zum Tode versprechen. Als Charles am Arm seiner wunderhübschen jungen Frau den langen Gang von St. Paul's herabschreitet, an ihr vorbei und hinaus in das neue Leben als Ehemann, wünscht sie ihm von ganzem Herzen Glück. Sie wird in seinem Leben immer eine Rolle spielen, das weiß sie, aber nun wird es nur noch die Nebenrolle als Freundin sein. Und als überzeugte Royalistin ist sie zufrieden mit dem Gedanken. Das Königreich hat endlich eine zukünftige Königin, und das ist gut so.

Deshalb ist sie auch nicht beleidigt, als sie für das Hochzeitsfrühstück mit den 120 engsten Freunden und der Familie des Brautpaares keine Einladung erhalten hat. Charles hatte sie dabeihaben wollen, aber sie hatte ihm geraten, das nicht ins Auge zu fassen. Es sei besser, Diana nicht schon wieder durch ihre Anwesenheit zu beunruhigen, kaum dass sie den Ring am Finger trägt. Ein frischer Start ohne sie oder andere alte Freundinnen sei besser und opportun. Camilla gibt stattdessen ihre eigene Lunchparty zu Ehren der königlichen Hochzeit. Eine von tausenden an diesem denkwürdigen Tag in Großbritannien und im Commonwealth, die den Fortbestand der Monarchie und das neue hübsche Mitglied im Hause Windsor feiert.

Die Windsors, echt nett
und gar nicht pompös

Gut 1200 Jahre alt ist die Monarchie in England, mal abgesehen von ein paar Jahren im 17. Jahrhundert, zu Zeiten von
Cromwell – eine Tradition, auf die die Briten mehr oder
weniger stolz sind. Bisher letzte in der langen Reihe von
Regenten ist Elizabeth II. Ihr Erbe verdankt sie einer peinlichen Liebesaffäre, politisch hat sie nichts zu sagen, und ihr
Name ist eine Erfindung.

Es gibt ihn erst seit 1917. Um nach Ausbruch des Ersten
Weltkriegs zu verschleiern, dass der königlichen Familie
weniger englisches als deutsches, also Feindesblut, durch die
Adern fließt. Nach dem Lieblingsschloss von Königin Victoria erfand man schnell den englisch klingenden Nachnamen
für die Sachsen-Coburg-Gothas/Hannovers (das war um
1840; Victoria = Hannover, Albert = Sachsen-Coburg-Gotha)

Die konstitutionelle Monarchin Elizabeth II. ist per Verfassung Staatsoberhaupt ohne exekutive Gewalt. Sie eröffnet
das Parlament und kann es auch schließen, wenn die Situation es erfordert. Sie trifft sich jede Woche mit dem jeweiligen
Premierminister, der erste war Churchill, und der informiert
sie über die Regierungsgeschäfte. Sie diskutieren Themen,
über die niemals ein Wort in die Öffentlichkeit dringt, es wird

nichts aufgezeichnet oder mitprotokolliert. So kann der Premier offen mit seiner Königin reden und ihren Rat einholen. Und Rat kann sie mit ihrer über fünfzigjährigen Erfahrung und elf Premierministern, die sie erlebt hat, zweifellos geben. John Major, den sie laut Insidern mochte, sagte einmal: »Die Macht der Monarchin ist weniger reine Macht, sondern Einfluss und Zugang, den sie sich bei jedem verschaffen kann.« In den so genannten *Red Boxes*, den roten Kisten, kommen täglich wichtige Papiere von der Regierung und dem Commonwealth in ihr Büro, und sie muss sie alle durcharbeiten und beantworten, wenn nötig unterschreiben. Sie empfängt Staatsgäste, gibt Dinners zu deren Ehren, fährt selbst zu offiziellen Besuchen ins Ausland und besucht regelmäßig die Staaten des Commonwealth oder Orte in ihrem Königreich.

Auf die Queen fokussieren sich die Emotionen der Nation. Triumph oder Tragödie – das Volk schaut zu seiner Königin und erwartet Führung. Bezeugungen von Trauer und Freude werden von der Queen und anderen Mitgliedern der Royal Family im Namen der Nation überbracht. Sie ist es, die Betroffene sehen und hören wollen. Ihre Beständigkeit und Gegenwart beruhigt und gibt Hoffnung – bei Bombenattentaten, Grubenunglücken, dem Anschlag in der Londoner U-Bahn im Juli 2005 oder einfach in schlechten Zeiten. Dies kann niemals als eine PR-Aktion interpretiert werden, das hat die Royal Family nicht nötig. Im Gegensatz zu manchen Politikern. Denn die Royals waren vorher da – und werden auch noch nach der nächsten Wahl da sein. Solidarität zu zeigen mit den Betroffenen ist heute also eine ihrer essenziellen Aufgaben. Ihre Mitarbeiter nennen dies das »Feel-Good-Business«. Es festigt das Zusammengehörigkeitsgefühl und gibt Hoffnung auf eine bessere Zukunft.

Zum Feel-Good-Business zählt aber auch das Auszeichnen von Untertanen für besondere Leistungen. Einmal im Jahr, zu ihrem Geburtstag, verleiht die Queen Orden und Titel wie »Sir« oder »Baroness« und »Lord«, »Lady« oder »Dame« an Untertanen, die sich besonders in Politik, Kultur, Showbusiness oder Wohltätigkeit hervorgetan haben. Die Liste stellt zwar der Premierminister zusammen, aber nur die Queen kann feierlich den ehrenvollen Ritterschlag erteilen. Viele Male im Jahr besucht sie Krankenhäuser und Fabriken, spricht mit Arbeitern, Krankenschwestern und Altenpflegern. Alle – auch Nicht-Royalisten – sind dann von der Tuchfühlung mit ihrer Königin oder Prinz Charles begeistert. Es zeigt ihnen, dass ihr Engagement gewürdigt wird, es hebt sie für einen Moment aus der Anonymität des Alltags ins Scheinwerferlicht der Nation.

Im Laufe der letzten 150 Jahre war es nicht mehr nur der König oder die Königin, die gesamte königliche Familie geriet ins Zentrum der Aufmerksamkeit. Mit immer weniger politischen Aufgaben für den Monarchen rückten die repräsentativen Pflichten in den Mittelpunkt, und da war die ganze Familie gefordert, als moralische Vorbilder zu agieren. Walter Bagehot, der politische Analyst und Volkswirtschaftler in der Zeit von Königin Victoria, schrieb: »Eine Familie auf dem Thron ist eine interessante Idee. Der Pride of Sovereignty (Stolz der Oberhoheit) wird auf die Ebene des normalen Lebens herabgestuft. Kleine familiäre Episoden werden zu wichtigen politischen Ereignissen.« Und so ist es bis heute geblieben. Wenn die normalen menschlichen Gefühle ins Spiel kommen, werden eigentlich interfamiliäre Begebenheiten wie Liebe, Heirat, Geburt, Betrug und Tod von der privaten Ebene auf die politische gehoben – und das Volk begehrt

206

sein Recht, will Information und Partizipation. Es will wissen, wie die da oben fühlen, denken, trauern, hassen, sich freuen und sich ärgern.

Die Queen unterstützt aktiv hunderte von verschiedenen Wohltätigkeitseinrichtungen –, aber auch jedes andere Mitglied der Royal Family tut dies. Das allein ist für jeden von ihnen ein Vierundzwanzig-Stunden-Job. Zudem erscheinen sie einzeln oder alle zusammen bei nationalen Gedenktagen oder speziellen Ereignissen, etwa bei der Rennwoche von Ascot oder zu der Parade am 11. November, dem Tag der Erinnerung an die Toten aller Kriege, an denen Großbritannien jemals teilgenommen hat. Sie fördern durch ihr Erscheinen die Bedeutung bestimmter Veranstaltungen oder puschen britisches Business im Ausland. Ihre Existenz lockt Touristen ins Land, in die Schlösser und in die Läden, deren Logo das königliche Wappen trägt, weil es auch den Palast beliefert. Der normale Mensch, Tourist oder Untertan, empfindet in den Fluren von Buckingham-Palast oder beim Kauen eines königlichen Crackers das Gefühl der Nähe.

Das Leben der First Family hat beruhigende Wirkung auf das Volk. Seit über fünfzig Jahren zeigt es die gleiche Routine. Sie fahren im Sommer nach Schottland, feiern Ostern in Windsor und sind über Xmas im Schloss von Sandringham. Die Queen kommt via Fernsehen mit ihrer Ansprache zu Weihnachten in jedes Wohnzimmer, und jedes Jahr findet zu ihrem offiziellen Geburtstag die pompöse Trooping-the-Colour-Parade in London statt. Alles atmet Kontinuität und Berechenbarkeit in sich rasend schnell verändernden Zeiten. Nach Tragödien wie etwa dem Bombenanschlag in der Londoner U-Bahn im Juli 2005 zeugt ihr Besuch bei den Opfern oder am Tatort von Anteilnahme der ganzen Nation, er festigt das Zusammengehörigkeitsgefühl und gibt Hoffnung auf eine bessere Zukunft. Die Queen und die Royal Family stehen für jahrhundertelange Tradition und Stabilität und die immer wiederkehrenden Zeremonien geben allen Briten Sicherheit. Das Durcheinander der letzten Jahre im Privatleben der verschiedenen Königskinder war somit nicht nur ein animierendes Unterhaltungsprogramm für Yellow-Press-Leser, viele sahen schon das Ende der Monarchie kommen, sprachen von Staatskrise. Die angenommene Stabilität wurde durch Gezänk, Scheidungen und außereheliche Affären der Royals ins Wanken gebracht, Verunsicherung machte sich breit. Wie Bagehot sagte: Das Private wird zum Politikum.

Doch unabhängig davon wird das Feel-Good-Business weiterhin organisiert – und zwar im Buckingham-Palast, dem Hauptquartier der »Firma«, wie Royals und Mitarbeiter das königliche Unternehmen nennen. Alle Familienmitglieder haben dort ihre Apartments und ihre Büros. Bis auf Prinz Charles, der verlegte nach der Hochzeit mit Diana seine Wohnung in den Kensington-Palast, wo er in königlicher Wohngemeinschaft mit Prinzessin Margaret, den Kents und den Gloucesters lebte. Nach dem Zerwürfnis mit Diana zog er ins York House, und nach Queen Moms Tod im Jahr 2002 ließ er Clarence House renovieren und wechselte in das Domizil seiner Großmutter. Sein Büro im nahen St.-James-Palast erreicht er mit einem kurzen Spaziergang durch den Park.

Der Buckingham-Palast ist weniger ein Privatpalast als ein königliches Businesshotel: zweiundfünfzig Schlafzimmer für Royals und Gäste, mehrere Suiten für Staatsgäste, 188 Schlafräume für Angestellte, achtundsiebzig Badezimmer, neunzehn prunkvolle Empfangsräume und zweiundneunzig

Büros. Außerdem eine Poststelle, eine Polizeistation, eine Feuerwehr, eine Arztpraxis, eine Reiseagentur, eine Bar, eine Kapelle mit eigenem Priester, Friseur, Pferdeställe, mehrere Küchen, Kantinen, Heizungsräume, Garagen, Speisekammern, Kühlräume, Weinkeller und was der BP-Cateringservice sonst noch so benötigt vom Silberputzzimmer bis zur Vorratskammer mit hunderten von Rollen Klopapier.

Rund 50 000 Menschen kommen jedes Jahr in den Buckingham-Palast zu Staatsempfängen oder königlichen Veranstaltungen wie den berühmten Gartenpartys der Queen. Und im Sommer schleichen neugierig hunderttausende inländische und ausländische Touristen durch die Säle. Dann ist die Königin im Urlaub und die Empfangsräume für sechs Wochen verwaist. Über 650 Angestellte − vom Sekretär bis zum Sommelier − kümmern sich um die Aufgaben.

Chef des königlichen Haushalts ist Lord Chamberlain, zu deutsch: der Hofmarschall. Seit Jahren bekleidet er dieses hohe Amt. Er ist sozusagen der oberste Manager, der die Aufsicht über die verschiedenen Ressorts führt: Private Secretary's Office (Büro des Privatsekretärs), Privy Purse and Treasury Office (Schatzmeister), Lord Chamberlain's Office (Hofmarschall), Master of the Household Office (Chef des königlichen Haushalts), Royal Mews Office (königliche Stallungen), Royal Collection Office (königliche Kunstsammlung). Die Angestellten in den verschiedenen Bereichen tragen alte traditionelle Titel wie Silver Stick in Waiting (Silberstock in Wartestellung) oder Page of the Backstairs (Page der Hintertreppe), Yeoman of Glass and China (Glas- und Porzellandiener) oder Mistress of the Robes (Dame der Kleider), die immer eine Herzogin sein muss. Und natürlich kommen noch die persönlichen Butler und Unter-Butler für jedes Familienmitglied hinzu. Alle Bediensteten haben bestimmte Gesetze einzuhalten: Niemals dürfen sie einen der Royals von sich aus ansprechen, auch dürfen sie nicht gesehen werden. Jeder springt hinter irgendeine Ecke oder verschwindet in einer Kammer, wenn ein solcher im Anmarsch ist. Natürlich wird ständig geknickst oder sich verbeugt und immer – ohne Ausnahme – in Gegenwart eines Royals gestanden, egal, wie lange es dauert.

Für alles gibt es eine Vorschrift. Zum Beispiel das Wecktablett. In königlichen Palästen sind Wecker nicht existent. Stattdessen bringt der persönliche Butler um Schlag acht Uhr das Tablett mit Earl-Grey-Tee, einem Keks und einem Glas Orangensaft, frisch gepresst. Die Tasse ist immer so gedreht, dass Henkel und Löffel in Richtung fünf Uhr zeigen und die Untertasse mit dem Wappen nach Norden. Oder: Vor neun Uhr morgens dürfen keine Staubsauger benutzt werden. Auch hat das Personal in den Gängen nicht auf den Teppichen zu gehen, sondern muss am Rand, auf dem Parkettstreifen, laufen. Kaum dass ein Royal sein Zimmer verlassen hat, stürzt ein Putzkommando herein, bürstet den Teppich, klopft die Kissen aus, lässt Geschirr oder Gläser verschwinden und leert Papierkörbe. Minuten später kann der Royal wieder in ein makelloses Zimmer zurückkommen. Das ganze System stammt aus alter Zeit. Und Elizabeth II. hat mitnichten für eine Modernisierung gesorgt und auch nicht für eine Feminisierung.

Die Queen ist höchst altmodisch. Bisher hat sie ausschließlich das patriarchalische System gefördert. Sie übergab bei ihrem Amtsantritt die Autorität Männern aus der konservativen Ecke, sie militarisierte die Verwaltung ihres königlichen Haushalts, indem sie alle wichtigen Posten mit alten Soldaten besetzte, die ihre männliche Überlegenheits-ideologie installierten. Außer bei den typisch weiblichen Jobs, wie Zimmermädchen oder Palastdame, gibt es in der Verwaltung nach fünfzig Jahren Regierungszeit keine Frau in einer höheren Position – und auch keinen Asiaten oder Schwarzen.

Protokoll ist alles im königlichen Haushalt. Wer mit wem wann sprechen darf und ob überhaupt, welche Kleidung oder Uniform wer zu tragen hat, bei welcher Gelegenheit usw. Es gibt nichts, was dem Zufall überlassen wird. Über die genaue Durchführung und Einhaltung aller Gesetze und Bestim-mungen wachen die Chefs der verschiedenen Abteilungen, die »Männer in grauen Anzügen«, wie Diana sie nannte. Sie machten ihr und den anderen Neuzugängen in der Royal Family das Leben schwer, denn sie handeln oft im voraus-eilenden Gehorsam und sind nicht bereit, einen Fußbreit von der Vorschrift abzuweichen. Sie stellen sich gegen jede Modernisierung und wachen wie Drachen über ihre Pfründe. Würde die Queen von einigen ihrer Machenschaften erfah-ren, wäre sie sicherlich höchst erstaunt. Aber da die Kom-munikation im hoheitlichen Haifischbecken nur mit den Oberhaien geführt wird, erfährt sie kaum etwas über Mob-bing, Intrigen oder Ränkespiele in ihrer Umgebung.

Der zweitwichtigste Mann im Leben der Queen ist ihr Pri-vatsekretär: der Fürst unter den Herren in grauen Anzügen. Er hält alle Fäden in der Hand, brieft die Queen jeden Mor-gen über ihren Tagesablauf und gibt Informationen an an-dere Mitarbeiter weiter. Er ist verantwortlich dafür, dass alles klappt, Termine eingehalten, Reisen perfekt durchgeführt werden, die richtigen Leute auf den Einladungslisten stehen. Er ist es auch, der mit den anderen Royals kommuniziert.

Denn das Erstaunliche ist: Die königliche Familie redet nicht beim Tee oder beim gemeinsamen Wochenende schnell mal über anstehende Dinge oder ruft den anderen an, um irgendeinen Termin abzustimmen oder abzusagen. Nein, die Royals beauftragen ihren Privatsekretär, von denen jeder einen hat, dem anderen Privatsekretär zu sagen, er solle bitte Ihrer Majestät oder Seiner Königlichen Hoheit Prinz Philip oder Prinz Andrew dies oder jenes mitteilen. Oftmals sehen sich die Familienmitglieder tagelang nicht, obwohl sie nur einen Flur voneinander entfernt leben – oder im Fall von Prinz Charles einmal durch den Park. Und erst zu Beginn der Neunzigerjahre wurden regelmäßige Konferenzen zwischen den Parteien einberufen, um Termine miteinander abzugleichen. Bis dahin konnte es vorkommen, dass zwei Royals zum gleichen Event erschienen, ohne vorher von der Teilnahme des anderen gewusst zu haben.

Wenn Royals zusammen sind, geht es nie um Politisches oder Organisatorisches. Sie reden über ihren Sport, die Hunde, die Jagd, die Pferde, über Rennwetten oder Probleme auf ihren jeweiligen Landgütern. Sie lieben derbe Witze, knuffen sich gegenseitig in die Rippen und lachen viel miteinander. Eigentlich eine nette, sympathische, typisch englische und gar nicht intellektuelle Familie, der man ansieht, dass sie sich mag. Haben sie dennoch etwas Wichtiges mitzuteilen, das etwas Organisatorisches betrifft, dann tun sie dies eben über die Privatsekretäre – oder sie schreiben sich gegenseitig Memos. Oder – seit einige dieser Memos ihren Weg in die Presse fanden – sie schicken sich E-Mails.

Prinz Philip war einer der ersten Briten, der den Computer für sich entdeckte, kaum dass sie auf dem Markt waren. Seinen Laptop hat er immer dabei. Und auch die Queen schreibt heute fast nur noch am PC. Dem Sultan von Brunei sagte sie 1998: »Ich kann nicht mehr mit der Hand schreiben, ich kann es nur noch am Computer. Es ist so herrlich einfach, man kann Dinge einfach wieder wegradieren.« Prinz Andrew ist ein Aficionado der jeweils neuesten Technik, hat immer das neueste Equipment, genau wie sein Bruder Edward, der durch seine Filmfirma up to date ist und sogar weiß, wie die digitale Technik funktioniert. Er repariert verzweifelten Sekretärinnen im Buckingham-Palast schon mal ihren abgestürzten PC. Prinzessin Anne ist natürlich praktisch und nutzt PC und E-Mails, weil es einfach schnell geht.

Nur Prinz Charles bleibt bei seinem Füller. Er schreibt besessen Briefe an jedermann, seitenlang und Wichtiges mehrmals unterstrichen. Eine seiner Mitarbeiterinnen aus dem Charity-Bereich, die viele prinzliche Schreiben erhält, nennt sie »black spider memos« (»Schwarze-Spinnen-Notizen«), weil die schwarze Tinte und das Gekritzel sie an Spinnennetze erinnert.

Richtige Royals, anzusprechen als »Your Royal Highness« (Ihre Königliche Hoheit), sind die Queen, Prinz Philip, ihre vier Kinder und deren Nachkommen. Die jeweiligen Ehefrauen, Diana, Sarah und Sophie, wurden Royals durch ihre Hochzeit. Sie verlieren den Titel wieder, wenn sie sich scheiden lassen, wie bei Diana und Sarah geschehen. Außerdem müssen die Vettern und Cousinen ersten Grades der Queen, die von König George V. abstammen, als »Royal Highnesses« tituliert werden, also etwa Prinzessin Alexandra (Ogilvy), Prinz Michael (Kent) und Prinz Richard, der Duke of Gloucester. Ehemänner von Prinzessinnen, wie Mark Phillips oder Tim Laurence (Anne) oder Lord Snowdon (Margaret), sind keine Royals. Ebenso wenig die Kinder von HRH-Prinzessinnen, wenn sie nicht einen anderen HRH geheiratet haben. Die Kinder von Prinzessin Anne etwa sind nur Lady Zara Phillips oder Peter Phillips, und die Tochter von Prinzessin Margaret ist auch nur eine Lady Sarah Armstrong-Jones. Sohn David hat wenigstens noch einen Viscount Linley abbekommen, der zweite der Titel, die dem Fotografenvater Anthony bei seiner Adeligsprechung verliehen wurden. Das trifft aber nur auf ihn zu, sein Sohn heißt schon wieder Charles Armstrong-Jones.

Witzigerweise sprechen die Royals über ihre Anverwandten öffentlich immer als Royal Highnesses: Also wenn Prinz Charles seinem Sekretär eine Meldung für den Bruder Andrew diktiert, sagt er: »Bitte teilen Sie Seiner Königlichen Hoheit Prinz Andrew dies oder jenes mit.« Oder an die Queen: »Bitte melden Sie Ihrer Majestät, dass ich da oder dort nicht teilnehme.« Niemals würde er die Formulierung »meiner Mutter« benutzen. Nur untereinander sprechen sie sich natürlich mit ihren Vornamen an und nennen ihre Eltern »Mummy« oder »Papa«.

Die schwierigste Position innerhalb der königlichen Familie hat mit Sicherheit Prinz Philip. Er lebt seit seiner Heirat mit Elizabeth II., damals noch Prinzessin Elizabeth, mit dem Dilemma zwischen Familienoberhaupt, primärem Untertan und Nur-Ehemann der Queen. Nicht einmal seinen Nachnamen durfte er an seine Familie weitergeben. Das soll zu lauten Auseinandersetzungen und wochenlangen Krächen zwischen dem jungen Paar geführt haben. Bis schließlich Elizabeth II. dem Parlament mitteilte, dass sie und ihre Kinder nicht Mountbatten, sondern weiterhin Windsor heißen würden. Ihre königliche Macht hatte sich gegen das vorherrschende Gesetz durchgesetzt.

Philip war sauer, denn er fühlte sich seiner Identität beraubt, sozusagen entmannt. Sein Körper, aber nicht sein Name war gefragt. Der Grund dafür: So kurz nach dem Krieg sollte er mit seinem deutsch-reaktionären Hintergrund nicht ständig öffentlich auffallen und der deutsche Nachname die Zukunft der Monarchie nicht überschatten. Schon sein Großonkel hatte den Namen Battenberg in Mountbatten umgewandelt, um sich zu anglisieren. Erst bei Annes Hochzeit tauchte Mountbatten neben Windsor in der Heiratsurkunde wieder auf.

Auch gab es Streit über Philips politischen Status. Natürlich hätte er gerne an den Regierungsgeschäften teilgenommen, etwa als offizieller Berater. So hatte damals Victoria bei ihrem Albert entschieden, und auch Queen Mom hatte als Königin etwas zu sagen. Aber wieder siegte die Monarchin. Sie gedachte ihm nur die Rolle des Untertanen Number one zu. Bei der Eröffnung des Parlaments musste er auf einem Stuhl ein Stufe unter ihr sitzen, Queen Mom hatte als Ehefrau des Königs noch neben ihm sitzen dürfen, und es war ihm nicht erlaubt, neben Elizabeth II. zu gehen, immer hatte er ein paar, mindestens aber einen Schritt hinter ihr zu bleiben. Philip, der sportliche Macho, sagte dazu einmal beleidigt: »Ich bin nicht mehr als eine Amöbe.«

Um sein Selbstwertgefühl nicht endgültig zu zerstören – als Prinzessin Elizabeth Königin wurde, musste er seinen Job in der Navy auch noch aufgeben –, gestand die Queen ihm zu, im privaten Leben das Familienoberhaupt zu sein. Da hatte er das Sagen: über seine Kinder, ihre Erziehung, ihre Mahlzeiten, welchen Sport sie ausüben, welche Schulen sie besuchen sollten.

Dazu gehörte auch, dass er sich um die Besitztümer der Familie kümmern durfte, also um ihre verschiedenen privaten Residenzen, aber ebenso um die Landwirtschaft, die Jagd und den Wald. Er sah und sieht sich als Konservator der Firma Windsor. Geht es um solche Dinge, antwortet die Queen grundsätzlich: »Fragen Sie Seine Königliche Hoheit. Ich habe keine Ahnung.«

Prinz Philips Temperament ist gefürchtet. Immer wieder bringt er einige Diener und Angestellte zum Heulen. »Er ist eine achtungsgebietende Erscheinung, er verlangt Respekt und einen konstanten hohen Standard. Er hat ein gutes Auge für alles, was nicht funktioniert«, erzählt der ehemalige Butler Paul Burrell. In solchen Fällen verwandelt sich seine tiefe Stimme in ein angsteinflößendes Bellen. Türen werden geknallt, und der ganze Flur erzittert unter seinen Wutausbrüchen. »Ihr seid alles Idioten!« oder »Ist alles ein Haufen Mist« sind des Prinzen Lieblingsausrufe, wenn ihm irgendwas nicht passt. »Das kommt von seiner Zeit als Marineoffizier«, meint Burrell. »Er erwartet von seinen männlichen Angestellten, dass sie alles in den Griff kriegen können. Zu seinen Hausmädchen ist er dagegen immer freundlich und nachsichtig.«

Das reine Familienleben und die damit zusammenhängenden Angelegenheiten füllten den Mann aber nicht aus. Bald suchte er sich weitere Betätigungsfelder. Er übernahm die Ehrenvorsitze verschiedener Wohltätigkeitsorganisationen und engagiert sich bis heute als Botschafter für britisches Business, ist Patron der Wissenschaften und des Sports und setzt sich für den Tierschutz ein, lange Zeit war er Präsident der Umwelt- und Tierschutzstiftung WWF. (Erstaunlicherweise aber nicht im Zusammenhang mit der Fuchsjagd oder wenn es um die Bärenfelle für die königliche Garde geht.) Immer wieder fiel er in der Öffentlichkeit durch Taktlosigkeit und den einen oder anderen rassistischen Witz auf, aber durch seine Standhaftigkeit, seine Sportlichkeit und seine Vorliebe für das Landleben gewann er den Respekt der Briten. Und allen ist klar: Er ist der Rückhalt der Queen. Sie sind ein sich gegenseitig ehrendes Paar, das auch heute, nach fast sechzig Jahren Ehe, gut miteinander kann. Und die beiden mögen sich. Es ist eine merkwürdige Mischung aus öffentlicher Darstellung und privatem Sein, aber es ist eine funktionierende, echte Partnerschaft.

Die Queen lebt ebenfalls zwei Leben: das öffentliche repräsentative der Monarchin und das private der Mutter, Großmutter und Ehefrau. Jeder, der sie kennt, wird gefragt: »Und wie ist sie denn so in Wirklichkeit?« Und immer ist die Antwort: »Echt nett und normal und gar nicht pompös oder gar arrogant. Und sie lacht gern und hat viel Sinn für Humor.« Ihr besonderes Faible sind die verschiedenen Slangs, speziell die aus dem East End von London und einige australische kann sie perfekt nachmachen. So sind »schon propere Palastdamen und Privatsekretäre vor Lachen fast vom Stuhl gefallen«, weiß Butler Burrell zu berichten. Lautes Lachen hört man bei ihr in der Öffentlichkeit jedoch so gut wie nie. Eine Königin lebt immer Contenance, überschwängliche Gefühlsäußerungen sind nicht opportun. Meist sieht sie sogar eher muffelig aus, das zeigt aber nicht ihr wahres Ich. Sie hat nur das Pech, dass ihre Gesichtszüge im entspannten Stadium eben eher muffelig aussehen und nicht neutral freundlich.

Das war nicht immer so. Als Teenager und junge Mutter hatte sie eine perfekte Figur und den typisch englischen

217

Teint, makellos und rosa, ein Erbe der Mutter. Elizabeth war nicht gerade eine Schönheit, aber hübsch und attraktiv. Vielleicht ist es die Last der Verantwortung, die ihre Züge nicht besonders gnädig hat altern lassen. Zudem ist ihre Garderobe in Schnitt und Farbe meist eher sonderbar als à la mode, in ihrer Kontinuierlichkeit aber inzwischen ein Markenzeichen. So what! Sie ist die Queen und sieht eben aus, wie sie aussieht.

In ihrem Privatleben regiert die Disziplin. Punkt acht beginnt ihr Tag mit dem obligatorischen Wecktablett, ins königliche Schlafgemach gebracht von einer Kammerzofe. Dazu dürfen auch ihre Corgis mit ins Zimmer. Um kurz vor neun ist sie angezogen (Rock und Twinset oder Bluse mit Strickjacke) und frisiert, und die Corgis werden vom Butler Gassi geführt – wenn sie im Buckingham-Palast weilt. In den Ferien, in Balmoral, geht die Königin selbst mit den Hunden raus, sollte dies das Wetter zulassen. »Outies«, ruft sie dann, und alle königlichen Köter stehen bei Fuß.

Um Punkt neun nimmt sie ihr Frühstück im Esszimmer ein: eine Scheibe Toast, dünn mit Butter bestrichen und einem Löffel dicker, dunkler Orangenmarmelade, dazu Tee mit einem Schuss Milch. Die wird jeden Morgen frisch aus Windsor geliefert, von den königlichen Jersey-Kühen. Sämtliche Royals erhalten täglich die Flaschen mit dem blauen Label »EIIR (Elizabeth II. Regina) Royal Dairy, Windsor« und dem grün-goldenen Verschluss.

Auf der Frühstückstafel liegt sortiert die Tagespresse. Immer in der gleichen Reihenfolge, von unten nach oben: *Times, Daily Telegraph, Daily Express, Daily Mail, Daily Mirror* und die Rennzeitung *Sporting Life.* Zum Erscheinungstag auch ihre Lieblingsmagazine *Harpers & Queen,*

Tatler und *Horse and Hound*. Die Boulevardblätter *Sun* und *Daily Star* wünscht sie nicht in ihrem Portfolio. Zusätzlich bekommt sie eine Presseschau aller wichtigen Artikel aus in- und ausländischen Zeitungen von ihrem Pressesekretär. Sie liebt das Kreuzworträtsel im *Daily Telegraph*, das immer aufgehoben wird, sollte sie auf Reisen sein.

Um zehn begibt sich die Queen an ihren Schreibtisch und über Intercom ruft sie ihren Privatsekretär Sir Robin Janvrin zur kleinen Konferenz. Danach arbeitet sie, mit ihrer halben Lesebrille auf der Nase, die »roten Kisten« ab oder sitzt am Computer. Zwischen elf und ein Uhr empfängt sie Besucher in Privataudienz oder offizieller im Bow Room, der weniger ein Raum als ein Saal ist. Wenn sie Diener oder anderes Hauspersonal wünscht, klingelt sie nach ihnen. Kurz vor eins verlangt sie nach ihrem Drink: Dubonnet mit Gin, halb und halb, eine Scheibe Zitrone, zwei Eiswürfel. Bevor sie selber luncht, verteilt sie mit Silberlöffel und Gabel das Fressen für ihre Lieblinge in die verschiedenen Näpfe. Punkt eins wird Lunch serviert, mit oder ohne Gäste. Danach entweder Spaziergang mit den Corgis oder − falls angesagt − irgendwelche Besuche in der Stadt, Anproben oder neue Gäste zum Nachmittagstalk.

Punkt fünf Uhr, egal wo, gibt es Tee, natürlich Earl Grey, wieder mit einem Schuss Milch. Dazu ein Sandwich ohne Kruste. Die kleinen heißen Brötchen, Scones genannt, die extra vom Küchenchef hergestellt werden, landen fast immer in den Mägen der stets gefräßigen Hunde. Um sechs werden Drinks gereicht. Gin Tonic für die Queen, Whisky für Prinz Philip. In allen königlichen Palästen setzt man sich um 20 Uhr 15 zum Dinner. Es sei denn, die Royals sind aushäusig: im Theater, bei einer Eröffnung oder einer anderen Einladung. Nachher schaut das königliche Paar Fernsehen, gerne einen Krimi und immer die BBC-Nachrichten um neun. Die Corgis pennen derweil vor dem Sofa und oft auch darauf. Gegen elf geht der Butler noch mal mit ihnen Gassi, und die Queen kommt immer zum Gute-Nacht-Sagen. »Manchmal kniet sie dann im Ballkleid mit Diadem und Diamantohrringen nieder, streichelt jeden Hund und schaut, ob alles in Ordnung ist«, beschreibt Burrell das Ritual. Ihre Hunde gehen ihr über alles.

Bevor die Queen abends das Licht ausknipst, hält sie die Begebenheiten des Tages mit Bleistift in einem kleinen ledernen Tagebuch fest, dann betet sie, und die königliche Nachtruhe beginnt. Als Hüterin des Glaubens ist die Queen tief religiös und schöpft Kraft aus ihrer Überzeugung. Oft besucht sie die Hauskapelle, die in jedem Palast mit einem Priester in Diensten vorhanden ist. In ihrem geliebten Balmoral geht sie auch in die Dorfkirche. Dies ist der einzige Moment, in dem die Queen Geld bei sich trägt – und zwar für den Klingelbeutel: immer fünf Pfund und immer vom Diener so gefaltet, dass ihr Antlitz nach Außen zeigt.

Pferde, Corgis, Prinz Philip, die Kinder, die Enkelkinder – das ist die Deklination der Interessen von Queen Elizabeth II. In genau dieser Reihenfolge. Ein Ondit, über das die Nation schmunzelt. Tatsächlich ist die Queen eine erstklassige Expertin des Rennsports, kennt die Stammbäume von Generationen ihrer und anderer wichtiger Mutterstuten und Hengste sowie die Gewinner berühmter Rennen. Sie kann stundenlang und äußerst fachmännisch über Zucht, Jockeys, Gewichte, die Vor- und Nachteile gewisser Rennstrecken, die Form von Pferden, den Bau von Hindernissen diskutieren. Sie besitzt einen der erfolgreichsten Rennställe, und ihr Rennmanager informiert sie täglich über die Leistungen ihrer Pferde im Training. Sie schreibt alles in ein kleines Notizbuch und ist so immer auf dem neuesten Stand. Zu Hause gibt sie Anweisung, die im Fernsehen übertragenen Rennen aufzuzeichnen, sollte sie verhindert sein, sie live anzusehen. Niemals verpasst sie Ascot oder Epsom und schon gar nicht das Grand National. Außerdem existiert im Palast eine Audio-Direktlinie, wie sie auch die Wettbüros im ganzen Land haben, wo täglich alle Rennen übertragen werden. Royal Events werden immer derart geplant, dass sie nicht mit wichtigen Renntagen kollidieren. Ihre eigene Hochzeit hatte sie so gelegt, und als die von Prinz Charles und Camilla um einen Tag verschoben werden musste, verschob man der Queen zuliebe auch den Start des Grand National.

Typischerweise sind beide, Elizabeth und Philip, wie in ganz normalen Familien auch, verrückte Großeltern, haltlos verliebt in ihre Enkel. Die Familienfeiern sind heilig und werden unter großem Aufwand organisiert, mit Geschenken, Spielen und kleinen Einladungen, die den Kindern Spaß machen sollen. Ostern ist ein besonders favorisiertes Familienfest der Queen. Noch heute stiehlt sie sich allein in den Park von Windsor und versteckt in Bäumen, Büschen und Mauerspalten Ostereier für jeden, die dann unter großem Radau und Gejohle gefunden werden müssen.

Die Queen als Oma ist der Hit, finden die Enkel, die sie einfach »Grandma« nennen. Immer hat sie eine Idee, die einem von ihnen Freude macht, und vor allem hat sie immer eine offene Tür für ihre Sorgen. Die Männer in grauen Anzügen haben hier keine Macht. Sie können den Enkeln den Zutritt zu ihrer Großmutter nicht verwehren, egal, was gerade ansteht.

Die Queen kümmert sich sehr um das Wohl der Halbwaisen William und Harry. Ihr ist klar, dass es ein trauriges
Schicksal ist, ohne Mutter aufzuwachsen, und besonders
Harry braucht als Jüngster eine liebevolle Zuwendung. Sie
war daher auch unerbittlich, gemeinsam mit Charles, als es
darum ging, die Kinder vor der ewig gierigen Presse zu schützen. Beim Presserat setzten sie durch, dass die Prinzen bis
zum Ende ihrer Ausbildung in Ruhe gelassen werden. Und
die Medien hielten sich bislang daran – natürlich nicht ohne
Ausnahmen.

Bescheidenheit ist eine der auffälligsten Tugenden der
Königin. Obwohl sie eine der reichsten Frauen der Welt ist,
ist sie weder mondän noch verschwenderisch. Das klingt
vielleicht merkwürdig, wenn man die aufwändigen Zeremonien betrachtet, die Paläste und Schlösser, das Gold und die
Diamanten, die Rolls-Royce, die Rennpferde, die unermess-
lich wertvollen Bilder, Möbel, Teppiche, das Silber und all die
Kunstschätze, mit denen sie lebt, Outfits, Schuhe, Taschen
und Hüte, die in ihren Schrankzimmern hängen, einge-
schlossen. Vom Konto beim königlichen Bankhaus Coutts
mal ganz zu schweigen. Das Allermeiste davon ist aber über
viele Generationen weitervererbt worden, ist als Geschenk in
den Besitz gekommen oder gehört faktisch dem Staat. Nur
Balmoral in Schottland und Sandringham in Norfolk sind
Eigentum der Queen, Buckingham-Palast, Windsor Castle
und Holyroodhouse jedoch das des Staates. Der größte Teil
der Kunstschätze ist im Besitz der Royal Collection, der
königlichen Sammlung, die in einer Art Generationenvertrag von einem Monarchen zum nächsten weitergegeben,
gepflegt und höchstens gemehrt, aber nie durch Verkauf
gemindert werden darf.

Für ihre Verpflichtungen, die die Queen als Staatsoberhaupt ausübt, erhält sie vom Parlament eine Aufwandsentschädigung aus der Civil List. Das soll die Kosten für den offiziellen Haushalt und für die Angestellten decken. Der Betrag und die Ausgaben werden von einem Komitee, den Royal Trustees, überwacht und berechnet. Alle zehn Jahre muss eine Aufstellung dem Finanzministerium vorgelegt werden, das es dann dem Parlament weiterreicht. Freiwillig fertigt der königliche Haushalt einen jährlichen Rechenschaftsbericht an, wodurch mehr Transparenz bezeugt werden soll. Jeder Untertan kann die Civil List einsehen, denn die Queen veröffentlicht sie im Internet. Da kann man sehen, dass 2004 für den königlichen Haushalt netto 10,6 Millionen Pfund verwendet wurden, 7,6 Millionen allein für die über 300 Mitarbeiter.

Zusätzlich erhält die Queen finanzielle Unterstützung für die Reisen (im Jahr 2004 fuhr sie u. a. nach Deutschland und zur Hundertjahrfeier der Entente Cordial nach Frankreich), für Gartenpartys, Staatsempfänge und andere Einladungen. Insgesamt hatte sie 2004 419 Verpflichtungen im gesamten Königreich zu absolvieren, gab sechs Gartenpartys für rund 39 000 Menschen im Buckingham-Palast und im Holyroodhouse-Palast in Schottland. Sie honorierte insgesamt 2800 Bürger, inklusive deren Familienmitglieder, versandte 28 000 Glückwünsche und rund 55 000 andere Postsendungen. Drei Staatsbankette zu Ehren der Präsidenten von Frankreich, Korea und Polen fanden in Windsor und im Buckingham-Palast statt. Der königliche Haushalt hatte 2004 insgesamt 36,7 Millionen Pfund Unterstützung vom Staat erhalten.

Auch andere Royals bekommen Aufwandsentschädigungen vom Parlament für ihren offiziellen Einsatz im Namen des Staates: Prinz Philip: 359 000 Pfund, Prinz Andrew: 249 000 Pfund, Prinz Edward: 141 000 (seit seiner Hochzeit mit Sophie sind es 45 000 mehr), Prinzessin Anne: 228 000, Herzog und Herzogin von Gloucester: 175 000, Herzog und Herzogin von Kent: 236 000 und 225 000 für Prinzessin Alexandra (Ogilvy). Seit 1993 zahlt die Queen alle Gelder, außer die von Prinz Philip, wieder an das Parlament zurück.

Mit Dianas Aufnahme in die Familie Windsor erhielt auch sie für ihre staatstragenden Einsätze eine Aufwandsentschädigung. Ihren Lebensunterhalt, also Garderobe, Einrichtung, Ferienreisen, Friseur und Kosmetikerin, musste Charles natürlich aus seiner Privatschatulle bezahlen. Viele Bürger Großbritanniens kritisieren, dass die »Queen Millionen von unseren Steuergeldern kassiert, um ein Leben in Saus und Braus zu führen«. Solche Kritiken werden vor allem immer dann laut, wenn mal wieder eine private Krise in der Royal Family ruchbar wird und die Menschen sich über das sonst verehrte Königshaus aufregen. Das ist höchst ungerecht und außerdem falsch. Erstens zahlt die Queen im Privatleben ihren Luxus aus eigener Tasche. Und zweitens: Kein Penny der sauer verdienten Steuern gehen in die Civil List. Faktisch zahlt die Krone sich selbst und schenkt dem Volk noch einen dicken Batzen dazu. So jedenfalls kann man es interpretieren, lässt man die ideologisch-politische Auseinandersetzung über Besitztum und Berechtigung von Erbe beiseite und die Frage, ob der Besitz der Krone heutzutage Staatsbesitz ist oder nicht.

Die Civil List existiert seit 1660, als nach Cromwells Republik wieder eine Monarchie installiert wurde. Mit der Thronbesteigung von George III. im Jahr 1760 wurde das Dokument differenziert und hat in dieser Form bis heute

Gültigkeit. Es besagt, dass das Parlament alle Kosten der zivilen Regierung zu tragen hat, dafür tritt der Monarch den Gewinn aus der Bewirtschaftung des ererbten Kronbesitzes (Crown Estate) ab. Jeder Monarch hat seitdem diese Vereinbarung erneuert. Im Finanzjahr 2003/04 waren das 176,9 Millionen Pfund, für 2005 wird sogar mit 184,8 Millionen Pfund gerechnet.

Das Crown Estate hat einen Wert von 4,5 Milliarden Pfund. Das Portfolio beinhaltet unter anderem Kuhfarmen in Schottland, Steinbrüche in Dorset, Wälder im Westen und der Park von Windsor gehört dazu wie auch Bürogebäude im Londoner West End und Sozialwohnungen im East End. Hinzu kommen einige Top-Immobilien in Kensington, Regent Street, Regent Park und in St. James. Der Rennplatz in Ascot und Umgebung gehört ebenso dazu, dann 55 Prozent des Vorstrandgebiets an Englands Küsten, viele Häfen und 110 000 Hektar Farmland. Außerdem alle Silber- und Goldvorkommen im Land sowie sämtliche Mineralienvorkommen (außer Hydrocarbonat). Gemanagt wird das Crown Estate nach Art eines unveräußerlichen und unteilbaren Familienvermögens, was heißt: erhalten und mehren und an die nächste Generation weitergeben. Wenn also die Queen 36,7 Millionen Pfund vom Parlament erhält – und man zieht diese vom Gewinn des Kronbesitzes ab –, dann bekommt der Staat 148,1 Millionen Pfund von der Monarchin.

Vier in der Ehe

Charles' Ehe mit Diana hat keinen guten Start. Nach den Feierlichkeiten reisen die Frischvermählten für drei Tage nach Broadlands zu den Mountbattens. Und dort, im Portico Room, wo die Queen zum ersten Mal mit Prinz Philip schlief und der Kronprinz sieben Jahre zuvor mit Camilla heiße Nächte verbracht hatte, verliert Diana ihre Jungfräulichkeit. Beide Akteure sind nicht nachhaltig beeindruckt. Charles, durch Camillas unermüdlichen Einsatz ein Experte in Liebesdingen, vertraut einem Freund an: »Es war nichts Besonderes. Natürlich war es angenehm, aber sie ist so unglaublich naiv. Es war deutlich, dass sie wirklich überhaupt keine Erfahrungen im Schlafzimmer hatte.« Und die junge Ehefrau ist nur von des Thronfolgers Unersättlichkeit beeindruckt: »Er will es ununterbrochen. Ich weiß gar nicht mehr, was ich mit ihm machen soll, großen Spaß bereitet es mir nicht.«

Schon auf der anschließenden Hochzeitsreise auf der *Britannia* beginnt sich das Paar zu streiten. Der Auslöser ist Camilla. Als das Thronfolgerpaar zu einem Abendessen in Ägypten den Präsidenten Anwar Sadat eingeladen hat, trägt Charles die Manschettenknöpfe seiner Ex-Geliebten. Diana hat die ineinander verschlungenen C richtig interpretiert — und rastet aus. Charles versteht nicht, warum er den Schmuck nicht tragen soll. Er erklärt: »Sie ist meine älteste Freundin. Wenn du das doch bloß verstehen würdest und versuchen könntest, dich mit ihr anzufreunden, dann würdest du sie auch nett finden.« Ein anderes Mal schaut Diana in den Kalender ihres Mannes, um zukünftige Termine zu koordinieren. Da fallen aus dem dicken Buch mehrere Fotos, darunter auch welche von Camilla. Diana dreht wieder durch, stürmt an Deck und macht ihren Gemahl vor der Mannschaft fertig. Peinliches Wegschauen überall. Charles läuft rot an, sagt aber nichts dazu.

Camilla sitzt währenddessen in Bolehyde Manor und fragt sich, wie die Hochzeitsreise von Charles wohl so läuft. Lange bleibt sie nicht im Ungewissen. Am fünften Tag der Reise ruft der Prinz sie vom Schiff aus an. Er erzählt ihr von den Schwierigkeiten. Camilla meint: »Du musst Diana Zeit geben, damit sie sich in die ungewohnte neue Situation einfinden kann.« Dieses Gespräch wird von Diana belauscht, die heimlich den Hörer in der Nebenkabine abgehoben hat. Und natürlich stellt sie ihn zur Rede. Charles findet nichts dabei, er telefoniere ja auch mit vielen anderen Leuten. Diana wirft ihm weinend vor: »Warum brauchst du ständig diese Erinnerungen an sie? Warum kannst du sie nicht vergessen und dich auf mich konzentrieren? Ich bin jetzt deine Frau, sie hat nichts mit uns zu tun.« Da irrt die Prinzessin. Alte gute Freunde und Freundinnen heiratet man immer mit. Erst recht, wenn man einen älteren Single ehelicht, der zuvor ein fröhliches Leben geführt hatte. Was nicht bedeutet, dass ehemalige Sexbeziehungen nach der Hochzeit unbedingt wieder aufgenommen werden. Auch der Prinz hatte dies nicht geplant. Eine gute Freundin weiß: »Charles wünschte sich von Diana Liebe, Unterstützung, Loyalität und ein wirkliches Familienleben. Er will eine lebenslange, glückliche Ehe.«

Charles ist von Dianas fortgesetzt erstaunlichem Benehmen völlig konsterniert. Er hatte gehofft, und das dachte auch Camilla, dass sie sich nach der Hochzeit beruhigen, sich in ihre Rolle einfinden würde. Es sollte nicht sein. Diana, die kleine graue Maus, führte sich wie eine wild gewordene Tigerin auf. Und Charles ist völlig verunsichert. Er versteht nicht, warum er die Geschenke alter Freunde nicht tragen, und er versteht nicht, warum er mit einer seiner ältesten Vertrauten nicht telefonieren soll. Natürlich ist ihm bewusst, dass die Fotos in seinem Kalender eine Dummheit waren. Aber da er sich ja entschlossen hatte, Camillas Armen zu entsagen und seine Ehe frisch und überzeugt anzugehen, kann er Dianas Eifersuchtsanfälle nicht begreifen. Er hatte ihr gesagt, dass sie von Camilla nichts mehr zu befürchten hat, aber sie würde immer eine Freundin bleiben, so wie andere Frauen auch. Mehr nicht. So sind für ihn Dianas Ausraster irrational und beunruhigend. Kindhafte Wutanfälle, hält er, für den die Contenance eines Erwachsenen das oberste Gebot im Zusammenleben mit anderen ist, für unangebracht. Hilf- und fassungslos weiß er nicht, was er tun soll, um Diana zu beruhigen, zu überzeugen. Seinen Versicherungen, dass mit Camilla nichts mehr läuft, schenkt sie einfach keinen Glauben. Auch stellt er auf der *Britannia* zum ersten Mal fest, dass seine junge Frau, wie ihre Schwester damals, an Bulimie leidet und nach jedem Essen erst einmal aufs Klo verschwindet. »Sie roch immer ein bisschen nach Kotze«, erzählt Charles Camilla später.

Alles geht von Anfang an in die Hose. Charles macht dumme Fehler, die er hätte leicht vermeiden können. Wenig sensibel lässt er ständig Camilla, seine frühere Geliebte, auftauchen, ihr Geschenk, ihre Stimme am Telefon, und dann fallen auch noch Fotos von ihr Diana vor die Füße. Alles nicht dazu angetan, einer bereits misstrauischen jungen Ehefrau zu beweisen, dass mit der Ex nichts mehr läuft. Doch ihm kommt keine Erleuchtung. Er sagt zu seinem Butler: »Ist es normal für Ehefrauen, dass sie von der Vergangenheit ihrer Männer so besessen sind?«

Diana andererseits ist hyperalarmiert und benimmt sich hysterisch. Sie schreit ihren Mann vor dem Personal an, wirft mit Dingen nach ihm, einmal ist es eine volle Teekanne, und verweigert ein vernünftiges Gespräch. Nicht gerade schicklich als Verhalten einer zukünftigen Königin und erschreckend für einen Ehemann, der mit solch offen ausgetragenen Gefühlsäußerungen nicht umgehen kann. Schon nach sieben Tagen sind beide reif für eine Ehetherapie.

Einem Freund sagt Charles nach der Rückkehr aus den Flitterwochen: »Ich weiß nicht, was ich machen soll. Diana bekommt bei der kleinsten Sache einen Wutanfall. Das beunruhigt mich sehr. Entweder bin ich schon so alt und fern von allem, dass ich nicht mehr verstehen kann, was eigentlich los ist, oder sie hat irgendein psychisches Problem. Ich hoffe für uns alle, dass es Ersteres ist, denn ich möchte nicht darüber nachdenken, was sonst noch passieren könnte.«

In Balmoral, wo sie den Rest ihres Honeymoons verbringen, wird es nicht besser. Charles ist in seinem Element, geht reiten, fischen und jagen. Diana lehnt es oft ab, ihn zu begleiten. Sie langweilt sich. Das wiederum erstaunt den Prinzen erheblich. Er fragt Camilla, was das bedeuten könnte. Hatte Diana nicht vor der Hochzeit gesagt, sie liebe das Landleben, und hatte sie ihn nicht stundenlang beim Angeln begleitet? Es stellt sich mehr und mehr heraus, dass die beiden tatsächlich sehr wenig gemeinsame Interessen haben. Diana hasst die Jagd und das Rumstehen auf kalten, windumwehten Highlands. Sie verschlingt vornehmlich Herz-Schmerz-Romane, liebt Discomusik und Mode. Charles bevorzugt Klassik, liest Bücher über Architektur, Gartenbau und Geschichte und favorisiert alles, was draußen in der Natur stattfindet. Diana findet seine Freunde allesamt langweilig, und er kann mit den ihrigen nichts anfangen. »Es war nur eine Frage der Zeit, dass Charles zu Camilla zurückkehrt«, sagt ein Freund. »Mit Camilla konnte er über alles reden, mit Diana über nichts.«

Diana ist deprimiert und unausgefüllt. Keine Freunde, keine Eigeninitiative, keine Interessen, die sie vor Ort befriedigen kann. In der Royal Family ist sie die Jüngste – und wird entsprechend behandelt: freundlich, aber stets zuletzt. Die Bulimie wird immer schlimmer, und ihr Mann steht den ganzen Tag am Fluss, statt sich um sie zu kümmern. Ängste beginnen sich festzusetzen, und sie fängt an, ihr Unglücklichsein auf Camilla zu projizieren. Als Diana dann auch noch heimlich in den Privatsachen ihres Mannes herumstöbert und zwei alte Liebesbriefe von Camilla findet, ist das Maß voll. Sie schwört sich, den Namen dieser Frau nie wieder in den Mund zu nehmen. In Zukunft nennt sie sie nur noch »den Rottweiler«, wenn Diana mit Freundinnen über Camilla spricht. »Der Rottweiler ist der Grund, warum ich durch diese Hölle gehe«, sagt sie. »Ich glaube ernsthaft, würde sie verschwinden, dann könnte ich Charles in mich verliebt machen. Aber mit ihr habe ich keine Chance.«

Doch das ist nicht wahr. Ihre Chancen bei Charles hat sie sich viel mehr durch ihr Desinteresse an den Dingen und

Themen, die ihn interessieren, und mit ihren offen ausgelebten Wutausfällen verdorben. Charles erzählt Camilla: »Es ist erstaunlich, wie brutal ihre Stimmung wechselt. Sie kann süß und lieb sein in der einen Minute und fürchterlich in der nächsten. Sie kann unglücklich und deprimiert sein und kurz darauf glücklich und lachend. Ich habe noch nie jemanden gesehen, der so schnell und so plötzlich seine Stimmung zu wechseln vermag. Nicht nur von Tag zu Tag, sondern von Stunde zu Stunde.«

Dianas Unvermögen, auf ihren Mann einzugehen, hat einerseits bestimmt auch etwas mit dem großen Altersunterschied zu tun und ihrer Unerfahrenheit mit Männern. Andererseits liegt es aber vor allem an ihrem Charakter und an ihrer Art, ständig zu schreien und Probleme nie vernünftig auszudiskutieren. Vielleicht ein Ergebnis ihrer zerrütteten Kindheit. Fast selbiges Unvermögen peinigt auch ihren Mann, der sich zum Beispiel nie gegen seinen dominanten Vater hat durchsetzen können, sondern mit Tränen in den Augen klein beigegeben und geschwiegen hat. So jedenfalls können Diana und Charles kein vertrautes Verhältnis aufbauen. Das ist Problem genug. Zusätzlich ist Diana eine schlechte Analytikerin ihrer eigenen Person, und leider hat sie niemanden, auf dessen Rat sie etwas geben würde. Sie macht von Beginn an Camilla zum Sündenbock und für das Scheitern ihrer Ehe verantwortlich. Sie steigert sich derart hinein, dass sie später Andrew Morton, ihrem Biografen, ins Mikrofon erzählt: »Ich träumte von Camilla. Sie verfolgte mich sogar in meinen Albträumen.«

Diana ist es nie aufgegangen: Aber gerade durch ihr irrationales und undiszipliniertes Verhalten hat sie Charles wieder in die Arme von Camilla getrieben.

Charles fängt an, kaum von der Hochzeitsreise zurück, täglich mit seiner Ex-Geliebten zu telefonieren. Manchmal mehrmals am Tag. Er erzählt ihr alles, bittet sie um Rat, manchmal will er einfach nur mal wieder lachen. Außer mit Camilla redet Charles mit niemandem über die Interna seiner Ehe. Nur ihr vertraut er grenzenlos. Bei anderen Freunden macht er höchstens einmal eine Andeutung. Er hatte sich ja geschworen, dass er alles tun würde, um eine gute Ehe zu führen, die zumindest auf Freundschaft und Respekt basieren sollte. Doch schon im Laufe der ersten Monate wird ihm bewusst, dass er versagen würde. Das macht ihn sehr unglücklich: »Wenn Ehen zerbrechen, so schrecklich das ist, sind es deine Freunde, die am wichtigsten und am hilfreichsten sind. Sie verstehen und unterstützen einen. Andernfalls würde man total verrückt werden.« Und wer weiß, was ohne Camillas Rückenstärkung noch passiert wäre?

Camilla und Charles finden, dass sie ihre Freundschaft nicht aufgeben sollten, nur weil Diana irrational reagiert. Auch da stellt sich die Frage, was wäre weiter geschehen, wenn der Kronprinz seine Geliebte aus seinem Leben gestrichen hätte? Hätte Diana ohne Camillas Schatten eine glückliche Ehe mit Charles gehabt?

Camilla hingegen hat nie auch nur eine Minute gehofft, dass die Ehe mit Diana ein Desaster wird. Das hätte ihrer bedingungslosen Loyalität und tiefen Liebe zu Charles widersprochen. Sie will nichts als Glück für ihn. Als er ihr am Telefon immer wieder über die Vorgänge berichtet, die ihn aufs Äußerste verunsichern, versucht sie ihn zu beruhigen und rät ihm das eine oder andere, überlegt, was er vielleicht tun oder lassen könnte. »Camilla urteilte nie. Sie hat nie böse über Diana gesprochen. Sie hörte einfach nur zu, stunden-

Ein Traum geht in Erfüllung: Am 9. April 2005 heiraten Camilla, die neue Duchess of Cornwall und Charles, Prince of Wales. Es ist eine der größten Liebesgeschichten unseres Jahrhunderts.

London 1999, Ritz Hotel, das eine-Million-Dollar-Foto: Zum ersten Mal verlassen Camilla und Charles nach Jahren der Heimlichkeit gemeinsam eine Party und werden von einem Blitzlichtgewitter empfangen.

Die Königsfamilie. Vorne sitzend von links: Prinz Philip, Königin Elizabeth II, Major Bruce Shand (Camillas Vater), hinten stehend: Prinz Harry, Prinz William, Prinz Charles, Camilla und ihre Kinder Tom und Laura.

Der erste Kuss in der Öffentlichkeit: 2002 begrüßt Charles seine zukünftige Frau auf einem Charity-Event der Nationalen Osteoporose-Gesellschaft, deren Schirmherrin Camilla ist. Im Hintergrund: Königin Rania von Jordanien.

1951: Camilla und ihre jüngere Schwester Annabel als Brautjungfern.

Einführung in die feine Gesellschaft: Im März 1965 gibt Rosalind Shand für ihre Tochter eine der erfolgreichsten Debütantenpartys in London.

Am 4. Juli 1973 übergibt Major Bruce Shand seine Tochter am Altar der Guards Chapel in Birdcage Walk an Andrew Parker Bowles.

Camillas Traummann hat nach sieben langen Jahren endlich »Ja« gesagt. Queen Mom und Prinzessin Anne sitzen in der ersten Reihe, 700 weitere Gäste füllen die Kirche.

Theaterbesuch im West End 1975: Camilla und Charles verbindet eine tiefe Freundschaft. Oft sieht man sie auf Festen oder danach miteinander flirten und lachen.

Cirencester Park 1975: Das berühmte Foto vor der großen alten Birke entsteht nach einem Poloturnier. Was für ein Bild für die, die mehr wissen! Camilla, die junge Ehefrau und Mutter, im intimen Gespräch mit ihrem Lover, dem Thronfolger.

Für Camilla geht die Familie vor und darf in keinem Fall durch ihre Affäre in Mitleidenschaft gezogen werden. Laura, Tom, Camilla und Andrew 1979 in Bolehyde Manor.

Im September 1982 zieht Camilla mit ihrer Familie nach Middlewick House in Corsham, knapp zwanzig Meilen von Charles' Landsitz Highgrove entfernt.

Objekte der Begierde: Beim Pferderennen 1980 hatte Charles Camilla gebeten, der noch ahnungslosen Diana zur Seite zu stehen.

Die Märchenhochzeit von Diana und Charles am 29. Juli 1981 verfolgen weltweit 700 Millionen Menschen vor dem Fernseher.

Doch schon drei Jahre später existiert die Ehe nur noch auf dem Papier.

Diana wird in einem Fernseh-Interview sagen: »Wir waren zu dritt in dieser Ehe, also war es ein bisschen eng«.

Am 28. August 1997 stirbt Diana bei einem Autounfall in Paris. Die Queen ist zunächst gegen eine königliche Beerdigung für die Frau, die der Monarchie zu ihren Lebzeiten so viel Schaden zugefügt hatte. Charles überredet seine Mutter dann aber doch zu einem Staatsbegräbnis.

Die Schuldige an Dianas Unglück ist sofort gefunden: In der englischen Presse wird Camilla als böse Hexe von Wiltshire, Rottweiler, Ehebrecherin, Intrigantin oder hässliches Pferd beschimpft.

Beim Reiten vergisst Camilla alles um sich herum. Auf Gypsie Girl springt sie über die schwierigsten Hindernisse und juchzt dabei vor Vergnügen.

Camilla hat starke Nerven und ist eine stolze Frau. Als sie endlich wieder in die Öffentlichkeit tritt, beweist sie einen eigenen modernen Stil. Am liebsten mit ausgefallenen Hüten.

Königliche Patchworkfamilie: William und Harry kennen Camilla seit langem. Sie haben mit Tom und Laura gespielt, als Diana und Charles noch gesellschaftlich mit den Parker Bowles verkehrten.

Vor ihrer Eheschließung war es Camilla nicht gestattet, bei offiziellen Anlässen neben Charles zu sitzen. Sie trug es wie so oft mit Humor.

Spaziergänge in zügigem Tempo bei Wind und Wetter: Camilla und Charles haben bei diesen Gelegenheiten über alles sprechen können und tun es bis heute.

November 2005, Besuch im Weißen Haus: Eine ganze Woche lang stand Camilla jede Minute im Licht der Kameras – und sie hat alles richtig gemacht. Charles ist begeistert: »Nun kann jeder sehen, wie wundervoll sie ist.«

lang, und sie schien nie gelangweilt oder genervt zu sein«, sagt eine Freundin.

Camilla rät ihm im Oktober, eine psychologische Hilfe für seine Frau zu besorgen: »Sie braucht professionelle Unterstützung. Das ist nichts mehr, wo du etwas tun kannst.« Daraufhin wird der Top-Psychologe Dr. Michael Pare geholt, ein Experte für Depressionen. Er arbeitet mit Diana, auch mit ihr und Charles zusammen. Der Prinz nimmt zudem Einzelsitzungen, »um besser zu verstehen«, was mit seiner Frau los ist. Er bezieht die Probleme, die sie hat, auf sich, fühlt sich schuldig, glaubt, dass sich genau das bestätigt hat, was er immer gedacht hatte: Es ist zu hart, die Frau an seiner Seite sein zu müssen, zu groß sind die Anforderungen, zu erschreckend der Druck, die ewig lauernde Presse und der Verlust der Freiheit viel zu erstickend.

Doch es hilft alles nichts. Dianas Verzweiflung bleibt, und ihre Ausbrüche werden schlimmer. Die Bulimie versucht sie jetzt ebenfalls mit ärztlicher Hilfe zu bekämpfen. Sie weiß genau, dass sie diese Krankheit in den Griff kriegen muss und dass sie ungesund, ja sogar lebensgefährlich werden kann. Doch die verschriebenen Tranquilizer nimmt sie nicht. Kaum vierzehn Wochen nach der Hochzeit erzählt Charles die frohe Kunde: Diana bekommt ein Kind.

Drei Tage bevor der Buckingham-Palast meldet: »Prinzessin von Wales ist schwanger«, fährt Charles am 2. November nach Cirencester in die Nähe von Highgrove. Dort will er an einer Reitjagd teilnehmen – und Camilla wiedersehen. Unbemerkt jagen sie den ganzen Nachmittag im gestreckten Galopp über die herbstlichen Felder. Charles ist begeistert und powert sich und sein Pferd völlig aus. Er kann während dieser herrlichen Stunden alles vergessen. Immer in seiner

Nähe: Camilla. Was für ein Unterschied zu dem neurotischen klapperdünnen Mädchen, das seine Frau ist!

Camilla klebt im Sattel und schreit mit hochroten Wangen: »Zur Hölle, geht aus dem verdammten Weg«, und nimmt jedes Hindernis. In ihrer Reitjacke und den engen Hosen kommt ihre vollbusige, weibliche Figur bestens zur Geltung. Sie lacht vor Vergnügen und ist in ihrem Element. Einige Fleet-Street-Fotografen beobachten zwar die Jagd, doch am nächsten Tag ist in der Presse von Camilla nichts zu lesen. Noch kommt niemand darauf, dass die Märchenehe eigentlich schon beendet ist.

Camilla sieht, wie gut es Charles tut, einmal rauszukommen, und sie beschließen, von nun an regelmäßig zusammen an Reitjagden teilzunehmen. Es scheint eine sichere Sache, es gibt kein Gerede und sie können wenigstens einen erfüllten Tag miteinander verbringen – und sie können reden, anders als am Telefon. Für Camilla bedeutet es, wie stets, hauptsächlich zuzuhören, wenn Charles von seinem Unglück und seiner quälenden Hilflosigkeit erzählt. Aber ihr ist das genug. Das ist es doch, was eine wirklich gute Freundin können muss. Und Camilla, wie immer bodenständig, unkompliziert, fröhlich, liebevoll und verschwiegen, wird für Charles das Elixier, das ihn am Laufen hält, ohne dass er sein verkorkstes Eheleben nicht aushalten könnte.

Dianas Schwangerschaft ist schwierig, die Bulimie gefährdet nicht nur ihre Gesundheit. In der Öffentlichkeit merkt keiner etwas von ihren Qualen. Sie ist inzwischen die Fashion Queen, die meistfotografierte Frau der Welt, und sie hat festgestellt, dass sie eine natürliche Begabung hat, mit der Presse umzugehen. Wenn ihr auch die immense Aufmerksamkeit auf die Nerven geht, fühlt sie sich in der Öffentlichkeit beachtet und geliebt. Und sie sieht, dass sie besser ankommt als Charles. Im Gegensatz zu den anderen Royals steht sie nicht einfach nur dabei, sie involviert sich, kniet sich hin, wenn sie mit Kindern oder Menschen im Rollstuhl spricht, und sie fasst die Leute an, nimmt Babys auf den Arm oder setzt sich zu den Alten aufs Sofa. Hunderte von Organisationen und Wohltätigkeitsvereinen möchten Diana als Aushängeschild gewinnen.

Zu Hause jedoch schreit sie weiterhin nach Liebe. Weihnachten in Sandringham stürzt sie eine Treppe hinunter, ein anderes Mal schneidet sie sich mit einem Obstmesser. Ihrem Biografen erzählt sie später, dies seien Selbstmordversuche gewesen, nicht um sich umzubringen, sondern um von Charles Aufmerksamkeit zu erhalten. Und die erreichte sie damit auch. Allerdings anders, als sie gehofft hat. Denn als Suizidversuche interpretieren die Royals es nicht. Die Treppe war zu niedrig und das Messer nicht scharf genug. »Was wollte sie tun?«, fragt ein Freund. »Sich zu Tode schälen?« Charles ruft Ärzte und Psychologen zu Hilfe und macht selbst ein paar Zugeständnisse. Er fährt nur noch ein einziges Mal zum Skilaufen, streicht das Fischen in Island und verbringt mehr Zeit mit Diana zu Hause im Kensington-Palast. »Er versuchte alles, um der Ehe eine Chance zu geben«, sagt ein Freund. Er erlaubt Diana sogar, ein neues Domizil zu finden, denn sie hasst Highgrove und hat von Beginn an herumgemäkelt, sie wolle woanders hinziehen. Überall spürt sie die Anwesenheit Camillas, sagt sie einer Freundin. Voller Elan stürzt sie sich in die neue Aufgabe. Sie will so weit weg von Bolehyde Manor, wie es nur geht. Der *Daily Express* meldet am 4. März 1982: »Diana mag Highgrove nicht mehr. Prinz und Prinzessin von Wales suchen ein neues Haus. Diana ist unglücklich mit dem Charakter von Highgrove.«

Dianas Blick fällt auf das gigantische Schloss aus dem 17. Jahrhundert von Lord Brownlow in Lincolnshire. Es hat alles, was sie sich wünscht. Viele prunkvolle Zimmer, 2000 Hektar Land, Althorpe und Sandringham sind nah – und sehr, sehr weit weg sind Highgrove und Camilla. Nachdem sie drei, vier Mal zur Besichtigung dort sind, entscheidet sich Charles gegen den Kauf. Zu teuer, zu aufwändig im Unterhalt und zu weit weg von der Duchy of Cornwall. Die Öffentlichkeit hat eine Diskussion über die Verschwendungssucht der Royals begonnen, zum Teil auch wegen Dianas Kleidern und ihrem Schuhfetischismus. Da hält man sich als Thronfolger lieber etwas bedeckt und kauft sich nicht auch noch einen solch pompösen Kasten. Diana ist wütend. Das ändert sich auch nicht, als sie mit 100 000 Pfund und ihrem Inneneinrichter Dudley Poplak in Highgrove alles neu dekorieren darf – und alle Spuren von Camilla beseitigt.

Im Februar fährt das Thronfolgerpaar auf die Bahamas und verbringt ruhige und harmonische zwei Wochen mit den Romseys (Mountbattens). Sie schwimmen, kochen gemeinsam und aalen sich im warmen Sand. Es ist eine Zeit ohne Streit und Geschrei. Charles nennt es die »zweite Hochzeitsreise« und freut sich darüber, dass »Diana ihre schwierige Schwangerschaft für ein paar Tage vergaß und völlig ausgeglichen war«. Die Sun lässt alle Briten an der Reise teilnehmen und druckt Fotos der schwangeren Diana im Bikini. Der Buckingham-Palast und auch Charles sind wütend, protestieren beim Presserat, wünschen, dass die Verfolgung endlich aufhört. Umsonst. Die Reporter wollen Diana, die sie inzwischen zur Göttin der Briten stilisiert haben, immer und ohne Unterlass. Ob angezogen im Abendkleid, in Jeans und mit Baseball-Kappe oder noch viel besser: ihren schönen Körper nackt, auch mit schwangerem Bauch.

Am 21. Juni 1982 steht Charles im Kreißsaal und ist dabei, als sein Sohn William geboren wird. In diesem neuen Glück finden Charles und Di wieder zusammen, für eine kurze Zeit. Der Prinz ist ein begeisterter Vater, will natürlich alles anders machen als seine Eltern. Ein einsamer unglücklicher kleiner Junge, wie er es war, soll William nicht werden. Auch Diana, die Kindergärtnerin, ist eine wirklich hingebungsvolle Mutter, die kaum noch aus dem Säuglingszimmer herauskommt.

Nach der Geburt von William leidet Diana an postnatalen Depressionen. Zusätzlich zur wieder schwer einsetzenden Bulimie ist sie extrem fragil und geht bei jeder Kleinigkeit an die Decke. Sie verlangt nach ständiger Anwesenheit von Charles, telefoniert ihm hinterher, wenn er nicht pünktlich zu Hause ist, und weist den Sekretär an, dass ihr Gatte ab sofort keine Abendveranstaltungen besuchen darf, weil er im Kinderzimmer zu sein hat. Das geht natürlich nicht, und zunächst verbitten sich der Sekretär und dann auch Charles solcherart Einmischung in seinen minuziös und Monate im Voraus geplanten Tagesablauf. Der Thronfolger hat einen Job, der ihn ständig auf Trab hält, und dazu gehören natürlich auch Dinners oder Theaterbesuche und andere Termine nach 18 Uhr. Diana macht die schon übliche Szene: »Was soll ich denn tun, während du dich amüsierst? Soll ich vielleicht aus Langeweile sterben? Und du nennst dich Ehemann! Alles, was du willst, ist Ehemann spielen im Schlafzimmer, wann immer es dir passt. Geh doch und fick Camilla, wenn das alles ist, was dich interessiert.« Charles schüttelt nur den Kopf und dreht sich um. Er will sich mit Diana nicht mehr streiten.

Kurz darauf begeht er einen folgenschweren Fehler. Mal wieder. Eines Abends, er ist zu Hause und sitzt in der Badewanne, hört ihn Diana telefonieren. Sie kommt ins Badezimmer, gerade als er sagt: »Was immer passiert, ich werde dich stets lieben.« Natürlich ist es Camilla, die am anderen Ende, gemütlich auf ihrem Sofa sitzend, mit Zigarette und Gin Tonic, den Hörer ans Ohr hält. Und dann hört sie Diana toben, bevor die Leitung tot ist.

Zehn Minuten schreit Diana auf ihren nackten, nassen Mann ein, die Dienerschar im Erdgeschoss kriegt alles mit: »Es war furchtbar. Den meisten von uns tat der Prinz Leid. Er konnte mit der Situation einfach nicht umgehen.« Ein anderer Butler erzählt später: »Diana wütete ständig. Ihr war es egal, wer es hörte. Und sie kritisierte ihren Mann bei den Angestellten. Sie fragte mich, ob ich nicht auch fände, es sei falsch, was er täte.« Charles kommt zu Ohren, dass Diana sich mit dem Personal über ihre Streits unterhält. Er versucht ihr zu erklären, dass sich das in ihrer Position nicht schickt. Sie antwortet nur aggressiv und wieder viel zu laut: »Mit wem soll ich denn reden? Du sprichst ja nicht mehr mit mir.«

Nach dem Badewannenvorfall verbannt Diana ihren Mann aus ihrem Bett. Charles lässt sich eine Schlafstatt im Ankleidezimmer herrichten, wo er spätabends, nachdem er stundenlang gearbeitet oder laut klassische Musik gehört hat, sein Haupt bettet. Ein Diener erzählt: »Ob er in seinem Ankleidezimmer schlief, aus Rücksicht auf seine Frau, die meistens schon um neun ins Bett ging, oder weil er allein sein wollte, kann ich nicht sagen. Aber es passierte regelmäßig.« Zu Camilla sagt Charles: »Ein vernünftiges Gespräch kann ich mit Diana einfach nicht führen.« Aber das versucht er auch gar nicht mehr. Für seine Unterhaltung sorgt wieder

Camilla — am Telefon oder wenn sie sich auf einer Reitjagd sehen, was zwei- bis dreimal die Woche geschieht. Zu Hause zieht Charles sich zurück, bleibt für sich und schläft auch weiterhin allein. Das scheint ihm zu bekommen. Er wird ruhiger und ausgeglichener. Und seine Beziehung zu Diana verbessert sich.

Der Royal Correspondent James Whitaker jedoch beobachtet scharf. Er vergleicht Diana vor und nach der Hochzeit und schreibt einen Artikel über ihre sichtbare Magerkeit und mögliche Essstörungen. Der Buckingham-Palast protestiert, aber Whitaker hat eine verlässliche Quelle und bleibt dabei: Sarah, Dianas besorgte Schwester, hätte mit ihm geredet. Charles beginnt auch das Mittagessen mit Diana einzunehmen: »Da kann ich sicher gehen, dass sie vernünftig isst.« Dass sie hinterher alles wieder ausspuckt, kann er nicht verhindern. Die Royal Family weiß natürlich von den Schwierigkeiten, ist aber, und da vor allem Prinz Philip, mehr beunruhigt darüber, dass die Presse langsam darauf kommt, dass etwas nicht so rosig aussieht, wie es scheinen soll. Philip befiehlt seinem Sohn, sofort etwas zu unternehmen, um seine Frau endlich zur Vernunft zu bringen.

Im September 1982 zieht Camilla mit ihrer Familie um. Bolehyde Manor wird für rund 500000 Pfund veräußert. Andrew ist befördert worden zum Kommandierenden Offizier der Household Cavalry, und sie haben sich ein größeres Haus gekauft, mit mehr Land für die Pferde: Middlewick House in Corsham, knapp zwanzig Meilen von Highgrove entfernt. Zur Einzugsparty erscheint auch Charles mit Diana. Die behauptet, kaum angekommen, sie leide unter Migräne und Charles müsse sie sofort nach Highgrove bringen. Was er auch tut. Diana straft ihn mit einem Vierundzwanzig-

Stunden-Schweigemarathon dafür, dass er sie zu Camilla geschleppt hat.

Kurz darauf entscheidet die Prinzessin von Wales, dass das Landleben sie langweilt, und bleibt an den Wochenenden lieber in der Stadt, geht einkaufen oder trifft sich mit Freunden in ihrem Lieblingsrestaurant San Lorenzo in Kensington oder auf Dinnerpartys. Nachdem sie mehr Eigeninitiative zeigt und nicht mehr nur Charles' ungeteilte Aufmerksamkeit fordert, nähert sich das Prinzenpaar jedenfalls so weit wieder an, dass im Januar erneut Dianas Schwangerschaft mitgeteilt werden kann.

Während dieser Zeit nehmen die Depressionen der Prinzessin wieder zu. Sie glaubt inzwischen, dass alle alten Freunde von Charles unter einer Decke stecken, sie nicht mögen und sich gegen sie verschworen haben. Sie schafft es, dass ihr Mann, um der lieben Ruhe willen, den Kontakt zu vielen seiner alten Vertrauten reduziert. Die Romseys, die Palmer-Tomkinsons, Nicholas Soames und natürlich auch die Parker Bowles werden nicht mehr eingeladen, was diese natürlich sehr verletzt. Sie aber ahnen, wer dahinter steckt. Das heimliche Telefonieren und Ausreiten mit Camilla setzt Charles natürlich fort, keine Frage. Am Ende hat aber auch das keinen Effekt. Dimbleby schreibt: »Obwohl sich Charles und Diana Mühe gaben und es auch Zeiten von Glücklichsein gab, keiner von beiden konnte über den sich immer mehr vertiefenden Graben zwischen ihnen hinüberspringen.«

Als Harry dann am 15. September 1984 geboren wird, begeht Diana einen folgenschweren Fehler. Sie erlaubt Freunden, der Presse zu erzählen, dass Charles sich über das neue Baby nicht so freuen würde, wie alle glaubten, denn er hätte sich so sehr ein Mädchen gewünscht. Er habe gesagt: »Oh, es ist ein Junge – und er hat rote Haare«, und dann sei er zum Polospiel aufgebrochen. Später erzählt Diana Andrew Morton: »Da ist etwas in mir gestorben. Ich wusste, es war der Anfang vom Ende.«

Und das ist es auch, aber nicht, wie Diana es darstellt. Charles freut sich über Harry. Er ist stinksauer, dass seine Frau eine so unwahre und sein Ansehen als Mensch und Vater schädigende Geschichte lanciert hat. Denn er ist beglückt über seinen neuen Sohn – und Polospielen geht er erst am Tag nach der Geburt.

Irgendwann kurz darauf begibt sich der Kronprinz nicht nur in die Gesellschaft von Camilla, sondern auch wieder zwischen ihre Laken. Biografin Caroline Graham glaubt, dass es noch in der Woche der Geburt von Harry passiert ist und dass die von Diana lancierte Geschichte der Auslöser gewesen ist. Das nimmt auch die britische Society-Autorin Lady Colin Campbell *(The Real Diana)* an: »Charles war fuchsteufelswild darüber, dass Diana versuchte, über das Baby und in dieser Weise Stimmung gegen ihn zu machen.« Er weiß es noch nicht, aber das ist Dianas erster Degenhieb in dem heraufziehenden War of the Windsors, dem Rosenkrieg zwischen Charles und Diana.

Von Camilla oder Charles gibt es natürlich über den Neubeginn ihrer sexuellen Aktivitäten keinerlei Informationen. Bis heute nicht. Seinem Biografen gegenüber hat Charles zugegeben, dass er irgendwann wieder mit Camilla schlief. Aber nicht, wann das war. Seine Formulierung über den Zeitpunkt kann jeder so interpretieren, wie es ihm beliebt. Denn er sagt: »Erst als meine Ehe unrettbar zerbrochen war.« Und wann das genau war, weiß außer Charles, Camilla und Diana keiner.

Die abgesetzten Freunde werden nun wieder aktiviert und schließen den Kreis eng um Charles und Camilla. Für den Kronprinzen ist es wie das Auftauchen aus den dunklen eisigen Fluten, damals beim Militär, als er aus einem U-Boot aussteigen musste. Endlich ist er wieder an der Oberfläche und füllt seine Lungen mit frischer Luft. Um sich ihren Lüsten hingeben zu können, stellen ihnen die Freunde ihre Häuser zur Verfügung, denn weder in Highgrove noch in Middlewick House ist es opportun, zusammen eine Nacht zu verbringen. Diskret und unentdeckt besuchen sie von nun an regelmäßig ihre »safe houses«, ihre »sicheren Häuser«: Dummer Grange, das Anwesen von den Palmer-Tomkinsons in Hampshire, das von Duke und Duchess of Devonshire in Chatsworth in Derbyshire oder Eaton Lodge vom Duke of Westminster und natürlich Broadland.

Aber auch Diana bleibt nicht allein. Ihr Freund James Hewitt, reitender Soldat, den sie kurz vor ihrer Hochzeit bei einem Polospiel kennen gelernt hat, wird schon im Sommer 1984 ihr heimlicher Geliebter. Sie treffen sich in den Wohnungen von Freunden oder im Hinterzimmer des San-Lorenzo-Restaurants. Besitzerin Mara Berni ist eine Freundin von Diana und wird eingeweiht. Sie leitet auch heimliche Meldungen und Briefe weiter, die das Paar dort deponiert. Es ist ein gut gewählter Ort. Diana ging auch vorher oft in dem noblen Lokal speisen, so fällt es niemandem auf, dass sie dort noch etwas anderes macht, als nur zu essen. Sie ist »verrückt nach Hewitt«, wissen die Freunde. Diana hat ein Foto von ihm im Nachttisch, kauft ihm Geschenke und Klamotten in angesagten Herrenboutiquen.

Charles und Diana sprechen kaum noch miteinander, verbringen die Wochenenden selten gemeinsam. Sie sehen sich fast nur noch auf den offiziellen Veranstaltungen, und allein bei offiziellen Reisen ins Ausland verbringen sie ganze Tage zusammen. Ende 1984 beginnt Diana auch Termine ohne Charles wahrzunehmen – und gestaltet sich ihren eigenen Kalender. Außerhalb der Palastmauern bemerkt noch lange niemand, dass es in dem königlichen Gebälk erheblich kracht. Wenn das Thronfolgerpaar gemeinsam erscheint, täuschen sie Zusammengehörigkeit vor und können die Presse noch an der Nase herumführen. Das Einzige, was sie wirklich und mit Freude als Paar unternehmen, ist, mit den beiden Söhnen zusammen zu sein. Wenn sie mit ihnen spielen oder in den Ferien irgendwohin reisen, dann sind alle Disharmonien vergessen. Dann geht es nur darum, den Jungen eine lustige und liebevolle Zeit zu bereiten. Und dann sind auch Charles und Diana für ein paar Stunden oder Tage wieder gut miteinander. Sie haben sich geschworen, dass niemals das Leben der Kinder durch ihre Streitereien in Mitleidenschaft gezogen werden soll.

1985 taucht dann Sarah Ferguson in der Royal Family auf. Andrew heiratet sie im Juli. Diana, die Fergie schon lange kennt, hofft auf eine Alliierte. Die beiden fallen durch ihr zwar fröhliches, aber manchmal eben auch nicht sehr prinzessinnenhaftes Verhalten auf. In Ascot pieksen sie jemanden mit ihrem Schirm, und auf einigen Veranstaltungen giggeln sie, anstatt zuzuhören, zum Ärgernis der Royals. Charles sagt: »Ich wollte eine Frau, habe aber ein Schulmädchen geheiratet.«

Im August reisen Diana und Charles nach Mallorca. König Juan Carlos von Spanien hat sie auf sein Schiff eingeladen. Und wieder ist es James Whitaker, dem auffällt, dass etwas nicht stimmt: »Als Charles an Deck kam, um Surfen zu gehen, verschwand Diana in die entgegengesetzte Richtung. Und wenn Diana zum Tauchen vom Boot sprang, schaute Charles deutlichst weg. Sie haben nie ein Wort miteinander gesprochen.« Doch zunächst behält der Reporter seine Beobachtungen noch für sich und recherchiert weiter.

Sollte Diana es noch nicht begriffen haben, dass ihr Ehemann keinerlei Interesse mehr an ihr oder ihrer Ehe hat, dann versteht sie es spätestens, als Charles zwei Tage früher aus Mallorca abreist. Er fliegt nach Balmoral, denn dort wartet Camilla, die von Queen Mom eingeladen wurde. Als Diana das herausbekommt, weiß auch sie, dass ihr Mann wieder mit Camilla schläft. Genau das hatte sie ja schon lange vermutet, lange bevor es wahr wurde.

Anfang 1986 lässt Diana ihre persönlichen Dinge aus Highgrove abholen. Im Landhaus ihres Mannes erscheint sie von nun an nur noch, wenn ein gemeinsames Wochenende mit den Kindern geplant ist. Sex zwischen den Ehepartnern findet nicht mehr statt. Einer Freundin gesteht sie: »Ich kann einfach nicht verstehen, was er in ihr sieht. Sie ist doch nun wirklich kein Ölbild, und sie ist so plump und unverschämt. Was zur Hölle hat sie, was ich nicht habe?«

Ende eines Märchens

Am 16. August 1986 stirbt Sonia Cubitt, die Tochter von Alice Keppel und Camillas Großmutter. Sie nimmt das Geheimnis um ihren Vater mit ins Grab. Niemals hat sie öffentlich darüber gesprochen, ob sie nun die illegitime Tochter von Edward VII. war oder nicht. Die Familie und Camilla wissen es natürlich, aber auch sie haben nie außerhalb ihrer vier Wände darüber gesprochen. Camilla trauert um ihre Großmutter, die sie sehr mochte und die ihr aus erster Hand berichten konnte, wie es damals war. Immer noch ein Lieblingsthema von Camilla. Sonia vererbte ihr ein paar schöne Schmuckstücke, darunter eine mehrreihige Perlenkette mit einem großen grünen Stein als Verschluss, eine Sammlung seltener Vasen und Skulpturen – und einen hübschen Batzen Geld: Eine halbe Millionen Pfund legt sie gewinnbringend bei Lloyds in London und für die Ausbildung der Kinder an. Auch für die Hypothek des neuen Hauses setzt sie etwas ein und kann die monatliche Belastung so herabsetzen.

Ungefähr zur gleichen Zeit, am 13. August 1986, stellt die *Sun* erstmalig die Frage: »Haben sich Charles und Diana auseinander gelebt?« Der Presse ist es dann doch nicht verborgen geblieben, dass etwas nicht stimmt mit dem Traumpaar und ihrer Märchenehe. Die Reporter beginnen ab sofort in einer anderen Richtung als bisher zu recherchieren. Und am 28. April 1987 schreibt Andrew Morton, Dianas späterer Biograf, im *Star*: »Sie leben zwei Leben: getrenntes Frühstück, getrennte Zeitpläne, getrennte Freunde.«

Ab und an kommt Diana noch nach Highgrove, aber nie ganz freiwillig. Ihren Freunden sagt sie: »Unglücklicherweise muss ich dieses Wochenende wieder ins Gefängnis.« Kaum angereist, beginnt der Streit. Diana spioniert ihrem Mann hinterher. Sie findet im Schreibtisch von Charles Liebesbriefe von Camilla, als sie die Wahlwiederholungstaste vom Telefon drückt, meldet sich Middlewick House, und eines Morgens, als sie mit ihrem Sicherheitsbeamten gegen acht auf den Hof fährt, begegnet ihr Camilla in ihrem dunkelgrünen Subaru. Sie hatte mit Charles gefrühstückt – und nicht nur das. Diana entdeckt, dass sie auch über Nacht da war und sie es in ihrem Bett getrieben haben. Das bringt sie verständlicherweise zur Weißglut. Sie schreit ihn an: »Du bist ein sexbesessenes Tier.« In diesem Fall kann wohl jeder den Ausraster verstehen. Ist ja auch echt das Letzte, als gäbe es nicht genug Betten im Haus. Stellt sich die Frage, sind Charles und Camilla einfach ohne jede Scham oder einfach nur so scharf aufeinander, dass ihnen jede Schlafstatt gerade recht kommt? Oder ist es Charles schon total egal, was er seiner Frau antut und was sie verletzen würde?

Diana betitelt ihn mit schauerlichen Vokabeln, wütet gegen ihren Mann und beleidigt ihn derart, dass er ebenfalls öfter die Kontrolle verliert. Einmal reißt er das Waschbecken, an dem er gerade steht, vor Zorn aus der Wand. Ein anderes Mal schmeißt er ihr einen Stiefelanzieher hinterher. Und nach einem Besuch bei Dianas Bruder in Althorpe muss das Gästezimmer renoviert werden. Teeflecken haben die Tapete ruiniert, ein großer barocker Spiegel liegt in Stücken am Boden, und ein antiker Stuhl ist Schrott. In ihrem Benehmen stehen sich die Ehepartner inzwischen in nichts mehr nach. Sie reizen sich gegenseitig bis auf Blut und bewerfen sich mit Dingen: ein übler Ausdruck von hilfloser Wut und fassungsloser Sprachlosigkeit.

Im Februar 1987 ist Andrew zum Colonel befördert worden, und die Queen hat ihm einen ehrenvollen Posten verliehen. Ab sofort ist er Silverstick in Waiting, ein sehr altes Amt, was ihn zum persönlichen Schutzoffizier der Monarchin macht. Nun muss er mit einem silberknaufverzierten Ebenholzstab immer in der Nähe der Königin sein, wenn sie in Staatsangelegenheiten aus dem Palast tritt. Das hält ihn noch mehr in London fest, als es bisher schon der Fall war. Für das Ehearrangement mit Camilla bringt das kaum Veränderungen mit sich. Sie hat höchstens noch mehr Zeit, die sie mit ihrem Geliebten verbringen kann. Und Charles geht jetzt noch einen Schritt weiter, gibt Anweisung, ihr eines der Gästezimmer herzurichten. »Uns wurde gesagt, Camilla als Frau des Hauses zu behandeln, wenn sie da ist«, erzählt Butler Ken Stronach. Da das Gästebett wenig benutzt wird, müssen die Zimmermädchen nach Dianas Entdeckung immer ein zerdrücktes Kissen hineinlegen. So sieht es wenigstens ein wenig danach aus, als hätte jemand darin genächtigt.

Ken Stronach erzählt auch, dass er oft aus den Pyjamahosen des Thronfolgers Grasflecken und Modder entfernen musste. Vor allem an den Wochenenden, an denen Diana doch einmal nach Highgrove kommt, findet er die Beinkleider in diesem Zustand vor. Denn dann stiehlt sich Charles nach Mitternacht heimlich aus dem Haus und trifft Camilla irgendwo im Park. Wenn Diana nicht anwesend ist, darf

Camilla Gastgeberin spielen. Sie begrüßt die Gäste und sitzt am Kopf des Tisches. Zu Beginn sind es allerdings meist nur die guten Freunde, das so genannte Highgrove-Set, die in den Genuss von ihrem hausfraulichen Gebaren gelangen.

Wenn Charles zum Lunch oder zum Dinner bittet, geht es immer hochgebildet zu. Die Gespräche drehen sich um Philosophie, Architektur, und es wird sachverständig über verschiedene geschichtliche Themen diskutiert. Oft wird auch jemand Spezielles zu einem bestimmten Thema eingeladen. Camilla ist interessiert und beteiligt sich mit Verve an den Diskussionen. Sie sucht neue Autoren, besorgt Bücher und Magazine, die sie dann gemeinsam lesen und besprechen. Beide sind extreme Bücherwürmer. Und sie malen besonders gern auch zusammen. Camilla, die wirklich begabt ist, wie auch Charles, besorgt einen Lehrer, der ihnen Unterricht gibt. In Tetbury, dem Ort, an dessen Rand Highgrove liegt, wird sie bald Schirmherrin des Kunstvereins.

Für jeden, der die beiden zusammen sieht, ist klar, dieses Paar versteht sich. Sie finden immer ein Thema, über das sie reden können. Freunde berichten: »Es scheint so, als ob der eine weiß, was der andere denkt. Sie erzählen sich kleine intime Witzchen, sie werfen sich Blicke zu. Sie sind eine Einheit. Camilla ist so entspannt in Highgrove, wüsste man es nicht anders, dann könnte man glauben, die beiden sind ein altes Ehepaar. Camilla umsorgt Charles ständig, schüttelt die Kissen auf oder rückt ein schiefes Bild gerade. Sie erzählt mit Stolz von seinen Rosen und Sträuchern, die er gepflanzt hat, und manchmal findet man sie im Bikini im Rosengarten, ganz gemütlich ein Buch lesend, während Charles irgendwo im Beet herumkratzt.« Alles Dinge, für die Diana gar keinen Sinn hat. Sie lebt lieber in der Stadt, geht shoppen oder trifft

248

sich mit Freunden im Restaurant, besucht Vernissagen und Popkonzerte. Und im Garten herumpuzzeln langweilt sie besonders. Allerdings hat sie die Entwicklung von Charles' Gartenarchitektur zu Beginn ihrer Ehe immerhin fotografisch festgehalten. Hunderte von Bildern hat sie gemacht, eingeklebt und die Alben ihrem Mann zum Geburtstag geschenkt. Aber das war, bevor die Kräche zur einzigen Kommunikation zwischen ihnen wurden.

Der Kronprinz fährt so selten wie möglich nach London, übernachtet fast immer in Highgrove. Und es entwickelt sich daraus eine Routine. Drei- bis viermal die Woche, oft dienstags, mittwochs und donnerstags, sehen sich Charles und Camilla abends, wenn der Thronfolger nicht im Ausland ist. Die Wochenenden gehören Andrew und den Kindern. Da erscheint Charles vielleicht zum Drink bei den Parker Bowles oder sie fahren alle gemeinsam nach Highgrove und verbringen einen lustigen Nachmittag im königlichen Garten. Aber einen Jour fixe gibt es immer: der Sonntagabend, wenn Andrew nach London abgereist ist. Entweder fährt Camilla die zwanzig Meilen nach Highgrove oder Charles – was öfter geschieht – kommt zu ihr. Im Sommer erst mit Einbruch der Dunkelheit, im Winter schon gegen neunzehn Uhr. Bei Camillas Personal heißt Charles deswegen nur der »Prince of Darkness« (»Prinz der Finsternis«). Da Camilla – wie ihre Urgroßmutter – Kette raucht, ist ihr Highgrove, das Charles zur Nichtraucherzone erklärt hat, wahrscheinlich eher unbequem. Für jede Zigarette muss sie in den Garten gehen, und das nervt. Zu Hause in Middlewick kann er ihr die Zigarette danach nicht verbieten.

Camilla bereitet sich den halben Tag auf seinen Besuch vor, räumt auf, staubsaugt die Hundehaare weg und zieht überall die Vorhänge zu. Die großen Teleobjektive der Fotografen sollen nichts ablichten können. Dann lässt sie sich ein Bad ein. Hinterher schlüpft sie in ein nettes kurzes Kleidchen mit Ausschnitt, das mag Charles. Und sie trägt flache Schuhe, die ihre hübschen Beine gut zur Geltung bringen. Wenn der Prinz da ist, sitzen sie in der Küche und Camilla bereitet ihm ein kleines Abendessen, meist Hühnchen und Salat, mit Erdbeeren zum Nachtisch. Sie trinken Wein und unterhalten sich. Manchmal sitzen sie noch vor dem Kamin und hören gemeinsam Musik, bevor es ins Bett geht. Camilla stellt überall Kerzen auf, um für romantische Stimmung zu sorgen. In den frühen Morgenstunden fährt Charles dann wieder Richtung Highgrove, er nimmt ausschließlich die kleinen Nebenstraßen. Meistens fährt er nicht seinen blank polierten Aston Martin, sondern leiht sich das Wirtschaftsauto vom Verwalter aus, das ist dreckig und unauffällig.

Im April 1987 macht Charles Urlaub und reist ohne Ehefrau nach Italien zum Malen. Zu Major Ronald Ferguson, Fergies Vater, sagt er: »Ich will einfach immer mit ihr zusammen sein.« So ist auch Camilla mit von der Partie. Sie wohnt aber zehn Minuten entfernt in der Villa eines Freundes. Dummerweise erhält die Presse Wind davon. Bevor es einen fetten Skandal gibt, springt Camillas Schwager Simon in die Bresche und verteidigt seine Schwägerin: »Es ist absoluter Quatsch, etwas Ungehöriges zu denken. Camilla war in Italien mit ihrem Ehemann.« Schön, wenn die Familie zu einem steht. Aber wahr ist es nicht, was Simon sagt, und lange lassen sich die Bluthunde der Fleet Street auch nicht mehr täuschen.

In der *Sun* erscheint ein Artikel mit dem Titel »Seperate Homes« (»Getrennte Leben«), in dem ein ehemaliger Sicherheitsmann aus Highgrove auspackt. Er berichtet, dass das Thronfolgerpaar kaum noch gemeinsam auftaucht und wie er eines Abends seine Runde geht und durch einen Spalt in den Vorhängen Camilla mit Charles beobachtet: »Sie tanzten Wange an Wange zu sehr romantischer Musik. Dann setzten sie sich auf ein Sofa und umarmten sich. Für ein paar Minuten verschwanden sie hinters Sofa, und ich konnte nur noch das Gesicht vom Prinzen sehen, Camilla war außerhalb meiner Sicht. Es war, als kniete sie. Nach ein paar Minuten tauchten sie wieder auf, und der Prinz nestelte seine Hose zu. Camilla strich ihr Kleid glatt. Offensichtlich hatten sie Sex miteinander.« Camillas Blowjob beweist den Briten, dass ihr Kronprinz ein recht aktives Sexleben hat, aber wohl nicht mehr nur mit seiner Frau.

Diana ist geschockt und empfiehlt ihrem Mann, seinen Ehebruch doch wenigstens besser zu verbergen. Camilla ist es zwar immens peinlich, dabei beobachtet worden zu sein, aber sie hält ihren Kopf hoch und lässt sich nichts anmerken. Schweigen ist Gold, und solange keiner von ihnen einen Kommentar abgibt, bleibt der Wahrheitsgehalt der Geschichte unbewiesen.

Nun aber ist das Eis gebrochen. Die Ehepartner halten sich nicht mehr zurück. Zwar ist weiterhin Gemeinsamkeit das Gesetz für die Öffentlichkeit, aber in privater Runde wird die Schimäre nicht mehr fortgesetzt. Die Zeit der Heimlichkeiten ist zu Ende. Auf der Hochzeit des Marquis of Worcester mit der Schauspielerin Tracy Ward verbringen Charles und Camilla die Zeit ausschließlich miteinander. Einmal tanzt der Prinz mit seiner alten Flamme Anna Wallace, aber kein einziges Mal mit Diana. Die flirtet hingegen ganz offen mit Philip Dunne, dem Sohn des Lord Lieutenant of Hereford and

Worcester. Er ist genau ihr Typ, groß, gut aussehend und dunkelhaarig. Kennen gelernt haben sie sich in Klosters beim letzten Skiurlaub. Diana trifft ihn danach öfter in London zum Lunch, und sie lädt ihn nach Ascot in die königliche Loge ein. Ein paar Wochen später kommt heraus, dass sie ihn zu Hause besucht und dort auch übernachtet hat. »Sie hat nie mehr als mit ihm geflirtet«, sagen Dianas Freunde. »Sie will sich nur an Charles rächen.«

Dieser glaubt das nicht. Er befiehlt seinem Privatsekretär, hierbei einzuschreiten. Der ruft Dunne an und verbietet ihm im Namen des Prinzen, Diana weiter zu sehen. Doch die Prinzessin belässt es nicht bei Dunne – und wird von nun an mit verschiedenen Männern gesehen, die sie heiß beflirtet. Und da ist immer noch ihr Reitlehrer James Hewitt, den der Butler schon mal vom Supermarktparkplatz aus dem Nachbarort von Highgrove abholen muss. Wenn Charles nicht im Landhaus ist, nutzt es nun auch Diana als Liebesnest. Und dem Prinzen bleibt das nicht verborgen. Im Oktober schreibt er an einen Freund, er sehe keine Möglichkeit mehr, seine Ehe zu retten. Die Implikationen für die Familie und die Monarchie erschrecken ihn zutiefst. »Die Situation ist die totale Agonie. Und ich sehe nicht, wie viel länger wir das noch unter den Teppich kehren und so tun können, als wäre alles bestens.«

Obwohl Diana eigene außereheliche Verhältnisse pflegt, macht sie sich immer wieder auf Camillas Spur. Der neue Butler Paul Burrell führt in Highgrove ein Buch, in dem er die von Charles angemeldeten Gäste einträgt. Und da steht dann natürlich mehrfach, dass Camilla zum Lunch mit zwei anderen Gästen oder allein da war. Auch: »Camilla zum Dinner« und »Camilla zum Tee«. Diana geht, wenn sie in dem

Landhaus weilt, immer zu Burrell, mit dem sie sich angefreundet hat. Sie fragt ihn aus, oder sie schaut heimlich in sein Buch. Natürlich macht sie Charles unmittelbar darauf eine Szene. Der wiederum raunzt den Diener an, der ab sofort keine Namen mehr in seinen Kalender schreiben darf. Die Sicherheitsbeamten am Tor wissen nun nicht mehr, wer denn als Gast zugelassen ist und müssen jedes Mal nachfragen.

Trotz der internen Kälte in der Ehe halten Charles und Diana nach außen den Schein weiterhin aufrecht. Im März 1988 fahren sie mit Fergie, Andrew und ein paar Freunden von Charles nach Klosters zum Skilaufen. Am 10. März geht bei einer Tiefschneetour eine Lawine ab und begräbt die Gruppe, mit der der Kronprinz fährt, unter sich. Er kann sich befreien, aber sein guter Freund Major Hugh Lindsay ist tot und Patti Palmer-Tomkinson schwer verletzt. Mehrfach hat sie sich die Beine gebrochen. Alle sind zutiefst geschockt. Charles verbringt Stunden im Krankenhaus, bis Patti außer Lebensgefahr ist. Aus dem Hospital telefoniert er oft mit Camilla und hält sie auf dem Laufenden. Er ist so aufgelöst und unglücklich, auch weil er glaubt, er trage Schuld an dem Unfall, dass selbst Camilla ihn nicht beruhigen kann. Am nächsten Tag fliegen alle zurück nach England. Charles organisiert die Überführung und Beerdigung und kümmert sich monatelang um die schwangere Witwe seines toten Freundes, auch später noch, als sie eine junge Mutter ist. Diana nimmt das Lawinenunglück zum Anlass und beginnt ihren Rosenkrieg öffentlich zu machen. Sie erlaubt Freunden, mit der Presse zu sprechen, und lässt sie sagen, Charles sei rücksichtslos, habe nach dem Unfall nicht abreisen wollen und den anderen Überreaktion vorgeworfen. Diana allein habe die Witwe getröstet, ihr Mann sich kaum um Patti

253

gekümmert. Charles' Freunde erwidern nichts, schalten sich nicht ein. Und der Thronfolger natürlich erst recht nicht. Aber dass Diana diese Tragödie nutzt, um Punkte gegen ihren Mann zu sammeln, vergessen sie ihr nie.

Von nun an erhalten die Reporter Insiderinformationen. Die so genannten »treuen Freunde« von Diana rufen regelmäßig, ja, fast täglich Royal Correspondents an und geben ihnen Kommentare oder Zitate von Diana durch. Oder auch Tipps über Ort und Zeit, wo und wann sich Charles mit Camilla treffen könnte. Dann heißt es hinterher in den Boulevardblättern: »Eine namenlose, aber wortgewandte Person« habe dies oder jenes gesagt. »Wortgewandt« steht in diesem Fall für jemanden, der mit dem typischen Upperclass-Akzent spricht, wie das alle Freunde Dianas tun. Wie sich später herausstellen wird, ist es ab und an auch die Prinzessin selbst, die die Nummer der Journalisten wählt. Die königlichen Beobachter sind natürlich schwer begeistert. »Als die Prinzessin auf der Szene erschien, bekamen wir zum ersten Mal richtige Knüller aus dem innersten Kreis der Royal Family zu hören, von einer Quelle, die mit ihnen lebte. Natürlich haben wir uns nicht beschwert, wir waren alle wohlwollend auf Dianas Seite. Die war die Einzige, die redete. Charles und seine Freunde haben lange Zeit nie einen Ton gesagt.«

Diana hat früh gelernt, die Boulevardpresse zu manipulieren. Sie spielt perfekt auf der Medienklaviatur. »Sie schafft es, aus einem Besuch im Kinderkrankenhaus mit dem richtigen Satz eine Story für die erste Seite zu machen. Und als ihre Ehe zu bröckeln begann, fing sie sofort an, ihre öffentliche Position zu sichern, damit sie am Ende als das arme Opfer der beklagenswerten Saga dastand«, erzählt einer aus dem Rat Pack.

Im Mai kommt Dianas nächster Hieb. Sie lässt ihren Mann als hartherzigen Vater dastehen. Charles ist noch einmal für eine Woche zum Malen nach Italien gereist, Camilla wieder ganz in der Nähe. Da muss Harry wegen einer kleinen Bandscheibenoperation ins Krankenhaus. Der Vater will sofort zurückfliegen, als er davon informiert wird. Diana beruhigt ihn aber und sagt, das sei nicht nötig, es sei nur ein ganz kleiner Eingriff. Am nächsten Tag steht in der Zeitung, Diana hätte die ganze Nacht auf einem harten Stuhl am Fußende des Krankenhausbettes gesessen, während Charles die Operation seines Sohnes »ignoriert« habe.

Der Prinz kocht vor Wut und ist tief verletzt. Er kann es nicht fassen, dass Diana anfängt, die Kinder in den Rosenkrieg mit einzubeziehen. Er ist immer ein liebevoller Vater gewesen, und natürlich sorgt er sich um das Wohl der beiden Söhne. Sie hat ihn ausgetrickst – und wieder die Presse informiert. Aber er denkt gar nicht daran, sich öffentlich zu verteidigen oder seine Freunde zu beauftragen, das für ihn zu tun. Ganz schlau ist das nicht, denn Diana schafft, was sie sich vorgenommen hat: Charles wird zunehmend als herzlos und unsensibel angesehen.

Im September fährt er nach Balmoral in das Haus seiner Großmutter. Ganze siebenunddreißig Tage, so zählt ein Reporter, verbringt er dort, aber ohne Frau und Kinder. Stattdessen erwischen ihn Paparazzi nach einem Telefontipp, wie er mit Camilla Boot fährt. Queen Mom hat sie und Andrew eingeladen, ein paar Tage in Schottland zu verbringen. Nach dem Wochenende fliegt Camilla zwar nach Hause, kehrt aber schnell wieder an Charles' Seite zurück. Ihr Prinz ist total deprimiert. Diana nennt er nur noch »die verrückte Frau«. Camilla ruft noch ein paar andere Freunde zu Hilfe. Lord und

Lady Tyron etwa kümmern sich mit ihr um den Thronfolger. Dieser denkt daran, das Land zu verlassen und in der Toskana zu leben und nur noch zu malen, natürlich soll Camilla in seiner Nähe sein. Die Freunde sind jetzt wirklich um seinen Geisteszustand besorgt. Charles ist völlig frustriert über sein Unvermögen, etwas gegen den Zusammenbruch seiner Ehe und seiner Familie tun zu können.

Dianas Kontakte zur Presse sind nicht nur ein echter Gesetzesbruch im königlichen Benehmen, sondern auch ein schwerer Vertrauensbruch ihrem Mann gegenüber. Dreckige Wäsche in der Öffentlichkeit zu waschen ist einfach ein Unding. Aber er kann nichts dagegen tun, und Dianas Unschuldsbeteuerungen schenkt er natürlich keinen Glauben. Zu viele Interna, die nur sie wissen kann, gelangen ans Licht. Die Geliebte ist – wie immer – an seiner Seite. Sie malen zusammen, machen lange Spaziergänge über die Hügel oder sitzen einfach nur herum und reden miteinander.

Camilla hat Schuldgefühle. Sie sieht den depressiven Zustand, in den Diana ihren Freund versetzt hat, und wie verzweifelt er ist. Und sie ist diejenige, die damals die Kindergärtnerin empfohlen und auch noch auf der Hochzeit bestanden hat, als Charles schon merkte, dass etwas mit dem Mädchen nicht stimmte. Aber sie lässt sich das nicht anmerken. Stattdessen redet sie ihm die verrückte Idee aus, nach Italien abzuhauen. Seine Pflicht ist hier, er ist der Thronfolger, und es wird für das Problem Diana eine Lösung gefunden werden – aber Flüchten ist keine. Alles aufzugeben, wofür er so hart gearbeitet hat, und sich derselben Lächerlichkeit und dem Vorwurf der Feigheit auszusetzen wie Onkel David (Edward VIII.)? Nein! Das darf auf keinen Fall passieren.

Im November muss er sich zusammenreißen – und aus Camillas Armen. Auf dem Terminkalender steht eine Reise nach Frankreich, gemeinsam mit Diana: Paris und Blois vom 7. bis 11. November. Camilla hat Zeit, sich von den Anstrengungen zu erholen und Weihnachten für ihre Familie vorzubereiten. Die eine oder andere Reitjagd über herbstliche Felder gibt ihr den Ausgleich, den sie braucht. Das macht ihr Spaß, auch ohne Charles.

Weihnachten ist wie immer gemütlich und feierlich, und Neujahr verbringen Camilla und ihr Mann zusammen mit Freunden. Andrew schläft jetzt nicht mehr bei Camilla, er hat sich eines der Gästezimmer hergerichtet. Den Kindern fällt das nicht weiter auf. Sie leben im Internat. Und wenn sie zu Hause sind, erklärt sich das getrennte Schlafen der Eltern durch das erhebliche Schnarchen des Vaters. Im Umgang miteinander hat sich nichts geändert. Sie sind liebevoll und fürsorglich. Sex findet schon lange nicht mehr statt, aber das ist kein Thema, für das sich die Kinder interessieren.

Camilla und Andrew sind weiterhin beste Freunde – und sie lieben sich. Niemals mangelt es ihnen an Respekt füreinander. Sie sind gern zusammen und genießen die Zeit mit ihren Kindern, Hunden und Pferden. Sie geben ihre Abendessen und Partys, und Camilla nimmt an den wichtigsten Veranstaltungen in London teil, die mit Andrews Job zu tun haben. Eine echte Offiziersfrau, die zu jedem Treffen, Jubiläum oder zu jeder Beförderungsparty in seiner Einheit geht, ist sie von Beginn an nie gewesen. Auch der Kontakt zu den anderen Offiziersgattinnen hält sie in gerade noch akzeptablen Grenzen.

Am 2. Februar 1989 wird Camillas Schwester Annabel vierzig. Eine Party im Haus der Freunde Sir James und Lady

Annabel Goldsmith ist geplant, und so organisiert Camilla alles, was für einen schönen Abend nötig ist. Charles hat sein Kommen zugesagt. Es lässt sich alles gut an. Das Essen ist köstlich, Getränke sind reichlich da, die Gäste amüsieren sich. Charles erscheint spät – und Diana begleitet ihn. Sie hat überraschend darauf bestanden. Nach einiger Zeit stellt die Prinzessin fest, dass Camilla und Charles in der Runde der vierzig Gäste fehlen. Sie geht sie suchen und findet die beiden im unteren Wohnbereich mit einem Freund im Gespräch. Charles steht auf und will gehen, Diana bittet Camilla auf ein kurzes Gespräch. Als die Männer das Zimmer verlassen haben, sagt sie zu Camilla: »Ich möchte, dass du weißt, dass ich genau mitkriege, was zwischen dir und Charles los ist. Ich bin nicht von gestern. Es tut mir Leid, dass ich im Weg bin, und es muss die Hölle für euch beide sein, aber ich weiß, was vor sich geht. Behandelt mich nicht wie eine Idiotin.«

So hat Diana die Begegnung beschrieben. Gäste der Party erzählen eine andere Story. Sie sagen, Diana sei auf Camilla losgegangen, nicht lange, nachdem sie angekommen war. »Warum zum Teufel lässt du meinen Ehemann nicht in Ruhe«, soll sie vor allen Leuten geschrien haben. Und Camilla soll sich auf dem Absatz umgedreht haben und weggegangen sein. »Von da an sprach Camilla nie wieder mit Diana. Jedwede Sympathie oder jedwedes Mitleid erstarb in der Sekunde. Von diesem Moment an begann der offene Krieg um die Zuneigung des Prinzen«, sagt einer, der auch dabei war. Wobei er mit dem letzten Punkt falsch liegt. Der Thronfolger hat sich längst entschieden, wem seine Zuneigung gilt. Auf der Heimfahrt jedenfalls staucht er Diana zusammen, was ihr einfiele, Camilla derart anzumachen.

258

Anfang Mai nimmt er sich eine Auszeit in der Türkei und verbringt eine herrliche Woche auf der Yacht eines reichen Freundes: schwimmen, segeln und malen. Ein türkischer Fotograf macht ein Foto, auf dem er mit einer Frau im rosa Badeanzug im Meer plantscht: Camilla. Zur Sicherheit haben sie Ehemann Andrew und noch ein paar Freunde dabei. Dennoch kommt die Aufnahme natürlich auch in London auf die Tische der Redaktionen, und der *Sunday Mirror* druckt es am 21. Mai. Zuerst verneinen es die Pressesekretäre des Kronprinzen und geben dann doch zu, dass die Frau in Rosa Camilla war. Zum ersten Mal wird offen über Charles' und Camillas Beziehung spekuliert, angekurbelt durch Andrew Morton, der herausgefunden hat, dass Mrs. Parker Bowles in Highgrove die Hausfrau mimt. Woher er das weiß, scheint klar — und bald, als er sein Buch *Diana. Ihre wahre Geschichte* veröffentlicht, auch bewiesen.

Die Prinzessin beginnt, sich nicht mehr nur mit Männern zu treffen, um sich zu revanchieren. Der nächste wichtige Gefährte in ihrem Leben ist der Gebrauchtwagenhändler James Gilbey. Kaum dass Major Hewitt nach Deutschland abkommandiert ist, wird Diana im Oktober mit Gilbey fotografiert, als sie gemeinsam aus seiner Wohnung in Lennox Garden kommen. Diana hatte ihren Sicherheitsmann weggeschickt. Wieder spielt Mara Berni die Mittelsfrau in ihrem Restaurant San Lorenzo und bietet ihnen das Séparée für mehr als nur ein Mittagessen an. Charles ist von Dianas Wahl betroffen. »Er fand es peinlich, dass sie eine Affäre mit einem Autohändler hatte. Es zeigte ihm, dass Diana auf jeden abfuhr, der ein paar Sprüche klopfen konnte und bereit war, ihrem Gejammer zuzuhören«, sagt ein Freund. Dennoch ist Charles nicht ganz unglücklich darüber. Je mehr Diana mit jemandem anderen involviert ist, umso weniger muss er sich mit ihr auseinander setzen.

Von nun fahren die beiden nicht mehr zusammen nach Highgrove. Nur wenn Gäste kommen, erscheint Diana, um kurz danach wieder nach London zu reisen. Im Buch des Butlers steht nun oft »private«, was bedeutet: Charles weilt bei Freunden. Welche das sind, danach braucht Diana nicht mehr zu fragen.

Im November muss der Prinz sich von Camillas Gesellschaft trennen. Eine Staatsreise mit Diana nach Asien steht auf dem Programm. Indonesien, Jakarta und Yogjakarta, und danach, am 13. November, über Hongkong wieder zurück nach England. Obwohl sie sich zusammenreißen, ist die Reise eine Tortur, und Diana verlangt zum ersten Mal die Trennung. Sie will »keine Lüge mehr leben«. Charles sagt: »Blödsinn. Es gibt keinen Weg, eine Trennung akzeptabel zu machen, weder für mich noch für die Familie oder den Palast. Wenn du mich nicht tolerieren kannst, dann musst du mich eben nicht sehen. Ich werde eine Trennung jedenfalls nicht erlauben.«

Dem Thronfolger ist bewusst, dass eine offizielle Separation eine konstitutionelle Krise bedeutet. Er weiß nicht, was er tun soll. Wie damals bei Edward VIII. steht das Haus Windsor am Abgrund, und er ist derjenige, der dies verursacht hat. Ein Satz von Alan Lascelles, dem persönlichen Berater seines Onkels, geht ihm nicht mehr aus dem Kopf. Der hatte dem Noch-König damals gesagt: »Sir, Sie können den Thron haben, oder Sie können die Frau haben. Aber beides können Sie nicht haben.« Charles fühlt sich exakt in der gleichen Pattsituation: »Ich bin gefangen zwischen dem Teufel und der tiefen blauen See.«

Er kann es nicht mehr verantworten, die Krise vor seiner Familie geheim zu halten. Die Windsors wissen schon seit Monaten, dass es in der Ehe Probleme gibt, haben sich aber mehr oder weniger aus der Sache herausgehalten. Nur Prinz Philip hat Charles wiederholt empfohlen, Diana »unter Kontrolle zu bringen«. Wie er das tun könnte, hat er ihm allerdings nicht verraten.

Charles diskutiert das mögliche Szenario mit Camilla. Sie ist der Meinung, er solle erst einmal mit seiner Mutter unter vier Augen reden. Der Kronprinz wendet sich aber erst einmal an die Großmutter, die jedoch keine Hilfe ist. Sie ist äußerst entsetzt, als Charles ihr von Dianas Begehren berichtet: »Es ist undenkbar, dass die Geschichte sich wiederholt. Niemals! Niemals! NIEMALS!«

Die Queen wiederum setzt ein gemeinsames Treffen an und verlangt, dass Diana und Charles sich zumindest in der Öffentlichkeit zusammennehmen. Sie bittet das Thronfolgerpaar, sich noch einmal zu besinnen und zu versuchen, ihre Ehe zu kitten, zum Wohle der Monarchie. Diana sagt: »Ich weiß, was meine Pflicht ist.«

Bettgeflüster

Es ist kurz vor Weihnachten 1989. Charles ist kreuz und quer im Lande unterwegs, in der Adventszeit veranstalten die Wohltätigkeitsorganisationen viele ihrer wichtigsten Events. Charles hält Reden über Architektur, Jugendarbeitslosigkeit, Altersarmut und Umweltprobleme, besucht Seniorenheime und Krankenhäuser. Wenn er nicht in Sachen Thronfolger oder Schirmherr unterwegs ist, jagt er am Nachmittag irgendwo bei Freunden. Mit Camilla telefoniert er täglich mehrmals, mindestens aber morgens und abends. Damit sie sich ab und an auch mal sehen können, verabreden sie sich in den »sicheren Häusern« der Freunde. Und so liegt Charles nach einem anstrengenden Tag im Gästebett bei seiner Freundin Anne Duchess of Westminster in der Eaton Lodge und wählt auf seinem Handy Camillas Nummer in Wiltshire.

Am 18. Dezember klingelt kurz nach Mitternacht das Telefon. Camilla antwortet nach dem zweiten Läuten. Sie befindet sich ebenfalls im Bett und hat schon auf seinen Anruf gewartet. Was sie beide nicht bemerken, ist, dass irgendwo weit entfernt jemand nach den ersten paar Sätzen auf den Aufnahmeknopf eines Tonbandgerätes drückt und ihr Gespräch mitschneidet:

262

CHARLES: Er war eigentlich ein bisschen besorgt.

CAMILLA: War er das?

CHARLES: Er dachte, er sei vielleicht zu weit gegangen.

CAMILLA: Na ja.

CHARLES: Egal. Du weißt ja, das ist die Art von Sache, vor der man sich in Acht nehmen muss. Und bei der man sich vorsichtig entlangfühlen muss – wenn du weißt, was ich meine.

CAMILLA: Hmmm. Du bist sehr gut, wenn es darum geht, sich entlangzufühlen.

CHARLES: Ach! Hör doch auf. Ich möchte an dir entlangfühlen, überall hoch und runter – und rein und raus...

CAMILLA: Oh!

CHARLES: Besonders rein und raus!

CAMILLA: Das ist genau das, was ich jetzt brauchen könnte.

CHARLES: Ist es so?

CAMILLA: Es würde mich beleben. Eine Sonntagnacht ohne dich kann ich gar nicht aushalten. Es ist wie das Programm zum Start der Woche. Ich kann die Woche nicht ohne dich starten.

CHARLES: Ich fülle deinen Tank!

CAMILLA: Ja, das tust du.

CHARLES: Dann kannst du es aushalten.

CAMILLA: Dann geht's mir gut.

CHARLES: Und was ist mit mir? Mein Problem ist, dass ich dich mehrmals die Woche brauche.

CAMILLA: Mmmm, ich auch. Ich brauche dich die ganze Woche lang. Ständig.

CHARLES: Oh Gott! Ich will in deinen Hosen leben oder so. Das wäre viel einfacher.

CAMILLA (lacht): In was willst du dich verwandeln, in eine Unterhose?

(Beide lachen)

CAMILLA: Du wirst also als eine Unterhose wiedergeboren.

CHARLES: Oder, was Gott verhüten möge, als ein Tampon. Wäre doch typisch für mein Glück. (Er lacht.)

CAMILLA: Du bist ein Vollidiot (lacht). Oh, was für eine wunderbare Idee.

CHARLES: Mein Schicksal, ins Klo geworfen zu werden und für immer auf dem Wasser zu drehen, niemals runtergespült zu werden.

CAMILLA (lacht): Oh, Darling!

CHARLES: Bis der Nächste vorbeikommt.

CAMILLA: Vielleicht kannst du ja als ganze Kiste wiedergeboren werden.

CHARLES: Was für 'ne Kiste?

CAMILLA: Eine Kiste Tampax, dann hätte es nie ein Ende.

CHARLES: Das ist wahr.

CAMILLA: Du wiederholst dich... (lacht). Oh, Darling, ich will dich, jetzt.

CHARLES: Willst du?

CAMILLA: Mmmm.

CHARLES: Ich auch.

CAMILLA: Unheimlich. Unheimlich. Ich habe in Yaraby so an dich gedacht.

CHARLES: Hast du das?

CAMILLA: Ich meine, weil wir da wieder nicht zusammen sein konnten.

CHARLES (verzweifelt): Wenn du doch nur hier sein könntest! Ich könnte Nancy fragen, irgendwann.

CAMILLA: Warum tust du es nicht?

CHARLES: Ich darf nicht.

CAMILLA: Weil ich glaube, dass sie in dich verliebt ist.

264

CHARLES: Hmmm.

CAMILLA: Sie würde alles tun, um das du sie bittest.

CHARLES: Sie würde es allen möglichen Leuten erzählen.

CAMILLA: Nein, würde sie nicht. Sie ist viel zu ängstlich vor dem, was du möglicherweise sagen würdest. Ich glaube – es ist schrecklich, das zu sagen –, aber ich glaube, diese Sorte Leute haben starke Gefühle für dich. Du hast einen unheimlichen Einfluss auf sie.

CHARLES: Wirklich?

CAMILLA: Und du... Ich denke, wie üblich, du unterschätzt dich mal wieder.

CHARLES: Aber sie könnte unheimlich eifersüchtig werden – oder so was.

CAMILLA: Oh! (Sie lacht.) Na, das ist ein Punkt. Ich nehme an, das könnte sie, denke ich.

CHARLES: Weiß man doch nicht, oder?

CAMILLA: Das kleine grünäugige Monster könnte in ihr schon erwacht sein. Nein, aber ich meine, die Sache ist doch die, du bist so gut. Die Leute fühlen sich gebauchpinselt, weil du ihnen vertraust. Aber ich bin nicht sicher, ob sie dich nicht doch betrügen. Du weißt schon, wirkliche Freunde...

CHARLES: Wirklich?

CAMILLA: Nee, kann ich nicht.

(Pause)

CAMILLA: Schläfst du schon?

CHARLES: Nein, bin hier.

CAMILLA: Darling, hör mal! Ich habe heute Abend wieder mit David gesprochen. Es scheint aber doch nicht zu klappen.

CHARLES: Wie schade.

CAMILLA: Ich sag dir auch, warum. Er hat diese Kinder von einem der Crawley-Mädchen und die Nanny zu Besuch. Er selbst ist verreist. Ich werde ihn morgen noch mal anrufen. Er wird versuchen, sie bis Freitag loszuwerden. Aber vielleicht sollte ich Charlie anrufen, als Alternative.

CHARLES: Ja.

CAMILLA: Ich versuche, dass wir es da tun können. Ich weiß, er wird am Donnerstag zurück sein.

CHARLES: Es ist viel weiter weg.

CAMILLA: Ach, ist es das?

CHARLES: Ich denke nur nach, ich komme ja von Newmarket.

CAMILLA: Zu dieser Zeit, also am späten Abend, kannst du es von Newmarket zu mir in zweidreiviertel Stunden schaffen, ich brauche drei.

CHARLES: Was, um nach Bowood zu fahren?

CAMILLA: Northmore.

CHARLES: Und nach Bowood?

CAMILLA: Nach Bowood würde es genauso lange dauern, nicht wahr?

CHARLES: Was ich sagen will, ist, du willst nach Bowood, oder?

CAMILLA: Nein, muss nicht sein.

CHARLES: Welchen Charlie meinst du denn dann?

CAMILLA: Welchen Charlie hast du denn gedacht, den ich meine?

CHARLES: Ich weiß nicht, dachte...

CAMILLA: Ich habe Mengen...

CHARLES: Wen denn noch?

CAMILLA: Ich habe viele Freunde, die Charlie heißen.

CHARLES: Der andere, der von Patti?

CAMILLA: Ach, die. Nein, das ist noch weiter weg! Sie sind nicht...

CHARLES: Verreist.

CAMILLA: Ich weiß nicht. Habe nur gedacht, wenn es nicht klappt, mit dem anderen Ort.

CHARLES: Oh, richtig. Was machst du? Fährst die M 25 und dann die M 4, oder?

CAMILLA: Ja, und du zu der Nachtzeit über Royston oder die Autobahn M 11?

CHARLES: Ja, das wäre gleich nach dem Jagen?

CAMILLA: So wäre es. Du würdest den schlimmsten Verkehr hinter dir haben. Das Problem ist, ich müsste morgen Abend in London sein.

CHARLES: Ja.

CAMILLA: Glaubst du das? Ich weiß nicht, was er machen wird. Er ist auch auf der Jagd, hier irgendwo. Aber Darling, du könntest mich sowieso nicht anrufen, oder?

CHARLES: Ich könnte es versuchen. Morgen Abend jedenfalls.

CAMILLA: Oh Darling, ich kann es nicht aushalten. Wie würdest du es morgen Abend denn schaffen wollen?

CHARLES: Weil ich an meiner nächsten Rede arbeiten muss.

CAMILLA: Ach nein, worüber ist die nächste?

CHARLES: Eine über Business in der Gemeinde, Wiederaufbau der Gemeinschaftlichkeit.

CAMILLA: Für wann ist die?

CHARLES: Ziemlich wichtig für Mittwoch.

CAMILLA: Na, jedenfalls stehe ich hinter dir.

CHARLES: Ich weiß.

CAMILLA: Kann ich eine Kopie haben von der, die du gerade gehalten hast?

CHARLES: Ja.

CAMILLA: Kann ich? Das wäre schön.

CHARLES: Okay. Ich werde es organisieren.

CAMILLA: Darling.

CHARLES: Aber, oh Gott, wann werde ich wieder mit dir sprechen können?

CAMILLA: Ich kann es nicht aushalten ... Ummm ...

CHARLES: Mittwochabend?

CAMILLA: Bestimmt Mittwochnacht. Ich werde allein sein am Mittwoch. Du verstehst, am Abend. Oder Dienstag. Während du herumrast, werde ich allein sein, bis er auftaucht. Früh am Mittwochmorgen wird er um halb neun abfahren, viertel nach acht. Dienstag ist er nicht hier, so Gott will. Hmm, dieser Ambulanzstreik, es ist fürchterlich, so etwas zu sagen, aber er wird am Dienstag hoffentlich noch nicht zu Ende sein.

CHARLES: Er wird zu Ende sein.

CAMILLA: Na, ich hoffe für alle, er wird zu Ende sein. Aber für uns zwei hoffe ich, er dauert noch an.

CHARLES: Warum?

CAMILLA: Weil er sonst, wenn es vorbei ist, herkommt und am Dienstagabend da ist.

CHARLES: Oh nein.

CAMILLA: Ja, aber ich glaube nicht, dass er beendet sein wird. Du etwa?

CHARLES: Nein, ich auch nicht. Das wäre unser Pech.

CAMILLA: Das wäre unser Pech, ich weiß.

CHARLES: Dann wird es so sein.

CAMILLA: Nein, wird es nicht. Du musst nicht so denken. Denk positiv.

CHARLES: Darin bin ich nicht gut.

CAMILLA: Gut, also werde ich es tun. Tue ich es nicht, wäre es Verzweiflung. (Pause) Hmmm. Schläfst du schon?

CHARLES: Nein. Es macht mich verrückt.

CAMILLA: Ich weiß. Egal, er tut sein Bestes, um es zu organisieren, David meine ich. Aber ich werde trotzdem Charlie fragen.

CHARLES: Hat er irgendwas gesagt?

CAMILLA: Nee, habe ja noch nicht mit ihm gesprochen.

CHARLES: Hast du nicht?

CAMILLA: Nur ganz kurz. Aber ich weiß eben nicht, ob er irgendwelche Kinder zu Hause hat. Das sind die Bedenken.

CHARLES: Genau.

CAMILLA: Darling. Ich denke...

CHARLES: Bete, wir müssen beten.

CAMILLA: Es wäre so wundervoll, nur eben eine Nacht zusammen. Würde uns weiterbringen, nicht wahr?

CHARLES: Genau! Dir fröhliche Weihnachten zu wünschen.

CAMILLA: Glücklich. Oh, lass uns nicht über Weihnachten nachdenken. Das halte ich nicht aus. (Pause) Nickst du weg? Besser, du solltest schlafen, Darling, denke ich.

CHARLES (schläfrig): Ja, Darling.

CAMILLA: Rufst du mich an, wenn du aufwachst?

CHARLES: Ja, werde ich.

CAMILLA: Bevor ich die rumjagenden Kinder hier habe. Tom hat morgen Geburtstag. (Pause) Geht es dir gut?

CHARLES: Mmm. Mir geht's gut.

CAMILLA: Kann ich mit dir sprechen, bevor die Kinder...

CHARLES: Um wie viel Uhr kommen sie?

CAMILLA: Na ja, normalerweise wacht Tom gar nicht auf. Aber es ist sein Geburtstag morgen, da wird er wohl früher aus dem Bett rauskommen. Aber nicht vor halb neun. Gute Nacht, my Darling.

CHARLES: Darling...

CAMILLA: Ich liebe dich.

CHARLES (schläfrig): Bevor...

CAMILLA: Vor halb neun!

CHARLES: Ich versuch anzurufen.

CAMILLA: Ja, wenn du es hinbekommst. Liebe dich, Darling.

CHARLES: Nacht, Darling.

CAMILLA: Liebe dich.

CHARLES: Liebe dich auch. Ich will nicht »Auf Wiedersehen« sagen.

CAMILLA: Hast du gut gemacht. Du bist ein schlauer Alter. So ein gutes Gehirn dahinter, nicht wahr? Oh Darling, du solltest diesem Hirn jetzt eine Pause gönnen. Nacht. Nacht.

CHARLES: Nacht, Darling, Gott behüte dich.

CAMILLA: Ich liebe dich und ich bin so stolz auf dich.

CHARLES: Ich bin so stolz auf dich.

CAMILLA: Sei nicht blöd. Ich habe doch nie etwas geleistet.

CHARLES: Deine größte Leistung ist, dass du mich liebst.

CAMILLA: Darling, das ist leichter, als vom Stuhl zu fallen.

CHARLES: Du erleidest all diese Demütigungen und diese Quälereien und dieses böse Gerede.

CAMILLA: Darling, sei nicht so dumm. Ich würde alles für dich ertragen. Das ist Liebe. Es ist die Stärke von Liebe. Nacht. Nacht.

CHARLES: Nacht, Darling. Sieht so aus, als zögest du einen riesenlangen Strick hinter dir her. Mit Hunderten von Pötten und Dosen dran. Nacht, Nacht, bevor die Batterien nachlassen. (Haucht einen Kuss) Nacht.

CAMILLA: Liebe dich.

CHARLES: Will nicht auflegen.

CAMILLA: Ich auch nicht. Aber ich muss ein bisschen schlafen. Bye.

CHARLES: Bye, Darling.

CAMILLA: Liebe dich.

CHARLES: Bye.

CAMILLA: Hoffe, dich morgen früh zu sprechen.

CHARLES: Bitte!

CAMILLA: Bye, Ich liebe dich wirklich.

CHARLES: Nacht.

CAMILLA: Nacht.

CHARLES: Nacht.

CAMILLA: Liebe dich für immer.

CHARLES: Nacht.

CAMILLA: Good bye. Bye, my Darling.

CHARLES: Nacht.

CAMILLA: Nacht, Nacht.

CHARLES: Nacht.

CAMILLA: Bye bye.

CHARLES: Bin weg.

CAMILLA: Schon weg.

CHARLES: Gehe jetzt.

CAMILLA: Schon weg.

CHARLES: Nacht.

CAMILLA: Bye, drück den Knopf.

CHARLES: Werde deinen Busen drücken.

CAMILLA: Mach das Darling, ich wünschte, du würdest meine Brüste drücken.

CHARLES: Gott, ich wünschte, ich würde. Härter und Härter.

CAMILLA: Oh, Darling.

CHARLES: Nacht.

CAMILLA: Nacht.

CHARLES: Liebe dich.

CAMILLA (gähnt): Liebe dich. Press die Titte!

CHARLES: Verehre dich. Nacht.

CAMILLA: Nacht.

CHARLES: Nacht.

CAMILLA: (haucht einen Kuss)

CHARLES: Nacht.
CAMILLA: Gute Nacht, Darling. Liebe dich.
CHARLES: (legt auf).

Als Medientycoon Rupert Murdoch dieses Gespräch gut zwei Jahre später, am 13. Januar 1993, in seinem australischen Magazin *New Idea* abdruckt, stürzt das britische Königreich tatsächlich in die tiefste Krise seit der Abdankung Edward VIII. »Camillagate« taufen es die Medien, und es ist mit Sicherheit die peinlichste Aufzeichnung in den Annalen der Monarchie. Aber wer hat das Telefonat aufgenommen? Der britische Geheimdienst – beziehungsweise eine sektiererische Gruppe Antiroyalisten in demselben – wird beschuldigt, es mitgeschnitten und das Tonband der Presse zugespielt zu haben. Doch eine langwierige parlamentarische Untersuchung bringt dafür keine Beweise.

Andere behaupten, Diana stecke hinter Camillagate. Sie habe einen Sicherheitsbeamten bestochen, Charles' Telefon anzuzapfen und es später, wenn sie den Skandal für sich nutzen kann, unters Volk zu bringen. Ja, sie habe ihrem Mann sogar nur zwei Tage später mit dem Tonband gedroht und eine sofortige Trennung verlangt. Charles hätte ihr dies aber nicht geglaubt und eine Trennung erneut als undenkbar abgelehnt. Um ganz sicherzugehen, hätte er aber seinem Sekretär und anderen Beratern von Dianas Tonband-Drohung erzählt. Die sollen sofort beschlossen haben, Feuer mit Feuer zu bekämpfen, und so soll ebenfalls eine Abhöranlage an Dianas Telefon angebracht worden sein.

In der Neujahrsnacht wird dann tatsächlich eine Unterhaltung mit James Gilbey aufgenommen und über Kurzwelle gesendet. Der Hobbyfunker Cyril Reenan in Abington,

Oxfordshire, schnappt das Gespräch auf und schneidet es mit. Später gibt er das Band der *Sun*. Aber erst Ende 1992 wird daraus der »Squidgytape«-Skandal (Gilbey nennt die Prinzessin während des Telefonats »squidgy«, kleine Krake). In beiden Fällen wird nie geklärt, wer die Bänder tatsächlich aufgezeichnet hat.

Jetzt aber, zu Beginn des Jahres 1990, steht von diesen Dingen noch lange nichts in der Presse. Stattdessen wird als »sehr unpassend« und »voll schlechtem Geschmack« der neue *Spitting-Image*-Coup kommentiert. Die ITV-Fernsehkomödie sendet den Sketch mit den überzeichneten Gummipuppen am 10. Januar: Diana und Camilla liegen im Bett zusammen mit Charles, wobei Camilla und Charles Händchen halten. Die *Spitting-Image*-Crew weiß wahrscheinlich gar nicht, wie nah sie mit ihrem Sketch an der Wirklichkeit dran ist. Oder vielleicht doch?

Charles reist in dieser Zeit zu verschiedenen Terminen ins Ausland. Im Februar macht er bei dem BBC-Film *Earth in Balance* mit. Wenn es um die Umwelt geht, eines seiner Hauptthemen, ist er sofort bereit, mit der Presse zusammen-zuarbeiten. Anschließend geht es in die USA, zuerst nach Florida, ein bisschen Polo spielen, dann nach Charleston und Washington für die Organisation Business in the Commu-nity, deren Präsident er ist. Es folgt eine Reise nach Nigeria und Kamerun, zusammen mit Diana im März, und danach steht Triest im Terminkalender, wo er im Dienst für seine Organisation United World Colleges ist.

Mit seiner Frau muss Charles noch für drei Tage nach Ungarn. Zwischendurch die jährlich wiederkehrenden staat-lichen und sportlichen Einsätze in England. Für Privates bleibt wenig Zeit. Aber mit Camilla stiehlt er sich ein paar gemeinsame Stunden, wann es nur eben geht. Irgendein »sicheres Haus« ist immer in der Nähe seiner Veranstaltungen. Camilla macht es nichts aus, Stunde um Stunde auf der Autobahn zu verbringen. Sie wirft eine Kassette mit klassischer Musik ein und fährt kreuz und quer über die Insel. Zu Hause in Wiltshire vermisst sie ja keiner unter der Woche.

Falls bei den Freunden und ihren »Safe Houses« Nichteingeweihte herumlungern, ist sie die fröhliche Camilla, die mal eben zu Besuch vorbeigekommen ist. Irgendwann taucht Charles auf, »immer eine Ehre, Seine Hoheit begrüßen zu dürfen«, und es wird ein gemütlicher Abend mit gutem Essen und ebenso guten Gesprächen. Charles und Camilla erhalten jeder ihr eigenes Gästezimmer, damit dem Butler und dem Hausmädchen am nächsten Morgen nichts auffällt.

Nachdem jeder zur Nachtruhe in sein Gemach verschwunden ist, schleicht sich Camilla in Charles' Umarmung. Manchmal halten sie sich im »sicheren Haus« auch allein auf, dann haben sich die Besitzer, nachdem man den Kühlschrank gefüllt und dem Butler freigegeben hatte, irgendwohin verabschiedet. Camilla und Charles können sich dann wie zu Hause fühlen – und tun das auch. Hat sich Charles dann morgens verabschiedet, überprüft Camilla, ob alles ordentlich ist, räumt das eine oder andere Kissen wieder zurück aufs Sofa, stellt das Geschirr in die Spülmaschine, lässt einige Pfundnoten als Trinkgeld für das Personal da und fährt schließlich auch ab. Manchmal macht sie auf dem Rückweg einen kleinen Umweg, um ihre Eltern in Plumpton zu besuchen. Mutter Rosalind leidet an Osteoporose, der furchtbaren Knochenschwundkrankheit, und Camilla sorgt sich sehr um sie. Schon die Großmutter hatte dieses Leiden gepeinigt, und alle wissen, es gibt keine Heilung.

Am 28. Juni 1990 klingelt das Telefon im Middlewick House. Charles' Privatsekretär erzählt Camilla, es habe einen Unfall beim Polospiel in Cirencester Park gegeben, Seine Königliche Hoheit habe sich den rechten Arm gebrochen, ein komplizierter offener Bruch am Ellenbogen. Er werde gerade operiert, habe aber zuvor gebeten, dass sie unterrichtet werde. Camilla will sich sofort auf den Weg machen, erhält aber noch die Information, dass Diana am späten Nachmittag in der Klinik erwartet wird, vor der sich schon die Reporter postiert haben. Dianas Besuch ist kurz, und kaum dass die Reporter abgezogen sind, betritt Camilla das Krankenzimmer. Jeden Tag fährt sie mehrmals nach Cirencester, um Charles Gesellschaft zu leisten und ihn aufzuheitern. Er hat Schmerzen und kann weder seinen rechten Arm noch seine Hand benutzen. Camilla liest ihm vor, bringt ihm seine Lieblingsmusik mit und ist einfach da. Am Samstag, dem 2. Juli, einen Tag nach ihrem neunundzwanzigsten Geburtstag, fährt Diana in ihrem neuen Mercedes zum Hospital und holt den Thronfolger nach Highgrove. Wieder sind die Reporter da und machen Fotos, die den Briten beweisen sollen, dass die besorgte Prinzessin sich rührend um ihren Mann kümmert – und somit in ihrer Beziehung alles in Ordnung ist.

Und Diana ist wirklich beunruhigt, will ihren Mann pflegen und ihm alle Wünsche erfüllen. Doch kaum in Highgrove angekommen und im Bett, geht ihm das Getue seiner Frau auf die Nerven. »Er stieß sie von sich und sagte, er wolle allein sein«, erzählt Butler Burrell. »Nach nur einer halben Stunde fuhr sie unter Tränen wieder nach London. Was ihre Ehe anging, war diese Zurückweisung der Strohhalm, der dem Kamel den Rücken brach.« Das glaubt wenigstens der Diener. Kurz darauf taucht Camilla auf. In den kommenden

Wochen ist sie diejenige, die die Kissen aufschüttelt und Charles' Laune wieder heben kann. Im August reist er nach Balmoral – er hat auf Anraten der Ärzte alle Termine abgesagt –, und Camilla werden eigene Räume zugewiesen, um in der Nähe des Prinzen zu sein und ihre Rolle als mütterliche Pflegerin und geliebte Psychologin rund um die Uhr ausfüllen zu können.

Charles fällt in tiefe Depressionen. Die Schmerzen wollen einfach nicht nachlassen, und er kann nichts tun als abzuwarten. Er vermag mit seinem kaputten Arm weder zu schreiben – er versucht es mühsam mit der linken Hand – noch kann er lesen oder malen, nicht angeln, über die Heide krakseln oder seine Hose ohne fremde Hilfe zumachen. Für seine Umgebung wird er immer unausstehlicher, nörgelt an allem herum und ist schnell aufbrausend. Die Dienerschaft ist froh über Camillas Anwesenheit. Nur sie kann den ungenießbaren Prinzen wieder freundlich stimmen.

Im September muss der Arm im Medical Center in Nottingham noch einmal operiert werden. Die Knochen werden erneut gebrochen, denn die Ärzte in Cirencester hatten einen Nerv eingeklemmt, daher die ständigen Schmerzen. Auch ein königlicher Patient ist vor Behandlungsfehlern nicht gefeit. Und wieder muss er sechs Wochen untätig herumsitzen, bis alles ausgeheilt ist. Camilla ist weiterhin für ihn da, sie lesen zusammen, hören Musik oder schweigen einfach nur miteinander. Hauptsache, sie ist in seiner Nähe. Als es ihm besser geht, organisiert Camilla Abendessen oder Lunchbesuche mit Freunden, die ihn ablenken sollen. Sie geht mit ihm und den Terriern spazieren und hilft seiner australischen Physiotherapeutin bei den Übungen. Beim Essen schneidet sie ihm das Fleisch in Ministückchen, wie Mütter das für ihre kleinen Kinder tun. »Ich fühle mich so unnütz«, mault Charles ohne Unterlass. Einem Freund erzählt er später: »Die Zeit war schlimm. Ich konnte nichts tun, um sie zu verkürzen. Ich wollte zurück an meine Arbeit. Einzig Camilla war mein Felsen.«

Aber er nutzt den Moment auch, um sich über die Zukunft Gedanken zu machen, diskutiert natürlich alles mit Camilla, die ihn immer wieder zur Vorsicht und Besonnenheit rät. Doch Charles hat da eine andere Ansicht: »Ich reflektierte mein bisheriges Leben und beschloss, dass es so nicht weitergehen konnte. Es lief nichts so, wie ich es mir gewünscht hatte.« Bei der ersten sich bietenden Gelegenheit informiert er seine Mutter darüber, dass er die Ehe mit Diana in dieser Form nicht weiterführen könne. Die Mutter sieht das jetzt auch ein, sagt aber: »Eine Scheidung kommt nicht infrage.« Sie will sich mit Diana treffen und helfen, ein Arrangement zu vereinbaren.

Bald lädt sie die Prinzesssin von Wales zu einem privaten Essen ein und bespricht das Thema mit ihr. Diana verlangt als Voraussetzung, um bei einem Deal überhaupt mitzumachen, dass Charles seine Geliebte aufgibt. Die Queen antwortet: »Warum bist du bloß so besessen von Camilla? Alle Männer haben bestimmte Bedürfnisse. Camilla ist verheiratet, sie ist keine Gefahr für dich. Versuche sie doch einfach aus deinem Hirn zu verbannen, Liebes.« Ein erstaunlicher Rat an die Schwiegertochter, aber vollkommen konform mit den jahrhundertealten Verhaltensweisen von Königen oder Thronfolgern, die ihre Frauen betrogen — und meist nicht nur mit einer Geliebten.

Prinz Philip hatte bekanntermaßen auch den einen oder anderen außerehelichen Flirt. Über diese Seitensprünge drang aber nie etwas an die Öffentlichkeit, sie berührten auch nicht die Ehe mit der Queen, geschweige denn, dass sie diese hätten zerstören können. Elizabeth II. sieht das so: Augen zu und durch, solange der eigene konstitutionelle Status davon nicht angetastet wird und es keinen Skandal gibt. Und vor allem ist darauf zu achten, dass dennoch eine wohlwollende Partnerschaft erhalten bleibt. Aber Diana will diesem alten Ritual nicht folgen. Sie will die Liebe ihres Mannes erzwingen und eine offiziell-inoffizielle Mätresse wie Camilla für immer ausschalten. Für beides ist es längst zu spät, aber das will sie einfach nicht wahrhaben. Und die eigenen nebenehelichen Betätigungen werden natürlich ebenso wenig ins Kalkül gezogen.

Eine Japanreise im November wird zwar noch von dem Ehepaar absolviert, aber es herrscht zwischen ihnen Eiszeit. Zwei verschiedene Suiten müssen in der britischen Botschaft bereitgestellt und Termine umorganisiert werden, denn Diana will auf Veranstaltungen, die sie favorisiert, ohne Charles repräsentieren. Überhaupt beschließt sie in Tokio, in Zukunft nur noch allein auf Reisen zu gehen, sich aus dem engen Korsett zu befreien und von ihrem Mann keine Vorschriften mehr machen zu lassen. »Ich will die Welt sehen und Dinge so machen, wie ich es will«, sagt sie.

Charles ist auch wirklich nicht mal mehr nett zu ihr. Als Diana ihr neues Kostüm trägt, ein rotes Mantelkleid mit karierten Manschetten und einem ebensolchen Kragen, sagt er, statt ein Kompliment zu machen: »Du siehst aus wie eine Stewardess von der British Caledonian Airline.«

Im März 1991 gibt Camilla eine Dinnerparty für Freunde. Charles ist geladen und erscheint auch. Diana hat natürlich abgesagt. Die Gastgeberin platziert ihn neben sich, Ehemann

Andrew am anderen Ende der Tafel. Das fällt auf, behauptet Biografin Caroline Graham. Doch da irrt sie. Denn wenn der Thronfolger eine Einladung zu einem privaten Abendessen annimmt, bekommt er immer den Ehrenplatz nahe der Hausfrau. Jilly Cooper, Romanautorin, Nachbarin und Freundin des Ehepaares Parker Bowles, fällt auch etwas auf. Die Terrier von Camilla und Charles verstehen sich gut und spielen fortwährend miteinander – ganz anders verhalten sich Exemplare dieser Hunderasse, wenn sie sich nicht kennen, dann sind sie eher zickig drauf: »Da war mir klar, dass die beiden wieder irgendwas am Laufen haben.«

Jilly Cooper ist von Andrew begeistert und hat ihm in ihren Romanen *(Riders, Rivals, Polo* und *The Man Who Made Husbands Jealous)* eine Hauptrolle zugedacht. Bei ihr heißt er Rupert Campbell-Black, ist gut aussehend, spielt Polo und hat bei den Damen einen ungeheuren Schlag: eine Art Superlover vom Lande. Charakteristisch für Coopers Geschichten sind ständige Sexszenen und das verschwenderische Upperclass-Countryleben. Camilla und Andrew amüsiert das außerordentlich, und sie sind nicht im Geringsten beleidigt, sich in den Romanfiguren wiederzufinden, wie das vielleicht manch anderer wäre. Jilly Cooper ist eine wirklich gute Freundin. Später wirft sie sich immer wieder für Camilla in die Bresche, die Jilly als »eine wunderbare Person, intelligent und bodenständig und mit einem herrlichen Humor« beschreibt.

Im April fährt Charles nicht mit Diana und den Prinzen William und Harry zum Skilaufen. Er kann es inzwischen nicht mehr ertragen, mit seiner Frau zusammen zu sein, nicht einmal für die Presse. In letzter Minute hat er sich dazu entschieden. Stattdessen reist er nach Balmoral, wo Camilla schon auf ihn wartet. Die erstaunte Presse speisen die Palastsprecher mit der Erklärung ab, der Kronprinz müsse wichtige Reden vorbereiten. Was Charles nicht begreifen will, ist, dass Dianas Rache für solche Aktionen niemals lange auf sich warten lässt.

Knapp zwei Monate später, im Juni, wird Prinz William ins Krankenhaus eingeliefert. Ein Mitschüler aus der Ludgrove School hatte ihm mit dem Golfschläger aus Versehen auf den Kopf geschlagen. Beide Eltern rasen zum Royal Berkshire Hospital, Diana aus London, Charles aus Highgrove. Mit einem Schädelbruch wird der kleine Prinz am Nachmittag nach London verlegt. Die Mutter bleibt abends am Krankenbett sitzen, während der Vater mit europäischen und britischen Ministern zu einer Opernaufführung gehen muss. Er lässt sich einen Pieper geben, um jederzeit erreichbar zu sein und Informationen über den Zustand seines Sohnes erhalten zu können. Diana nimmt dies als Anlass und ruft mal wieder ihre Freunde bei der Presse an. Am nächsten Tag erscheint die *Sun* mit der Schlagzeile: »Was für ein Vater bist du eigentlich?« Ausführlich wird berichtet, wie Diana die Nacht bei ihrem Ältesten in der Klinik verbringt, Charles sich hingegen seinem Amüsement hingibt. Kein Wort darüber, dass es eine staatliche Angelegenheit in Begleitung des Premierministers war, zu der Charles hatte hingehen müssen und die er nicht absagen konnte. Und dass die Oper nur ein paar Straßen von der Klinik entfernt lag – im Fall einer Krise hätte er sofort da sein können.

Die Royal Family ist jetzt zunehmend ungehalten über die ständigen Negativberichte, die in den Zeitungen über Prinz Charles zu lesen sind. Es ist extrem unfair von Diana, derartige Manipulationen gegen ihren Mann anzuschieben. Prinzessin Anne spricht mit Diana, die von ihrer Schwägerin von Anfang an nicht sehr gemocht wurde. »Es ist doch erstaunlich«, sagt Charles' Schwester, »bevor du auftauchtest, gab es kein Leck. Jetzt ist das Schiff so voller Löcher, kein Wunder, dass es sinkt. Ich an deiner Stelle würde aufpassen und nicht so viele Geschichten erzählen, könnte sein, dass sie dich mal verfolgen werden.« Anne ist – wie Charles – von Dianas großer Beliebtheit bei den Medien genervt. Sie und ihr Bruder haben sich jahrelang für gesellschaftsrelevante Themen engagiert, und dann kommt eine Kindergärtnerin daher, die mit einem neuen Kleid oder einem neuen Hut Nachrichten macht. Da hält etwa der Kronprinz eine wichtige Rede zum schlechten Zustand der National Health, dem britischen Gesundheitsweisen, aber in der Zeitung steht am nächsten Tag nur etwas über Dianas Ausflug mit den Kids in einen Freizeitpark, inklusive Fotos von ihr und den Prinzen auf einer Wasserrutsche. Prinzessin Anne ist Diana von Anfang an möglichst aus dem Weg gegangen, und im kleinen Kreis gibt sie deutlich ihre Meinung über die Ehefrau ihres ältesten Bruders kund: »Sie ist nichts als ein Pferd, aber ein Modepferd. Wäre sie ein echtes Pferd, würde ich sie vielleicht mögen, dann hätte sie wenigstens ein Hirn.«

An ihrem dreißigsten Geburtstag, keine drei Wochen später, lässt Diana ihre Freunde, die Medien, darüber informieren, dass Charles derart desinteressiert und lieblos sei, dass er nicht einmal an den Geburtstagsfeierlichkeiten teilnehmen wird. In Wahrheit hatte ihr Mann aber wochenlang gebeten, ihr eine tolle Party ausrichten zu dürfen, sie jedoch lehnte das Angebot ab. »Ich gehe auf keine Party, die du für mich gibst, da bleibe ich lieber allein«, hatte sie gezickt. Charles insistierte weiterhin und sagte, er würde alles bezahlen, sie könne ausschließlich ihre Leute einladen. Aber Diana blieb dabei: keine Fete von Charles!

Zum ersten Mal werden jetzt die Freunde von Charles aktiv. Es reicht ihnen, dass er ständig den Kürzeren zieht. Einige von ihnen beschließen, wohl wissend, dass der Thronfolger es nicht billigen würde, »zurückzuschlagen und den ständigen Angriffen in den Medien gegen seinen Charakter etwas entgegenzusetzen«. Das führte am nächsten Tag zu folgender Schlagzeile: »Diana wollte nicht tanzen.« Die Entgegnung von Diana kam prompt: Sie habe den ganzen Abend zu Hause verbracht »mit dem einzigen Mann in ihrem Leben: Prinz Harry«.

Doch so einsam wie Diana tut, ist sie nicht wirklich. Sie hat einen weiteren geheimen und sicheren Treffpunkt für ihre Affären ausgemacht. Die Frau des brasilianischen Botschafters, Lúcia Flecha de Lima, ist ihr eine Art Mutterersatz geworden – und sie ermöglicht ihr einen unkontrollierten Zutritt zur Botschaft in der Mount Street. »Die Prinzessin benutzte sie regelmäßig, um jemanden zu treffen«, erzählt später Butler Burrell. Mit wem sie sich dort verabredet, verrät er jedoch nicht. Auch von diesen Besuchen weiß der Palast, denn die von Charles bezahlten Sicherheitsbeamten, die Diana überallhin zu folgen haben, notieren dies und alles andere in ihren Tagesberichten.

Am 21. Mai steht in der *Daily Mail* ein ziemlich gut recherchierter Artikel über Camilla, mit vielen, nur wenigen Leuten bekannten Fakten. Am Ende der Geschichte heißt es: »Unabhängig davon, wie seine Beziehung zu Camilla zu verstehen ist, bleibt die Frage, ob ein Mann, wenn er noch ganz richtig tickt, so viel Zeit mit einer Frau verbringen sollte, die nicht die seine ist?« Am 26. Juli veröffentlicht der *Daily*

Express einen großen Bericht über »Charles und seine Ladys in Waiting«, in dem vor allem Camilla hervorgehoben wird. Es heißt da: »Camilla ist im Privatleben von Charles fest verankert. Und dort wird sie bleiben, egal, was für Unruhen die Zukunft noch bringt.« Und weiter unten im Artikel ist zu lesen: »Sie trifft den Prinzen regelmäßig, und in Highgrove ist sie wichtiger für ihn als Prinzessin Di.« Aber auch die *Sunday Times* vom 26. Mai schlägt die Trommel. So fragt die Sonntagszeitung: »Nur gute Freunde, Königliche Hoheit?«, und schreibt despektierlich: »Da ist er, der bekloppte Prinz, verheiratet mit der begehrenswertesten Frau der Welt neben Madonna, und zieht es vor, seine Zeit mit der alten Flamme Camilla zu verbringen.«

Es wird nun ungemütlich für Charles und Camilla. Jetzt ist es nicht mehr nur die Boulevardpresse, die ihnen auf der Spur ist, sondern auch die seriösen Blätter sind wach geworden. Zum ersten und fast einzigen Mal nimmt Camilla Stellung und antwortet auf Reporterfragen: »Was Sie da unterstellen, ist kompletter Mist. Es ist keines Kommentars würdig. Zu meiner Freundschaft mit dem Prinzen werde ich natürlich nicht Stellung nehmen.« Ihrer Schwägerin Carolyn erlaubt sie, eine Erklärung abzugeben: »Camilla ist eine glücklich verheiratete Frau, und sie gehört zum Freundeskreis des Prinzen. Es ist Blödsinn anzunehmen, dass ihre Beziehung in irgendeiner Weise unziemlich ist.« Und Freund Hugh Cavendish setzt noch eins drauf: »Camilla und Andrew sind ein wunderbares Paar. Beide sind voller Abscheu über solche Geschichten, als gute Freunde von Prinz Charles ist das nur selbstverständlich.«

Camilla und Charles gelangen immer mehr zu der Überzeugung, dass die Presseleute mit internen Informationen gefüttert werden. Und wer dafür verantwortlich ist, da brauchen sie nicht lange zu überlegen. Charles ist vor allem darüber aufgebracht, dass Diana seine Freunde letztlich dazu zwingt, ihn zu verteidigen. Er bittet darum, sich nicht von ihren Äußerungen provozieren zu lassen.

Der Thronfolger holt sich wegen der Öffentlichmachung seiner Beziehung mit Camilla natürlich einen Anschiss von seinem Vater ab. »Was zur Hölle geht hier vor?«, blafft er ihn in Sandringham bei einer Jagd an. »Der ganze verdammte Hof redet über dich und Camilla. Du spielst mit dem Feuer. Es ist mir egal, ob du mal einen Seitensprung brauchst, aber um Gottes willen finde mit Diana eine Einigung. Das ist wieder typisch für dich: Immer gehst du den Problemen so lange aus dem Weg, bis sie dir über den Kopf wachsen. Wach endlich auf, und sei ein Mann!«

Charles ist so nachhaltig wütend, dass er in Zukunft das Zimmer verlässt, wenn sein Vater hereinkommt. Aber dennoch scheint der alte Prinz einen Nerv getroffen zu haben, denn sein Sohn meldet sich bei einem Psychiater an. Mindestens einmal die Woche besucht er die Praxis von Dr. Allan McGlasham. Und natürlich lanciert Diana diese interpretationswürdige Information an ihre Pressefreunde. Aber nichtsdestotrotz, die Besuche sind »enorm hilfreich« – und Charles findet aus seiner Melancholie heraus.

Im Oktober stirbt Leonora Knatchbull, die fünfjährige Tochter von Lord und Lady Romsey und Urenkelin von Onkel Dickie Mountbatten. Camilla erscheint zur Beerdigung, und Diana rastet wieder mal aus. Wie kann Charles seine Mätresse zu einer solch intimen Familienfeier einladen, wo Camilla das kleine Mädchen doch kaum kannte? Was die Prinzessin von Wales nicht bedacht hat: Camilla ist seit Jahren, schon vor Dianas Auftauchen, mit den Romseys (Knatch-bulls) bekannt. Sie war oft bei den Mountbattens in Broad-lands zu Besuch, und das Schloss, das die Romseys erbten, ist eines der öfter frequentierten Safe Houses. Charles und auch Camilla sind entsetzt über Dianas Verhalten, zumal in einem solch traurigen Moment. Sie wird immer irrationaler, finden beide. Charles reagiert mit Kopfschütteln und tadelt Diana für ihre Überspanntheit.

Im Spätherbst gibt es bei den Shands etwas zu feiern. Mark, Camillas kleiner Bruder und seit letztem November zweiter Ehemann von Ex-Model Clio Goldsmith, Tochter aus der renommierten Bankerfamilie, wird mit dem in England sehr begehrten Titel *Travel Writer of the Year* (Autor des Jahres für Reisegeschichten) ausgezeichnet. Der gut aussehende Her-zensbrecher war nach seiner Zeit bei Sotheby's Abenteurer, Autor und Dokumentarfilmer geworden und galt als eine Art moderner Indiana Jones. Er hatte die Welt bereist, in Austra-lien als Cowboy und in Opalminen gearbeitet, in Caracas Cartier-Schmuck und Andy-Warhol-Bilder verkauft, die An-den auf dem Pferderücken durchquert, hatte ein Haus auf Bali gebaut, in Papua-Neuguinea nach Kopfjägern gesucht und war mit seinem Boot vor den Solomon-Inseln unterge-gangen. Dann hatte er sein Herz für Elefanten und deren Schutz entdeckt und war ein Jahr auf einem grauen Dick-häuter namens Tara kreuz und quer durch Indien geritten. Darüber hatte er das nun preisgekrönte Buch *Travels on My Elephant* geschrieben.

Weihnachten und Silvester verbringen Camilla und Charles in der üblichen Weise mit ihren Familien, er in Sandringham, sie in Middlewick House. Natürlich laufen die Telefondrähte heiß, denn Charles kann keinen Tag verbringen, ohne wenigstens Camillas Stimme zu hören. Und außerdem muss er die Anwesenheit Dianas ertragen, die natürlich mit den Söhnen zum Familienfest erschienen ist. Den aufgestauten Stress vermag er nur abzubauen, wenn Camilla ihm noch ein paar Nettigkeiten ins Ohr säuselt, bevor das königliche Sandmännchen kommt. Als die Queen in ihrer Fernsehansprache allen Briten ein »Frohes neues Jahr« wünscht, ahnt niemand, dass die kommenden zwölf Monate die schrecklichsten im Leben der Königin und die aufregendsten im Leben ihrer Untertanen sein werden. Bei ihrer nächsten Neujahrsansprache wird sie das Jahr ihr »annus horribilis« nennen. Nichts wird mehr so sein, wie es einst war.

Das Jahr des Schreckens

Im Januar stehlen sich Camilla und Charles ein paar wenige Tage, um sie in Highgrove zu verbringen. Ein, zwei Reitjagden über nebelverhangene Felder, Abende vor dem knisternden Kamin mit schöner Musik und Diskussionen um Duchy Originals: das Label, unter dem der Kronprinz später im Jahr Kekse, Marmeladen und andere Waren aus biologischem Anbau von seiner Farm vermarkten will. Es ist nur eine kurze Verschnaufpause für Charles, in dessen Terminkalender sechzehn Auslandsreisen für die nächsten zwölf Monate aufgelistet sind.

Am 4. Februar 1992 geht es los. Weltwirtschaftsforum in Davos, dann drei Tage Oman für den British Council und fünf Tage Indien (Delhi, Jaipur, Hyderabad, Bangalore) mit Diana. Die Tour wird ein PR-Desaster für das Prinzenpaar. Charles hatte den Indern vor Jahren versprochen, irgendwann mit seiner Frau zurückzukehren und das Taj Mahal zu besuchen, das Symbol für die ewige Liebe. Nun war er endlich da mit ihr, doch es sollte anders kommen. Charles hat keine Lust auf gefühlsduselige Fotosessions mit Diana. Für ihn ist es eine glatte Lüge, so zu tun als ob, mit einer Frau, deren Nähe er nicht mehr erträgt. Charles sagt die ganze Veranstaltung vor dem berühmten Liebesdenkmal ab. Während er eine Rede vor Wirtschaftsführern hält, fährt Lady Di jedoch allein dorthin – und macht daraus das erste PR-Statement über ihre gescheiterte Ehe. Die schöne Diana, einsam und melancholisch auf einer Bank vor dem Marmorpalast. Das Foto wird weltweit gedruckt. Reporter James Whitaker schreibt: »Es ließ den Prince of Wales wie einen kompletten Idioten aussehen. Und das war genau das, was Diana wollte.«

Die Pressesekretäre in London brechen in Hektik aus. Eine Strategie muss her, die den schlechten Eindruck wieder wettmacht – und in Zukunft Derartiges entweder verhindert oder ihm wenigstens etwas entgegensetzen kann. Denn Diana wird nicht aufhören, ihren Mann auf diese geschickte Art zu übertrumpfen. Eine Aufnahme, die das Prinzenpaar in Zweisamkeit zeigt, Nähe und Zuneigung bezeugt, das wär's doch. Am besten eine Umarmung oder ein Kuss. Die Presse wartet darauf, hat schon angefragt, warum die beiden sich nicht mehr berühren. Stundenlange Diskussionen mit den Sekretären und Beratern folgen, während das Ehepaar immer noch in Indien weilt. Diana sträubt sich vehement gegen eine von Charles' Leuten initiierte PR-Nummer. Erklärt sich dann aber doch bereit, dabei mitzumachen.

Der 13. Februar, der Tag vor dem Valentinstag, ist für die Aktion auserkoren worden. Charles spielt Polo in Jaipur. Unzählige Fotografen und Fernsehkameras werden bei der Siegerehrung dabei sein. Wenn Diana nach Ende des Spiels schließlich den Pokal überreicht, sollen sie sich küssen. So der Plan. Doch Diana hat einen anderen. Whitaker beobachtet, was er als »die gemeinste Herabwürdigung eines Mannes durch seine Ehefrau vor hunderten von Kameras und 5000 lachenden Indern« beschreibt. Diana, »mit Triumph in den Augen«, lässt seine Lippen fast die ihren berühren, dreht aber in der letzten Sekunde ihr Gesicht weg. Charles versucht zu folgen, und kurz bevor er vornüberkippt, trifft er die Luft nahe ihrem Ohrring. Der Prinz fühlt sich erniedrigt und kocht vor Wut. Nie wieder, schwört er sich, wird Diana ihn vor allen so bloßstellen. Am Telefon, als er mit Camilla spricht, kann er sich gar nicht beruhigen. »Nie wieder! Nie! Sie hält einfach die Spielregeln nicht ein«, schimpft er.

Ein Monsterkrach erschüttert den Hotelflur am selben Abend. Ergebnis: Diana setzt ihre Reise allein fort, begibt sich nach Kalkutta zu Mutter Teresa, ein weiterer ihrer gut geplanten PR-Besuche, und nach Agra. Charles fliegt nach Nepal, trifft König Birendra und geht zwei Tage trecken. Erst in den monumentalen Bergen des Himalajas kann er sich beruhigen. Auf dem gemeinsamen Rückflug spricht das Prinzenpaar keinen Satz miteinander, und kaum in England gelandet, fahren sie in entgegengesetzten Richtungen davon. Charles auf jeden Fall nach Highgrove und in die warme Umarmung von Camilla.

Im März reist er nach Frankreich, trifft in Paris François Mitterrand und hält eine Rede zum fünfundsiebzigsten Jahrestag der britisch-französischen Allianz, danach besucht er zweimal Deutschland, die britischen Militäreinheiten in Paderborn und Berlin, deren Colonel in Chief er ist. Ende des Monats geht's nach Italien, erst Rom, dann Spoleto und schließlich sein geliebtes Florenz, wo Camilla ihn schon erwartet. Für ein paar Tage malen und entspannen sie in den sanften Hügeln der Toskana. Zu Hause, in England, hat sein Pressesekretär währenddessen einen Schlachtplan ausgearbeitet. Die »Charme Offensive« soll das Image des Thronfolgers beim Volk verbessern und die Herzen der Briten zurückgewinnen. Ab sofort wird Charles nicht mehr nur passiv daneben stehen, wenn seine Frau die Pressefotografen bezirzt und einen Punkt nach dem anderen für sich einheimst. Von jetzt an, wird zurückgeschlagen. Das Team ist eingeschworen: alle für einen und alle gegen Diana. Charles hasst ein solches Vorgehen, aber er soll und wird dem Rat Pack in Zukunft ebenfalls positive Geschichten und Gelegenheiten für ihre Kameras bieten. Dianas Vorherrschaft auf dem Gebiet der Medienmanipulation wird jetzt ein Ende haben – das hoffen wenigstens alle. Er wird ihr dieses Feld nicht mehr allein überlassen. Seine Ehre und sein Ansehen stehen auf dem Spiel.

Die erste Aktion ist für Ende März geplant. Diana ist schon mit William und Harry in Lech, sie wollen dort Skilaufen. Aus Mailand fliegt Charles direkt nach Österreich. Als er im Hotel Arlberg erscheint, begrüßen ihn seine Söhne wie geplant vor dem Eingang und vor den Kameras der Paparazzi. Diana wurde befohlen, in ihrem Zimmer zu bleiben. Am nächsten Tag gleich die nächste Aktion, an der die Prinzessin nicht teilnehmen darf: Schneeballschlacht mit den Jungen. Und es klappt. Die Medien fallen darauf rein und drucken die Fotos von drei glücklichen, ausgelassenen Prinzen im Schnee.

Doch dann kommt gleich der Rückschlag. Am 28. März stirbt Dianas Vater Earl Johnnie Spencer. Die Prinzessin ist in Tränen. Sie will sofort zurück nach England – und sie verbietet Charles, sie zu begleiten. Nach stundenlangem Streit und mehreren Telefongesprächen mit den Pressesekretären schaltet sich die Queen ein. Sie spricht mit ihrer Schwiegertochter, ist mitfühlend und tröstet sie, befiehlt ihr aber, nicht ohne Charles nach England zurückzukommen. Diana lenkt ein. Der Kronprinz ist beschämt, dass erst seine Mutter zu

Hilfe eilen musste, um sich bei seiner Frau durchsetzen zu können. Am nächsten Morgen holt ein Flugzeug der Königlichen Flotte die Wales-Familie aus Österreich ab. Charles empfindet ehrlich mit und will seiner Frau in ihrem Schmerz helfen, doch sie schlägt seine Hand weg und spricht während des gesamten Fluges nicht mit ihm. Als sie auf dem Flughafen RAF Northolt landen, zieht Diana einen schweren Koffer aus dem Flugzeug. Das Foto am nächsten Tag erzählt die Geschichte der armen, trauernden Diana, die sogar an diesem schweren Tag nur unsensible Leute um sich hat, nicht einmal jetzt hilft ihr Charles, das Gepäck zu tragen. Ein gemeiner Seitenhieb, der auch genauso bei den Presseleuten ankommt. Dass sie den Koffer unbedingt schleppen wollte, erzählt das Bild nicht. Auch nicht, dass dies völlig bescheuert ist, denn natürlich stehen dafür wie immer Diener und Stewards bereit. Bisher hat Diana außer ihrem Buko und vielleicht einem Kleiderhänger noch nie etwas Schweres aus einem Flugzeug selber getragen. Doch das wird geflissentlich vergessen, würde ja die Story, auf die sich nun alle eingeschworen haben, nur zerstören.

Charles flieht in die Arme von Camilla, und die beiden schließen sich in seinem Studio in Highgrove ein. Diener berichten: »Sie kamen kaum aus dem Zimmer raus. Es war klar, dass etwas Wichtiges vorging. Immer wenn wir Tee oder etwas zum Essen reinbrachten, hörten sie zu sprechen auf.« Vertrautheiten mit dem Personal gibt es hier natürlich nicht. Charles fliegt am 1. April kurz zur Beerdigung seines Schwiegervaters – er hat auf zwei separaten Kränzen bestanden – und kehrt, kaum aus der Kirche heraus, zu Camilla zurück. Wieder ziehen sie sich zurück und reden. Für sie ist der Punkt gekommen: So kann es nicht mehr weitergehen.

Das Maß ist voll. Diese Farce muss jetzt beendet werden. Unendlich lang diskutieren sie, wie das mit Würde und Anstand anzustellen ist. Das Wohl der Söhne und deren Zukunft muss vor allem bedacht werden. Charles beschließt, mit seinem persönlichen Sekretär einen Plan auszuarbeiten.

Im April fahren Camilla und Charles erst einmal zusammen in die Türkei, das letzte Mal hatte es dort ja gut geklappt. Es wurde zwar das Foto mit dem rosa Badeanzug gedruckt, aber ansonsten scheint die Idee, Urlaub auf dem Schiff des Millionärsfreundes und nicht irgendwo an Land zu verbringen, eine sichere zu sein. Während Diana allein, wie sie es gewollt hatte, auf Staatsreise nach Ägypten fährt und sich mit Butler Burrell die Sphinx und Luxor ansieht, paddeln Charles und Camilla im warmen Meer, sitzen irgendwo auf den Felsen und malen. Zur Sicherheit ist auch Andrew für ein paar Tage nachgekommen. Und so erscheint in den britischen Zeitungen ein einziges, eher verwirrendes Bild: Camilla und Andrew sitzen mit dem Prinzen beim Picknick beisammen. Kaum zurück in London, muss das Thronfolgerpaar erneut die Koffer packen, diesmal gemeinsam mit der Ehefrau, denn die Expo in Sevilla ist ein unerhört wichtiger PR-Termin für die britische Wirtschaft. Diana und Charles reißen sich zusammen und stehen die Zeit ohne peinliche Szenen durch.

Am 28. April 1992 wird Prinzessin Anne von Captain Mark Anthony Peter Phillips geschieden, schon plant sie ihre Hochzeit mit Commander Timothy Laurence. Nach Margarets Scheidung von Lord Snowdon ist es die zweite in der Royal Family. Obwohl dies eine peinliche Situation ist, haben alle Beteiligten die Angelegenheit anständig und ohne öffentlichen Skandal über die Bühne gebracht. Die Medien

bekommen keine Gelegenheit, sich an irgendetwas festzu-
beißen. Contenance und Verschwiegenheit ist die Devise, die
eine Royal Princess und ihr Ex-Gatte auch einhalten. Wenn
überhaupt, dann bitte so.

Anfang Mai werden die ersten Berichte in der Presse veröffentlicht, die die lange Freundschaft von Camilla und
Charles zum Inhalt haben. Ein neues Buch ist angekündigt,
von dem Biografen Andrew Morton, und einige Details daraus werden bekannt. Camilla wird plötzlich von Reportern
heimgesucht. Als sie am 14. Mai aus Pisa zurückfliegt, wo sie
mit zwei Freundinnen ein paar Tage Ferien machte, stehen
sie am Flughafen, und einen Abend später wird sie mit Andrew fotografiert, als sie zusammen in Abendgarderobe zum
President's Ball der Royal Horse Show nach Windsor fahren.
Die Zeitungen beschreiben Camilla als »Society Lady« und
als Charles' »Confidante« (Vertraute) bezeichnet. Mehr noch
nicht. Noch ist die Berichterstattung zurückhaltend.

Am 7. Juni platzt dann die Bombe. Die *Sunday Times*
druckt Auszüge aus Mortons Buch *Diana. Her True Story.*
Überall in London hängen die Plakate, die es mit meterho-
hen Fotos der Prinzessin von Wales ankündigen. Tage zuvor
hatte die *Sunday Times* bekannt gegeben, dass sie *Diana.
Ihre wahre Geschichte* als Serie vorab drucken würde. Die
Sonntagszeitung erscheint in einer Auflage, wie es in dieser
Höhe zuvor nie vorgekommen ist. Und da steht es für alle
Briten zu lesen: Dianas Schicksal seit ihrem ominösen
Zusammentreffen mit Charles auf dem Heuballen vor zwölf
Jahren. Ihre emotionalen Qualen, angetrieben durch das Auf
und Ab ihrer Bulimie. Die Selbstmordversuche und ihre
schwierigen Schwangerschaften. Der unhaltbare Druck der
Presse und der Öffentlichkeit, die sie zur Göttin machten. Die

Kälte der Windsors, die ihr keine Hilfestellung gab, sich im komplizierten Prozedere zurechtzufinden. Ihr Kampf, die Kinder normal und modern zu erziehen. Ihr langweiliger und altmodischer Ehemann. Die Palastentourage und ihre Intrigen, die ihr das Leben unerträglich machten. Das Desinteresse und die Lieblosigkeit von Charles, der sie nie unterstützt habe. Ihre schreckliche Einsamkeit. Und wieder und wieder Camilla, die Geliebte ihres Mannes, von der sie schon vor der Hochzeit erfuhr, die auch danach ihre Nebenbuhlerin blieb und die sie bis in ihre Träume verfolgte – und die an der ganzen Misere die Schuld trägt. Wie sie mit Charles schon auf der Hochzeitsreise telefonierte, wie sie in Highgrove Hausfrau spielte, wenn Diana nicht da war, und dass ihre Spitznamen Gladys und Fred sind ...

Alles in allem eine grauenhafte Anklage, voller Wut, Verzweiflung, Eifersucht und Hilflosigkeit. Und gleichzeitig der erste Einblick in den Alltag der Royals und in die Boudoirs des Buckingham-Palasts, den die Briten so noch nie geboten bekamen. Eine Ungeheuerlichkeit. Dies war nicht nur ein kleiner Riss im Vorhang, der Tageslicht auf das Mysterium der Monarchie fallen ließ – es war gar keiner mehr da. Es ist wie in dem Märchen, in dem der König (in diesem Fall Prinz Charles) ohne Kleider dasteht, und das kleine Mädchen (Diana) ruft: »Aber er hat ja gar nichts an!«

Alle im Palast, an der Mall und in den Büros der Fleet Street spekulieren, inwieweit Diana daran mitgewirkt hat, oder ob das alles nur eine Erfindung des Autors ist, und der ein schlimmer antiroyaler Finger ist. Morton verteidigt sich und lässt wissen, dass Freunde der Prinzessin ihm ins Tonband diktiert haben. Das wiederum, so glauben nun die meisten, ist ohne das Okay von Diana nicht machbar. Und sie haben Recht. Wie sich später herausstellen wird, hat Lady Di zwei Jahre lang ihrem Freund James Colthurst, der als Mittler zwischen Morton und ihr fungierte, Tonbänder besprochen, aus denen Morton dann mit zusätzlichen Recherchen bei Freunden der Prinzessin das Buch zusammenschrieb. Abgemacht ist, dass Dianas Kooperation offiziell nicht zugegeben wird. Doch es stellt sich bald heraus, dass sie nicht nur mit dem Biografen aktiv zusammengearbeitet hat, um Charles zu schaden. Der englische Historiker Paul Johnson findet: »Mortons Buch war der bitterste Schlag gegen die britische Monarchie seit der Abdankung Edward VIII. Es ist allerdings wichtig zu erkennen, dass der Schaden vollkommen selbst zugefügt worden ist.«

Schockwellen laufen durch die Flure und Salons der königlichen Paläste. Fassungslosigkeit überall. Bisher hatte der eine oder andere Diener schon mal Indiskretionen gegen Honorar an die Medien verraten und wurde dafür als Wurm geächtet und gefeuert, wenn es herauskam. Doch eine königliche Hoheit, deren Pflicht es ist, die Monarchie aufrechtzuerhalten und den Generationenvertrag der Royal Family zu erfüllen, zwingt diese nun in die Knie, indem sie Familieninterna verrät. Schlimmer noch, die zukünftige Königin wäscht ihre dreckige Wäsche in der Öffentlichkeit. Unfassbar. Ungeheuerlich. Unverzeihbar. Von der königlichen Familie hat Diana nichts mehr zu erwarten. Sie hat das ultimative Gesetz der Royals gebrochen. Sie ist draußen, sie weiß es nur noch nicht.

Vorerst herrscht, während sich die Presse überschlägt, hinter den Palastmauern die absolute Ruhe. »No comment« heißt es aus dem königlichen Pressebüro, und es gibt auch keine Infos von den sonst so »gut informierten Personen innerhalb des Palastes«. Das große Schweigen überall. Charles schweigt. Die Queen und Prinz Philip schweigen. Camilla schweigt. Alles geht weiter wie bisher, Termine werden nicht abgesagt oder umgelegt, und selbstverständlich gibt niemand eine Pressekonferenz. Nur von Andrew Parker Bowles ist ein Satz zu hören. »Blödsinn, alles absoluter Blödsinn. Ich werde das nicht kommentieren«, sagt er Reportern vor seiner Wohnung in Kensington. Die Pro-Charles-Journalistin Penny Junor schreibt im *Express* einen Artikel, der den Titel trägt: »Charles. Seine wahre Geschichte«. Es ist eine Gegenattacke. Doch ihre Versuche zu erklären, warum er aus der schwierigen Ehe ausbrach, machten die ganze Sache nur noch schlimmer, denn dadurch wird indirekt zugegeben, dass er eine Beziehung zu Camilla hat – und das schon lange. Gute Freunde versuchen eine Schadensbegrenzung. Sie behaupten: »Alles erfunden. Die Ehe von Camilla und Andrew funktioniert. Der Thronfolger und Camilla sind nur gute Freunde.«

Charles und Camilla sind jetzt endgültig davon überzeugt, dass Diana nicht nur schwierig, aufsässig und mediengeil ist, sondern auch noch total verrückt. Denn natürlich glaubt Charles ihr nicht, als sie schwört, sie habe mit dem Buch nichts zu tun. Mit Camilla verabredet er, dass sie sich in Zukunft, nun, da überall die Presse herumstöbert, noch vorsichtiger verhalten müssen. Vor Middlewick House kampieren die Reporter seit Tagen, und es werden immer mehr. Aber auch vor Highgrove lungern hunderte von Fotografen herum. Es gibt kaum Chancen, sich heimlich zu sehen. Da ebenfalls etwas über die Safe Houses veröffentlicht wurde, ist diese Möglichkeit nun keine mehr. Camilla soll erst einmal untertauchen. Sie fährt mit ihrer Schwester Annabel zum Schwager nach Wales. Im Moment bleibt ihnen nur das Telefon, um sich ihr gegenseitiges Entsetzen zu erzählen und sich zu trösten.

Doch Camilla wäre nicht Camilla, wenn sie nicht vorher noch ein Statement setzt. Die Königin hatte die Parker Bowles zum Queens Cup in die königliche Loge nach Windsor eingeladen, an sich schon ein Momento, das viele erstaunte. Hatte sie nicht irgendwann einmal Befehl gegeben, dafür Sorge zu tragen, dass sie niemals mit der Mätresse ihres Sohnes offiziell zusammentrifft, wenigstens nicht im selben Raum? Und jetzt sollte das passieren, in einer Zeit, in der Dianas Story die Briten schockt.

Nun waren die Einladungen natürlich schon vor Wochen rausgegangen, aber es hatte niemand bei Camilla angerufen und sie gebeten, diese nicht anzunehmen. Und so erscheint sie mit Sohn Tom und Andrew. Hoch erhobenen Hauptes schreitet sie in die Loge, fröhlich wie immer, mit Bekannten und Freunden plaudernd und Champagner schlürfend. Und sie trägt ein Kostüm, dessen Karomuster »Prince of Wales Check« heißt. Ein mutiger Witz, der keinem der Gäste verborgen bleibt, auch den Presseleuten nicht. Einem *Daily Star*-Reporter gibt Camilla zu verstehen: »Ich habe absolut nichts dazu zu sagen.« Sie benimmt sich einfach königlich: verschwiegen, loyal und immer mit Rückgrat. Das erkennt auch die Queen an. Charles, der woanders Polo spielt und verliert, ist stolz auf Camillas Chuzpe – und lacht über ihre eindeutige Message.

Nur einmal rastet Camilla völlig aus, und auch das einzig hinter verschlossenen Türen. Aber so wütend hat sie zuvor noch keiner je gesehen. Als die *Sun* eine Geschichte mit weiteren Details über Dianas Leben bringt, erzählt Morton, dass

Prinzessin Di so verzweifelt über Camilla war, dass sie nicht mal mehr ihren Namen aussprechen konnte und sie nur noch als »the Rottweiler« titulierte, wenn sie über ihre Nebenbuhlerin sprach. Camilla weiß das zwar, denn Charles hatte ihr das längst erzählt, und sie haben ihre Witze darüber gerissen, aber dass nun ganz Britannien sie als geifernden Rottweiler sieht, bringt Camilla in Rage. Sie ruft eine Freundin an, um ihre Empörung loszuwerden. »Sie konnte die Worte gar nicht schnell genug herausbringen«, erzählt diese. »Sie fühlte sich machtlos und entwürdigt. Es gab keine Möglichkeit zurückzuschlagen. Sie konnte die Zeitung ja nicht anrufen und sich beschweren, denn dann hätte sie die Affäre zugegeben.«

Nach der Veröffentlichung von Mortons Buch zieht Charles ganz nach Highgrove und beauftragt den Inneneinrichter und Freund von Camilla, Robert Kime, alle Spuren Dianas zu entfernen. Raus mit dem Chintz und runter mit den apfelgrünen und rosa Tapeten. Weg mit den Designermöbeln und dem ganzen Chichi, stattdessen viele Rot- und Brauntöne und große, ausladende Rosenholzmöbel. Und gemütliche Kaminbänke, Tapisserien und Spiegel werden angeschafft. Aber auch Diana beendet symbolisch, was schon lange nicht mehr stattfindet. Sie lässt das viktorianische Mahagoni-Ehebett abholen und in die Royal Collection nach Windsor schaffen.

In der folgenden Woche geht ihr auf, dass sie den zweitgrößten Fehler ihres Lebens gemacht hat, und sie beginnt es schon zu bereuen. Der Stress wird unerträglich — sie hat täglich Sitzungen mit ihrem Psychiater Stephen Twigg —, und bei einem Besuch im Altenheim von Southport, Merseyside, bricht sie weinend zusammen. Doch die königliche Routine geht weiter, als wäre nichts geschehen. Mitleid hat sie vom Palast nicht mehr zur erwarten.

In Ascot erscheint Diana mit Charles und all den anderen Familienmitgliedern in der Royal Enclosure. Dort snobbt sie Prinz Philip, für alle zu sehen. Ostentativ dreht er sich von ihr weg. Aber ansonsten präsentieren sich sämtliche Royals in gewohnter Harmonie. Beim jährlichen Treffen der Ritter des Hosenbandordens kurz darauf fahren Charles und Diana zusammen in der Kutsche zur Kirche und wieder zurück ins Schloss. Sie wechseln kein Wort.

Camillas Mann und die gemeinsamen Kinder sind während der Krise in der schwächsten Position. Zum ersten Mal wird Andrew Parker Bowles in der Öffentlichkeit beleidigt. Der junge Lord Spencer-Churchill ist beschwipst und ruft dem Brigadier bei den Ascot-Rennen zu: »Hey, Ernest Simpson, Ernest Simpson. Komm doch hierher.« (Ernest Simpson war der Noch-Ehemann von Wallis, als sie schon das Bett mit Edward VIII. teilte.)

Andrew bleibt wie vom Blitz getroffen stehen, zitiert im Kasernenhofton den jungen Adeligen zu sich, greift ihn am Arm und sagt: »Ich will nie wieder so etwas hören. Nie wieder sprichst du mich so an. Nie wieder! Hörst du!« Des Grafen Arm ist am nächsten Morgen blau und grün. Eher glutrot und lila ist das Auge eines Kommilitonen von Tom Parker Bowles, der die Ehre seine Mutter im Umkleideraum von Eton mit den Fäusten verteidigt. Einige Zeit später überhört Andrew in seinem Club eine Unterhaltung.

Ein Mitglied sagt: »Da geht der feinste Mann Britanniens. Er ist der Krone gegenüber so loyal, dass er sogar seine Frau zum Wohle des Landes hergibt.« Diese Bemerkung verletzt Camillas Ehemann tief. Es wird sich über seinen Status als

Offizier und Gentleman lustig gemacht, und das ist für den loyalen Mann nur schwer zu ertragen.

Am 16. Juni erscheint dann Mortons Buch, und nun können alle Briten selber nachlesen, was in den Zeitungen nur auszugsweise stand. In Highgrove kommt am Abend vorher ein Fax an, in dem die Romseys mitteilen, sie hätten mit dem – damaligen – Chefredakteur der *Sunday Times*, Andrew Neil, gesprochen, und der habe ihnen gesagt, dass Diana an dem Buch mitgewirkt habe, er hätte die Tonbänder selber gehört. Charles, der jetzt den Beweis in Händen hat, explodiert: »Das werde ich ihr nie vergeben, niemals.«

Zu Hause bei Camilla schleppt der Briefträger jeden Tag säckeweise Post die Auffahrt hinauf. Ausschließlich sind es beleidigende und obszöne Schreiben von Diana-Bewunderern. Camilla ist jetzt die böse Hexe von Wiltshire, die die Märchenehe zerstört hat, die hässliche, schlampige Person, die der Traumprinzessin das Leben schwer macht. Und jeden Tag steht wieder irgendetwas Böses über ihr Aussehen, ihr Benehmen oder ihren Charakter in der Boulevardpresse. Selbst die seriösen Tageszeitungen lassen sich diese grandiose Geschichte nicht mehr entgehen, erzählen alle Details aus Mortons Buch noch einmal nach und recherchieren oder erfinden noch ein paar saftige Details dazu.

Plötzlich fallen lauter gut informierte Personen aus den Büschen, die etwas beobachtet oder schon immer gewusst haben. In der *Daily Mail* steht: »Camilla hat eine aristokratische Arroganz, die sie völlig unempfindlich macht für die Gefühle anderer.« Die Geliebte von Charles ist verzweifelt, kann ohne Belästigung nicht einmal mehr einkaufen gehen. Sie muss eine neue Telefonnummer beantragen, denn der Apparat steht ebenfalls nicht still. Hasserfüllt schreien Leute irgendetwas hinein, wenn sie drangeht. Doch die Familie und sämtliche Freunde stehen zu ihr, kümmern sich um sie. Charles ruft ständig an, und ab und an schaffen sie es, sich zu sehen. Einmal lässt sich der Kronprinz mit einem Farmauto spät abends nach Middlewick House bringen, versteckt unter einer Decke hinter dem Rücksitz. Camilla erzählt ihm nicht, wie scheußlich ihr mitgespielt wird, etwa von den Reportern vor ihrem Haus, von denen einer sogar in ihr Gästeklo einstieg, oder dem Fotografenehepaar Wakeham, das sich im Haus gegenüber einquartiert hat und Andrew Prügel angedroht hat, nachdem sie sein Auto bis zur Haustür verfolgten und dabei schrien: »Krieg dem Bastard.« Das erzählt sie nur ihren Freunden, denen sie aber verbietet, es Charles zu sagen: »Bitte, erzählt ihm nichts darüber, er würde sich nur aufregen und sehr besorgt sein. Bitte nicht.« Um dem Trubel in Wiltshire zu entgehen, fährt sie mit den Eltern und Schwester Annabel nach Venedig ins Hotel Cipriani, malt dort und sieht sich die Stadt an. Sie hat zehn Kilo abgenommen, und man sieht ihr an, dass sie das alles ziemlich mitnimmt.

Das Volk ist auf Dianas Seite, voller Mitleid für ihre Qualen, die das Königshaus, der Thronfolger und Camilla ihr offensichtlich bereitet haben. Die Umfragen für Charles weisen die schlechtesten Ergebnisse auf, die es je gab. Manche Zeitungen stellen schon die Frage: »Ist er fit, König zu sein?«

Charles trifft sich in Windsor zu einer Krisensitzung mit der Queen, Diana und den jeweiligen Privat- und Pressesekretären. Es muss eine einheitliche Front gezeigt werden. Charles darf Camilla nicht mehr wiedersehen. Und es wird eine gemeinsame Sommerferienreise geben, offiziell als Aussöhnung und zweite Flitterwochen deklariert. Und basta!

Der Queen reicht es jetzt mit ihren Kindern. Was ist das nur für ein Jahr? Erst lässt sich Anne scheiden, und dann will ihre Tochter gleich einen anderen heiraten. Andrew und Fergie haben ebenfalls Ehekrach, denn die Schwiegertochter wird mit ihrem Lover John Bryan in Südfrankreich zehenlutschend fotografiert, während die kleinen Prinzessinnen zuschauen. Edward wiederum gibt in einem Interview einen merkwürdigen Satz von sich; er sagt, obwohl er gar nicht danach gefragt wurde: »Ich bin nicht schwul.« Spekulationen darüber, dass ihr jüngster Spross homosexuell sein könnte, weil selten mit Damen im Gefolge und immer noch nicht verlobt, hatte die Queen bisher nur munkeln gehört und nichts darauf gegeben. Und jetzt auch noch das Desaster mit den Wales. Aber das war noch nicht alles, was Elizabeth II. aushalten musste. Es sollte noch schlimmer kommen.

Zur Sicherheit fahren Prinzessin Alexandra Ogilvy und ihr Mann, die Romseys und ihre Kinder, aber auch William und Harry mit in die inszenierten Sommerferien. Das Schiff des griechischen Reeders und Millionärs Spiros Latsis ist groß genug, sodass Diana und Charles getrennte Kabinen beziehen können. Sie sprechen kaum ein Wort miteinander, und Diana speist meistens allein mit den Kindern. Es ist lachhaft, der Presse zweite Flitterwochen vorspielen zu wollen, wenn die Protagonisten sich sogar in Reichweite der Kameras nicht die geringste Mühe geben.

Am 24. August ist es mit der heiligen Diana zu Ende — und für ein paar Wochen verschwindet das Camilla-Charles-Thema aus den Schlagzeilen. Die *Sun* veröffentlicht die Tonbänder, auf denen das Gespräch zwischen James Gilbey und der Prinzessin vom Neujahr 1989 mitgeschnitten war. Über eine Hotline kann sich jeder anhören, was der Gebrauchtwagenhändler und Diana sich zu erzählen hatten. Sie erfahren was von Masturbation und der Angst, schwanger zu werden, davon, dass Lady Di Gilbey liebt und ihn heimlich bei Mara Berni im San Lorenzo getroffen hatte. Und dass Gilbey nicht der erste Lover war. Sie berichtet, wie sie James Hewitt auf eigene (Charles!) Kosten einkleidete. Ein Satz der Prinzessin schockt die königliche Familie aber mehr, als alles naive Sexgeplänkel. Diana beschwert sich über die Haltung der Windsors und sagt: »Und das nach allem, was ich für die fucking family getan habe.« Eine amerikanische Zeitung druckt das gesamte Gespräch ab, und die peinliche Angelegenheit geht als »Dianagate« in die Annalen der britischen Pressegeschichte ein. Man kann sich vorstellen, dass die Queen und Prinz Philip von ihrem Sofa kippten und einen steifen Drink orderten, als sie das lasen.

Im Buckingham-Palast wird nicht lange gefackelt. Sofort beginnt man, an einer Trennungsvereinbarung für Charles und Diana zu tüfteln. In Balmoral treffen sich die Queen, Prinz Philip, Diana und Charles und handeln eine dreimonatige Karenzzeit aus, in der die beiden versuchen sollen, ihre Ehe zu retten und gemeinsam zum Wohle der Monarchie ihre Pflicht zu tun. Erst wenn das scheitern sollte, könne man über eine informelle Trennung reden. Eine Scheidung komme nicht infrage, sagt Philip und droht der Prinzessin von Wales damit, dass sie dann ihre Söhne verlieren würde. Dianas einzige Rolle in der Familie könnte die der Mutter sein. Sonst aber keine. Unmissverständlich und hart wird ihr zu verstehen gegeben, dass eine weitere für sie nicht vorgesehen ist. Diana sagte später zu einer Freundin: »Nur über meine Leiche werden sie mir die Kinder nehmen können.«

Die grauen Eminenzen lancieren die Informationen über die Rettungsversuche der Ehe an die Presse weiter. Die Freunde von beiden müssen ebenfalls mitspielen und geben Interviews, die den gleichen Inhalt haben. Camilla sieht ein, dass sie Charles nicht treffen kann, sagt, sie sei darüber zwar traurig, aber für König und Vaterland stehe sie zurück. So der allgemeine Tenor. Die *News of the Day* bringt die Schlagzeile: »Charles und Camilla beenden ihre Freundschaft. Di akzeptiert keine halben Sachen mehr, nur noch den ungeteilten Einsatz von Charles.« Natürlich glaubt kaum jemand die Charade, weder in der Presse noch im Palast noch im Freundeskreis von Di oder Charles. Aber alle verabreden im Moment, d'accord zu sein.

Charles kommt seit Jahren zum ersten Mal nicht zu Camillas Geburtstagsparty, geht stattdessen in ein Theater und sieht ein Stück von Shakespeare. Allerdings telefonieren sie über eine Stunde via sichere Leitung miteinander. Den August verbringen wieder alle in Balmoral, nur Camilla und Andrew sind diesmal nicht unter den geladenen Freunden, was die Presse bemerkt – und auch bemerken soll. Ebenso, dass Charles sich nach einer Knieoperation allein im südfranzösischen Le Barroux erholt und nur seine australische Physiotherapeutin dabei hat.

Die Show scheint anzukommen. In Wahrheit natürlich alles Quatsch. Es hat sich nichts geändert. Das Telefon verbindet Camilla mit Charles auch in Frankreich – und in Balmoral sowieso. Eine Freundin, die von den Gesprächen erfährt, sagt: »Ich war erstaunt, wie häufig er mit ihr telefoniert. Ich würde verrückt werden, wenn mich jemand so oft anrufen würde. Aber sie scheint diese Art von Abhängigkeit von ihm zu lieben.« Wann immer es möglich ist, treffen sich Camilla und Charles. Bei Freunden, die ein großes uneinsichtiges Parkgelände haben, oder nachts, wenn die Reporter schlafen gegangen sind, dann rollen die unterschiedlichsten Wagen ohne Licht auf den Wirtschaftshof von Highgrove oder Middewick House.

Beim Memorial Service für die Schlacht in Al Alamein gegen die Deutschen begegnen sich Diana und Camilla in der Kirche. Es ist Oktober. Camilla ist dort mit ihrem Vater, dem Kriegshelden, der für seine Tapferkeit in Nordafrika zwei hohe Orden bekommen hatte. Eingesprungen ist sie in letzter Minute für ihre kranke Mutter. Diana, in einem neuen Outfit, geht an Camilla vorbei und starrt ihr extra lange und giftig ins Gesicht. »Der Blick ließ einem das Blut in den Adern gefrieren«, sagt eine Zeugin. Eine peinliche und kindische Reaktion, für die Charles später bei seiner Geliebten um Verzeihung bittet. »Es ist nichts, für das du dich entschuldigen müsstest, Liebling«, antwortet Camilla. »Ich weiß, dass viele Leute mich in dieser ganzen Geschichte als die böse Frau sehen wollen. Aber du kennst die Wahrheit, und das ist das Einzige, was mich interessiert. Mit deiner Unterstützung kann ich alles ertragen.« Die Presse allerdings schlägt auf Mrs. Parker Bowles ein und findet, sie hätte dort nicht erscheinen dürfen, außerdem hätte sie in ihrem dunkelblauen Kostüm wie eine alte Krähe ausgesehen. Die *Sun* geht sogar so weit und schreibt: »Memorial-Tag zerstört durch Camilla.« Das alles ist sehr traurig für den alten Veteranen und Vater, dem die ehrenvolle Zeremonie verdorben wurde. Und die Queen ist empört, dass eine so wichtige Erinnerungsfeier zum Zickenkrieg degradiert wurde. Sie verbittet sich dieses Benehmen für alle Zukunft – was an Diana gerichtet ist.

Im November wird die anstehende Reise nach Südkorea mit positiven Schlagzeilen eingeleitet. Der Palast hat einen Deal mit den Chefredakteuren gemacht, die sich bereit erklären, gegen besseres Wissen mitzuspielen. Der *Daily Express* veröffentlicht eine Geschichte, die die Überschrift trägt: »Warum Charles und Di wieder zusammen sind«, und die *Daily Mail* zieht mit: »Die Hoffnung wächst, dass die Ehe wieder funktioniert.« Doch schon im Flugzeug streiten Diana und Charles sich so, dass sie beim Aussteigen in Seoul immer noch hochrote Köpfe haben. Fünf Tage führen sie der Welt vor, wie sehr sie sich hassen. Es ist ein einziges Desaster. Diana dreht sich ostentativ weg, wenn Charles neben ihr steht, und sie dreht die Augen gen Zimmerdecke, wenn er eine Rede hält. Der einzige Satz, den Charles während dieser Zeit zu Diana sagt, lautet: »Steig du bitte rechts aus dem Wagen.« Ein Diplomat aus der britischen Botschaft fasst zusammen: »Die Koreaner verstanden gar nichts. Sie hatten das wunderbare Märchenpaar erwartet, und was sie bekamen war *A Nightmare on Elm Street*.«

Charles erklärt nach seiner Rückkehr: »Sie ist unmöglich. Sie gibt sich nicht die geringste Mühe. Und ehrlich gesagt, es ist mir auch egal. Jetzt muss alles seinen natürlichen Weg gehen. Ich wäre doch verrückt, wenn ich mit dieser Frau weitermache.« Und Diana erzählt einer Freundin: »Es ist vorbei. Ich will raus aus dieser verdammten Familie, und es kümmert mich nicht, was die Auswirkungen sein werden.«

Kurz danach erscheint im Büro von Charles ein Diener und schiebt vor den Schreibtisch des Privatsekretärs mehrere rollende Klamottenständer, mit Uniformen und Anzügen, die Charles noch im Kensington-Palast hatte. Dazu eine Kiste mit privaten Dingen, darunter auch die Manschettenknöpfe von Camilla. Diana will alles aus dem Haus haben, was sie an Charles erinnert. Sein dortiges Büro lässt sie in einen Salon für die Söhne umdekorieren. Außerdem reißt sie den Teppich mit den Prinz-of-Wales-Federemblemen raus und lässt einen neuen verlegen. Und sie macht einen Termin mit ihrem Anwalt Paul Butner von Wright, Son & Pepper. Er soll eine Trennungsvereinbarung mit dem Anwalt der Queen, Sir Matthew Farrer, aushandeln – und zwar schnell. Zudem verlangt sie eine Bekanntgabe der Trennung durch den Premierminister. Die Queen lehnt ab. Diana zieht ihren Trumpf aus dem Ärmel und sagt: »Dann gebe ich meine eigene Ankündigung am 12. Dezember heraus.« Das ist der Tag von Prinzessin Annes zweiter Hochzeit. Die Queen ist entrüstet, lenkt aber ein und sagt ihrem Sekretär: »Ich denke, dann werden wir dem anstrengenden Mädchen wieder einmal geben, was sie verlangt. Ich werde es nicht erlauben, dass Annes Tag ruiniert wird. Instruieren sie den Premierminister entsprechend.« Doch zuvor schlägt noch eine weitere Granate ein.

Drei Tage vor dem vierundvierzigsten Geburtstag des Kronprinzen, am 10. November, erscheint der *Daily Mirror* mit einem Exklusivbericht: »Camilla vertraulich: Charles' andere Frau«, in dem auch die Story des Sicherheitsbeamten vorkommt, der damals durch den Vorhang lugte. Am nächsten Tag folgt Teil zwei: »Charles' heimliches Bettgeflüster«. Auf Seite achtzehn ist alles über das Telefongespräch zu lesen, das Charles und Camilla zwei Jahre zuvor geführt hatten. Aus rechtlichen Gründen allerdings nur in Erzählform, nicht als Dialog. Doch nichts wurde ausgelassen, jedes Detail erwähnt: die Verabredungen, die Diskussionen um die Safe Houses, dass Ehemann Andrew nicht da sein darf auch keine Kinder und immer wieder die Liebesschwüre. Andrew Parker

Bowles ist der Erste, den die *Mail*-Reporter persönlich erwischen. Er soll einen Kommentar zum Bettgeflüster abgeben. Als er aus seiner Wohnung tritt, wird er von ihnen zur Rede gestellt. »Alles Fiktion«, sagt er. »Es ist nicht wahr.« Camilla schweigt, wie immer, und vom Palast gibt es nur das übliche »No comment«.

Für Charles und Camilla kommt die Veröffentlichung nicht überraschend. Lässt man einmal die Geschichte beiseite, dass Diana schon zu Weihnachten vor zwei Jahren mit einem Tonband gedroht haben soll, dann weiß Charles spätestens seit Juli aus dem *Spectator*, dass »höchst schädigendes Material für die Royal Family« in den Safes von Murdochs Pressehauptquartier in London existiert, Tonbänder, die als »Squidgytape« und als »Camillagate-Tape« bezeichnet werden. Charles hatte mit Camilla darüber diskutiert, und für einige Zeit überlegt, ob er eine Verfügung gegen deren Publizierung erwirken sollte. Aber seine Berater entschieden dagegen. Zu viel Wirbel. Ein Verbot hätte die Spekulationen nur noch schlimmer gemacht, er wäre aller möglichen Dinge beschuldigt worden. Und vor allem wäre Camilla wieder in das Zentrum des Hurrikans gezogen worden. Und da Charles dies auf gar keinen Fall wollte, entschieden sie, sie würden es aussitzen, denn einen Skandal gäbe es eh. Und nun, kurz vor seinem Geburtstag, war er da. »Wahrscheinlich hatte er die heimliche Hoffnung, dass das Volk nach den Squidgytonbändern vielleicht nicht mehr so geschockt sein würde über seine nächtlichen Konversationen mit Camilla«, sagt ein Freund. Doch da sollte Charles sich gründlich irren – und für immer bereuen, dass er Rupert Murdoch nicht doch seine Anwälte auf den Hals gehetzt hatte, um die Veröffentlichung zu untersagen.

308

Für die Queen ist das Horrorjahr ebenfalls noch nicht beendet. Neben all den familiären Katastrophen bricht ein Feuer in Windsor Castle aus. Am 20. November, ihrem fünfundvierzigsten Hochzeitstag mit Prinz Philip, schlagen Flammen aus dem so geliebten Schloss und zerstören ein Fünftel des Gebäudes und viele unersetzbare Kunstschätze – eine echte nationale und persönliche Katastrophe. Geschockt geht sie nach den Löscharbeiten in den noch rauchenden Trümmern herum, und sie erscheint noch kleiner und älter, als sie in Wirklichkeit ist.

Am 9. Dezember 1992 ergreift Premierminister John Major im House of Commons das Wort und erklärt: »Buckingham-Palast hat mit Bedauern die Trennung von Prinz und Prinzessin von Wales bekannt gegeben. Ihre Hoheiten haben nicht den Plan, sich scheiden zu lassen. Ihre konstitutionellen Positionen sind dadurch nicht betroffen.« Diana hatte ihren Willen durchgesetzt. Camillas merkwürdiger Kommentar: »Ich werde keine Stellung dazu nehmen. Wenn etwas falsch gelaufen ist, fühle ich mit ihnen, das ist doch klar.«

Am 12. Dezember heiratet Prinzessin Anne ihren Commander Tim Laurence in einer familiären Atmosphäre. Um Dianas Erscheinen wurde nicht ersucht. Von nun an ist die Prinzessin von Wales bei den Royals und deren Freunden eine Außenseiterin. Queenfreundin Lady Colin Campbell: »Ihre Taten wurden als frevelhaft und abscheulich angesehen. Und so wurde sie von diesem Tag an aus der Familie verstoßen, wurde zur Geächteten. Die Familie fühlte sich von ihr verraten.«

Zu Weihnachten spürt Diana zum ersten Mal, was es bedeutet, nicht erwünscht zu sein. Die Queen hat befohlen, dass die beiden jungen Prinzen mit ihrem Vater in Sandringham feiern. Diana muss die Feiertage bei ihrem Bruder in Althorpe verbringen, einsam und tränenreich. Ihr wird langsam klar, dass sie zwar den Kampf gegen ihren Mann gewonnen und das Ansehen des Thronfolgers zerstört hatte, aber den Krieg gegen das Haus Windsor würde sie verlieren. So einfach würden sich die Royals nicht in die Knie zwingen lassen. Und der Krieg hatte gerade erst begonnen.

Camillagate: Monarchie in der Krise

Das Jahr beginnt mit schlechten Nachrichten. Camilla hatte nach dem Tod der Großmutter einen Teil ihres Erbes investiert und war ein »Name« (Gesellschafter) bei dem Versicherungsgiganten Lloyd's of London geworden. Jahrelang kamen erfreuliche Auszahlungen, die ihre Haushaltskasse aufbesserten. Doch nun ist dieser Geldsegen ins Gegenteil gekehrt. Als »Name« muss sie anteilig auch haften, wenn es andersherum geht und Negativbilanzen zu verzeichnen sind. Und das genau war letztes Jahr passiert. Etwa zwei Milliarden Pfund Verlust verzeichnet Lloyd's, und Camillas Anteil beträgt dabei rund 30 000 Pfund. Allerdings befindet sie sich in bester Schuldnergesellschaft. Prinz und Prinzessin Michael von Kent, ein Vetter von Queen Mom, ihre Freunde Lord und Lady Romsey und viele andere aus dem britischen Hochadel sowie aus der Royal Family müssen zahlen. Manche so viel, dass in den kommenden Monaten herrliche Landsitze, Villen, Gestüte, teure Bilder, antike Möbel, Oldtimersammlungen und berühmte Weinkeller zu kaufen sind. Da ist Camillas Schuldenlast vergleichsweise gering, und mit jetzt fünfundvierzig Jahren hat sie noch genug Zeit, sie abzustottern; aber sie wird sich in Zukunft einschränken müssen.

Am 12. Januar 1993 abends klingelt das Telefon in Middlewick House. Camilla nimmt den Hörer ab. Ein Reporter des *Standard* erzählt ihr, dass eine australische Zeitung am nächsten Tag das Telefongespräch mit Charles vom Dezember 1989 wortgetreu abdrucken wird – und möchte ihre Stellungnahme. Camilla lässt sich den Artikel vorlesen und ist geschockt. Ihre Antwort ist unerwartet heftig, Horror ist daraus zu hören: »Das glaube ich nicht. Ich kann's nicht fassen. Ich muss meinen Mann sprechen. Er ist auf dem Weg nach Hause.« Diese Reaktion hat der Reporter nicht erwartet. Statt an Charles denkt sie zuerst an Andrew.

Aber das ist nicht eigentlich verwunderlich. Camilla wusste, dass dieses Damoklesschwert schon seit letztem Herbst über ihr und Charles schwebte. Sie hatten das ja ausgiebig diskutiert. Dass das Gespräch nun doch und schon so bald und in allen Einzelheiten veröffentlicht würde, hat sie dennoch total überrascht. Andrew war nicht vollends eingeweiht worden, und so ist natürlich ihr erster Gedanke, ihren Ehemann zu informieren, damit er nicht unvorbereitet in diese unfassbare Situation schliddert. Denn Camilla ist klar, die Veröffentlichung ist nicht nur wahnsinnig peinlich, sondern auch der erste wirkliche Beweis für die Intensität und die Langjährigkeit ihrer Affäre. Am wichtigsten aber ist, dass diese scheußliche Art der Öffentlichmachung die Geschäftsgrundlage ihrer Partnerschaft mit Andrew zerstört. Außerhalb des engen Freundeskreises sollte ja niemals jemand von Camillas Mätressenstatus erfahren und auch nicht von Andrews amourösen Abenteuern. Sie hatten gemeinsam alles getan, um diese Tatsachen zu vertuschen. Nun aber steht der stolze Offizier, für alle Briten offensichtlich, als gehörnter Ehemann da, der seine Frau nicht nur an einen anderen verloren hat, sondern auch noch jahrelang dabei zugesehen hat. Sein Ansehen als Mann und Militär ist nicht nur zerstört, sondern es ist weitaus schlimmer: Er wird der Lächerlichkeit preisgegeben.

Was nach der Ankunft von Andrew an diesem Abend abläuft, ist nicht bekannt. Aber es ist auch nicht sonderlich schwer, sich das vorzustellen. Wut, Tränen, Verzweiflung und wieder Wut. Doch sehr lange werden die Parker Bowles sich diesen Emotionen nicht hingegeben haben. Beide mit einem stählernen Rückgrat gesegnet, gehen das Problem praktisch an. Hysterie ist ihnen ein Fremdwort, und entsprechend wird gehandelt. Der erste Gedanke gilt den beiden Kindern, Laura, jetzt vierzehn, und Tom, achtzehn. Telefonisch informieren sie sie in ihren Internaten, was morgen und in der nächsten Woche wahrscheinlich auf sie zukommen wird. Dann glühen die Leitungen, denn natürlich müssen beide Eltern, die Shands und die Parker Bowles, ebenso unterrichtet werden wie die Geschwister und die engsten Freunde. Vor allem die, die auf dem Tonband namentlich genannt sind und ihre Häuser zur Verfügung gestellt hatten. Sie werden demnächst Horden von Presseleuten vor ihren Türen vorfinden. Familie und Freunde beschließen: Egal, was kommt, bloß keinen Kommentar abgeben, nichts zugeben und nichts dementieren.

Später telefoniert Camilla dann mit Charles. Der Prinz ist in Schottland und besucht Schafzüchter auf den Shetland-Inseln, die durch den Untergang des liberianischen Tankers *Braer* und der darauf erfolgten Ölpest schwer geschädigt wurden. Dort hat ihn der Privatsekretär der Queen, Sir Robert Fellowes, der gleichzeitig der Schwager des Thronfolgers ist (verheiratet mit Dianas Schwester Jane), von der Veröffentlichung in Australien unterrichtet. »Oh Gott«, ist Charles' einziger Kommentar. Seine Eltern und die Großmutter sind bereits informiert. Die Kenntnis über diese erneute Enthüllung aus dem Privatleben des Kronprinzen hat sicherlich den einen oder anderen Whisky die königlichen Kehlen hinablaufen lassen.

Charles teilt Camillas Verzweiflung, und sie versuchen sich gegenseitig zu trösten. Auch sie beschließen, auf gar keinen Fall, zu wem auch immer, einen Kommentar abzugeben. »Da müssen wir jetzt durch« ist die Devise. Der Prinz informiert seinen Privatsekretär und seine Presseleute, sie sollen sich Gedanken über eine Schadensbegrenzung machen. Und zwar schnell. Doch über das Ausmaß des Skandals sind sich Charles und Camilla in diesem Moment gar nicht klar. Es wird nicht nur ein kleiner Sturm im königlichen Wasserglas werden, wie bei Dianas Squidgytape, sondern ein ausgewachsener Tsunami, der Charles fast den Thron kostet. Erst in den frühen Morgenstunden ist im Middlewick House das Licht gelöscht.

Der 13. Januar 1993 geht folgerichtig als Schwarzer Mittwoch in die Geschichte der Royal Family ein. Tausende Kilometer entfernt, im Land der Kängurus, Koalas und Königsuntreuen, erscheint das Magazin *New Idea*, ein Murdoch-Blatt, mit dem wörtlichen Transkript des Telefongesprächs vom Dezember 1989. »Camillagate« ist veröffentlicht, und weil es in Australien erschienen ist, können britische Zeitungen das Gespräch jetzt nachdrucken. Sie tun dies erst später als viele ausländische Blätter, denn Norman Lamont, der Schatzkanzler, hat es verboten, und auch die Press Complaints Commission (PCC) hat sich dagegen ausgesprochen. Doch solch einen Scoop lassen sie sich dann doch nicht entgehen. Zuerst ist es in der *Daily Sport* und in *Kent Today* nachzulesen, dann, im Laufe der Woche, in *People* und *Sunday Mirror*, ebenso in den meisten anderen Zeitungen, zumindest in Auszügen.

Die *Sun* hält sich zunächst zurück, was die meisten Medienexperten recht erstaunlich finden, ist es doch *das* Murdoch-Organ in Großbritannien. Weltweit wird Camillagate zur Aufmachergeschichte. In Deutschland druckt die *Bild* jedes Wort, wie auch die *Bunte*. Aber auch in Irland, Spanien, Italien, Norwegen, Frankreich, USA, Japan – überall wird fleißig übersetzt und auflagensteigernd veröffentlicht. In Amerika kann man sogar einige Ausschnitte aus dem Tonband hören, kommentiert von den Royal Correspondents Richard Kaye von der *Daily Mail* und Harry Arnold vom *Daily Mirror*, beide sind Anhänger von Diana.

Zwar ist der ungefähre Inhalt des Tonbands nicht nur in England schon seit letztem Herbst bekannt, aber das wörtliche Protokoll des Elf-Minuten-Telefonats ist natürlich wunderbar authentisch. Der Leser hat das Gefühl, als habe er selbst den Hörer am Ohr und lauscht heimlich den Liebesbeteuerungen des Prinzen und seiner Mätresse. Wann bekommt man schon mal solch eine Chance? Sogar Leute, die normalerweise keine regelmäßigen Leser von Boulevardblättern sind und deren Interesse an königlichen Insiderstorys eher gering ausgeprägt ist, rufen einen Bekannten oder Geschäftspartner in Australien an und bitten, den Artikel noch schnell vor dem europäischen Erscheinungstermin zu faxen. Und da steht es Schwarz auf Weiß: Charles und Camilla treffen sich seit Jahren heimlich zu heißen Sexnächten; Diana hatte Recht, Camilla ist die Mätresse, und für alle, nicht nur die Prüden, ist das ein Schock: Der zukünftige König möchte ein Tampon sein! Die *Los Angeles Times* bezeichnet Camillagate als das meistgelesene königliche Dokument seit der Magna Charta.

Mit seiner Annahme, dass die Veröffentlichung nur einen kleinen Blup in der Historie der britischen Monarchie bedeuten würde und die Aufregung darüber auszusitzen sei und bald vorüber, lag Charles total daneben. Es entwickelte sich zu einer Krise zwischen Volk und Königshaus sowie zwischen Kirche, Staat und Monarchie, deren Auswirkungen noch lange zu spüren sein werden.

Empörung Land auf und Land ab. Kirchenmänner tun ihre Abscheu kund über den Ehebruch und über das Benehmen des zukünftigen Hüters des Glaubens; Minister im Kabinett verlangen, dass Charles' »bester Rat nur sein kann, alle Verbindungen mit Mrs. Parker Bowles sofort abzubrechen«, und fordern, dass er öffentlich Reue zeige. Sie glauben, dass die britische Öffentlichkeit in Gefahr ist, in tiefe Desillusion über die Royal Family zu verfallen, und das wiederum habe gravierende Konsequenzen für die Monarchie. »Eine klare Botschaft an den Prinzen von Wales, dass dies kein kleines Problem ist und die nächste Stufe ein Bruch zwischen Krone und Staat sein könnte«, bemerkt der Journalist Christopher Wilson. Solch eine Drohung hat es von der konservativen Tory-Partei gegenüber einem Mitglied der Royal Family noch nie gegeben. Der Buchmacher William Hill verzeichnet so viele Wetten für den Untergang der Monarchie vor dem Jahr 2000, dass er seine Quote von hundert zu eins auf fünfzig zu eins halbieren muss. Eine Umfrage des Meinungsforschungsinstituts ICM erbringt, dass mehr als zwei von fünf Briten finden, die Monarchin sollte nach dem Durcheinander mit Diana, Camilla und Charles eine Generation überspringen und gleich Prinz William zum Nachfolger machen.

Die Kommentatoren in hochklassigen Zeitungen weltweit schreiben sich tagelang die Finger wund. Hauptthema: Darf man solch ein Privatgespräch überhaupt abdrucken, zumal es illegal aufgenommen wurde und man nicht mal weiß, wer es mitgeschnitten hat, also ob es überhaupt authentisch ist? In denselben Zeitungen erscheint später dann aber auch das Camillagate-Tape, »damit der Leser sich seine Meinung bilden kann«. Der britische Presserat verurteilt mit Nachdruck, aber ohne Konsequenzen.

Die Londoner Boulevardzeitungen kümmern sich weniger um die eigene Moral als um die des Prinzen. Die einen geben zu Bedenken, ob Charles jetzt noch Thronfolger sein dürfe; Umfragen werden in Auftrag gegeben mit desaströsen Ergebnissen für Charles und die Royal Family. Andere beschäftigen sich mit der königlichen Desinformations- und Manipulationspolitik in Bezug auf Diana, die Eheprobleme und was wohl sonst noch alles gelogen ist. Wieder andere lassen jedwede Moral beiseite und versuchen, die jahrelange Konspiration von Familie und Freunden aufzudecken. Diejenigen mit den Safe Houses werden belagert, ihre Telefone mit Anrufen und Interviewanfragen blockiert. Und es tauchen immer mehr Liebesnester auf, die meisten davon hat Camilla nie von innen gesehen. Überall sind Rechercheure unterwegs, um neues Material und Beweise über die lange Liebesbeziehung herauszufinden. Ehemalige Angestellte des Hofes, Reitlehrer, Chauffeure, Sicherheitsbeamte werden aufgespürt und ausgefragt. Die Royal Correspondents haben ihr High Noon, sie bekommen eine Titelseite nach der anderen. Politik und andere Themen verschwinden an den Rand.

Nur wenige Journalisten beschäftigen sich ohne große Emotionen mit dem Thema. Der linke *Guardian*, sonst nicht unbedingt ein Pro-Royal-Blatt, findet am 14. Januar 1993: »Sicherlich ist das Tape ein Grund für eine Trennung des Thronfolgerpaares, aber es ist nichts darin enthalten, was einen vernünftigen Menschen dazu veranlassen könnte, Prinz Charles nicht fit genug für den Thron zu halten.« Der liberale *Observer* kommentiert drei Tage später: »Die pseudo-konstitutionelle Diskussion ist idiotisch.« Die Journalistin Polly Samson von der *Sunday Times* meint am selben Tag ganz unpolitisch: »Was wir hier haben, ist nichts anderes als vornehme Leute, die sich unanständig unterhalten. Das ist nichts Neues. Was vielleicht schockiert, ist, dass die vornehmste Person im Lande sich unanständig unterhält.«

Andere klagen die Pharisäerhaftigkeit von Politikern und Kirchenmännern an, die vom Thronfolger verlangen, Vorbild zu sein, während sie selbst – und die meisten Briten auch – sich ohne schlechtes Gewissen über Gebote hinwegsetzen. Doch eines ist allen gemeinsam: das Erstaunen darüber, welch tiefe Gefühle Camilla und Charles miteinander verbinden. Was bisher nur der innere Zirkel wusste, kommt jetzt für alle ans Tageslicht: Camilla ist Charles' Säule. Sie zeigt Interesse für seine Reden, sein Tun und sein ganzes Leben. Sie unterstützt ihn und weiß mit seinen Stimmungen umzugehen. Mit ihr kann er über alles reden, kann sich gehen lassen. Sie gibt ihm Rückendeckung, und wenn er maulig ist, baut sie ihn auf. Eine Frau, wie sie sich jeder Mann wünscht. Und obendrein noch sexlustig. Dreiundzwanzig Mal nennen sie sich in dem Gespräch gegenseitig »Darling«, und ihre Worte sind farbig, intim und wollüstig. Mal abgesehen von der Sache mit dem Tampon, was ohne Frage dann doch irgendwie speziell ist, zeugt das ganze Gespräch von Nähe und unendlichem Vertrauen. Ein Palastangestellter kommentiert:

»Wir waren alle erstaunt, wie leidenschaftlich die beiden nach so langer Zeit noch miteinander umgingen. Wie Frischverheiratete. Es bewies, dass sie viel verliebter und intimer miteinander waren, als man gedacht hatte. Sie brauchen und vertrauen einander gleichermaßen.« Nicht wenige werden wohl voll Neid gelesen haben, dass sich hier ein Paar nach so langen Jahren immer noch heiß liebt und ihre Lust aufeinander nicht im Alltag verloren gegangen ist. Der zukünftige König hat, wie es scheint, gehörige Stamina und ein ausgefülltes Sexleben, zwar mit der falschen Frau, aber immerhin. Viele lang gediente Ehemänner weltweit werden sich über die vergleichenden Blicke ihrer Angetrauten nach dem Lesen der lustbetonten Lektüre ziemlich unwohl gefühlt haben.

Diana, die Camillagate von Andrew Morton zugespielt bekommt, findet den Inhalt »schweinisch, unzüchtig, derb und unangenehm«. Dass Charles ein Tampon sein möchte, bezeichnet sie als »krank«. Ihre größte Enttäuschung aber ist es, dass so viele, die sie für gemeinsame Freunde hielt, hinter ihrem Rücken das Verhältnis mit Camilla unterstützt hatten. Doch sie hat auch ein Erfolgserlebnis, denn nun ist bewiesen, dass sie mit ihren Behauptungen Recht hatte. Camilla ist die langjährige Mätresse von Charles und für den Kollaps ihrer Ehe verantwortlich. Der Beweis ist angetreten – und ihr Verfolgungswahn kein Wahn mehr. Einen erheblichen Rückschlag muss sie aber dennoch einstecken. Am gleichen Tag, dem 13. Januar, kommt durch die Veröffentlichung eines internen Briefes an die Press Complaints Commission vom vorigen Jahr heraus, dass Diana selbst oder durch ihre Freunde im so genannten »Krieg der Worte« Informationen über ihre Ehe jahrelang an bestimmte Medienvertreter gegeben hat. Ja, dass beide, Charles (über seinen Sekretär Richard

Aylard), aber vor allem Diana selbst, Medien manipulierten, um den jeweils anderen zu schädigen. Die Londoner Presse ist über diese Aufdeckung besonders erfreut, weil sie immer wieder beschuldigt und vom Buckingham-Palast angegriffen worden war, die Privatangelegenheiten des Prinzenpaares mit unlauteren Mitteln auszuspionieren. Es war daraufhin die Calcutt Commission eingesetzt worden, die einen Plan ausarbeiten sollte, wie die Presse im Zaum zu halten sei. Die Pressefreiheit stand auf dem Spiel. Jetzt ist klar, dass Diana nicht nur Andrew Morton informiert, sondern auch »ihre« Presse gefüttert hat. Die *News of the World* veröffentlicht anonyme Briefe, die sie mit genauen Angaben darüber, wo und wann sich Charles und Camilla treffen, erhalten hatte. Aber auch der Privatsekretär der Queen, Robert Fellowes, hatte die Calcutt Commission wissentlich über Dianas Tun belogen. Viele Presseleute atmen auf – das Gleichgewicht ist wiederhergestellt.

Doch nach allem Lamentieren bleibt einzig der Schock. Alarmiert und beunruhigt sind die Briten, egal, welcher Partei sie angehören, darüber, dass die königliche Familie von einer geheimen Gruppe von Profis innerhalb des britischen Geheimdienstes MI5 überwacht und ausspioniert wird. Denn nur von da, so glaubt man, können die Tapes gekommen sein. Denn es stellt sich heraus, dass man mit einem normalen 200-Pfund-Empfänger eventuell einen Gesprächspartner abhören kann, »aber die Chance, die Frequenz des anderen auch noch zu erwischen, steht eine Million zu eins«. Noch lange wird sich das Parlament und Stella Rimington, die klandestine Chefin vom MI5, mit diesem Faktum beschäftigen und zu keinem wirklichen Ergebnis kommen. Es sollen noch mehr Tapes existieren, Gespräche von Andrew mit Fergie, und auch eines von Prinz Philip. Publiziert wurden diese bisher nicht.

Camilla lebt nach der Veröffentlichung zum zweiten Mal unter einer Art Hausarrest. Vor Middlewick House kampiert die Presse, der Postbote bringt wieder säckeweise Hassbriefe, und am Telefon ist Terror, bis Camilla erneut eine geheime Nummer bekommt. Im Supermarkt wird sie angepöbelt, und eine Zeitung behauptet, aufgebrachte Ehefrauen hätten sie sogar mit Brötchen beworfen. Doch Jilly Cooper, Autorin und Freundin, sagt: »Das ist vollkommener Quatsch und reine Erfindung.«

Dennoch ist es kein Zuckerlecken. Zum zweiten Mal muss Camilla sich dem nicht enden wollenden Interesse der Weltpresse aussetzen, jeden Tag steht wieder etwas anderes – meist Erfundenes – über sie in den Zeitungen. Ihre Lebensgeschichte, ihre Liebesgeschichte und ihre potenzielle Schuld werden in allen bekannten und neu recherchierten Einzelheiten ausgebreitet. Selbst ist sie weniger verzweifelt darüber, die meistgehasste Frau Britanniens zu sein, als darüber, was Freunde und die Familie zu erleiden haben. Die kranke Mutter ist besonders labil, und auch Andrews dickes Fell ist dünn geworden. Fotos von Camilla zeigen, dass sie viele Kilos abgenommen hat, und in ihren Gesichtszügen ist der Stress sichtbar. Charles kann sie nur am Telefon sprechen, ein Treffen steht außer Frage. Aber im Gegensatz zu Diana ist Camilla tough. Psychologen, Wahrsager oder andere esoterische Krücken hat sie nicht nötig. Mit der Hilfe ihrer Familie und ihrem unerschütterlichen Sinn für Humor, einigen Packungen Zigaretten und der Rückendeckung von Andrew macht sie weiter. Irgendwann wird sich alles wieder beruhigen. Morgen ist der erste Tag vom Rest ihres Lebens. Packen wir's an!

Andrew, so denken viele, würde sich nun, wo alles öffentlich geworden ist, scheiden lassen. Aber nix da. »Camilla und Andrew wussten immer, wie sie zueinander stehen. Camillagate hatte keine Auswirkung auf ihre Ehe. Er unterstütze sie und hielt zu ihr während der ganzen schwierigen Wochen. Ihre Partnerschaft ist felsenfest, und kein Dynamit kann sie auseinander bringen«, sagt ein Familienmitglied. Andrew hat sogar mit Charles telefoniert und besprochen, wie sie sich verhalten würden. Seine Kooperation ist wie immer sehr gentlemanlike und royalistisch – aber auch nicht ganz uneigennützig. Andrews außereheliche Unternehmungen in den vergangenen Jahren sind bisher nicht ans Tageslicht gekommen. Und das sollte auch so bleiben. Nach Prinzessin Annes Scheidung hatte er sich immer wieder mit ihr getroffen, sie hatte ihn in seiner Wohnung besucht, und sie waren gemeinsam ausgegangen. Dann ist da noch Charlotte Hambro (damals Charlotte Soames), die alte Liebe aus Rhodesien. Auch diesen Kontakt hatte er gehalten und sie öfter getroffen. Kurz nach Camillagate muss Andrew feststellen, dass nun auch ihm hinterherspioniert wird. Sein nächtlicher Besuch bei Carolyn Benson, einer gemeinsamen Freundin, bleibt nicht ohne Kommentar in den Boulevardblättern. Das Foto, das zeigt, wie er morgens um sieben ihre Wohnung verlässt, bezeugt, dass auch er fröhlich unterwegs ist.

Natürlich kommen jetzt, wo alles heraus ist, weiterhin Spekulationen auf, ob die Parker Bowles sich scheiden lassen werden. Am 4. Juli werden sie zwanzig Jahre verheiratet sein. Diana erzählt einer Maxwell-Zeitung, dass Andrews Ehe sehr bald zu Ende sein wird. Sofort reagieren die Parker-Bowles-Freunde. In der *Daily Mail* sagt Andrews Cousin ersten Grades, Lord Beaverbrook: »Das ist völlig absurd.

Andrew steht zu seiner Frau, gerade in diesen schweren Zeiten. Eine Scheidung steht außer Frage.« Auch Simon, der Bruder, wird zitiert: »Sie haben gesagt, dass sie sich niemals trennen werden.«

Um die Presse vollends zu verwirren, besucht das Ehepaar Parker Bowles ein paar Tage nach Camillagate ihren Sohn Tom in Eton, alle picknicken gemeinsam und in bester Stimmung auf dem Schulrasen. Major Shand und Annabel sind auch dabei, und es scheint, als wäre die Familie so fest vereint wie eh und je. »Wenn es schlimm kommt und noch schlimmer wird, dann halten sie zusammen wie Pech und Schwefel. Sie verstehen sich alle ohne Ausnahme«, sagt ein Freund. Tom sieht auf den Picknickfotos nicht ganz so fröhlich aus. Er hatte kurz zuvor wieder einmal einen Fausteinsatz, um seine Mutter zu verteidigen. Ein Mitschüler hatte sie beschuldigt, die Monarchie beschämt zu haben und der Grund für das ganze Chaos zu sein.

Eine erstaunliche Rückendeckung kommt aus dem engsten Familienkreis von Charles. Queen Mom, die gute Seele, lädt Camilla und Andrew ein, sie Mitte März auf das Cheltenham National Hunt Festival zu begleiten, wie jedes Jahr. Die Königinmutter ist eine loyale Freundin und hat Mitleid mit den Parker Bowles, die seit der Camillagate-Angelegenheit auf keiner gesellschaftlichen Veranstaltung erschienen sind, ja mehr oder weniger zu Hause gehockt haben. Sie findet, es ist Zeit, sich wieder unters Volk zu mischen, und gibt mit ihrer Einladung die Vorlage für die Rückkehr zur Normalität. Außerdem tut sie ihrem Lieblingsenkel damit einen Gefallen und setzt so ein bedeutendes Zeichen: Die Royal Family hat Camilla nicht geächtet. Und die Freunde natürlich auch nicht. Im April geben Andrew und Camilla eine große

Lunchparty, zu der Charles natürlich nicht kommt. Ebenso erscheint er nicht zur High-Society-Hochzeit von Sarah Ward, der Tochter seines Freundes Gerald. Stattdessen gehen Camilla und Andrew hin. Auch nach Ascot fährt Andrew dieses Jahr allein. Camilla bleibt zu Hause, denn das ist eines der Events, wo die gesamte königliche Familie, sogar inklusive Diana, auftaucht.

Das getrennte Auftreten bei solchen Veranstaltungen haben Charles und Camilla in dieser Form festgelegt, um den immer in Massen anwesenden Reportern den Stoff für weitere Spekulationen zu nehmen. Dennoch vergeht keine Woche, in der nicht wieder etwas aufgedeckt wird, das Charles schadet. So hat die Sonntagszeitung *News of the World* jetzt endlich herausgefunden, »dass die blonde Frau im Zug, kurz vor der Traumhochzeit, Camilla gewesen ist«. Aber auch Andrew kriegt sein Fett weg. Ein erstes Buch über die Geliebte des Prinzen erscheint − *Camilla. The King's Mistress. A Love Story* von Caroline Graham − und zählt auch alle Liebeleien des gehörnten Ehemannes auf. Die *Sun* titelt: »Camillas Affäre gab Ehemann Andrew die Freiheit, auch andere Frauen zu sehen.« Und Mitte Juli veröffentlicht die *Mail on Sunday* eine Doppelseite mit allen Safe Houses, in denen sich Camilla mit Charles traf, mit einem jeweiligen Foto und Kommentar des Top-Königshausreporters Nigel Dempster.

Des Kronprinzen erste Tat nach Camillagate ist praktischer Natur. Er bestellt ein Telefon mit Zerhackerfunktion und lässt Highgrove und den St.-James-Palast von einer unabhängigen Firma auf Wanzen untersuchen. Und auch Camillas Middlewick House wird gecheckt. Dem Geheimdienst traut er nicht mehr über den Weg. Das Wochenende nach der Veröffentlichung verbringt er mit seinen Eltern in

Sandringham. Ein unangenehmes Unterfangen. Sein Vater schäumt immer noch vor Wut, und seine Mutter spricht nur das Nötigste mit ihm. Sie setzt jedoch eine Konferenz mit den jeweiligen Privatsekretären an, um das weitere Vorgehen zu diskutieren. Eine Stunde reden sie darüber, wie die Reputation von Charles wiederhergestellt werden könnte. Richard Aylard schlägt eine positive PR-Kampagne vor, drastische Maßnahmen inklusive. Die Queen akzeptiert und erteilt ihm den Auftrag, diese auszuarbeiten. Schon am Sonntag setzt Charles den ersten Tipp um und geht nach der Kirche in Sandringham mit seinen Söhnen zu den Reportern. »Es war das erste Mal, dass der Prinz nach der Kirche von sich aus zu uns sprach und für Fotos posierte. Ein neuer Wind wehte, das war uns sofort klar«, entsinnt sich ein Reporter.

Aus der engeren Familie ist nur Queen Mom emotional für Charles da. Sie lädt ihn zum Lunch ein und stärkt ihm den Rücken, heitert ihn auf. Erinnert ihn an die vielen, vielen Jahrhunderte, die die Monarchie schon währt – trotz immer wieder auftauchender Skandale. Auch diese Krise, so glaubt sie, wird sie überstehen. Als Charles ihr sagt, er würde am liebsten nach Italien abhauen und alles hinschmeißen, weist sie ihn auf seine Pflichten gegenüber Vaterland und Familie hin und empfiehlt ihm, nach Schottland zu fahren und ein paar Tage Auszeit zu nehmen.

Die Peinlichkeiten aber nehmen kein Ende. In seinem geliebten Italien nennen ihn die Leute inzwischen den »kleinen Tampax-Prinzen«, und im gesamten Commonwealth und in den USA verlangen die Mädchen nicht mehr Tampons in den Drogerien, sondern wollen »Charlies«. Und dann meldet sich, so behauptet Biografin Caroline Graham, Vater Shand bei ihm an. Wutschnaubend beschuldigt er den Prinzen: »Das Leben meiner Tochter ist ruiniert, ihre Kinder werden gehänselt. Du hast Schande über meine Familie gebracht. Meine Frau ist nicht gesund, sie ist sehr aufgeregt und tief verletzt.« Und er verlangt von Charles: »Um meiner Familie willen und für unser Land: Du musst aufhören, meine Tochter zu treffen. Bitte, beende diesen Unsinn.« Charles soll, den Tränen nah, gesagt haben: »Ich werde es mir überlegen.« Das bringt den alten Major endgültig auf die Palme. »Ich will nicht, das du dir was überlegst, ich will, dass du das tust, was von dir gefordert ist. Du musst alle Verbindungen zu Camilla abbrechen, und zwar jetzt.« Biograf Christopher Wilson sagt dazu: »Dieses Treffen hat niemals stattgefunden. Die Geschichte entsprang einer überhitzten Atmosphäre von Intrige und Drama.« Auch wenn es nur Vorstellung war, so ist es sicherlich etwas gewesen, das Vater Shand gerne getan hätte. Camilla ist zwar schon lange eine erwachsene Frau, doch ein Vater hört niemals auf, sich um das Seelenleben und das Glück seiner Kinder zu sorgen. Hier sind ja nicht nur Camilla, sondern auch seine Enkelkinder betroffen. Und das Ansehen seiner geliebten Familie. Als Soldat, Vater, Großvater und Familienvorstand wäre Major Shand mutig genug, dem zukünftigen König offen seine Meinung zu sagen. Vielleicht hatte er auch genau das vor, und Camilla hat ihn zurückgepfiffen.

Anfang März fährt Charles mit den Palmer-Tomkinsons und den Romseys nach Balmoral, um Kriegsrat zu halten. Natürlich ist Camilla nicht dabei. Offiziell wird es als ein Wochenende mit sportlichen Unternehmungen deklariert. Charles ist sich sicher, dass der Tiefpunkt in der Krise erreicht ist und es nur noch besser werden kann. Er verweigert, genau wie Camilla, und so ist es ja abgesprochen, Stellung zu nehmen. Weder zu der Authentizität des Tapes will er etwas sagen noch ist er bereit, eine Untersuchung der Press Complaints Commission zu unterstützen. Charles ist desillusioniert und hat die Nase voll. »Er war depressiv wie noch nie«, sagt ein Freund. »Er begann Schlaftabletten zu nehmen, und konnte trotzdem nur zwei bis drei Stunden Ruhe finden. Er lachte kaum noch, schloss sich ein und kam mit roten Augen wieder heraus. Es war klar, dass er geweint hatte.«

Einen Monat später hat Charles immer noch nah am Wasser gebaut, und er geht bedrückt und ohne Schwung umher: »Wie konnte das nur alles passieren? Ich kann den ganzen verdammten Mist nicht begreifen. Vielleicht wäre es besser, wenn ich zwei Meter unter der Erde läge. Was würden sie dann alle machen?« Die Freunde sind alarmiert und besorgt. Derart miserabel drauf haben sie ihren Prinzen nie zuvor gesehen. All die harte Arbeit der vergangenen Jahre war durch ein einziges Telefongespräch zunichte gemacht worden. Er hatte geschuftet, sich eingesetzt, hatte seine Position gefunden und es geschafft, ernst genommen zu werden. Nun aber ist er der Lächerlichkeit ausgesetzt, und alle Welt hält ihn für einen sexbesessenen Weichling. Zudem bedrückt es Charles, dass er Camilla nicht sehen kann. Jeden Tag telefonieren sie zwar zwei bis drei Stunden miteinander – mit einem sicheren Festanschluss –, aber das reicht ihm nicht. Dennoch hat es einen positiven Effekt auf den deprimierten Prinzen. Er berappelt sich langsam und ist wieder auf Kurs seiner historischen Bestimmung: Charles III. zu werden. Denn er will nicht derjenige sein, der die über tausend Jahre alte Monarchie zerstört hat. Und gemäß seinem Lieblingsspruch, von Kaiser Wilhelm übernommen: »Monarchie ist wie die Jungfräulichkeit. Hast du sie einmal verloren, bekommst du sie nicht zurück«, beschließt er zurückzuschlagen.

Das wird nicht einfach. Die Öffentlichkeit ist gegen ihn, und auch die Kirchenmänner tun ihre Meinung kund: »Charles hat sein Gelübde einmal gebrochen, wie sollen wir glauben, dass er die Krönungsversprechen einhalten wird.« Und der Erzbischof von York fügt hinzu: »Er muss seine privaten Probleme lösen, bevor er König werden kann.« Eine Umfrage unter Synodenmitgliedern ergibt erschreckende Zahlen: 47 Prozent der Befragten finden, Charles solle nicht Führer der Church of England werden, 27 Prozent wollen ihn überhaupt nicht in der Rolle als König sehen. Das wiederum ruft die Queen auf den Plan. Sie ordnet eine Kirchenkonferenz mit den Bischöfen an und sagt unmissverständlich: »Auch wenn die Missgeschicke im Leben des Prinzen von Wales ein unglückliches Kapitel in der Geschichte der Monarchie sind, wird er König werden. Da besteht gar kein Zweifel.« Aber selbst das hilft nichts. Die ersten öffentlichen Auftritte nach Camillagate machen es deutlich, und die Zeitungen zählen mit. Dianas Publikum ist wie immer groß. Mehr als 10 000 Zuschauer erscheinen bei ihren sechzehn Terminen im April. Den Prinzen hingegen wollen im gleichen Zeitraum bei insgesamt fünfundzwanzig Terminen nur 132 Briten persönlich sehen.

Der Buckingham-Palast und das PR-Team von Charles unter der Führung von Richard Aylard basteln an der größten königlichen Imagekampagne, die Großbritannien je gesehen hat. Eine Konferenz jagt die andere, und Aylard holt – ein absolutes Novum – den Chefredakteur der *Times*, Peter Stothard, und Pop-Promoter Harvey Goldsmith als Berater dazu. Das Motto ist: Die Monarchie für das 21. Jahrhundert fit zu machen und eine neue Offenheit hinsichtlich der Arbeit der Royal Family zu demonstrieren, vor allem die des Prinzen von Wales. Daraufhin erscheinen positive Charles-Artikel in verschiedenen Zeitungen. Der *Daily Telegraph* titelt: »Der Prinz von Wales entscheidet sich für ein zölibatäres Leben.« Und der *Express* behauptet sogar: »Charles hat Camilla schon vor zwei Jahren aufgegeben, im Frühjahr 1991.« Und weiterhin: »Der Prinz machte ein Gentlemen-Agreement mit Andrew Parker Bowles. Nie wieder will er dessen Frau sehen.« Alles ist glattweg gelogen, und eine peinliche Verschleierungstaktik dazu, die sowieso keiner auch nur im Ansatz glaubt.

Die Queen unternimmt den ersten richtigen Schritt, um die Neigung ihrer Untertanen wieder zurückzugewinnen. Sie gibt bekannt, dass sie erstens ab sofort Steuern zahlen wird, zweitens, dass sie den Buckingham-Palast für zwei Monate im Sommer für die Öffentlichkeit öffnen wird, und drittens, dass sie einen Teil der Restaurierungskosten für die Wiederherstellung von Windsor Castle übernimmt. Royalisten und Antiroyalisten sind gleichermaßen angetan von den schlau ausgewählten Zugeständnissen. Erstklassige Öffentlichkeitsarbeit, bescheinigen die Profis. Das Loch im königlichen Portemonnaie ist in Wahrheit kein allzu großes. Restaurierungen sind teilweise steuerlich absetzbar, und die Einnahmen durch die neugierigen Touristen im Buckingham-Palast sind stattlich. 377 000 Besucher, die je zwölf Pfund Eintritt zahlen, kommen gleich im ersten Sommer zusammen. Außerdem kaufen sie im Palastshop noch Souvenirs für weitere 1,2 Millionen Pfund. Insgesamt also, mit den Abschreibungen, Einnahmen von rund 4,5 Millionen Pfund. Davon lassen sich einige verkohlte Balken in Windsor wiederherstellen.

Nicht so einfach ist die Wiederherstellung der Reputation von Charles. Mit ungeheurer Selbstdisziplin vollzieht er seine Engagements in der Öffentlichkeit ohne jede Unterbrechung, neun Auslandsreisen liegen am Ende des Jahres hinter ihm. Dennoch wendet sich die Stimmung nicht zu seinen Gunsten. Richard Aylard und die hinzugebetenen Berater beschließen, die geplante Australientour im nächsten Jahr zum Startschuss einer neuen Imagekampagne zu machen. Sie taufen das Projekt »Tipp-Ex the Tampax«. Bei der Organisationskonferenz zu dieser Reise, nachdem die genauen Abläufe immer wieder neu festgelegt wurden (sogar welche Manschettenknöpfe der Prinz wann tragen wird), stellt Richard Aylard die alles entscheidende Frage: »Wollen Sie König werden?« Natürlich bejaht Charles. Der Sekretär weiter: »Dann müssen Sie sie gehen lassen, Sire. Entweder die Krone oder Camilla.« So direkt hatte Aylard »die Angelegenheit«, wie es in Palastkreisen bisher hieß, nie angesprochen. Inzwischen ist er jedoch zum wichtigsten Mitarbeiter aufgestiegen und ein Vertrauter geworden, der sich das herausnehmen kann und in seinem Pflichtgefühl gegenüber der Monarchie auch muss. Und ihm ist klar: Damit Camillagate in Vergessenheit geraten konnte, war es erforderlich, dass die Dame aus dem Leben des Prinzen verschwand.

Dieser ist mitnichten bereit, sie aufzugeben; wie ein Süchtiger braucht er jeden Tag mindestens eine Dosis Camilla. Die Telefongespräche gehen unvermindert weiter, und Aylard ahnt, dass auch die Treffen wieder stattfinden. Und er hat Recht. Jetzt jedoch seltener und top, top secret. Nur ein paar Leute wissen davon. Extrem gut vorbereitet sehen sich die Verzweifelten ab und an wieder im Haus eines Freundes und auf den Anwesen von bestimmten Familienmitgliedern. Die beiden kommen immer nach Einbruch der Dunkelheit, getrennt und in fremden Fahrzeugen, und sie verlassen das jeweilige Haus in großen Abständen. Charles meistens sehr früh, vor Sonnenaufgang, und Camilla erst am späten Vormittag, nicht selten unter Decken auf dem Rücksitz verborgen. Aber es funktioniert. Obwohl die Reporter überall sind, werden sie nicht entdeckt. Dennoch ist es ein verrückt hohes Risiko. Inzwischen haben Zeitungsverleger eine Million Pfund ausgesetzt für das erste Foto, das Camilla und Charles zusammen zeigt.

Nach dem Stunden währenden Briefing mit seinen Beratern hat Charles sich entschieden, so scheint es wenigstens. »Ich weiß, was ich tun muss«, sagt er. Ein Insider glaubt: »Es war der D-Day für den Prinzen. Wenn er wirklich und wahrhaftig König werden wollte, dann musste Camilla gehen.«

Natürlich bespricht der Kronprinz alles mit seiner Geliebten, sobald er wieder mit ihr allein ist. Dieses Mal gibt es keinen Ausweg. Und Camilla, wie immer, versteht. Sie sagt: »Du bist mit mir glücklich, aber du wirst niemals wirklich Erfüllung finden, wenn du deine Bestimmung nicht erreichst.« Charles, den Tränen nah, kann es nicht fassen. Camilla ist bereit, dieses ultimative Opfer für ihn zu bringen und auf ihn zugunsten von König und Vaterland zu verzichten. In diesem Moment liebt er sie mehr als alles auf der Welt. Aber es hilft nichts. Sie müssen ihre Treffen vergessen, fürs Erste. Bis sich alles wieder beruhigt hat, bleibt ihnen allein das Telefon, und auch das nur mit allergrößter Vorsicht. Charles spricht noch das Thema »Medienschelte« an. Denn um das Volk, die Journalisten und die Kirche zu überzeugen, wird es einige Zeitungsgeschichten geben müssen, die für Camilla verletzend sein könnten. Er muss sie ja offiziell aus seinem Leben verbannen. Aber er braucht Camilla nicht um Nachsicht zu bitten. Wissen doch beide, dass es nichts gibt, was sie auseinander bringen kann. Niemals.

Im Oktober heiratet Viscount Linley, Sohn von Prinzessin Margaret und Vetter von Charles, Serena Stanhope. Ein witziges Aperçu im Hintergrund, für den, der es weiß: Serena ist die Tochter von Viscount Petersham, und der wiederum ist der Sohn von Earl Harrington, dessen dritte Frau Priscilla die Tochter von Archibald Cubitt ist, dem Bruder von Baron Ashcombe. Und dieser wiederum ist der Onkel von Camilla. Somit ist die Mätresse jetzt offiziell mit den Royals verwandt. Wieder einmal ein Zeichen dafür, dass Camillas Familienbande und gesellschaftliche Hintergründe vom Feinsten sind.

Überhaupt beschäftigen sich nach Camillagate so einige mit den jeweiligen Familiengeschichten. So findet ein Genealoge heraus, dass Fergie, Diana und Camilla miteinander verwandt sind und alle von einer Mätresse von Charles II. abstammen: Louise De Keroualle, Französin und verdächtigt, als Spionin für Ludwig XIV. tätig gewesen zu sein, starb 1734 mit fünfundachtzig Jahren als Duchess of Portsmouth. Und auch Andrew und Charles haben einen gemeinsamen Vorfahren: den holländischen Nobelmann Hans Willem Bentinck, der vor über 300 Jahren lebte und der beste Freund von König William III. war.

Camilla ist völlig fertig. Die ständige Belagerung der Medien und deren böse Geschichten machen ihr zu schaffen. Und das sieht man ihr auch an. Tiefe Ränder unter den Augen und müde erscheint sie auf den Fotos in der Presse. »Ich bin sehr beunruhigt«, sagt eine Freundin. »Der Funke ist aus ihrem Leben verschwunden, sie fühlt sich verfolgt und gequält.« Um auf andere Gedanken zu kommen und sich abzulenken, reist sie Mitte Oktober nach Indien. Zusammen mit einer Gruppe von Freundinnen, darunter Emilie van Cutsem, Amanda Ward und Dame Shirley Porter, besucht sie, geführt von einem Historiker und Indienkenner, die Paläste in Rajasthan, Jaipur und Udaipur. Dann geht es weiter nach Delhi und Agra, wo sie auch das Taj Mahal sieht, das Liebesdenkmal, das Diana vor nicht allzu langer Zeit für ihre Zwecke nutzte – und das sie nun ebenfalls allein besichtigt. Und auch für sie bedeutet es nicht romantisches Glück, sondern das vorläufige Ende ihrer ins Licht der Öffentlichkeit gezerrten Liebe.

Zu Hause wird weiterhin über eine Scheidung von Camilla und Andrew spekuliert. Und dann macht Andrews Schwägerin Carolyn eine zu offene Bemerkung gegenüber einem australischen Frauenmagazin. Sie sagt: »Jeder weiß, Camilla und Andrew haben eine arrangierte Ehe. Seid sie verheiratet sind, führen sie ein freies Leben. Warum sollten sie sich scheiden lassen? Was sie tun, passt beiden, und sie verstehen sich bestens dabei.« Als Camilla aus Indien zurückkehrt, erholt und frisch aussehend, zeigt sie sich wieder in der Öffentlichkeit. Ihren Schwager Simon lässt sie sagen: »Es hat sich alles für sie verbessert. Sie geht wieder mehr aus, und gute Freunde haben ihr durch das tiefe Tal geholfen. Sie ist wieder obenauf. Sie wird aber nicht in den königlichen Zirkeln erscheinen. Denn das Letzte, was sie will, ist, die Royal Family in Verlegenheit zu bringen.« Gute alte loyale Camilla. Um den Scheidungsgerüchten entgegenzuwirken, geben Andrew und sie zum ersten Mal eine offizielle Mitteilung ab: »Wir werden uns nie scheiden lassen. Das ist nichts, was wir in Betracht ziehen.«

Am 3. Dezember verkündet Diana im Londoner Hotel Hilton on Park Lane: »Zum Jahresende, wenn ich meine Verpflichtungen erfüllt habe, werde ich mich aus dem öffentlichen Leben zurückziehen, das ich bisher geführt habe.« Sie will sich einzig um einige wenige, ihr besonders am Herzen liegende Wohltätigkeitsaufgaben kümmern und um ihre Kinder. Sie beschuldigt die ewig neugierige Presse, ihr Leben unerträglich gemacht zu haben, sodass sie nun, nach dreizehn Jahren im Licht der Öffentlichkeit, nicht mehr kann und aufgibt. Ein wahrlich großartiger Abgang. Das Statement hat sie, wie üblich, wunderbar und pressetauglich initiiert, hat Jeffrey Archer, den Bestsellerautor und Journalisten, für den Text zu Rate gezogen, und sie hat es unter Tränen vorgetragen. Dass sie es war, die die Medienmeute regelmäßig informierte und jedes Detail ihres Ehelebens via Morton der Öffentlichkeit mitteilte, dadurch die »unanständig in ihr Privatleben eindringenden« Pressejungs also erst richtig aufheizte, das spricht sie natürlich nicht an. Effektvoller ist es natürlich, die Überbringer der schlechten Nachrichten anzuklagen.

Und was sie auch nicht preisgibt, ist, dass sie im Laufe des Sommers versucht hatte, John Major und andere Politiker davon zu überzeugen, ihr eine Aufgabe zu geben, die sie auf die internationale Bühne bringen würde. Ihr schwebte eine Art Sonderbotschafterin für menschliche Angelegenheiten vor. England wollte sie Charles überlassen. John Major ist nicht abgeneigt und will das Projekt zunächst unterstützen. Er findet, dass der Mutter des zukünftigen Königs eine ehrenvolle Position zukommen sollte, und zugleich gedenkt er, ihre Begabung, mit den Medien umzugehen, für Großbritannien zu nutzen.

Doch sowohl der Buckingham-Palast wie auch Charles wollen davon nichts wissen. Denn damit würde Diana, die Medienprinzessin, die bisher keine Chance ausließ, dem Hause Windsor und insbesondere ihrem Mann zu schaden, immer wieder eine Gelegenheit gegeben, gegen das Königshaus zu agieren – und das dann auch noch auf der Weltbühne. Das kann Charles nicht zulassen. Der Machtkampf ist schnell entschieden. Der Premier macht einen Rückzieher, und Diana wird vom Palast unmissverständlich klar gemacht, dass sie sich in Zukunft am Rande des Geschehens aufzuhalten hat, dass Charles derjenige ist, der den PR-Job für das Königshaus ausführt – und zwar global. Mit der von ihr verlangten Trennung habe sie sich ihre Außenseiterposition selbst gewählt. Und nun sei es an der Zeit, diese auch einzunehmen und sich zurückzuziehen. Diana, aber auch den Beobachtern fällt auf, dass die Zeiten, als vom Buckingham-Palast keine Reaktionen kamen, die Köpfe in den Sand gesteckt und sämtliche Probleme ausgesessen wurden, vorbei sind. Von jetzt an wird scharf geschossen. Das Diana-Jahrzehnt ist endgültig vorüber. Die Zeit von Charles Philip Arthur George hat begonnen.

Kaum etwas in diesem Jahr ist für Charles und Camilla Anlass zur Heiterkeit, außer einer Idee von Spode, der traditionellen englischen Porzellanmanufaktur. Diese produziert für das Weihnachtsgeschäft eine Figurine, blond und blauäugig, mit dem Namen »Camilla«. Sie kostet 165 Pfund und kommt mit einer Beschreibung: »Sie hat einen geheimen Verehrer, aber strikte Etikette verbietet ihr, mit ihm zu reden, ja, sie darf nicht einmal die Bekanntschaft zugeben.« Ein Einfall, der Camilla in lautes Gelächter ausbrechen lässt.

335

Tipp-Ex-Kampagne

David Kang ist Anthropologie-Student in Sydney und dreiundzwanzig Jahre alt. Am 24. Januar 1994 steht er mit
rund 50 000 anderen Menschen im Tumbalong Park, in dem
Charles Preise an einige Schulkinder verleihen wird. Als der
Prinz nach vorn tritt, um seine Lobesrede zu beginnen, stürzt
der Student auf das Podium und feuert mehrere Schüsse aus
einer Pistole ab. Dabei stolpert er über ein Mikrofonkabel
und stürzt. Sicherheitsleute überwältigen den Attentäter und
nehmen ihn fest. Charles bleibt während dieser Schreckens-
minuten total cool. Es stellt sich schnell heraus, dass die
Pistole nur mit Schreckschussmunition geladen war und
dass Kang auf diese dumme Art auf das Schicksal der Boat-
people aufmerksam machen wollte. Der Kronprinz hält wenig
später scheinbar völlig unberührt seine geplante Rede an das
erschreckte Publikum. »Auch das gehört zu meinem Job. Sie
haben es besser, Sie hatten immerhin schon einen Drink«,
sagt er zur Einleitung.

Die Australier sind begeistert. Solch eine Kaltschnäuzig-
keit und derart stählerne Nerven hatten sie dem Thronfolger
nicht zugetraut. Der Anschlag fördert sein Positivimage
ungemein. Zwei Tage später publizieren die Zeitungen ein
Umfrageergebnis, und Charles ist plötzlich wieder akzepta-

bel: 63 Prozent der befragten Australier sind der Meinung, Charles hätte das Zeug, König zu werden, und 53 Prozent glauben, er sei ein gutes Vorbild. Ein erfreuliches Ergebnis, befinden die Berater, auf dem sich nun aufbauen lässt. Befreundete Journalisten werden entsprechend gebrieft und zeigen sich kooperativ. Die Zeitungen in London drucken in den nächsten Wochen positive Geschichten über Charles und seine vorbildliche Pflichterfüllung. Mit einer großen Story will die *Mail on Sunday* helfen, sie trägt den Titel: »Das ultimative Opfer: Prinz Charles bricht alle Verbindungen zu Camilla Parker Bowles ab: ›Meine Pflicht vor meiner Liebe.‹« Nigel Dempster schreibt: »Nach Monaten der Herzensprüfung hat der Prinz entschieden, alle Hindernisse für seine Thronfolge aus dem Weg zu schaffen und nun die vierundzwanzig Jahre dauernde Beziehung zu Mrs. Parker Bowles abzubrechen. Er habe das Ziel, König zu werden, und darum ist kein Platz mehr für sie in seinem Leben. Er hat entschieden, sie müssen ab jetzt getrennte Leben führen, deren Wege sich nicht mehr kreuzen werden.« Dempster zitiert in seiner Geschichte eine der ominösen königlichen Vertrauenspersonen, die Folgendes sagt: »Camilla ist außer sich darüber, dass Charles ihre Anrufe nicht mehr entgegennimmt.«

Natürlich ist das gequirlter Blödsinn. Charles steht mit Camilla in ständigem Telefonkontakt. Natürlich hat er sie gleich nach dem »Attentat« angerufen, damit sie keinen Schock kriegt, wenn sie es in den Nachrichten hört. Und zum ersten Mal reagiert Camilla wie eine PR-Frau in eigener Sache. Für die beobachtenden Fotografen zeigt sie sich in ihrem Garten, fröhlich und leutselig bringt sie ein paar Arbeitern Kaffee, die ihre Hecken stutzen. Einer der Kaffeebecher ist weiß und in großen roten Lettern steht »Love« darauf. Dieses Foto, das weiß sie, wird Charles in Australien in seiner Morgenzeitung sehen, und es bringt ihn zum Schmunzeln. Ein weiterer Witz, über den beide sich später herrlich amüsieren, erfährt der Kronprinz bei seinem Besuch im Prinz-Charles-Krankenhaus in Brisbane. Als er dort einen neuen Flügel eröffnet, erzählen ihm die Krankenschwestern, dass sie den Anbau intern den »Camilla-Trakt« nennen, »weil er ein bisschen abseits steht«.

Leider währt die Freude nicht lange. Eine Zeitung zitiert einen Mitarbeiter des Prinzen, der erzählt, dass Camilla und Charles mitnichten den Kontakt eingestellt hätten und weiterhin regelmäßig telefonierten, auch aus Australien, und dass Camilla dafür zu verschiedenen Freunden fährt, damit nichts mitgeschnitten werden kann. James Whitaker vom *Daily Mirror* legt noch eins drauf und berichtet, von einer »vertraulichen« Quelle gehört zu haben, »dass die beiden sich immer noch lieben«. Und er fährt fort, diese zu zitieren: »Wer behauptet, die Affäre sei abgekühlt, würde eine unzutreffende Bemerkung machen. Der Prinz ist keine Person, die Freunde einfach fallen lässt. Er ist ungeheuer loyal, und es schadet seiner Integrität zu behaupten, er nähme Camillas Anrufe nicht mehr an.«

Auch Diana meldet sich zu diesem Thema. Sie hat sich tatsächlich mehr oder weniger ins Privatleben zurückgezogen, dennoch vergeht kaum ein Tag, an dem sie nicht in den Medien erscheint: Sie wird beim Shoppen abgelichtet, mit den kleinen Prinzen bei McDonald's oder anderswo, auf dem Weg zur Massage, vom Sport oder aus einem Restaurant kommend. Der Journalist Christopher Wilson beobachtete: »Es wurde offensichtlich, dass sie in einem Vakuum lebte. Nun, wo sie keine offiziellen Verpflichtungen mehr hatte,

Hobbys oder andere Interessen sowieso nicht, gab es für sie nichts zu tun. Und somit kursierten eine Menge Bilder von einer Frau, die nichts zu tun hatte.« Doch über Charles weiß Diana stets etwas zu bemerken. Sie habe nie geglaubt, verkündet sie, dass ihr Ehemann die Beziehung mit Camilla jemals beendet hätte. Auch jetzt sei sie davon überzeugt, dass es wie bisher weitergehen würde.

Und so passiert genau das, was Diana vermutete, wenn auch die Treffen aus bekanntem Grund sehr viel seltener stattfinden. Camilla tarnt ihr neues, altes Leben perfekt. Sie reitet ihre Jagden mit der Beaufort-Meute genauso wie immer, nur an einem anderen Tag als Charles. Sie zeigt sich nicht auf den traditionellen Terminen und natürlich schon gar nicht bei den fest verabredeten Wochenenden mit Freunden in Balmoral. Da reist Andrew überall allein hin. Camilla kümmert sich um ihren Garten, ihre Hunde, um die Pferde und die Kinder. Dennoch nehmen die Zeitungen jede Geschichte zum Anlass, eine Verbindung zwischen Charles und Camilla herzustellen. Als im St.-James-Palast eingebrochen wird und einige Preziosen aus Charles' Privatgemächern verschwinden, fragen sie sofort nach, ob sich darunter auch die Manschettenknöpfe von Camilla befunden hatten. Auf diese Weise konnten sie noch einmal die ganze Geschichte von der verpatzten Hochzeitsreise erzählen, wie der Ärmelschmuck der Mätresse zur ersten Munition bei der Zerstörung die Märchenehe wurde.

Das Rehabilitationsprogramm für den Thronfolger wird dadurch nicht infrage gestellt. Charles stellt Alexandra Legge-Bourke (Tiggy) für seine Söhne ein, eine nette, hübsche und engagierte Erzieherin, die einen Londoner Kindergarten führte. Sie soll den Prinzen professionelle weibliche

339

Unterstützung geben, wenn sie ihren Vater besuchen. Die Jungs mögen sie auf Anhieb, amüsieren sich beim Skilaufen in Klosters königlich mit ihr. Die Zeitungen nennen sie bald den »Mutterersatz«. Diana ist wütend, sie empfindet sie als »Gegenspielerin«, als Feindin.

Charles spielt wieder Polo und besucht sogar ein Konzert der Rockband Status Quo in der Royal Albert Hall, eine Tortur für den Klassikliebhaber, aber gut fürs Image als Prinz im Hinblick auf junge Briten. Als in der Hall Garth School in Acklam ein Attentäter einen Jungen ersticht und zwei weitere Schüler schwer verletzt, besucht er sofort die Schule und spricht mit der Klasse und den Lehrern. Er zeigt Mitgefühl und erzählt, wie er den plötzlichen Tod seines Onkels Mountbatten erlebte und wie er sich damals fühlte. Er empfiehlt den Kindern, miteinander über das Unglück zu reden, denn das würde helfen, den Schmerz zu verarbeiten. Ein Junge wird später den Zeitungen sagen: »Ich fand es gut, dass er kam. Es war ja nicht nur Prinz Charles, der uns besuchte. Es ist viel bedeutender: Er repräsentiert das ganze Land.« Die Palastberater hörten das gern. Charles hatte es geschafft. Seine Untertanen sahen ihn wieder so, wie es sein sollte: als mitfühlenden Thronfolger und Stellvertreter der Monarchie – und somit des ganzen Volkes.

In den kommenden Wochen kümmert sich Charles auch wieder um seine Lieblingsthemen: Er hält eine Rede über Political Correctness, die er für den britischen Charakter und die Gesellschaft ungeheuer schädlich hält. Weiterhin bringt er seine eigene Architekturzeitung *Perspectives* heraus, in der er etwa gegen russische Architekten wettert, die mit dem Bau von Hochhäusern das alte St. Petersburg verschandeln wollen.

Camilla ist ihrerseits auf Imagetour. Im Mai traut sie sich wieder, in die Öffentlichkeit zu gehen. Und sie wäre nicht die mutige Person, die sie ist, wenn sie dafür nicht eine brandheiße Adresse wählte: das Restaurant San Lorenzo in Knightsbridge, Dianas Esszimmer und heimliches Liebesnest. Und es geschieht etwas Erstaunliches: Mara Berni, die Inhaberin und Freundin der Prinzessin, heißt sie nicht nur willkommen, sie umarmt sie sogar. Ein Zeichen, zumindest für die oberen Zehntausend, dass Camillas Gesellschaft akzeptiert ist.

Diana hingegen schießt sich selbst ins Abseits. Am 3. Mai erscheint die *Sun* mit dem Titel »Zweigesichtige Diana« und zeigt Fotos, die die Prinzessin bei einem inoffiziellen Treffen mit Richard Kaye zeigt, dem Royal-Reporter von der *Daily Mail*. Drei Tage zuvor hatte sie sich heimlich mit ihm in ihrem Audi-Cabrio nahe Harrods getroffen. Sie hatte geparkt, kurz danach war er auf den Beifahrersitz geschlüpft. Eine Stunde unterhielten sie sich, und am Ende nahm Kaye Diana sogar in den Arm. Sie nennt ihn vertraulich »Ricardo«, und zu ihrem Butler Burrell sagt sie: »Ich traue ihm.« Beobachtet und dokumentiert wird dies alles von dem Fotografen Glenn Harvey. Die Reaktionen im Palast sind zwiespältig. Einerseits lässt Dianas Begegnung neue peinliche Veröffentlichungen erwarten, andererseits hat sie selbst nun den Beweis geliefert, dass sie hemmungslos und zu ihrem eigenen Nutzen die Presse manipuliert. Sie hatte jahrelang abgestritten, schädigende Informationen über ihren Mann lanciert zu haben. Und sie hatte im Zusammenhang mit Mortons Buch sogar die Queen belogen: »Ich kann nichts dafür, wenn meine Freunde über die Schwierigkeiten in meiner Ehe erzählen. Aber ich kann beschwören, niemals zu einem Journalisten direkt gesprochen zu haben.«

Charles ist voll unziemlicher Schadenfreude. »Er jubilierte, als die Geschichte erschien. Endlich konnten die Briten sehen, was für eine Frau Diana wirklich ist. Von nun an würde keiner mehr ihren Beteuerungen Glauben schenken. Ihre Beschwerde über die Zudringlichkeit der Presse war reine Heuchelei gewesen«, weiß ein Insider zu berichten. Gerade eine Woche zuvor, in Málaga, hatte Diana sich am Pool eines Hotels vor einem Fotoreporter, von dem sie genau wusste, dass er da war – sie hatte ihn zuvor begrüßt –, ihr Bikinioberteil ausgezogen. Als die Toplessfotos dann gedruckt werden – das Magazin *Hello!* soll 500 000 Pfund bezahlt haben –, zeigt sich die Prinzessin empört, und natürlich ist auch die Royal Family nicht erfreut über den frechen Blick auf die Brüste der Mutter des zukünftigen Königs. Aber ab jetzt ist das alles Schnee von gestern. Die »Ikone der Sauberkeit in einer schmutzigen alten Welt«, so der britische Schriftsteller Anthony Burgess, »existiert nicht mehr.« Charles ist vor allem besorgt um die Sicherheit seiner Ex. Diana hatte nach ihrer Ausstiegsrede den Security-Beamten, die sie überallhin begleiten sollten, gekündigt. Sie will allein gelassen werden. Das ist äußerst gefährlich, sogar die Fotografen finden es unverantwortlich. Scotland Yard sorgt vor. Unter dem Decknamen »Pink Panther« beobachten vier Beamte von nun an unbemerkt jeden Schritt der losgelassenen Prinzessin.

Die nächste Negativgeschichte über sie erscheint zwei Wochen später, lanciert von den PR-Leuten von Charles. Er hatte öffentlichkeitswirksam den Sparstrumpf in Highgrove angekündigt und auch, dass er, wie seine Mutter, ab sofort Steuern zahlen würde. Diana liegt ihm da schwer auf der Tasche und will ihr exzessives Leben nicht gekürzt wissen. Sie findet, es stehe ihr zu. Aus diesem Grund sagt sie zu ihrem Mann: »Du hast eine Modepuppe geheiratet, also wirst du sie wohl oder übel bezahlen müssen.« Die *Sun*, bislang auf Dianas Seite, veröffentlicht die Ausgaben für ihren luxuriösen Lebensstil. In Zeiten der Rezession ein klarer Aufreger: 160 000 Pfund gibt sie pro Jahr aus. Die Zeitung rechnet aus, dass sie in einer Woche mehr für Kosmetik, Kleider, Strümpfe und Astrologiesitzungen ausgibt, als ein Pensionär im Jahr an Rente bekommt. Und Charles müsse dieses Luxusleben finanzieren.

Diana bekommt es überhaupt dick in diesem Sommer. Die *News of the World*, ebenfalls eines der ihr ehemals zugeneigten Blätter, kommt mit der exklusiven Geschichte über ihren jahrelangen Telefonterror: »Dis kranke Telefonanrufe bei verheiratetem Tycoon« erzählt, dass die Prinzessin im September 1992 angefangen hatte, bei dem Kunsthändler Oliver Hoare, der ein Freund von Charles ist, anzurufen und aufzulegen, wenn einer den Hörer abnahm. Man kam auf bis zu zwanzig Anrufe in der Woche. Oliver Hoare hatte sich als Mittler zwischen dem streitenden Prinzenpaar zur Verfügung gestellt, und Diana hatte sich in ihn verguckt. Charles erfuhr davon im Frühjahr 1993, als sich Scotland Yard bei ihm meldete. Oliver Hoares Frau war so beunruhigt gewesen, dass sie die Polizei bat, die Anrufe zurückzuverfolgen. Dabei hatte sich herausgestellt, dass sie von Dianas Anschluss im Kensington-Palast, von ihrem Mobiltelefon und von einem Apparat bei ihrer Schwester getätigt wurden. Als Oliver Hoare davon erfuhr, stellte er die Untersuchungen sofort ein und sprach mit Diana, die es zugab, aber nicht damit aufhörte. Erst als Nicholas Soames, ein Freund von Charles und Mitglied der Regierung, mit ihr darüber sprach, beendete sie den Telefonterror.

Aber das ist nicht alles. Die *Sun* findet weiterhin heraus, dass auch James Hewitt, ein früherer Liebhaber Dianas, solche mysteriösen Anrufe erhalten hatte. Dass Camilla jahrelang von der Prinzessin angerufen wurde, tagsüber wie auch nachts, das weiß zu diesem Zeitpunkt nur Charles. Es begann gleich nach der Hochzeit. Ein Psychologe interpretiert Dianas Tun: »Sie zeigt alle Symptome einer Frau am Rande des Nervenzusammenbruchs. Es ist traurig. Sie braucht Hilfe, und zwar schnell.« Nach dem *Sun*-Bericht ruft Lady Di nach dem Beistand von Richard Kaye. »Was habe ich getan, um das zu verdienen?«, zitiert er Diana in der *Daily Mail*. »Sie wollen mich zerstören. Es ist nichts davon wahr. Sie versuchen es so darzustellen, als hätte ich eine Affäre mit dem Mann, eine Art verhängnisvolle Beziehung. Aber das stimmt einfach nicht und ist völlig unfair.« Sie lässt Kaye sogar Daten aus ihrem Tagebuch veröffentlichen, um zu beweisen, dass sie an den Tagen, wo sie die Anrufe aus dem Kensington-Palast getätigt haben soll, ganz woanders gewesen war. Aber es findet sich diesmal keiner der üblichen Freunde, der sie in dieser Sache mit entsprechenden Zitaten unterstützt.

Und die Anti-Diana-Geschichten sind noch nicht zu Ende. Wenig später erzählt James Hewitt alles über seine fünfjährige Affäre mit Diana, inklusive Sex, heimlichen Treffen im Haus seiner Mutter und den Spitznamen, die sie sich gegeben hatten: Winkie und Dibbs. »Ich war der Mann in ihrem Leben. Wir waren sehr ineinander verliebt, und sie wollte sogar Charles für mich verlassen. Ich brachte ihr das Reiten bei und noch vieles mehr.« Sein Buch *Love and War* ist schnell ein Bestseller und Hewitt ein geächteter Mann. Er flieht nach Frankreich. Diana gibt keinen öffentlichen Kommentar ab. Aber sie ruft eine Krisensitzung mit Schwägerin

Sarah Ferguson und Freundin Catherine Soames ein. »Dianas Herz war gebrochen. Seit das Buch und alle ihre Geheimnisse veröffentlicht wurden, hat sie geweint wie noch nie zuvor in ihrem Leben«, sagt eine Freundin. Einem Bekannten gibt die Prinzessin zu verstehen: »Ich habe diesem Mann geholfen, habe mein eigenes Geld für ihn ausgegeben. Nun zieht er mich und unsere spezielle Freundschaft in den Schmutz. Wenn ich mehr Macht hätte, würde ich ihn als Verräter in den Tower schicken.« Hewitts Enthüllungen sind Dianas Armageddon. Er zerstört ihr Sauberfrau-Image. Bis dahin glaubten alle, nur Charles wäre in der Beziehung untreu gewesen. Jetzt stellte sich heraus, dass auch Diana eine Ehebrecherin ist. Ob dieser Schwall von negativen Storys etwas mit der Charles-Charme-Offensive zu tun hat, ist nicht beweisbar. Unterstützung gegen diese Rufschädigungen erhält die Prinzessin jedenfalls aus dem Palast keine. Nur die Queen, die immer »on speaking terms« mit Diana blieb, reicht ihr einen Lorbeerzweig: Weihnachten lädt sie ihre Schwiegertochter dieses Jahr zum Familientreffen ein.

Im Juni beginnen die Feierlichkeiten zum D-Day, der Landung alliierter Truppen in der Normandie fünfzig Jahre zuvor. Alle Royals, aber vor allem die Queen, Queen Mom und Charles, nehmen an verschiedenen Erinnerungszeremonien teil. Umfragen zeigen, dass die Königsfamilie – und da vor allem der Kronprinz – wieder auf dem aufsteigenden Ast in der Gunst ihrer Untertanen sind. Die Queen fördert das positive Ansehen noch mit der Bekanntgabe, die königliche Yacht außer Dienst zu stellen und der Staatskasse damit 12 Millionen Pfund pro Jahr zu ersparen. Richard Aylard ist über seine Tipp-Ex-the-Tampax-Kampagnie und die Charles-Charme-Offensive hochzufrieden. Für seinen Einsatz verleiht ihm die

Queen im Juni den hochrangigen Victoria-Orden. »Commander Aylard ist das Gehirn hinter der totalen Transformation des Prinzen«, sagt ein Palastinsider. »Er stellte das Image des Prinzen von einem Mann, der ausgelacht wurde, zu einem Mann, der jetzt als der rechte Erbe der Monarchie betrachtet wird, wieder her.«

Doch es dräut neue Unbill. Charles und PR-Palastguru Richard Aylard hatten sich im vergangenen Jahr einen Coup ausgedacht, den Camilla für außerordentlich gefährlich hielt. Der Kronprinz hatte mit dem Fernsehjournalisten Jonathan Dimbleby ausgemacht, dass er zum Anlass des fünfundzwanzigjährigen Jubiläums der Einsetzung von Charles zum Prinzen von Wales eine große allumfassende TV-Biografie erstellen und später, in ausführlicherer Form, das Ganze noch als Buch veröffentlichen sollte. Dimbleby war natürlich begeistert über solch eine Chance. Monatelang konnte er den Thronfolger mit der Kamera beobachten, und Charles hatte ihm nicht nur Zugang zu seinen Tagebüchern und zu seiner Korrespondenz erteilt – darunter auch hunderte von Briefen von Camilla –, sondern er gab ihm auch mehrere unzensierte Interviews. Kaum etwas wurde gestrichen, nur die Empfänger und Absender einiger Briefe durfte er nicht namentlich nennen. Charles wollte ganz offen und ehrlich sein und den Briten einen ungefärbten Blick auf sein Leben und seinen Charakter geben. Sie sollten sich selbst ein Bild über ihren zukünftigen König machen können. »Ich glaube, dass ungeschminkte Ehrlichkeit der beste und überzeugendste Weg ist«, erklärt Charles. Die Queen hatte dieser Idee zugestimmt. Camilla jedoch, die über diese Maßnahmen äußerst beunruhigt war, konnte aber mit ihren Bedenken nicht zu Charles durchdringen. Er tat es gegen ihren Rat.

Im Grunde ist sie hochgradig alarmiert, denn sie weiß nicht nur, dass Charles im Film nicht unbedingt gut rüberkommt, auch fürchtet sie, er würde zu viel von ihrem heimlichen Leben preisgeben – mit ungeahnten Folgen. Und das jetzt, wo es sich langsam alles beruhigt hatte, sie wieder ein halbwegs normales Leben führen kann. Fast stündlich telefoniert sie mit Charles, als Dimbleby am 17. und 18. April 1994 das zentrale Interview aufnimmt. Gemeinsam hatten sie festgelegt, wie viel er zur Frage nach ihrer Beziehung zugeben und wie er es formulieren sollte. Dass er dazu etwas sagen muss, ist klar und von entscheidender Bedeutung für Charles' Ansehen. Wenn er bereit war zur ungeschminkten Wahrheit, dann musste dieses Thema angesprochen werden.

Camilla will am Tag der Ausstrahlung der Dokumentation vorsichtshalber verschwinden. Sie hatte mit der Marchioness von Druro ausgemacht, diese gemeinsam mit Tochter Laura im spanischen Granada zu besuchen. Dann konnte in England der Sturm erst einmal toben und sich schließlich wieder beruhigen, bevor sie wieder daheim war. Der Kronprinz ruft sie mehrmals am Tag an. In den Wochen vor dem Dimbleby-Film sind sie sich wieder so nah wie eh und je, vielleicht noch näher.

Am 15. Juni, zwei Wochen vor dem großen Fest zu Charles' Investitur, bringt das Fernsehen zum ersten Mal einen Ausschnitt aus dem Camillagate-Tonband, nun für alle Briten zu hören. Das ist das Letzte, was der Thronfolger jetzt gebrauchen kann. Ihm ist klar, dass dieses Tonband und seine Folgen niemals aus der Welt zu schaffen sind und ihn wahrscheinlich bis ins Grab verfolgen werden, aber dass es gerade jetzt wieder einen Schatten auf seine Bemühungen wirft, ärgert ihn. Vor allem, weil es von demselben Sender ausgestrahlt wird, der vierzehn Tage später die Dimbleby-Biografie im Hauptprogramm hat. Pressefreiheit ist zwar eine der wichtigsten Rechte in der Demokratie, findet Charles, aber nicht zum ersten Mal denkt er, dass es zuzeiten, als das Königshaus noch Zensur ausüben konnte, manches Mal einfacher war.

Am 29. Juni, einem schwülen Sommerabend, schalten 12,7 Millionen Briten ihre Fernseher ein und sehen für zweieinhalb Stunden ihrem zukünftigen König zu, erleben, was er in den vergangenen achtzehn Monaten alles tat, und hören, was er über sein bisheriges Leben zu sagen hat. In *Charles: Der Privatmann. Die öffentliche Rolle*, so der Titel der Sendung, erzählt er von seiner harschen Kindheit, von seiner eher kühlen Beziehung zu den Eltern und den harten Zeiten in Internaten und beim Militär. Sie erleben seine Begeisterung für Polo, Skilaufen, Schottland, die Kunst und die Natur und erfahren seine Ideen zu nachhaltiger Landwirtschaft, einem menschlicheren Gesundheitssystem und lebenswerterer Städtearchitektur. Er erzählt von seinen Plänen für Highgrove und von seiner festen Absicht, König zu werden und dem Volk bis an sein Ende zu dienen. Das Engagement und die Überzeugungen des Prinzen kommen ganz gut rüber, doch was die Zuschauer am meisten interessiert, ist das Thema Ehe. Und natürlich fragen sie sich, ob er was zu Camilla sagen wird. Dafür halten sie die zweieinhalb Stunden auf ihren Sofas aus, statt im Garten zu grillen oder im Pub ein erfrischendes Lager zu zischen.

Und dann stellt Dimbleby die alles entscheidende Frage: »Haben Sie versucht, treu und ehrlich zu Ihrer Frau zu sein, als Sie das Ehegelübde ablegten?« Charles antwortet ohne Zögern: »Ja, absolut.« Dimbleby: »Und waren Sie es?«

Charles: »Ja... bis sie (die Ehe) irreparabel zusammenbrach, nachdem wir beide uns vergeblich bemüht hatten.« Und er fügt hinzu: »Ich bin doch kein Idiot. Ich gehe doch keine Ehe ein mit der Intention, dass so etwas passiert. Ich bin keine zynische Person. Es klingt vielleicht entschuldigend, aber ich versuche immer, das Richtige zu tun, auch das Richtige für andere. Es ist passiert – so ist es, und es ist bedauernswert.«

Doch das ist noch nicht das Ende der öffentlichen Inquisition. Charles antwortet auch weiterhin auf die intimsten Fragen, die je ein Journalist einem Royal zu stellen wagte. Ob das Ende seiner Ehe sein Ansehen beschädigt hätte, will Dimbleby wissen. Und Charles erwidert: »Der Zusammenbruch einer Ehe ist immer eine schwierige Angelegenheit, und es bereitet größtes Unglück und Bestürzung und alles Mögliche noch... Ich wünschte, es wäre nicht passiert. Und ich bin sicher, meine Frau denkt genauso. Es war nicht, weil wir beide es nicht versucht hätten... Ich akzeptiere, dass es einen gewissen Schaden gab. Ich meine, man kann es nicht verhindern, wenn etwas so Unglückseliges geschieht.«

Und dann kommt Dimbleby auf Camilla und sein Verhältnis zu ihr zu sprechen. Charles sagt: »Mrs. Parker Bowles ist eine gute Freundin von mir. Sie ist es seit sehr langer Zeit. Ich bin sehr glücklich, so viele gute Freunde zu haben. Wenn eine Ehe zerbricht, schrecklich und trübselig wie das ist, sind es die Freunde, die hilfreich sind. Andernfalls würde man total verrückt werden.«

Aber Dimbleby lässt sich nicht abspeisen. Hakt nach. Fragt noch einmal nach dem Niedergang der Ehe. Charles reagiert jetzt etwas ungehalten, gibt zu verstehen: »Also, nun wirklich. Es passiert dem halben Land, und es ist mir passiert. Es ist nichts, was ich geplant habe.« Doch der Fernsehjournalist will es noch genauer wissen: »Waren Sie fortgesetzt untreu?« Charles weicht aus. »Diese Dinge sind sehr persönlich, es ist schwierig darüber zu reden. Aber in all den Spekulationen ist keine Wahrheit zu finden. Mrs. Parker Bowles ist eine großartige Freundin von mir.«

Charles hat zwar nicht direkt zugegeben, dass Camilla seine Mätresse ist, aber Dimbleby klärt in einem Interview, das einen Tag später geführt wurde, auf: »Er war untreu mit einer alten Freundin, und diese alte Freundin war Mrs. Parker Bowles. Ich glaube, es ist doch absolut klar, dass kein anderer darin involviert war.«

Die Zeitungen überschlagen sich mit Schlagzeilen: »Er war untreu«, »Ich hatte eine Affäre«, »Charles, als ich untreu war«. Der Sender ITN (Independent Television News) macht die Meldung sogar zum Aufmacher in den Zehn-Uhr-Nachrichten. Kaum einer kümmert sich um die anderen, für den zukünftigen König viel wichtigeren Themen, die zeigen, wie er denkt und wo er seine Prioritäten setzen wird. Die Kirche ist die einzige Institution, die auf Charles' Aussage: »Ich sehe mich nicht als Verteidiger *des* Glaubens, sondern jeder Glaubensausübung« reagiert. Natürlich mit Empörung, denn eine solche Ansicht erschüttert die Grundfesten der Monarchie und die der Kirche in England. Doch das geht mehr oder weniger unter, beschäftigt nur die Zeitungskommentatoren im Ressort »Religion und Gesellschaft«. Die Briten halten sich allein bei den Liebesbezeugungen und der zugegebenen Untreue auf. Und der Rest der Welt ebenfalls. Denn natürlich machen Charles' Bemerkungen wieder einmal weltweit Schlagzeilen. Die Dimbleby-Dokumentation wird in vielen verschiedenen Ländern gesendet, und auch da sind vor allem die Camilla-Minuten heißer Gesprächsstoff für jeden Stammtisch.

Doch am Ende geht die Kalkulation auf. Charles hat die Wahrheit gesagt. Oder wie der Kommentator Lord St. John of Fawsley, ein Experte in konstitutionellen Fragen, meint: »Der Prinz hat sich zur Beurteilung vor dem fairsten Gericht der Welt gestellt, der britischen Öffentlichkeit. Er hat ihnen alles dargelegt. Er vertraute auf ihren Sinn für Gerechtigkeit und ihren Sinn für Fair Play. Und sein Vertrauen wurde belohnt. Er wurde für den Mann gehalten, den seine Freunde seit Jahren kennen, stark, mutig, ehrlich und verlässlich. Ein Mann, der einen fabelhaften König abgeben wird.« Nicht zu vergessen, dass Großbritannien eines der Länder mit der höchsten Scheidungsrate ist, eine von drei Ehen endet vor dem Richter. Also können immens viele Engländer es nachvollziehen, weil sie es selbst durchlebt haben, wie schrecklich eine kaputte Ehe ist: Frauen, Männer und die ehelichen Kinder.

Die Mischung aus Ehrlichkeit und Schicksalsgenossenschaft gewinnt die Herzen der Briten. Charles ist ein ganz normaler Ehemann und Vater mit all den Problemen, die auch sie, die Untertanen, haben. Eine Umfrage der *Sun* einen Tag nach der Sendung zeigt, dass 54 Prozent der befragten Leser finden, dass Charles sehr wohl fähig ist, König zu werden. Vorher hatten 63 Prozent das Gegenteil gesagt. Eine andere Umfrage der Fernsehstation GMTV ergibt Ähnliches. 58 Prozent befinden, dass Charles das Zeug zum Regieren hat, vorher waren es nur 46 Prozent gewesen.

Charles und Richard Aylard sind begeistert. Der Kronprinz liest jeden Kommentar. Das Risiko, das sie mit dieser Sendung in Kauf nahmen, hat sich ausgezahlt. Lady Colin Campbell findet sogar, dass es ein PR-Meisterstreich gewesen ist: »Ich glaube nicht, dass Charles der Öffentlichkeit eine Entschuldigung für seine Affäre schuldete, aber er gab ihnen eine und gewann damit ihre Herzen. Er war wirklich unglücklich über seine zerstörte Ehe... Er war fair, ruhig und ehrlich... Es war brillant. Da war der Thronerbe und es zeigt, dass er genauso menschlich ist wie seine Untertanen. Er gab seine Fehler zu und setzte all den Spekulationen über seine Ehe und seine Zukunft als König ein für alle Mal ein Ende. Nun wird keiner mehr daran zweifeln, dass er der Mann ist, der König wird. Und ein guter dazu. Er zeigte die Seite von sich selbst, die die Öffentlichkeit sehen wollte – der wirkliche Mann hinter dem Image.« Die *Daily Mail* ist eine der wenigen Zeitungen, die seine Offenheit kritisieren. »Wieder einen Fehler gemacht?«, titelt sie. Im Kommentar steht dann zu lesen: »Die Sendung zeigte einen chronisch unruhigen Mann mit guten Intentionen, aber getrieben von Selbstzweifeln. Er sah aus wie ein Gefangener, der sein Urteil erwartet.«

Diana und ihre Freunde sind euphorisch. Jetzt hat Charles endlich selbst zugegeben, dass er eine Affäre mit Camilla hatte – und sie noch hat. Und es ist nicht mehr nur die Prinzessin, die das behauptet und dafür schuldig gesprochen wurde. Aber nachdem sie dieses schon nach Camillagate geäußert hatte, ist das von wenig öffentlichem Interesse, auch wenn die *Sun* sich noch zu der Schlagzeile »Sagte ich doch!« hinreißen lässt.

Diana hatte am Abend der Charles-Dokumentation versucht, ebenfalls Aufmerksamkeit zu erregen, und es war ihr gelungen. Sie besuchte in einem aufregenden, sehr kurzen, schwarzen und schulterfreien Cocktaildress eine Gala des Lifestyle-Magazins *Vanity Fair*, zu deutsch: »Jahrmarkt der Eitelkeit«. Und natürlich drucken alle die Fotos der wunderschönen sexy Prinzessin, die scheinbar bester Stimmung ist, während ihr Mann seine Untreue ihr gegenüber zugibt. Nicht ungeschickt eingefädelt. Denn natürlich stellen sich die Leser immer wieder die Frage: »Warum nur hat der Prinz die unscheinbare Camilla dieser jungen strahlenden Traumfrau vorgezogen?«

Zusätzlichen Zündstoff bietet die *Sun* am 3. Juli. Der persönliche Diener des Kronprinzen, Ken Stronach, berichtet in dieser Ausgabe, wie er und seine Frau Brenda jahrelang die Treffen von Charles und Camilla in Highgrove vertuschen mussten, damit Diana nichts davon erfuhr. Er erzählt von den Alibis, die sie sich zurechtlegten, um die Ehefrau in Sicherheit zu wiegen, und von den Schlafanzughosen, die er von den Grasflecken befreien musste, nachdem Charles nachts aus den Büschen wiederkam. Doch diese Offenbarungen bringen die Briten nicht mehr auf die Barrikaden. Sie haben schon so viel gelesen und gehört, dass die Indiskretion von Butler Stronach fast mehr Empörung über das illoyale Verhalten eines königlichen Dieners produziert, als der Inhalt seiner Enthüllungen.

Die gar nicht so unscheinbare Siegerin im Streit um des Prinzen Herz kommt am 8. Juli wieder aus Spanien nach London zurück – und ist erschüttert. Auf dem Flughafen wird sie und Tochter Laura von einer Fotografenmeute bedrängt und verfolgt wie nie zuvor. Auf den Fotos sieht man, wie schrecklich das alles für die beiden Parker-Bowles-Frauen ist. In ihren Gesichtern spiegeln sich Abscheu und Fluchtgedanken wider. Natürlich gibt Camilla keinen Kommentar ab. Wie stets. Und wie Vater Shand einmal, angesichts des allgemeinen Palavers über Charles, sagte: »Wir stehen in Reih und Glied, und wir halten unsere Klappen geschlossen.« Tochter und Enkeltochter machen da keine Ausnahme. Diana hat mit ihrem Benehmen die Monarchie verraten, Camilla würde das niemals tun; sie hält ihren Kopf hoch und schweigt würdevoll. Sie hat eben einen wahrhaft noblen Charakter.

Camilla bleibt nur achtundvierzig Stunden in England, fliegt dann nach Frankreich an die Côte d'Azur: Sonne, Strand und Familie. »Sie musste einfach weg von all dem Stress, den Spekulationen. Camilla ist eine sehr private Person«, erklärt eine Freundin. Während Camilla sich weiterhin nicht äußert, kommentieren andere den Fernsehauftritt von Charles, und da diese Leute engste Freunde von Camilla sind, kann man getrost davon ausgehen, dass sie ähnlich denkt. So sagt etwa Patti Palmer-Tomkinson: »Ich finde, der Prinz war unglaublich mutig. Er setzte auf Ehrlichkeit und Wahrheit. Er ist ein wunderbarer, wunderbarer Mensch – sehr aufrecht und tapfer. Ich sah den Mann, den ich kenne.« Auch Vater Shand lobt den Prinzen für seine Courage. Sibyllinisch formuliert er: »Ich war fasziniert über das, was der Prinz über alle möglichen Bereiche, die er ansprach, sagte, inklusive des Zusammenbrechens seiner Ehe ... Ich bin überzeugt, er wird einen guten König abgeben.« Selbst Andrew bricht sein Schweigen, bemerkt trotzig: »Nichts hat sich geändert. Ich gebe keinen Penny für das, was geredet wird oder was passiert ist. Ich verstehe auch gar nicht, was die Aufregung überhaupt soll.«

Am 14. Juli 1994 stirbt Rosalind Shand in einem Krankenhaus in Sussex. Sie ist nur vierundsiebzig Jahre alt geworden. Jahrelang hatte sie gegen die Knochenkrankheit Osteoporose angekämpft, die auch schon ihre Mutter Sonia, die Tochter von Alice Keppel, dahingerafft hatte. Am Ende konnte sie keine Nahrung mehr in ihren schrecklich gebogenen Körper aufnehmen. Die arme Frau war in acht Jahren rund zwanzig Zentimeter geschrumpft. Camilla ist am Abend zuvor aus Frankreich zurückgekommen, um sich mit all den anderen Familienmitgliedern in Plumpton einzufinden. Gemeinsam nehmen sie Abschied von der geliebten Mutter, Ehefrau und Großmutter. Camilla ist todtraurig. Sie ist ihrer Mutter immer sehr nah gewesen, und obwohl sie wusste, dass es zu Ende ging, ist es doch ein Schock. Sie war ihrer Mutter immens dankbar, dass sie in den vergangenen Jahren so loyal zu ihr gestanden hatte.

Die beiden wichtigen Männer in ihrem Leben, Charles und Andrew, sind jetzt für sie da. Der Kronprinz redet mit ihr mehrmals am Tag am Telefon und versucht, sie, so gut er es vermag, zu trösten. Es tut ihm weh, dass er sie nicht selbst in den Arm nehmen kann. Andrew ist jedoch an ihrer Seite, wie immer ein Fels in der Brandung. »Das zeigte Camilla, dass die Liebe ihrer Freunde und Familie unerschütterlich ist«, sagt ein Freund. Die Beerdigung findet in aller Stille und nur mit der engsten Familie statt. Vier Wochen später gibt es dann einen Trauergottesdienst in der St.-Paul's-Kirche im Londoner Stadtteil Knightsbridge, in der Rosalind und Bruce geheiratet haben. Charles erscheint nicht persönlich, schickt aber, für alle zu sehen, seine Freunde Earl und Countess von Shelburne in seinem Bentley und mit einem großen schönen Kranz. Ein Palastsprecher erklärt: »Mrs. Shand war eine gute Freundin des Prinzen.«

Am Sonntag, dem 17. Oktober, erscheint dann Dimblebys erster Teil der geschriebenen Biografie über Charles − *The Prince of Wales* − vorab in der *Sunday Times* (im Buchhandel ist sie ab dem 3. November zu haben). Auf den 760 Seiten ist alles minuziös aufgelistet und kommentiert, von der Geburt bis zum fünfundzwanzigsten Jubiläum als Prince of

Wales. Nicht alle sind begeistert über die Einsichten in das Leben des Thronfolgers. »Sympathie und Respekt sind zwei verschiedene Schuhe«, sagt ein Insider. »Die Leute haben Mitleid mit dem Schicksal von Charles, aber seine schmutzige Wäsche in dieser Form in der Öffentlichkeit zu waschen kostet ihn den Respekt seines Volkes.« Ein Minister findet: »Es könnte die längste Abdankungsrede sein, die es je gab. Königlichkeit muss ein Mysterium darstellen, Charles hat dieses zerstört. Der Kronprinz selbst hat keine Bedenken. Er findet es immer noch richtig. Er war ehrlich zur Öffentlichkeit, auch was seine Affäre mit Camilla angeht.

Und das genau ist die Katastrophe für sie und ihre Familie, vor allem für Andrew. Dimbleby geht in seinem Buch sehr viel genauer als im Film auf die Affäre ein. Vor allem sagt er, wann Charles mit Camilla zusammen war. Zwar behauptet er, politisch äußerst korrekt, das Verhältnis lasse drei separate Zeiten erkennen, vor Camillas Hochzeit, kurz vor Charles' Heirat und dann erst wieder – und hier ist der Biograf erstaunlich wenig präzise – im Jahr 1986 oder 1987. Was zwar nicht richtig ist, aber die Details stehen da, Schwarz auf Weiß. Der Deckel über der Affäre ist damit explodiert und gibt den Blick frei auf viele Einzelheiten. Vor allem aber sind die tiefen Gefühle, die Charles gegenüber seiner Freundin hegt, jetzt von ihm selbst geschildert. Weil der Kronprinz den Inhalt des Buches offiziell abgesegnet hat, hat er damit Camillas Schweigen über all diese Dinge ad absurdum geführt. Er hat ihr Recht auf ein Privatleben nicht geschützt. Ihre Untreue gegenüber Andrew ist nun bewiesen. Noch präziser wird dies von der Frau des indiskreten Butlers, Brenda Stronach, bestätigt. Sie sagt: »Charles wurde von einer Dame in den Jahren vor 1985 in Highgrove besucht. Jeder wusste, er hatte eine Affäre, bis auf die Prinzessin. Jeder auf dem Besitz wusste um die nächtlichen Besuche bei Mrs. Parker Bowles; es war ein Running Gag.«

Camilla ist verärgert. Ein Freund sagt: »Sie fand, Charles habe zu viel erzählt. Sie befürchtete, er habe sich damit in den Fuß geschossen.« Ein anderer ist weniger höflich: »Der Prinz wollte nur sein Gewissen bereinigen und hat damit, ganz egoistisch, Camilla in eine furchtbare Situation gebracht. Er hat sich wie ein Schwein benommen und sie mitten in den Mist gesetzt. Sie hat wahrlich nichts getan, dass sie das verdient.« Kurz nach der Veröffentlichung der Charles-Biografie und den neuen Diskussionen um sie, fährt Camilla mit zwei Freundinnen nach Kenia. Sie muss sich fangen und ihr Leben wieder in den Griff bekommen. Und wo geht das besser, als unter den weiten Himmeln Afrikas?! Sie geht auf Safari, nimmt ihre Reisestaffelei mit in den Busch und malt Rhinos, Affenbrotbäume und die gigantischen Sonnenuntergänge. Die seelenberuhigende Landschaft tut ihre heilende Wirkung. Camilla füllt ihre Batterien wieder auf. Dass sie weiterhin viel Kraft brauchen wird, wenn sie wieder in England ist, weiß sie. Denn ihr Leben ist auf den Kopf gestellt. Vorbei sind die friedlichen Zeiten als Landfrau und heimliche Mätresse. Ob sie schon ahnt, dass diese Beschaulichkeit niemals wiederkommen wird? Am 23. November landet sie in Heathrow und wird von hunderten von Reportern am Flughafen empfangen.

Über die ganze Angelegenheit wirklich verärgert ist Andrew. Sein Bruder Simon kritisiert den Prinzen zum ersten Mal und gibt damit auch Andrews Meinung wieder. Von der sonstigen Unterstützung keine Spur. In Australien gibt Simon dem Frauenmagazin *Women's Weekly* ein Interview:

»Was er gemacht hat, ist falsch und sehr verletzend. Prinz Charles hat im Moment nicht unsere Unterstützung. Statt vom ›armen Charles‹ zu sprechen, empfinde ich mit meiner Schwägerin und würde eher ›arme alte Camilla‹ sagen wollen.« Seine Frau Carolyn findet: »Heimlich mit Camilla zu reden ist ja okay, aber das jetzt der ganzen Welt mitzuteilen, das geht zu weit.«

Andrew schäumt vor Wut. So viele Jahre hatte er sich zurückgehalten, Ruhe gegeben und die Spielchen mitgespielt. Hatte toleriert, dass sich seine Frau mit dem Prinzen amüsierte. Hatte die Sticheleien ausgehalten. Solange alles nur unbestätigte Gerüchte waren, konnte er damit leben. Aber jetzt, wo Charles selbst alles zugegeben hat, kann er nicht mehr daneben stehen. Seine Ehre ist beschmutzt. Für ihn ist die Seifenoper jetzt zu Ende, und er sieht nur noch einen Ausweg.

Das neue Leben der Mrs. Parker Bowles

Die *Sun* meldet es zuerst, und die Nachricht schlägt mal wieder wie eine Bombe ein. Am 10. Januar 1995 erscheint das größte englische Boulevardblatt mit der Schlagzeile: »Weltexklusiv: Camillas Scheidung.« Ein aufmerksamer Reporter hatte im Familiengericht in Londons High Court die Liste der Scheidungsanträge durchgesehen und unter den einunddreißig Namen den der Parker Bowles entdeckt. Schon am 14. Dezember vergangenen Jahres war die Petition eingereicht worden.

Am Nachmittag veröffentlichen Camilla, die nun siebenundvierzig ist, und Andrew, sechsundfünfzig, eine gemeinsame Verlautbarung:

Die Entscheidung, unsere Ehe zu beenden, haben wir gemeinsam getroffen. Es ist eine private Angelegenheit, aber da wir nicht erwarten, dass unsere Privatsphäre respektiert wird, geben wir dieses Statement heraus in der Hoffnung, dass es unsere Familien und Freunde vor Belästigung schützt.

Insbesondere bitten wir, dass unsere Kinder, denen unsere Hauptsorge und Verantwortung gilt, in Ruhe gelassen werden, damit sie ihre Studien in dieser für sie schwierigen Zeit weiterführen können.

Während unserer Ehe sind wir immer verschiedenen In-
teressen gefolgt, aber in den letzten Jahren haben wir auch
völlig separate Leben geführt. Wir haben uns so weit aus-
einander gelebt, mit der Ausnahme unserer Kinder und einer
andauernden Freundschaft, dass nur sehr wenig gemeinsame
Interessen zwischen uns geblieben sind. Deshalb haben wir
jetzt gemeinsam beschlossen, uns scheiden zu lassen.

Vorsichtshalber sind die Parker Bowles abgetaucht, die Re-
portermeute wartet vor einem leeren Middlewick House, wo
nur ein Zettel unter einer Flasche dem Milchmann mitteilt:
»Keine Milch bis Samstag.« Camilla hat sich nach Highgrove
abgesetzt, doch das weiß zu diesem Zeitpunkt natürlich keiner. Hinter den großen Mauern, mit Überwachungskameras
und Polizisten gesichert, kann ihr da keiner zu nahe kommen.
Und sie hat Charles zur moralischen Unterstützung. Die Dienerschaft hat frei, der plaudernde Butler Ken Stronach ist
längst gefeuert worden. Die Menschen, die auf dem Besitz
wohnen, sind zum Stillschweigen verdonnert. Nachdem
Stronach gequatscht hatte, gibt es in allen Verträgen neue
Verschwiegenheitsklauseln. Sie reichen bis ins Grab und
beinhalten Strafandrohung, wenn einer von ihnen je auf den
Gedanken kommen sollte, mit der Presse zu reden oder gar
selbst ein Buch zu schreiben. Ob das hilft, wird sich zeigen.
Jahresgehälter von nur 12 000 Pfund, Unterbringung und
Verpflegung inklusive, sind nicht gerade dazu angetan, die
Lippen zu verschließen, wenn Honorare von über 100 000
Pfund von den Zeitungen gezahlt werden. Oder noch viel
mehr für heimlich aufgenommene Fotos. Was allerdings erstaunt, ist, dass es solche Klauseln nicht längst gab, wie es in
jedem normalen Vertrag in der freien Wirtschaft üblich ist.

Andrew hat zumindest mit Indiskretionen des Personals keine Probleme. Er ist bei Rosemary Pitman in Malmesbury untergetaucht, einer geschiedenen alten Freundin der Familie – vor allem von Camilla – und eine seiner Favoritinnen. In den vergangenen Monaten haben sie sich oft gesehen und sind miteinander ausgegangen. Andrew besitzt auch schon einen Schlüssel für ihre Londoner Wohnung. Manche hören schon die Kirchenglocken bimmeln und glauben, dass sie die nächste Mrs. PB werden wird.

Die Medien überschlagen sich. Nun, wo sich die Geliebte von Charles scheiden lässt und der Thronfolger schon zwei Jahre in Trennung lebt, sind alle Optionen offen. Boulevardblätter, aber auch die seriöseren Tageszeitungen stellen die jeden umtreibende Frage: Wird es nun passieren? Wird Charles seine Geliebte heiraten? Wird Camilla Königin werden? Werden die Wales sich nun auch scheiden lassen? Welche Implikationen kann das für die Verfassung haben? Und so weiter und so weiter.

Natürlich hält sich nun keiner mehr zurück. Unter der Schlagzeile »Scheidung der königlichen Mätresse« erzählen die Presseleute alles, auch das, was sie bisher aus Rücksicht auf das Königshaus verschwiegen hatten, wie sie schleimerisch behaupten. Zusätzlich zu den seitenlangen Aufarbeitungs- und Wiederholungsgeschichten der Liebesaffäre, dem Verlauf der Ehe von Diana und Charles, der Familiengeschichte der Shands und der Mätressen-Urgroßmutter sehen die Briten zum ersten Mal Fotos, die sie bisher nicht kannten. Von Charles und Camilla auf einem Boot in der Türkei 1989, Camilla in einem bunten Blümchenbikini, Camilla in einem schwarzen Badeanzug, Camilla mit Terrier Fred – dessen Bruder ist Prinz Charles' Hund –, Camilla in ihrem Garten, Camilla

361

mit Diana ... Vergleiche zwischen den beiden Frauen werden angestellt, wobei Diana immer in den Kategorien Schönheit, Beliebtheit und Modebewusstsein vorn liegt, Camilla sie jedoch hinsichtlich Intelligenz und Charakter schlägt. In den USA wird Camilla als die Frau gewählt, die weltweit am schlechtesten angezogen ist, und Diana als die modischste.

Die erste Ausgabe des Gesellschaftsblatts *Hello!* in diesem Jahr beschäftigt sich auf fünfundzwanzig Seiten mit Camilla und ihrem Leben. Fotos aus vier Jahrzehnten sind zu sehen: Camilla als Blumenkind mit ungefähr sechs Jahren, Camilla als Debütantin, Camilla mit Charles beim Polo in den Siebzigern, Camillas Hochzeit, Camilla mit Andrew und den kleinen Kindern vor ihrem Kamin in Bolehyde Manor, Camilla mit der Queen, Camilla mit Charles beim Picknick in Balmoral in den Neunzigern – leicht verschwommen –, Camilla im karierten Kostüm und eine Zeitung lesend, ein Foto aus jüngster Zeit. Viel weiß man nicht über sie, höchstens vom Hörensagen, denn allen wird erst jetzt bewusst, dass Camilla in den vergangenen Jahren so gut wie nichts gesagt hat. Wenn überhaupt etwas von ihr bekannt wurde, dann nur über Dritte, womit die »guten Freunde« gemeint sind oder »jemand, der der Familie sehr nahe steht«. Doch in Ermangelung echter Fakten werden die Festplatten eben mit dem voll geschrieben, was die Interpretationsfähigkeit der Autoren hergibt. Wahr oder nicht? Kein Problem, Gegendarstellungen sind von Camilla und Andrew nicht zu erwarten.

Die *Sun* berichtet nun auch über die nächtlichen Besuche von Charles in Bolehyde Manor und Middlewick House, wenn Andrew nicht da war. Und behauptet, Camilla hätte oft mit windigen Ausreden Verabredungen mit ihrem Mann abgesagt, um stattdessen Charles zu treffen. Die Boulevardzeitung druckt zwei Fotos, die Camilla sofort verbieten lässt. Nie wird aufgeklärt, auf welche Weise die *Sun* sie bekommen hat. Das eine zeigt das Himmelbett von Camilla, die Bildunterschrift lautet: »Camillas tolles Himmelbett, in dem sie und Prinz Charles unter weichen, luxuriösen Decken bei Kerzenlicht vögelten – bis die Sonne aufging.« Auf dem zweiten Foto ist das Gästebett zu sehen, mit Blümchentagesdecke und Büchern auf dem Nachttisch, in dem Andrew »einsam und nur mit Lektüre als Gesellschaft schlief«.

Einige Tage später erscheint in *News of the World* eine Abbildung, wahrscheinlich vom Butler Stronach aufgenommen, die Camilla lachend und mit wehendem Haar auf einer Bank in Balmoral zeigt. Hinter ihr ist ein Junge erkennbar, der mit einem Hund spielt. Das ist das Foto, das seit Jahren auf Charles' Nachttisch in Highgrove steht und das er niemals vergisst, mit auf seine Reisen zu nehmen. Einerseits ist es eine wunderbare Indiskretion für die Leser, andererseits aber auch eine gar nicht so harmlose Sache. Denn wenn der Junge im Hintergrund William ist, dann bedeutet das, dass die Favoritin des zukünftigen Königs, die »Maîtresse en Titre« (»Mätresse mit Titel«), wie sie nun genannt wird, in der Royal Family ein gern gesehener Gast ist – sogar die kleinen Prinzen sind anwesend, wenn sie Charles besucht. Ein Skandal, eine moralische Ungeheuerlichkeit, schreien die Blätter. Clive Goodman, einer der königlichen Reporter, schreibt: »Die Königinmutter, die ja die mächtigste Beschützerin der Familienehre ist, muss also das enge Verhältnis der beiden akzeptieren und glauben, dass ein glücklicher Charles nur gut für ihren Urenkel sein kann.«

In der Realität wird mal wieder über alle Maßen übertrieben. Denn es ist ja nie ein Geheimnis gewesen, dass Camilla jedes Jahr mit Andrew und manchmal auch mit ihren eigenen Kindern von Queen Mom nach Birkhall in Balmoral eingeladen wurde. Und dass sie jedes Frühjahr und jeden Herbst zu der Gruppe engster Freunde gehören, die Charles in die Highlands einlädt. Also, was soll das Geschrei! Im Grunde ist das Foto doch keine Meldung wert. Aber wie immer heißt es auch hier: Was man sehen kann, gilt als bewiesen. Und im Moment wird aus allem ein Skandal gemacht. Dass der Junge, der etwas verschwommen und deshalb nicht eindeutig identifizierbar ist, eventuell auch Sohn Tom sein könnte, hält natürlich keiner für möglich. Bei einer solchen Wahrheit hätte man dann ja keinen so schönen Anlass, um sich echauffieren und mal wieder eine Staatsaffäre daraus entwickeln zu können!

Zum ersten Mal findet sich nach Bekanntgabe der Scheidung auch Andrews Privatleben in allen Einzelheiten in den Zeitungen wieder. Sein Charakter wird eingehend beleuchtet, sein Leben als Ehemann und Liebhaber vorgestellt, seine Offizierskarriere unter die Lupe genommen, seine Familienbande und Freundschaften dargestellt. In den Sonntagsblättern erscheinen vielseitige Porträts des Mannes, »der seine Frau zum Wohle des Landes niedergelegt hat«. Seine Liebschaften und Damenbekanntschaften werden der Öffentlichkeit mit Fotos präsentiert, und manche behaupten, dass das Verhältnis seiner Frau seiner glorreichen Militärkarriere förderlich war. Seine Verschwiegenheit und Loyalität habe die Royal Family mit diversen Beförderungen belobigt. Und nun, da er im vergangenen November in Frührente gegangen war, hätte er einen Schlussstrich gezogen, um noch in den verbleibenden Jahren eigene erfüllte Liebesbeziehungen eingehen zu können. Angeblich gibt er zu verstehen: »Ich kann nicht weiter das Leben von anderen leben. Es ist an der Zeit, sich fortzubewegen.« Letzteres ist ja keinesfalls verwerflich und für jeden nachvollziehbar.

Dass der Entschluss zur Scheidung beiden nicht leicht gefallen ist, sie sich auf ihre besondere Art weiterhin lieben, beide sehr traurig sind und dennoch diesen Schritt gewählt haben, um Andrews Ansehen nicht weiter zu beschmutzen, das steht natürlich nirgendwo. Auch nicht, dass die Kinder leiden. Tom, seit November 1994 Student in Oxford, nennt sich vorsichtshalber nur Bowles. »Er ist zu einem Einsiedler geworden«, sagt ein Studienfreund. »Man kann sich den Hohn und Spott vorstellen, den betrunkene Studenten ihm ins Gesicht oder hinter seinem Rücken über seine Mutter sagen.« Camilla fährt so oft wie möglich zu ihren Kindern und verbringt viel Zeit mit ihnen. Erklärt ihnen, wie es wirklich war und ist. Und auch Andrew ist jederzeit für sie da. Dennoch ist es für die Teenager eine schwere Zeit.

Am 19. Januar 1995, einem Donnerstag, wird die Scheidung im Somerset House, Gerichtsraum 2, verhandelt. Die Eheleute Parker Bowles sind nicht anwesend. »Gibt es eine Partei oder Person, die etwas gegen die Erteilung des Urteils einzuwenden hat?«, fragt der Richter Gerald Angel. Keine Antwort. »Dann erteile ich hiermit das vorläufige Scheidungsurteil (decree nisi).« Nur drei Minuten hat die ganze Angelegenheit gedauert. Nach englischem Recht ist Camillas und Andrews einundzwanzigjährige Ehe dann nach sechs Wochen und einem Tag endgültig und rechtskräftig beendet, wenn das so benannte »decree absolute« erteilt wird.

Zum vorläufigen Scheidungsurteil wird auch das Frage- und Antwortpapier der Antragstellerin veröffentlicht – und natürlich überall abgedruckt, inklusive der Unterschriften, die sofort von Graphologen untersucht werden. Der vom *Daily Mirror* beauftragte Handschriftendeuter schreibt: »Prinz Charles wird aus der Pfanne ins Feuer springen, wenn er Camilla heiratet. Sie ist starrköpfig, oft unsensibel und wird versuchen, ihn zu kontrollieren.« Interessant allerdings ist, dass Camilla die Antragstellerin für die Scheidung ist. Es zeigt wieder mal, dass Andrew ein wahrer Gentleman ist und seiner Frau die bessere Position überlässt, obwohl er ja offiziell der »Gehörnte« ist. Aber viel aufregender sind Camillas Antworten, die sie sorgfältig mit Anwälten ausgetüftelt hatte:

Wann haben Sie und der Scheidungsbeklagte sich getrennt? Ungefähr im Februar 1992, nachdem wir beide separate Leben führten.

Nennen Sie den Grund für die Trennung? Unrettbare Zerrüttung der Ehe.

Haben Sie seit dem angegebenen Datum mit dem Beklagten in einem Haushalt gelebt? Nein, der Beklagte und ich, obwohl in Middlewick House angemeldet, haben in der aufgeführten Zeit getrennt gelebt.

Wie viel Zeit haben Sie seitdem gemeinsam verbracht? Der Beklagte hat seit Februar 1992 etwa rund neunzig Nächte in Middlewick House verbracht.

Große Enttäuschung in den Redaktionen: kein Wort über Ehebruch und Untreue. Stattdessen nur neunzig Nächte in drei Jahren im ehelichen Haus — was bedeuten würde, dass jeder Vertreter einen Scheidungsgrund hätte, weil er möglicherweise ähnlich selten im eigenen Bett schläft. Das ist als Trennungsgrund zu unspektakulär für die berühmteste Ehe im Lande — nach der des Thronfolgers.

Natürlich hat Camilla mit Charles alles ausführlich diskutiert. Sie hatte in Kenia den endgültigen Entschluss zur Scheidung gefasst. Charles ist gerade beim Skilaufen in Lech, als zu Hause die Wellen wieder hochschwappen. »Der Prinz ist besorgt um Camilla und ihre Familie, aber die Nachricht ist für ihn keine Überraschung. Er versichert ihr seine volle Unterstützung, wie immer«, sagt ein Freund. Charles telefoniert mehrmals am Tag mit Camilla, die traurig, aber irgendwie auch erleichtert ist. Eine Freundin kommentiert: »Sie hat eine fantastische Begabung, auch in schwierigen Zeiten ihren Sinn für Humor zu behalten.«

Das Ansehen des Kronprinzen rutscht nach Camillas Scheidung wieder in den Keller. Das königliche Hausblatt *Majesty* veröffentlicht Umfrageergebnisse: Die Leser befinden Charles als zu emotional, zu weich, als instabil, unpräzise und fordernd. Nur die Hälfte der Befragten will ihn als nächsten König sehen, und zwei Drittel glauben, dass sein Ansehen nach dem Zugeständnis seiner Affäre nicht mehr reparabel ist. Der Thronfolger ist aufgebracht über solche Behauptungen, vor allem aber über die, er würde einen heimlichen Plan ausarbeiten, was Camilla und seine Zukunft mit ihr angehe. Auch *Today* veröffentlicht eine Studie, in der 84 Prozent glauben, Charles habe das Image der Royal Family schwer beschädigt. Doch im Großen und Ganzen gibt der Palast wenig auf die neuen Zahlen. Sie sehen das wie immer in einem größeren historischen Zusammenhang. Und wie schnell sich des Volkes Meinung ändert – von pro zu anti und wieder zurück –, haben die letzten Monate gezeigt. Als jedoch der *Guardian* behauptet, mehr als 50 Prozent der Briten seien überzeugt, die Monarchie würde die nächsten fünfzig Jahre nicht überstehen, rutschen die königlichen Hinterteile unruhig auf ihren Sesseln.

In dieser Situation hilft Diana – unfreiwillig –, von diesen tieferen Problemen abzulenken. Die *News of the World* veröffentlicht den Bericht eines Chauffeurs von Oliver Hoare, jenem Kunstkenner, der von Diana telefonisch terrorisiert wurde, sodass die Ehefrau eine polizeiliche Untersuchung beantragte. Der Fahrer berichtet, dass sein Boss 1991 eine Liebesaffäre mit Diana gehabt hätte, zwei- bis dreimal die Woche hätten sie sich in Safe Houses getroffen, zu denen er sie hinfuhr: »Manchmal hat sie ihn mehr als zwanzigmal im Auto angerufen, und dann ging es Darling hier und Darling da.« Weitere Recherchen erbringen, dass Hoare auf Dianas Pager Nachrichten hinterlassen hatte wie »Denke an dich jede Sekunde« oder »Hoffe, von dir zu hören, liebe dich ganz doll«. Die Prinzessin verzichtet auf einen Kommentar, aber ein Freund sagt: »Es war der zweite zerstörende Schlag. Diana begriff, dass ihr Image sehr schnell den Bach runterging.«

Sie beschließt, etwas dagegen zu unternehmen. Heimlich beginnt sie, sich mit dem BBC-Reporter Martin Bashir zu treffen. Kameras werden in den Kensington-Palast eingeschmuggelt, und Bashir gelangt ebenfalls in diesen, versteckt im Kofferraum. Wochenlang interviewt er die Prinzessin für einen großen Fernsehauftritt. Nicht einmal ihr Pressesprecher Geoffrey Crawford ist eingeweiht.

Camilla und Andrew ziehen im Mai mit dem Verkauf von Middlewick House endgültig einen Schlussstrich unter ihre Ehe. Nick Mason, der Schlagzeuger von Pink Floyd, blättert für das schöne alte Haus 1,3 Millionen Pfund hin. Es ist mehr als das Doppelte, was sie 1986 bezahlt haben. Nach Abzug der Steuern wird der Erlös zwischen den Ex-Eheleuten geteilt. Über Geld streitet man sich nicht, das versteht sich von selbst. Jeder nimmt seine Möbel, Bilder und Preziosen mit, die er geerbt hat, und die gemeinsamen Anschaffungen werden so vergeben, wie Freunde das eben machen: Wenn du das willst, dann hätte ich gerne das. Oder willst du das, dann nehme ich jenes. Sie wollen einen neuen Start – ohne kindisches Gezänk. Und doch ist es für die Beiden ein trauriger Moment. Sie haben hier so viele lustige und schöne Momente erlebt, die Kinder sind hier aufgewachsen und dann ist da auch noch die viele Arbeit, die sie in die Verschönerung des alten Gemäuers gesteckt haben und vor allem in den herrlichen Garten, ihrer beider Passion. Im April hatten sie noch gemeinsam ein Wochenende für alle Freunde mit einer Lunchparty arrangiert, die letzte in ihrem geliebten Haus. Nun ist es verkauft, Ende Juli müssen sie es dem neuen Käufer übergeben. Dann ist dieser Abschnitt ihres gemeinsamen Lebens zu Ende.

Andrew bleibt die Wohnung in London, das ist so ausgemacht, und Camilla muss sich eine neue Bleibe suchen. Am 25. Juli holt Andrew seine letzten Sachen ab und fährt zu Rosemary Pitman. »Sie wollen nichts übereilen«, erklärt ein Freund, »aber sie glauben, es ist jetzt die richtige Zeit, um zusammenzuziehen.« Camilla erzählt Freunden: »Andrew war immer mein bester Freund, abgesehen von Charles. Als wir uns trennten, zerriss es mir fast das Herz, aber wir haben beschlossen, es mit Würde zu tun. Er ist und bleibt einer der wenigen Menschen, denen ich vollends vertraue, und ich weiß, er ist für mich da, egal, was kommt. Ich bin froh, dass er wieder Ruhe und Glück gefunden hat. Ich wünschte, ich könnte auch Frieden in meinem Leben finden.«

Camilla zieht vorübergehend zu ihren Freunden Lord und Lady Shelburne nach Bowood House, das ganz in der Nähe von Middlewick House liegt. Die meisten ihrer Sachen und auch die Pferde sind vorerst in Highgrove untergestellt. »Es gibt kein klareres Zeichen dafür, dass Camillas und Charles' Beziehung weiterhin stark ist«, kommentiert die *Sun* am 10. Juli ziemlich dämlich. Nun, wo sie eine freie Frau ist, braucht Camilla sich nicht mehr zu verstecken. Sie fährt jeden Tag nach Highgrove zum Reiten und Schwimmen – auch wenn Charles nicht da ist. Sie hängen das nicht an die große Glocke, und erstaunlicherweise ist es den Zeitungen nur eine kleine Meldung wert. Wie es scheint, ist der Presse – oder sind es die Leser? – allmählich die Lust an den ewig gleichen Storys abhanden gekommen.

Der Prinz unternimmt verschiedene Auslandsreisen, und auch im eigenen Lande ist er oft unterwegs. Es ist ja das Jahr des glorreichen Sieges der Alliierten vor fünfzig Jahren, und so finden überall Jubiläumsveranstaltungen statt, zu denen er hingehen muss. Charles und Camilla sehen sich, wenn es die Zeit erlaubt. Können sie hintereinander ein paar Tage in Highgrove verbringen, geben sie Lunch- und Dinnerpartys für Freunde, und sie machen auch kein Geheimnis mehr daraus, dass Camilla nun die Frau des Hauses ist. Erhobenen Hauptes besucht sie in diesem Sommer verschiedene Feste, allein oder in Begleitung von Freunden, und amüsiert sich. Es geht ihr bestens, sie sieht rosig und strahlend aus. Fotos zeigen eine neue, frische und gut aussehende Camilla, die wieder lächelt. Warum auch nicht? Sie ist unabhängig und kann tun, was ihr beliebt. Ihr Lover steht zu ihr und zeigt, dass er sie weiterhin liebt, und zum ersten Mal verleben sie gemeinsame Stunden ohne Heimlichtuerei und vorausgehende schwierigste Organisation. Auch die Freunde sind somit entlastet und haben ihre Häuser und Gästebetten wieder zur freien Verfügung.

Im September tritt Camilla an die Öffentlichkeit und vor die Kameras der Fotografen, diesmal freiwillig. Sie hat die Schirmherrschaft der nationalen Osteoporose-Gesellschaft übernommen und geht zu einem Charity-Event, um Spendengelder zu generieren. Am 18. Oktober sind Charles und Camilla gemeinsam eingeladen, zu einer Geburtstagsparty von Freunden im Ritz in London. Und sie gehen auch beide hin. Zum ersten Mal seit langer Zeit sind sie zusammen auf einer Party. Andrew und Sohn Tom sind auch unter den 150 Gästen. Camilla betritt das Hotel allein, in einem tollen neuen schwarzen Kleid, um die Schultern geschlungen ein roter Schal. Sie trägt ihre berühmte dreireihige Perlenkette mit dem großen grünen Stein, und sie hat eine neue Frisur: kürzerer Pagenkopf mit ein paar blonden Highlights. Charles erscheint etwas später. Ein gemeinsames Foto wird es an diesem Abend, fast genau ein Jahr nach dem Dimbleby-Filmgeständnis, nicht geben. Noch lange nicht. Camilla verlässt die Party in den frühen Morgenstunden, Andrew bringt sie zum wartenden Wagen. Reporter fragen sie, ob sie sich amüsiert habe. Camilla antwortet lachend: »Ja, danke sehr!« Charles folgt ihr einige Zeit später, bewacht von seinem Sicherheitsoffizier. Dieses ist der erste Probelauf eines Rituals, das beide in Zukunft genauso beibehalten werden: getrennt erscheinen, gemeinsam feiern, getrennt weggehen. Und auch das produziert keine neue Welle der Empörung im Blätterwald. Es ist Zeit zu relaxen.

Im Oktober kauft sich Camilla ein neues Zuhause, »meine Zuflucht«, wie sie es fortan nennt. Ray Mill House ist aus der Regency-Zeit: acht Schlafzimmer, ein riesiger Wohnraum mit Glasfenstern bis zum Boden, Swimmingpool, Stallungen für die Pferde, ein Gewächshaus, hohe Hecken, eine lange

Auffahrt und rund zehn Hektar Land dazu. Es liegt am Rande von Lacock, einem mittelalterlichen Städtchen mit malerischer Mühle am kleinen mäanderndem Flüsschen und mit altem Moos bewachsener Steinbrücke. Und, na klar, nur sechzehn Meilen von Highgrove entfernt. Sie hat sich sofort in das Anwesen verliebt. Insgesamt 850 000 Pfund zahlt Camilla dafür, wobei sie ein wenig Unterstützung vom Vater hat und einen Kredit vom königlichen Bankhaus Coutts.

Der Kauf ist ein ziemlicher Schluck aus der Pulle für die Endvierzigerin ohne festen Job. Rechtsanwälte von Charles übernehmen die Organisation, ein Trust wird gegründet, Gremiumsmitglieder sind unter anderem Vater Shand und der Earl of Halifax, ein guter Freund des Kronprinzen. Den Beobachtern zeigt dies, dass sich Charles hierbei erheblich mehr in Camillas finanzielle Angelegenheiten involviert hat, als das bisher der Fall gewesen war. Ob er zum Kauf des Besitzes auch pekuniär etwas beigesteuert hat, bleibt natürlich im Dunkeln. Aber er wird sicherlich dafür Sorge getragen haben, dass seine Geliebte versorgt ist, falls ihm einmal etwas zustoßen sollte.

Stundenlang wandern Camilla und Charles über das Grundstück und durch die verschiedenen Gebäudeteile und nehmen alles genauestens unter die Lupe. Sie schmieden Pläne, diskutieren darüber, wie alles eingerichtet werden soll. Charles inspiriert Camilla zu mehr Unabhängigkeit und Naturbewusstsein. Die Mühle soll Strom für das Haus produzieren, und im Garten will Camilla, genau wie in Highgrove, biologisch-dynamisches Gemüse und Kräuter anbauen. Sie freut sich wahnsinnig darauf, endlich mit all dem anzufangen. Der Geliebte schenkt ihr einen schönen Stuhl aus der Zeit Louis XIV. zur Einweihung und einen silbernen Bilderrahmen mit einem Schwarz-Weiß-Porträt ihres Vaters. Zusätzlich wird er ihr einen geometrischen Hausgarten anlegen, eine Kopie des Ensembles in Highgrove, mit Kieswegen, Statuen und Blumen aus seinem Gewächshaus.

Natürlich ist der Prinz auch der erste Gast nach der Vertragsunterzeichnung. Den ganzen Abend über sitzen sie bei Gin Tonic auf alten quietschenden Gartenstühlen der Vorbesitzer und unterhalten sich, hören Musik aus Charles' transportablem Discman und planen die Zukunft. Die sieht in diesem Herbst nicht mehr ganz so grau aus wie zuvor, silbrige Streifen sind am Horizont sichtbar. Irgendwann spät abends verlöschen die Kerzen. Charles und Camilla sind schon lange vorher nach oben gegangen.

Doch die Zeit der Zärtlichkeiten dauert nur kurz. Der Donnerschlag kommt am 20. November 1995, als BBC1 das *Panorama Interview* mit Diana sendet. Charles, gerade aus Berlin und Riga zurück, sitzt geschockt vor dem Fernseher in Highgrove und sieht seiner Frau bei ihrem bisher besten Medienauftritt zu, einem, der ihn und Camilla zurück in die Eiszeit schleudern wird.

Die Prinzessin im schwarzem Pullover, mit weißem Puder im Gesicht und dicken Kajalstrichen um ihre schönen blauen Augen gibt Antworten auf Fragen, die sie zuvor mit Bashir festgelegt hatte. Diana behauptet später, sie habe direkt und unvorbereitet auf die Fragen des Reporters geantwortet, aber eine Freundin widerspricht: »Sie glauben doch wohl nicht, dass sie ohne vorherige Absprache in das Interview ging. Nichts wurde dem Zufall überlassen. Sie übte ihre Antworten tagelang vor dem Spiegel im Badezimmer und testete verschiedene Outfits und Make-ups, um möglichst fragil und verletzlich auszusehen.«

Camilla, die unmittelbar von einer Reitjagd mit der Beaufort-Meute zurückgekehrt ist, sitzt schweigend neben Charles. Diana spricht mit Bitterkeit über ihren Mann, die Royal Family und den ganzen Apparat im Buckingham-Palast, den sie zusammen genommen als »Feind« bezeichnet. Weiter antwortet sie auf Fragen über ihre Bulimie und ihre Selbstmordversuche und berichtet, wie die Freunde von Charles sie als Verrückte darzustellen versuchten, die in eine Anstalt gehöre. Sie gibt die ehebrecherische Beziehung zu James Hewitt, ihrem Reitlehrer, zu, streitet aber ab, mit James Gilbey, dem Autohändler, geschlafen zu haben, konzidiert jedoch, das Telefongespräch (Squidgytape) geführt zu haben. Über ihre Ehe sagt sie aus, sie habe schnell den Verdacht gehabt, Camilla und ihr Mann hätten eine Affäre, und dann formuliert sie den berühmt gewordenen Satz: »Wir waren zu dritt in dieser Ehe, also war es ein bisschen eng.« Ein Schlag gegen Camilla, heftig und direkt gezielt, wodurch sie zur Schuldigen gemacht wird. Als sie gefragt wird, ob sie sich als Königin von England sieht, verneint sie, will aber die »Königin der Herzen« sein. Am gruseligsten ist aber ihre Antwort auf die Frage, ob sie Charles fähig für den Königsjob hält: »Es ist eine sehr fordernde Rolle, Prince of Wales zu sein, und noch fordernder wird die des Königs sein... Und weil ich seinen Charakter kenne, denke ich, dass der Topjob, wie ich ihn nenne, enorme Einschränkungen mit sich bringen wird, und ich weiß nicht, ob er sich dem anpassen kann.« Im Klartext heißt das: Er sollte lieber die Finger davon lassen! Stattdessen denkt sie an ihren Sohn William, den sie als die bessere Wahl für den nächsten Regenten betrachtet.

Geschockt springt Charles auf und wandert durchs Zimmer. Das kann doch wohl nicht wahr sein! Was fällt der Person ein? Was für eine niederträchtige Rache! Die Freunde haben Recht, sie gehört tatsächlich in eine Anstalt. Camilla kann ihn gar nicht beruhigen. Doch es geht noch weiter. Diana macht klar, dass sie keine Scheidung wolle und auf keinen Fall »leise verschwinden« werde, sie habe eine öffentliche Rolle zu erfüllen: »Ich werde bis zum Ende kämpfen.« Diese Frau wagt es, uns zu drohen! Charles schäumt vor Wut.

Sein alter Freund Nicholas Soames, inzwischen Staatssekretär und Sprecher des Verteidigungsministeriums, springt in die Bresche und gibt am nächsten Tag ein Fernsehinterview: »Diana hat eine Periode des Unglücklichseins erlebt, die sie instabil und mental krank gemacht hat. Sie befindet sich in einem fortgeschrittenen Stadium der Paranoia.« Dieser Freundschaftsakt ist wohlgemeint, aber völlig daneben. Statt zu helfen, führt Soames' Interview zu noch mehr Aufregung. Die Briten goutieren es gar nicht, wenn ihre wunderschöne Ikone von einem aufgeblasenen, konservativen Tory derart angegriffen wird. Das Volk ist aufgebracht, und die Hetzkampagnen gegen Camilla und Charles besetzen wieder die Titelseiten. Der Vorsprung, den Charles durch sein BBC-Interview erreicht hatte, ist vollkommen verpufft. Camilla steht wieder unter Hausarrest, belagert von hunderten von Presseleuten.

Die Queen und Prinz Philip haben jetzt endgültig die Nase voll. Nach einer Konsultation mit Premierminister Major und George Carey, dem Erzbischof von Canterbury, schreibt Elizabeth II. am 17. Dezember einen Brief an Diana und Charles und fordert sie in diesem auf, sich ernsthafte Gedanken über eine Scheidung zu machen und entsprechende Verhandlungen einzuleiten. »Denn«, so die Königin, »eine Scheidung könne den kleinen Prinzen auch nicht mehr Schaden zufü-

375

gen; sie hätten schon genug erleiden müssen in den vergangenen Jahren.« Charles liest sämtliche Zeilen Camilla vor. »Es ist ein sehr liebevoller Brief von einer Mutter an ihren Sohn, aber mit einem knallharten königlichen Unterton«, erzählt sie einem Freund. Dieser weiß auch: »Camilla ist erleichtert, dass endlich jemand den ersten Schritt unternahm, die Lüge zu beenden.«

Am nächsten Tag bringt die Post Diana ein Schreiben von Charles, in dem der Thronfolger ohne große Umschweife ihre Einwilligung zu einer Scheidung fordert, denn die Ehe sei nun nicht mehr zu retten. Das sei zwar »eine nationale und persönliche Tragödie«, aber unabhängig davon wäre es von großer Notwendigkeit, die Formalitäten schnell einzuleiten. Diana ist stinksauer, weil die Queen erst mit anderen über eine Trennung gesprochen hat, bevor sie mit ihr Kontakt aufgenommen hatte. »Im Interesse des Landes? Was ist mit meinen Interessen und denen der Jungen«, wütet Diana und formuliert eine Antwort an ihren Noch-Ehemann: »Über deine Aufforderung bin ich völlig perplex. Ich stimme einer sofortigen Scheidung nicht zu.« Diana will sich allein mit Charles treffen, doch der Kronprinz möchte jemanden dabei haben, der das Besprochene protokolliert. Das Jahr geht ohne konkretes Ergebnis zu Ende. Die beiden befinden sich in einer Pattsituation. Der Prinz will die Scheidung, die Prinzessin will verheiratet bleiben. Eine konstruktive Kommunikation findet nicht mehr statt.

Am Vormittag des 7. Februar 1996 warten etwa siebzig Fotografen in Londoner Stadtteil Chelsea auf der King's Road. Doch diesmal sind sie nicht hinter Diana oder Camilla her. Diesmal warten sie auf das einzig fröhliche Ereignis in diesen schwierigen Zeiten: die Hochzeit von Andrew mit

Rosemary Pitman. Sie hatten eine private Familienfeier geplant und nicht »so viele Menschen erwartet«, sagt die neue Mrs. Parker Bowles. Nur ihre Kinder, Tom und Laura Parker Bowles sowie Tom, William und Henry Pitman begleiteten ihre Eltern in das Standesamt. Die Fotografen verlangen einen Kuss, doch Andrew will nicht: »Nein, wir sind ein mittelalterliches Paar. Und mittelalterliche Paare küssen sich nicht in der Öffentlichkeit.« Andrew ist bei seiner zweiten Hochzeit sechsundfünfzig Jahre alt und Rosemary fünfundfünfzig.

Später feiern sie mit Neffen, Nichten und Geschwistern im Green's, dem schicken Restaurant von Simon Parker Bowles. »Sie ist sehr nett und bodenständig«, sagt Simons Frau Carolyn über ihre neue Schwägerin. »Sehr lustig und eine gute Kumpanin – eine perfekte Frau für Andrew. Die ganze Familie ist schwer begeistert.« Das frisch gebackene Paar fährt zwei Wochen auf Hochzeitsreise nach Kapstadt, anschließend Safari und Rundreise durch das Zululand. Camilla hatte den beiden schon am Tag zuvor gratuliert und schönste Flitterwochen gewünscht. Sie ist froh darüber, dass ihr Ex-Mann ein neues Glück gefunden hat. Und auch Queen Mom ist weiterhin auf Andrews Seite. Sie hat das jung vermählte Ehepaar eingeladen, sie zu den Rennen in Cheltenham zu begleiten. Wie jedes Jahr, nur jetzt eben mit Rosemary als Andrews Ehefrau.

Nach der Weihnachtspause bestellt die Queen Diana am 15. Februar zu sich in den Buckingham-Palast zu einer Audienz, in der, so hofft Charles, das Thema Scheidung wieder in Gang kommt. Das Treffen läuft sehr geschäftsmäßig ab, und der Sekretär Robin Janvrin schreibt mit. Die Queen bleibt bei ihrem Standpunkt: »Die momentane Situation ist für niemanden gut, nicht für das Land, nicht für die Familie oder die Kinder.« Dianas Hauptanliegen ist, dass sie ihren Titel – Her Royal Highness – behalten will, aber die Queen erklärt ihr, dass dies nicht gehe, auf jeden Fall würde sie sich aber weiterhin als Prinzessin von Wales bezeichnen dürfen.

Die bittere Pille muss sie schlucken. Wahrscheinlich hätte die Queen mit sich reden lassen, wenn Diana nicht diese hassenswerten Indiskretionen begangen hätte, die die Monarchie in die Krise stürzten, und wenn sie nicht auch noch fortgesetzt ihrer Schwiegermutter ins Gesicht gelogen hätte. Rache ist Blutwurst, und manchmal dauert es eben ein wenig, bis sie einen trifft. Aber jetzt bekommt Diana die königliche Quittung. Und so veröffentlichte der Kensington-Palast am 28. Februar 1996 die Meldung: »Die Prinzessin von Wales hat dem Scheidungsverlangen von Prinz Charles nachgegeben. Sie wird ihren Titel abgeben und sich in Zukunft ›Prinzessin von Wales‹ nennen.«

Kurz zuvor hatte Charles ihr einen Brief geschrieben, der Diana klar machen sollte, dass es keinen Sinn hat, an etwas festzuhalten, was nicht mehr da ist. Der Kronprinz wörtlich: »Lass uns weitergehen und nicht zurücksehen, und lass uns aufhören, uns gegenseitig aufzuregen.« Von nun an müssen sich die jeweiligen Anwälte mit den Einzelheiten der Scheidungsvereinbarung und vor allem der finanziellen Seite auseinander setzen. Es wird Monate dauern, bis sämtliche Details verhandelt sind. Charles will aus dem Kensington-Palast nicht viel zurückhaben. Zwei Aquarelle eines deutschen Verwandten, das Silberbesteck von König George III. und einen antiken Stuhl, den er in die Ehe mitgebracht hatte – das ist alles. Aber er verlangt, dass Diana ab sofort ihr Büro im St.-James-Palast räumt. Diana will da sowieso nicht mehr hin, da Camilla, wie sie weiß, dort nun des Öfteren anzutreffen ist. Sie zieht mit ihren Mitarbeitern in einen Teil des Kensington-Palastes um. Die Queen hat ihr zugestanden, dass sie in der ehelichen Wohnung bleiben darf und nicht, wie eigentlich vorgesehen, in eine kleinere umziehen muss. Das Arbeitszimmer von Charles hatte Diana ja schon nach der Trennung in einen Salon für die Prinzen umdekoriert.

Während die Anwälte sich weiterhin über das Fell des Prinzen streiten, wird im April die Scheidung von Andrew und Fergie bekannt gegeben, die dann am 30. Mai 1996 rechtskräftig wird. Damit ist die dritte Ehe bei den Kindern der Königin in die Brüche gegangen. Nicht gerade eine Statistik, die die Queen und Prinz Philip erfreut. Zeigt es doch, dass es auf Dauer als eine Unmöglichkeit erscheint, in der Royal Family zu leben, vor allem für die eingeheirateten Bürgerlichen. Ob Ihre Majestät das zum Anlass nimmt, intern etwas zu ändern, ist nicht bekannt. Auch nicht, ob Dianas Anschuldigungen in Bezug auf den kühlen Ton, die Intrigen der Palastangestellten und die fehlende Unterstützung irgendeine Veränderung ausgelöst haben.

Am 17. Juli wird in Ray Mill House eine Pferdebox vorgefahren, und heraus steigt eine hübsche irische Stute mit dem Namen Gypsie Girl. Es ist Charles' Geschenk zu Camillas neunundvierzigstem Geburtstag. Rund 7800 Pfund soll die Stute gekostet haben, und Camilla will sie in der kommenden Jagdsaison sofort ausprobieren. Begeistert ruft sie ihren Geliebten an, um sich bei ihm zu bedanken. Er konnte die Stute nicht selbst übergeben und sich zum Dank umarmen lassen, denn er ist auf einer Staatsreise in Brunei. Die *Sun* hat ebenfalls ein Geschenk für die Mätresse: Die Zeitung kreiert anlässlich ihres Geburtstages eine »Camilla-Wurst«, die ein Schlachtermeister produzieren wird. Bei einem Tennisturnier, das einen Tag vor ihrem Geburtstag in der Schule von Tochter Laura stattfand, hatte Camilla eine Bratwurst gegessen, wobei sie fotografiert wurde. Das eher unvorteilhafte Bild erscheint tags darauf in der *Sun* mit dem etwas unanständigen Titel: »Camilla liebt eine Kingsize-Wurst.«

Zwei Wochen später erhält Camilla eine Absage von dem Bürgermeister ihres neuen Wohnsitzes. Sie darf die Scheune auf ihrem Grundstück nicht umbauen. Vater Shand, der in Ray Mill House sein neues Domizil aufschlagen will, sollte durch die Renovierung der Scheune eine Küche, ein Bad und ein Gästezimmer erhalten. Scheunen müssten Scheunen bleiben, begründen jedoch die Beamten ihre Entscheidung, nur so sei es möglich, das ursprüngliche Landleben zu konservieren. Major Shand will erst Widerspruch einlegen, aber lässt es dann lieber. Er weiß genau, das gäbe nur wieder böse Presse. Zumal die Denkmalschutzbehörde deutlich zum Ausdruck bringt: »Sie mache auch keine Ausnahme für jemanden, der Freunde in hohen Positionen habe.« Der Major ist zwar traurig, aber er entschließt sich daraufhin, zu seiner zweiten Tochter Annabel zu ziehen, die ihn gerne aufnimmt.

Am 29. Juni besucht Charles noch einmal Diana, unangemeldet. Zwei Tage später ist ihr Geburtstag, die Scheidungsverhandlungen sind fast abgeschlossen und die beiden reden wieder miteinander, besser als je zuvor. Charles ist etwas zu früh für den Helikopter, der im Garten des Kensington-Palastes starten soll, deshalb klingelt er schnell mal bei seiner Frau. Diana fragt: »Na, kommst du, um die Möbel abzuholen?« Charles grinst, und Butler Burrell serviert den üblichen Tee, Earl Grey, sehr heiß, sehr stark, mit einem Schuss Milch. Das fast Ex-Ehepaar unterhält sich, lacht zusammen, und Charles wünscht ihr einen schönen Geburtstag, bevor er sich wieder verabschiedet. Der Stress ist raus. Diana sagt: »Charles und ich sind Freunde, wir gehen zivilisiert miteinander um.« Am 1. Juli bringt ein Bote einen riesigen bunten Blumenstrauß aus Highgrove mit einer Glückwunschkarte von Charles. In all den schwierigen Jahren hat er es nie versäumt, seiner Frau zum Geburtstag zu gratulieren, und auch jetzt wird er damit nicht aufhören. Mitte Juli wird dann vom Gericht das »decree nisi« für ihre Scheidung erteilt, und am 28. August 1996 ist mit dem »decree absolute« die Scheidung von Charles und Diana rechtsgültig geworden. Das Traumpaar, das schon lange keins mehr ist, und die Märchenehe, die nie eine war und nur fünfzehn Jahre dauerte (wenn man es genau nimmt, waren es nur knapp fünf Jahre), ist endgültig perdu.

Am selben Tag meldet auch der Buckingham-Palast die Scheidung des Prinzenpaares. Diana verliert ihren Titel und ist ab sofort keine königliche Hoheit mehr. Finanziell braucht sich die Mutter des künftigen Königs keine Sorgen zu machen: 17 Millionen Pfund Abfindung und 400 000 Pfund Unterhaltszahlung pro Jahr machen Diana zu einer wirklich reichen Frau. Nun braucht sie niemanden mehr zu fragen, ob sie sich ein weiteres Chanelkostümchen oder irgendwo ein Wochenenddomizil kaufen darf. Charles soll nicht gerade begeistert gewesen sein über die Riesensumme, die er seiner Ex mitgeben musste, aber öffentlich hat er darüber selbstverständlich nichts verlauten lassen.

Diana sitzt am Abend ihres Scheidungstages in ihrem Wohnzimmer und analysiert ihre Fehler. Sie kommt zu dem Schluss: »Ich hatte einfach kein Selbstvertrauen, und von meinem Mann erwartete ich Unterstützung für meine Leistungen, um mein Ego aufzubauen. Charles hat mich nicht genug beachtet, so fühlte ich mich zurückgewiesen. Und ich hatte keine Geduld, das war mein Fehler.« Aber noch immer hat sie es nicht völlig begriffen. Sie schreibt in ihr Tagebuch: »Ich möchte so gerne Charles' beste Freundin sein, denn ich verstehe mehr als irgendjemand andere, was ihn ausmacht und was ihn treibt.«

Wenn das wahr wäre, fragt man sich, warum dann das ganze Theater? Sie hätte sich nur ein bisschen mehr am Riemen reißen müssen und keine dreckige Wäsche in der Öffentlichkeit waschen sollen. Und wenn sie dann auch noch intensiver auf ihren Mann eingegangen wäre, dann hätte Charles' Liebe zu Camilla vielleicht keine Chance gehabt, erneut zu erblühen. Aber all diese Gedanken sind nun müßig, jetzt ist es viel zu spät. Es ist endgültig vorbei, und sämtliche Überlegungen darüber, was gewesen wäre, wenn man dieses oder jenes gemacht hätte, sind sinnlos.

Mit dem Morgengrauen des 29. August ist Charles Philip Arthur George, mithin der Prinz von Wales, also wieder ein Single – und ein freier Mann. Den Tag seiner ehelichen Niederlage selber verbringt seine königliche Hoheit mit den Söhnen in Balmoral. Es ist auch für ihn kein Tag zum Feiern, aber dennoch verspürt er eine Art Erleichterung. Beim Angeln denkt er, der sensible Prinz, über seine Fehler und Unzulänglichkeiten nach, und er ist nicht zufrieden mit dem, was da zum Vorschein kommt.

Camilla sieht Charles am Scheidungstag nicht, sie fährt mittags nach London und trifft sich mit einer Freundin zum Tee. An diesem besonderen Tag, den Diana als »den traurigsten in ihrem Leben« bezeichnet, dürfen die Liebenden auf gar keinen Fall zusammen gesehen werden. Natürlich sind Charles und Camilla vor allem erleichtert darüber, dass die unberechenbare Laus nicht mehr in ihrem Pelz sitzt und ihr Leben nun bald wieder in geordneten Bahnen verlaufen kann. Camilla beschreibt die Phase zwischen ihrer beider Scheidungen später »als die turbulenteste Zeit in meinem Leben«. Doch sie freuen sich ein bisschen zu früh. Geordnete Bahnen sollen ihnen noch lange verwehrt bleiben.

Natürlich sind die Zeitungen, vor allem die Sonntagszeitungen drei Tage später, voll mit Geschichten und Analysen über das, was nun alles möglich ist. Die *Sunday Times* fragt etwa: »Ist Camilla gut genug für den König?« Die *Mail on Sunday* bringt unter dem Titel »Lady in Waiting« wieder mal eine Umfrage, in der 52 Prozent der Leser sagen, dass ihr Respekt für Charles verflogen sei, weil er Diana schlecht behandelt hätte, 39 Prozent denken ähnlich über Charles, kreiden ihm aber die Affäre mit Camilla an. Ganze 40 Prozent der Befragten mögen Camilla nicht, und 79 Prozent wollen sie nicht als Königin. Die *Daily Mail* findet hingegen, dass Camilla »sich in jetzigen Zeiten durch mehr Würde als Diana hervorhebt«, und zeichnet ein recht positives Bild von ihr. Camilla lässt durch Freunde verlauten: »Ich werde Charles niemals heiraten« – für viele eine Beruhigung.

Im Verlauf der nächsten Wochen wird Camilla in Großbritannien zum Feind Nummer eins. Das Volk sieht sie als die Schuldige für das Unglück von Diana an und auch als diejenige, die die Ehe zerstört und die Monarchie in große Schwierigkeiten gebracht hat. Bei einer Fernsehdebatte über dieses Thema wird jeder, der sich für Camilla ausspricht, niedergeschrien, und das Publikum buht minutenlang. Der Produzent befürchtet: »Wenn Camilla augenblicklich hier reinkäme, würden die Leute sie an den Füßen aufhängen und von der Decke baumeln lassen.« Leser bombardieren ihre Zeitungen mit Hassbriefen, und die Redaktionen reagieren entsprechend: eine gemeine Geschichte nach der anderen in fast jeder Ausgabe.

Hinter den Kulissen hat Charles angefangen, das Dilemma zu bekämpfen. Er gab die professionellste PR-Kampagne in Auftrag, die das Haus Windsor je gesehen hat. Camilla soll endlich zu einem »legitimen Teil meines Lebens werden«, wie er es immer wieder fordert. Der Startschuss für die »Camilla-Charme-Offensive« ist gefallen, neue Leute sind dafür angeheuert worden. Sekretär Richard Aylard ist nach elf Jahren treuer Dienste verabschiedet worden − die Dimbleby-Strategie, die zuerst gelobt wurde, war nun doch nach hinten losgegangen. Ein neues Gesicht und frisches Blut wurde gebraucht, und da ist die Wahl auf Mark Bolland gefallen. Der dreißigjährige erfahrene Medienmann war Direktor der Press Complaints Commission und kennt jeden Chefredakteur und leitenden Redakteur in London persönlich. Er ist einer, der somit genau weiß, wie die Presse tickt − und er gefällt Camilla. Mark Bolland soll also die Camilla-Charme-Kampagne leiten.

Seine erste Tat besteht darin, der Presse einen Tipp zu geben, wo das Paar anzutreffen ist, als sie das Wochenende vor der Scheidung mit Camillas Ex-Schwägerin Mary Ann Paravicini und ihrem Mann Nik auf deren abgelegenem Landsitz Glyn Celyn House in Wales verbringen. Es entsteht ein verwackeltes, graumuscheliges Foto, das die *News of the World* mit dem Titel »Charles und Camilla in Love Show« druckt. Es ist das erste Foto seit zwanzig Jahren, auf dem beide zu sehen sind, zwar mit einigen Metern zwischen sich und im Gespräch mit jeweils einem anderen, aber immerhin.

Dann erscheint Camilla offiziell als erster Gast − zusammen mit Vater Shand − auf Charles' achtundvierzigstem

Geburtstag. In Highgrove hat er vierzig VIPs zu einem indischen Abendessen mit Curries geladen. Fotografen wurden vorab über ihr Kommen informiert. Doch so leicht wird es dem Spindoctor und seinen Patienten nicht gemacht. Die Kirche schießt zurück. Eine Umfrage unter ihren Schäfchen und den Führern hat ergeben, dass auf allen Ebenen mehr als die Hälfte gegen einen wiederverheirateten Prinzen als König ist – und erst recht wird er von über 50 Prozent nicht mehr als Kopf der anglikanischen Kirche akzeptiert.

Charles macht seinem Team dennoch unmissverständlich klar, dass Camilla eine »nicht verhandelbare« Person in seinem Leben ist. Ihr Image als solches muss positiv aufgebaut werden, denn letztlich soll sie vom Volk in der Position akzeptiert werden, die er für sie an seiner Seite vorgesehen hat. Camilla ist jetzt nicht mehr nur seine Herzdame, sondern er will sie als Königin an seiner Seite sehen, wenn er selbst den Thron besteigt. Wann immer das auch sein mag.

Camilla plant nicht so weit in die Zukunft hinein. Sie lässt das, was das Schicksal für sie vorgesehen hat, auf sich zukommen. Camilla lebt zwischen Ray Mill House und Highgrove. Bei Charles ist sie drei Nächte in der Woche, wie der *Daily Mirror* weiß, zusehends wird sie aber auch mehr im St.-James-Palast in London angetroffen. Der Kronprinz will sie informiert und eingebunden wissen. Sie sitzt bei den meisten Konferenzen mit am Tisch, hört aufmerksam zu und bringt eigene Ideen ein. Die Mitarbeiter nennen sie offiziell »M'Lady« oder »Mrs. PB«. Aber auch seine Familie muss Charles über den neuen Plan informieren. Im September beobachtet die Presse, dass ein großes Powwow der Royals ansteht. Seit Jahren sind nicht mehr alle Mitglieder der Familie gleichzeitig in Balmoral aufgetaucht. Die *Times* interpretiert: »Der Palast geht das Dilemma der königlichen Affäre an.«

Camilla bereitet derweil eine Auktion bei Christie's in London vor. Sie braucht Geld für die Umbauten von Ray Mill House und für ihr neues Leben. Jetzt, wo sie Charles öfter begleitet und auch vermehrt zu Events oder Festen eingeladen wird, benötigt sie eine neue Garderobe. Ebenso kosten sie Friseure und Kosmetikerinnen mehr als je zuvor. Und Tochter Laura ist nun in einem Alter, wo sie auf ihre ersten Partys eingeladen wird, und auch sie muss aus diesem Grund ein paar hübsche neue Kleider haben. Um das alles bezahlen zu können, will sich Camilla von ein paar ihrer Erbstücke trennen. Von Großmutter Sonia hatte sie eine Sammlung von Steinvasen und Schalen aus der Regency-Zeit bekommen. Ob die Stücke eigentlich Geschenke von König Edward an seine Mätresse Alice Keppel waren, wird auf der Auktion nicht gesagt. Aber dass die Artefakte von der einen Mätresse stammen und von der anderen verkauft werden, hilft bei der Versteigerung. Am Ende erhält Camilla von Christie's das hübsche Sümmchen von 30 000 Pfund. Ihre Geldsorgen sind aber nicht groß genug, um ein unanständiges Angebot des amerikanischen Verlages Simon & Schuster anzunehmen. Der hat ihr nämlich zwei Millionen Pfund für ihre Memoiren geboten. Fergie hatte im Gegensatz zu ihr zugesagt – und für ihre Autobiografie immerhin 800 000 Pfund eingestrichen. Camilla hingegen beantwortet nicht einmal die Anfrage.

Weihnachten feiert jeder mit seiner Familie. Für Camilla ist es das erste Fest im fertig renovierten Ray Mill House, und es macht ihr Spaß, alles gemütlich und schön herzurichten. Auch Andrew und Rosemary schauen vorbei. Charles ist wie immer in Sandringham, zusammen mit den anderen Royals. Die *Sun* behauptet, Königin Elizabeth habe im »Prinzip zugestimmt«, dass Camilla die Frau an der Seite ihres Sohnes sei. Sie hätte ihn aufgefordert »positiver in die Zukunft zu blicken und Camilla einen wichtigen Part bei seiner Imagewiederherstellung einzuräumen«. Ob das wirklich stimmt? In jedem Fall kann wohl davon ausgegangen werden, dass Charles' Beziehung zwischen Mutter und Sohn über die Weihnachtsfeiertage zur Sprache gekommen ist. Und da der Kronprinz auch ihr klar gemacht haben wird, dass Camilla eine nicht verhandelbare Person in seinem zukünftigen Leben ist, wird die Queen, als praktisch denkende Monarchin und liebende Mutter, ihm sicher ihre Zustimmung erteilt, ihn aber gleichzeitig zu äußerster Vorsicht in seiner Vorgehensweise verpflichtet haben.

Die Diskretion, die er und Camilla dann walten lassen müssen, ist zum Teil geradezu komisch. Ende Januar 1997 findet mal wieder die Beaufort-Jagd statt. Camilla reitet mit ihrer Stute Gypsie Girl seit elf Uhr vormittags. Charles erscheint auf seinem Schimmel um 13.45 Uhr, nachdem Camilla wieder nach Highgrove zurückgefahren ist. Er reitet den ganzen Nachmittag mit der Meute, um dann zurück zu Camilla nach Highgrove zu fahren. Und alles nur, um den Fotografen keine Chance zu geben, sie gemeinsam zu fotografieren. Und weiterhin so zu tun, als ob sie immer noch eine heimliche Affäre hätten, obwohl es doch nun wahrlich alle wissen. Da wird ein Schein aufrechterhalten, der schon längst als Fakt bekannt ist. Charles »hat die Nase gestrichen voll davon«, sagen seine Freunde. »Er will, das dies ein Ende hat. Sie können so nicht weitermachen. Es ist ermüdend. Sie erkennen ja, dass es Schwierigkeiten bei ihrer Entscheidung füreinander gibt, aber sie sind zusammen, und es ist Blödsinn, so zu tun, als wären sie es nicht.«

Im Februar schickt Charles ein Sicherheitsteam nach Ray Mill House. Sie sollen dort eine hochmoderne Alarmanlage einbauen. Der Prinz macht sich größte Sorgen um Camillas Sicherheit. Denn das verrückte Fotografenpaar, die Wakehams, sind wieder aufgetaucht und verfolgen Camilla auf Schritt und Tritt. Sie sollen sie sogar mit dem Auto von der Straße gedrängt haben, um ein Foto zu bekommen. Die Polizei sagt, sie könne nichts tun, und rät Camilla, sobald das neue Anti-Stalker-Gesetz verabschiedet ist, in zwei Monaten etwa, rasch eine Verfügung zu erwirken. Charles gibt seinem Chauffeur die Order, Camilla in Zukunft zu Events zu fahren, bei denen Fotografen zu erwarten sind.

Mark Bolland ist ständig dabei, das Outing der Liebenden vorzubereiten. Im April lanciert er Meldungen an geneigte Royal Correspondents, dass Charles seine Geliebte wieder nach Balmoral einladen wird. Sie würde aber bei Freunden in der Nähe wohnen. Im *Majesty*-Magazin erscheint eine Lobeshymne auf Camilla. Die Chefredakteurin Ingrid Seward findet, dass die Mätresse sehr missverstanden wird. Camilla weiß, so Seward, »dass sie von der Öffentlichkeit beschuldigt wird, aber sie hofft eines Tages auf deren Akzeptanz«. Die Chefredakteurin weiter: »Aber wenn sie immer im Hintergrund bleibt, kann sie nie beweisen, was für eine anständige Person sie ist.« Gleichzeitig erscheint das erste offiziell abgesegnete Foto von Camilla anlässlich ihrer Ernennung zur Präsidentin der nationalen Osteoporose-Gesellschaft. Es zeigt, wie sie lächelnd in die Kamera blickt, zurückhaltend und eher unauffällig. Die Frisur ist geföhnt, das Gesicht nur dezent geschminkt, das Kostüm schwarz. Ganz relaxed sieht

Camilla nicht aus, aber wen wundert's, wenn man stundenlang für das erste offizielle Foto posieren muss, von dem so viel abhängt. Bolland wirbelt im Hintergrund und schafft es sogar, dass der *New Yorker* ein großes Porträt über Camilla veröffentlicht. Der *Independent on Sunday* ist der Ansicht, dass es an der Zeit ist, »dass wir Prinz Charles erlauben, aus Mrs. Parker Bowles eine anständige Frau zu machen«. Dieser Meinung ist auch, man glaubt es kaum, Diana, die Gegenspielerin. Ihrer Astrologin Simone Simmons erzählt sie, sie habe Charles gesagt, er solle seine Geliebte heiraten: »Camilla kann nicht ganz schlecht sein. Sie ist schließlich ein Krebs, wie ich auch.« In einem off-the-record-Gespräch mit einem BBC-Reporter sagt sie es kurz darauf noch eindeutiger: »Eines ist doch klar: Camilla war und ist die Liebe seines Lebens. Ich habe heute keine Animositäten mehr gegen sie. Im Gegenteil. Ich finde, sie verdient eine Form der Anerkennung. Denn sie ist Charles gegenüber immer loyal und während einer so langen Zeit immer unglaublich diskret gewesen.«

Am Abend des 11. Juni hat Camilla auf dem Weg nach Highgrove einen Autounfall. In einer engen Kurve der kleinen Landstraße schrammt sie mit ihrem dunkelgrünen Mondeo ein entgegenkommendes Auto. Sie schlägt sich den Kopf an, aber ansonsten passiert ihr nichts. Die Frau im Volvo, die sie angefahren hat, wird ebenfalls ohne Blessuren aus dem Krankenhaus entlassen. Ein Alkoholtest ergibt kein Ergebnis. Alles in allem ein ärgerliches, aber wenig aufregendes Ereignis. Die Presse findet das natürlich nicht, und in allen Zeitungen erscheint am nächsten Morgen eine Meldung über diesen Unfall, und einige behaupten sogar, Camilla habe Fahrerflucht begangen und der Frau, die im Wagen zunächst eingeklemmt war, nicht geholfen. In Wahrheit ist Camilla, nachdem sie kurz mit der Frau gesprochen hat, nur auf den nächsten Hügel geklettert, um für ihr Mobiltelefon einen Empfang zu haben. Aus Highgrove ruft sie die Polizei und die Ambulanz herbei. Sicherheitsbeamte des Prinzen nehmen sie mit zum Landsitz von Charles, und einer bleibt zur Unfallaufnahme vor Ort. So war alles nur ein Schreck in der Abendstunde, und Camilla hat ohne Panik und praktisch gehandelt. Wie immer!

Die hintergründigen PR-Bemühungen scheinen dennoch Früchte zu tragen. Über die neuesten Umfrageergebnisse der Meinungsforschungsagentur MORI (Market & Opinion Research International) ist Charles begeistert, und er konstatiert: »Wir sind auf dem richtigen Weg.« Das Volk scheint die Idee, dass er Camilla ehelichen will, nicht mehr ausschließlich abzulehnen. 43 Prozent haben nichts mehr gegen eine Heirat. Aber Camilla als Königin lehnen immer noch 71 Prozent ab. Es ist also endlich ein schwaches Licht am Ende des Tunnels zu sehen.

Am 17. Juli gibt Charles eine große Party in Highgrove, der Anlass ist der fünfzigste Geburtstag von Camilla. Etwa 150 enge Freunde, alle im Smoking oder im langem Abendkleid, feiern den runden Geburtstag auf des Prinzen Landgut. 30 000 Pfund lässt er sich die Feier kosten, inklusive Zelt im Garten, und alles hat er selbst organisiert. Camilla kommt in Charles' Limousine, der Chauffeur hat sie in Ray Mill House abgeholt. Sie trägt ein schwarzes Samtkleid und die wunderschöne Kette mit fünf Blümchen aus Diamanten, für jedes Jahrzehnt eine, die der Geliebte ihr zum Jubeltag geschenkt hat. Mit dabei sind natürlich Vater Shand und der Rest der Shand-Mischpoche. Und − die Presse erstaunt das, die

Freunde keineswegs – Andrew erscheint mit seiner zweiten Frau Rosemary. Er gibt der *Mail on Sunday* im Vorfeld einen Kommentar ab, der eindeutig mit seiner Ex-Frau abgesprochen ist und die Leser auf eine falsche Fährte locken soll: »Camilla hat keine Ambition, Königin zu werden, und sie wird das in jedem Fall ablehnen. Sie weiß, dass das eventuell einer Ehe mit dem Prinzen entgegensteht, aber sie würde lieber eine Heirat absagen, als auf den Thron steigen zu müssen.« Andere Freunde sind nicht begeistert, in die Camilla-Kampagne mit eingebunden zu werden. Sie fürchten, dass Charles seine Geliebte viel zu früh in eine öffentliche Rolle pressen will. Charles Benson, einer von Camillas ältesten Freunden, sagt ebenfalls der *Mail on Sunday*: »Es gibt einige Freunde, die sich ziemlich benutzt fühlen und die deshalb bei dem Fest abgesagt haben.«

Zur gleichen Zeit beginnt auch der neue britische Premierminister Tony Blair sich mit der Angelegenheit auseinander zu setzen. Mark Bolland, der Spindoctor im St.-James-Palast, hatte den Regierungschef gebeten, sich über die möglichen konstitutionellen Probleme Gedanken zu machen, die eine Heirat des Thronfolgers mit seiner geschiedenen Mätresse hervorrufen könnte. Blair gibt seinem Privatsekretär den Auftrag, ein entsprechendes Papier auszuarbeiten. Der kommt schon bald mit einem Entwurf zurück, den der Premierminister mit Charles bei mehreren privaten Treffen diskutiert. Und so sollte der Schlachtplan aussehen, der erste, den ein Mitglied der Regierung in Kooperation mit dem Thronfolger erstellt: Ein wichtiger Punkt dieses Papiers sind mögliche Erben, die noch aus der Beziehung entstehen könnten – sie sollten von der Thronfolge ausgeschlossen sein. Ein ziemlich unsinniger Aspekt, denn Camilla ist fünfzig, und da wird wohl nichts »Kleines« mehr zu erwarten sein. Weiterhin könnten die beiden in einer zivilen Zeremonie heiraten, Camilla aber nicht Prinzessin von Wales werden, stattdessen aber eine »King's Consort« (»Gemahlin des Königs«) – und auch so angesprochen werden. Also kein Titel als Queen. Die Ehe würde von der Kirche gesegnet, aber Charles müsse als Führer der anglikanischen Kirche zurücktreten.

Charles ist mit diesen Ergebnissen und damit, dass Camilla nun fast ständig in seiner Nähe lebt, hochzufrieden. Einem Freund erzählt er: »Zum ersten Mal fühle ich wirklich, es geht aufwärts. Und ich denke positiv über das, was die Zukunft bringt. Es bedeutet mehr Stabilität als jemals zuvor. Zum ersten Mal in meinem Leben glaube ich, ich kann alles haben und zugleich Frieden finden.«

Tod im Tunnel – eine Nation unter Schock

Der Sommer 1997 ist für Camilla und Charles der Sommer des Fortschritts. Nach der großen Geburtstagsparty beschäftigen sich wieder sämtliche Medien mit den Themen Thronfolge, Wiederverheiratung und Camilla, Camilla, Camilla. Die öffentliche Meinung hat sich von reiner Feindseligkeit zu teilweiser Akzeptanz verschoben. Von »diese Frau auf gar keinen Fall« zu »warum sollten sie nicht?«. Dabei sind klare Unterschiede festzustellen: Jüngere Briten sind eher bereit, eine Heirat zu akzeptieren als ältere, Männer eher als Frauen, die Städter eher als die Landbewohner und die Republikaner eher als die Monarchisten. Der Schriftsteller Auberon Waugh stellt gelangweilt und selbstkritisch die Frage: »Ist eine Nation, die sich so intensiv mit diesen Belangen beschäftigt, geistig noch ganz gesund?« Camilla, so findet Waugh weiter, »hat mit ihrem anständigen Verhalten nicht nur die Presse beschämt, sondern das ganze Land. Vielleicht können wir daraus etwas lernen und endlich erwachsen werden.« Den Gedanken teilt auch Camilla und erst recht Charles. Es ist so ermüdend. Auch wenn sie weiterhin nach der besprochenen Taktik agieren und ein schneller Erfolg von vornherein nicht absehbar war, ist es für beide schwer, sich ständig wie auf rohen Eiern zu bewegen. Aber die Hoffnung auf ein positives

Ergebnis bleibt. PR-Guru Mark Bolland bestärkt sie in ihrem Durchhaltewillen.

Mehrmals täglich telefoniert er mit Camilla, erzählt ihr die wichtigsten Nachrichten und den neuesten Klatsch. Hört ihr zu und hilft auch, ihre Probleme zu meistern. Sie treffen sich oft zum Lunch, und er bezieht sie in alle Entscheidungen mit ein. Er ist einfach offen und nett zu ihr, und das ist für Camillas Selbstbewusstsein aufbauend. Bisher waren viele Hofbeamte nicht gerade freundlich zu ihr, im besten Fall indifferent, vielleicht noch höflich. Mit Mark Bolland ist das anders. »Er ist extravagant, manieriert und gefährlich – wer ihn nicht hasst, liebt ihn. Er nimmt Risiken in Kauf, manipuliert, hat Vorlieben, handelt mit Geheimnissen und verlangt dafür Gegenleistungen«, urteilt die Autorin und Journalistin Penny Junor über ihn. Camilla mag den intelligenten, intriganten Bolland, der keine Loyalität kennt, außer zu seinem königlichen Auftraggeber – und zu ihr. Mark Bolland wird mehr und mehr zu Camillas Alliiertem, mit dem sie sich gemeinsam um den Prinzen kümmert. Er ist das Superplus für den Hochleistungsmotor St.-James-Palast.

Mitte August fährt Camilla mit Freundinnen nach Spanien an die Costa del Sol zu den Druros, dem Sohn und der Schwiegertochter des Duke of Wellington, und spannt erst einmal aus. Einen Monat darauf, am 13. September, wird sie – ebenfalls eine Idee von Bolland – zusammen mit Schwester Annabel einen Ball zugunsten der Osteoporose-Gesellschaft mit 1500 Gästen veranstalten. Viele Prominente aus Gesellschaft und Unterhaltung – etwa Mick Jagger, Joan Collins und Emma Thompson – werden kommen. Und Charles hat als Ehrengast zugesagt. Camilla wird eine Rede halten, an der sie nun unter spanischer Sonne und in aller Ruhe feilt.

Es wird ein wichtiges Event werden, viel Geld soll zusammenkommen; und es wird das erste Mal sein, dass sie und Charles gemeinsam in der Öffentlichkeit auftreten. Es muss noch so viel geplant werden, bis es so weit ist. Nach ihrer Rückkehr aus Spanien reist sie weiter nach Balmoral zu Charles. Aber nur ein paar gemeinsame Tage in Schottland sind drin. Camilla muss nach London und das Partyorganisationsteam unterstützen.

Die Medien beschäftigen sich in diesem Sommer aber auch noch mit einem anderen Thema. Diana und ihre neue Liebe Dodi füllen die Titelseiten der Tabloids. Der Playboy und Filmregisseur ist der Sohn des ungeliebten Ägypters Mohamed al-Fayed, dem unter anderem das Traditionskaufhaus Harrods gehört und dem die Behörden wiederholt die englische Staatsbürgerschaft verweigert haben. Zweimal ist sie mit dem superreichen Ägypter in diesem Jahr schon in den Ferien gewesen, einmal auch mit ihren Söhnen. Die Briten sind von ihrer Wahl nicht begeistert, zu dubios die Hintergründe und Verbindungen der al-Fayeds – und sie sind Moslems. Doch Diana ist glücklich und lässt sich Ende August von ihrem neuen Lover nach Sardinien entführen. Wasserskilaufen, Luxusyacht und romantische Abendessen zum Sonnenuntergang. Die Aufmerksamkeiten des glutäugigen Dodi tun ihr gut. Sie fühlt sich geliebt, umsorgt und verehrt. Etwas, nach dem sie sich so viele Jahre gesehnt hatte. Sie scheint den Schmerz nach der Scheidung abgeschüttelt und ihr Leben neu geordnet zu haben. Im Frühjahr hatte sie ein neues Feld entdeckt, für das sie ihre Medienpräsenz nutzbringend einsetzen konnte: der Kampf gegen Landminen. Und manche glauben, dass nun, wo Tony Blair neuer Premierminister ist, Dianas größter Wunsch, Sonderbotschafterin für Großbritannien zu werden, doch noch erfüllt wird. Wobei sie durch Fotos, die sie im ordinären Pantherbadeanzug und küssend mit Dodi auf der Yacht zeigen, nicht gerade ihr Image in England fördert, sagen die anderen. Aber die meisten finden es wunderbar, dass ihre schöne Prinzessin endlich glücklich und unbeschwert ihr neues Leben genießt.

Charles, der mit Diana ziemlich regelmäßig Kontakt hält, schon allein, um abzusprechen, wann wer die Kinder hat, ist außerordentlich beunruhigt. Seine Ex-Frau hat weiterhin keine Sicherheitsbeamten, reist nur mit ihrem Butler Burrell als Begleitung, bewegt sich wie eine normale Bürgerin in der Öffentlichkeit. Nur wenn die Prinzen mit ihr unterwegs sind, werden alle drei von britischen Polizeibeamten begleitet. Als Dodi in ihr Leben tritt, ist zumindest wieder ein Team von Sicherheitsbeamten zur Bewachung abgestellt, dann jedenfalls, wenn sie mit ihm zusammen ist. Aber die Security-Männer sind von al-Fayed angeheuert, und Charles ist von deren Professionalität nicht überzeugt. Wenn sie wieder in London ist, will Charles noch einmal mit seiner Ex-Frau reden und sie zu überzeugen versuchen, doch wenigstens einen Bodyguard zu akzeptieren. Dazu sollte Charles keine Chance mehr haben.

Am frühen Morgen des 31. August 1997 klingelt das Telefon auf seinem Nachttisch in Balmoral. Robin Janvrin, der Privatsekretär der Königin, ist am anderen Ende der Leitung. »Sire, es gab einen Unfall in Paris. Dodi ist tot und die Prinzessin von Wales ist ernsthaft verletzt.« Charles ist sofort hellwach. Fordert ständige weitere Unterrichtung. Anschließend ruft er Camilla in Ray Mill House an. Um 3.30 Uhr dann die schreckliche Gewissheit: Diana, Prinzessin von Wales, ist tot.

Charles ist in Tränen aufgelöst. Camillas erster Gedanke gilt den Kindern: »Armer William und Harry. Was erzählen wir ihnen bloß?« Sie telefonieren während der nächsten drei Stunden ohne Unterbrechung. Dann, um viertel vor sieben, weckt Charles seine Söhne und erzählt ihnen die furchtbare Nachricht, nimmt sie in den Arm und weint mit ihnen.

Er beschließt sofort, sich um alles zu kümmern. Mark Bolland und das Team sind schon seit Stunden im Büro im St.-James-Palast, um alles zu organisieren. Später am Vormittag fliegt Charles mit den Schwestern Dianas nach Paris und holt seine verstorbene Ex-Frau nach Hause. Er bleibt ein paar Minuten allein mit ihr im Krankenzimmer. Später erzählt er Camilla: »Ihren leblosen Körper da liegen zu sehen, das war der schlimmste Anblick, den ich jemals zu ertragen hatte. Ich konnte nur an das junge Mädchen denken, das mir vor so vielen Jahren zum ersten Mal begegnete, nicht an die Frau, die aus ihr wurde, und auch nicht an die Probleme, die wir miteinander hatten. Ich weinte um sie – und ich weinte für unsere Jungen.«

Das ganze Land steht unter Schock. Hunderttausende pilgern in den kommenden Tagen zum Kensington-Palast und legen Blumen und Karten nieder, zünden Kerzen an, beten, weinen und halten nächtelang Totenwache für die »Prinzessin des Volkes«, wie Tony Blair sie nennt. Die Royals schließen sich in Balmoral ein und sind tagelang nicht zu sehen. Die Queen weigert sich, die Flagge auf dem Buckingham-Palast auf Halbmast setzen zu lassen. Das sei nur bei Staatstrauertagen opportun, und wenn sich die Monarchin nicht im Palast aufhält, dann wird die Fahne erst gar nicht gehisst. Die Queen ist auch gegen eine königliche Beerdigung für die Frau, die der Monarchie zu ihren Lebzeiten so viel Schaden zugefügt

397

hatte. Die Prinzessin gehört seit der Scheidung nicht mehr zur Familie, sei keine Royal Highness mehr, also sei eine königliche Beerdigung unangebracht. Um die ganze Angelegenheit hätte sich vor allem ihre Familie, die Spencers, zu kümmern.

Das Volk ist entsetzt. Sie verlangen die Anwesenheit ihrer Königin in London, verstehen nicht, warum sie sich nicht zu dieser nationalen Tragödie äußert. Die Boulevardblätter verurteilen die Royals, fragen: »Wo ist die Queen? Wo ist ihre Flagge?« Das königliche PR-Team, die grauen Eminenzen und die Windsors hinter ihren uralten Mauern begreifen den Ernst der Situation nicht. Jede Stunde, die ohne Engagement der Royal Family verstreicht, schädigt ihr Ansehen dauerhaft. Es braucht nur noch einen Funken, und eine Revolution bricht aus. Dianas Tod hat eine nationale, ja sogar internationale Trauerhysterie ausgelöst, die bis heute kaum erklärbar ist. Die Royals haben dafür kein Gespür.

Nur Charles begreift, um was es geht. In ständigem Kontakt zu Camilla – sie rät zu einer großen Beerdigung mit allen königlichen Ehren – und mit ihrer Unterstützung verlangt er von seiner Mutter ein Staatsbegräbnis und beschwört sie, eine Fernsehansprache zu halten. Was sie dann auch endlich tut. Sie kehrt zurück nach London, und die Flagge flattert wieder auf dem Buckingham-Palast – allerdings Vollmast. Ein Palastangestellter erklärt, was hinter den Mauern vorgeht: »Die Queen hat einfach nicht begriffen, wie tief die Gefühle der Menschen für Diana waren. Es war gleichsam eine Massenhysterie. Ihre Majestät schreckte davor zurück, da hineingezogen zu werden, aber sie sah dann doch ein, dass sie etwas sagen musste.« Sechsundzwanzig Millionen Briten sehen ihr zu, wie sie Diana am Vorabend der Beerdigung auf BBC Tribut zollt.

Charles ist voller Schuldgefühle. Er sinniert darüber, ob, wenn er sich anders verhalten hätte, Diana nichts mit Dodi angefangen hätte und sie vielleicht dann noch leben würde. Er wandert stundenlang im Garten herum, isst kaum und schläft noch weniger. »Seine Trauer war echt«, sagt ein Freund. »Viele Menschen sind der Ansicht, er habe Diana nie geliebt, aber jeder, der ihn so sah, hätte daran gezweifelt. Dies war ein Mann in tiefstem Schmerz über eine Frau, die ihm sehr wichtig war.« Charles kümmert sich vor allem um seine unglücklichen Söhne, und er hat auch die Erzieherin Tiggy herbeigerufen, damit eine junge weibliche Person ihnen bei ihrer Trauerbewältigung helfen kann.

Camilla schließt sich in Ray Mill House ein. Sie ist für Charles da, per Telefon, stärkt ihn, hört ihm zu und bietet ihren Rat an. Wie immer in schwierigen Zeiten ist sie sein Rückhalt, sein Fels in der Brandung. Man verstärkt ihren Schutz, zwei Sicherheitsbeamte sind jetzt über Nacht im Haus. Täglich bekommt sie wieder Hassanrufe und furchtbare Briefe, die sie schuldig sprechen am Tod Dianas. Ohne sie und ihre Beziehung zum Prinzen, so der Tenor, würde Diana noch leben. Erstmals hat Camilla wirklich Angst. Die Stimmung im Lande wird von Stunde zu Stunde gefährlicher. Die Beerdigung Dianas sieht sie im Fernsehen. Beobachtet, wie die Queen sich vor dem Sarg verneigt, das erste Mal seit Menschengedenken, dass die Königin sich überhaupt vor jemandem verbeugt. Camilla ist keine kaltherzige Person. Sie fühlt ehrliche Trauer, und Tränen fließen über ihre Wangen, als sie die kleinen Halbwaisen beobachtet, die so tapfer hinter dem Sarg ihrer einst so schönen Mutter hergehen. Der Tod hat jeden bösen Gedanken, jede Gehässigkeit oder Schadenfreude aus ihrem Herzen getilgt. Übrig bleibt nur Mitgefühl, Sorge und Hilflosigkeit.

Camilla weiß, dass sie die nächsten Wochen, vielleicht Monate, im Hintergrund bleiben muss. Sie ist wieder in den Schatten verbannt. Der Osteoporose-Ball wird abgesagt, ebenso die gemeinsamen Ferien in Balmoral und jeder weitere Besuch in Highgrove. Alle Pläne von Mark Bolland und dem PR-Team, Charles und Camilla als Paar akzeptabel zu machen, sind auf Eis gelegt. »Gemeinsam gesehen zu werden ist ausgeschlossen«, sagt Camilla. »Das würden sie uns niemals verzeihen.«

Rampenlicht statt Schattendasein

Nach Dianas Tod ist die Strategie von Spindoctor Bolland gecancelt worden. Das Charme-Promotion-Team ist wieder bei null angekommen. Und eigentlich ist es noch schlimmer. Die Royals insgesamt haben das Vertrauen ihres Volkes enttäuscht, die Queen ist als gefühllos gebrandmarkt, und alle zusammen sind so unbeliebt wie nie zuvor. Charles, jetzt als allein erziehender Vater bemitleidet, kommt noch am besten weg. Aber alles in allem muss die königliche Familie die Gunst der Briten erst einmal wieder zurückgewinnen. Eine Konferenz jagt die nächste, Berater werden hinzugezogen, bis spät in die Nacht sind die Fenster in den Büroetagen der Paläste hell erleuchtet, in der »Firma« brodelt es.

Das Way-Ahead-Programm (Weg-nach-vorn-Programm) wird erfunden und gestartet. Es soll die betonierten Strukturen aufbrechen und die Kommunikation zwischen den einzelnen Mitgliedern der Royal Family fördern. Sie wollen die Monarchie fit für das 21. Jahrhundert machen. Wöchentliche Treffen zwischen den Privatsekretären und den PR-Chefs der beiden Paläste werden fest installiert, um die Termine der königlichen Familie für das nächste halbe Jahr miteinander abzugleichen. Die Queen und Charles werden höflichst gebeten, regelmäßig daran teilzunehmen, was sie auch tun. Das

Geklüngel und eifersüchtige Taktieren zwischen den Parteien muss endlich ein Ende haben. Zum ersten Mal gibt es eine übergeordnete Organisation, die gemeinsame Veranstaltungen, Reisen und Probleme diskutiert und nach Lösungen sucht. Zum ersten Mal sind alle, die Royals wie die leitenden Angestellten, auf demselben Kenntnisstand und planen gemeinsam die Zukunft der Monarchie. Die wichtigste »Firma« im Königreich beginnt wie eine solche zu agieren. Und das ist auch allerhöchste Eisenbahn.

Und Bolland wäre nicht der gewiefte PR-Mann, hätte er nicht noch ein eigenes Süppchen am Kochen. Er hat zusätzlich zum Way-Ahead-Konzept eine Strategie allein für Charles und Camilla parat. Durch Dianas Tod sind die PR-Bereiche Spaß, Jugend und Fürsorge sozusagen vakant, und Charles soll diese nun übernehmen – und Dianas Fans auf seine Seite ziehen, soweit dies möglich ist. Camilla, wie gehabt »nicht verhandelbar«, wird im passenden Moment aus dem Schatten treten, aber mit größter Vorsicht und Zurückhaltung. Der Thronfolger, das ist auch klar, will jedoch nicht mehr allzu lange damit warten. Und mit diesem Briefing geht es nun von Event zu Event.

Ende Oktober 1997 fährt Charles auf Staatsbesuch nach Südafrika. Harry darf ihn begleiten, und nach den offiziellen Treffen mit Politikern und Wirtschaftsführern beginnt der lustige Teil der Reise. Der Kronprinz besucht mit seinem Sohn ein Zuludorf, zusammen pressen sie ihre Hände in nassen Beton für eine Plakette der Dorfschule. Da Harry ein Spice-Girls-Fan ist, bereitet ihm sein Vater die Freude und begleitet ihn zum Konzert in Kapstadt, zu dem auch Nelson Mandela erscheint. Bolland ist begeistert. Fotos der beiden Prinzen mit dem Nobelpreisträger werden in allen Medien veröffentlicht. Das amerikanische Nachrichtenmagazin *News-week* nimmt Vater und Sohn sogar auf den Titel. In dem Spezialreport kommentieren sie: »Prinz Charles beweist, wie er die Ideale seines Landes verinnerlicht. Er ist pflichtbewusst, fürsorglich – und vor allem tough.«

Wieder zurück in London, schickt Bolland Charles – und das zählte bisher überhaupt nicht zu des Prinzen Vorstellung von Amüsement – zur Premiere des *Titanic*-Films. Er kommt auch eher steif rüber, als er sich mit den Hauptdarstellern Kate Winslet und Leonardo DiCaprio fotografieren lässt. Ganz nebenbei, aber für genaue Beobachter ein erster Wink mit dem Zaunpfahl: Tom und Laura Parker Bowles sind ebenfalls unter den geladenen VIPs. Camilla ist also weiterhin »nicht verhandelbar«.

Kurz darauf begleitet Charles seine Söhne zur Filmpremiere von *Spice World*, und im Anschluss daran lädt er die Girlgroup und ihre königlichen Fans nach Highgrove zum Tee ein. Die Presse darf dabei sein, und die Publicity kommt positiv an. Nur wer weiß, wie sehr Charles das oberflächliche Entertainmentbusiness hasst, blonde halb bekleidete Singdrosseln und rehäugige Herzensbrecher aus Hollywood inklusive, der kann ahnen, welch mächtigen Sprung der Thronfolger über seinen eigenen Schatten tätigt, um sein Image aufzupolieren. Er muss da jedoch durch, und Camilla bestärkt ihn mit einem Lachen darin, es auszuhalten. Schnell legt sie eine klassische CD ein, etwa Händels »Have mercy upon me« und mixt ihm einen steifen Martini – immer ein sicheres Mittel, um seine Nerven zu beruhigen.

Kurz vor Weihnachten gibt es dann einen Test auf sicherem Terrain: die Beaufort-Jagden. Am ersten Tag reitet Charles zusammen mit den Kents bis in die Abendstunden hinein. Am nächsten Morgen galoppiert auch Camilla mit, während William und Harry dabei zuschauen. Es gibt Fotos, natürlich keines, auf dem das Paar gemeinsam zu sehen ist, aber die Information kommt an. »Die Liebenden sind wieder da. Charles ist bereit für ein neues Leben mit Camilla«, titelt der *Express* und zeigt eine sportlich schicke und lächelnde Camilla mit dunkelblauer Reitjacke, gelbem Kragen und einem weißen Halstuch mit goldener Nadel. Doch nicht jeder ist für die neue Zweisamkeit schon bereit. Einige kritisieren den viel zu frühen Auftritt, zumal dies in Anwesenheit der kleinen Prinzen geschah. Es ist Vorsicht geboten. Die Leute lassen sich die Frau an Charles' Seite nicht aufzwingen. Nicht so schnell.

Camilla versteht dies. Sie zieht sich augenblicklich zurück. Die Reitjagd tags darauf, das Highlight der Saison, lässt sie ausfallen. Charles jedoch will jetzt nicht länger warten. Er braucht sie in seiner Nähe – und ist zu keinen Kompromissen mehr bereit. In Highgrove soll Camilla wieder den Part übernehmen, den sie vor Dianas Unfall schon innehatte, den der Maîtresse de Maison, der Hausfrau. So bittet der Kronprinz sie, gemeinsam mit ihm auf das traditionelle Weihnachtsfest der Belegschaft zu gehen. In Tetbury, jenem Ort, an dessen Rand Highgrove liegt und der bekannt für seine Antiquitätengeschäfte ist, findet am 22. Dezember die Party statt, zu der auch Geschäftsleute kommen dürfen, die das Wappen des Prinzen über ihrem Laden tragen. Camilla ist den meisten Gästen persönlich längst bekannt – den Angestellten aus Highgrove sowieso. Seit einiger Zeit ist sie schon Patronin des örtlichen Kunstvereins, und beim Shoppen treffen die Bürger von Tetbury sie regelmäßig auf ihren Straßen an.

Weihnachten fährt Camilla mit Tom und Laura zur Schwester Annabel nach Stourpane in Dorset. Zusammen mit Major Shand, der auf dem Besitz der Elliots jetzt ein kleines gemütliches Cottage bewohnt, feiern sie alle zusammen das Familienfest, sitzen am Kamin, trinken Eierpunsch und essen Plumpudding und Camillas berühmtes Roastbeef. Charles wünscht ein schönes Fest per Telefon. Er ist mit den Kindern in Sandringham und versucht ihnen zu helfen, das erste Weihnachten ohne die Mutter zu überstehen.

Und dann ist es mal wieder die *Sun*, die den britischen Untertanen mitteilt, was im Leben der Royals so los ist. In einer Exklusivgeschichte, die am 4. März 1998 gedruckt wird, lässt sie keinen Zweifel daran, wer die besten Spürnasen im Lande hat. So informiert sie ihre Leser mit den Worten: »Camilla schläft im Palast.« Gemeint ist der St.-James-Palast in London. Und tatsächlich beansprucht sie dort einen Salon sowie ein eigenes Arbeitszimmer mit persönlicher Assistentin. Charles zahlt die Leasingkosten für ihren Mondeo, er kommt auch für den Chauffeur auf, der sie nach Wunsch überallhin kutschiert.

Und was passiert, als dies der Öffentlichkeit bekannt gemacht wird? Nichts! Kein Aufschrei, keine Abdankungsforderungen, keine Aufarbeitung alter Kamellen. Befreites Aufatmen im Büro von Mark Bolland. Es scheint endlich zu klappen. Dianas Hausblätter gehen mit dem neuen Wind, der jetzt aus dem St.-James-Palast weht. So schreibt die *Daily Mail* gut einen Monat später, am 5. April: »Die liebevolle Hingabe an Dianas Erbe muss nicht gleichzeitig permanente Ablehnung von Camilla bedeuten.« Hört, hört! In einer Ausgabe der *Sun* wird dem Kronprinzen gleich von drei Königsreportern großzügig »ein bisschen Glück« gegönnt, »wo er doch bald fünfzig wird«. Dies sind die ersten positiven Töne über Camilla, die außerhalb ihres engsten Freundeskreises geäußert werden. Die *Daily Mail* fragt sogar: »Ist es an der Zeit, zu vergeben und zu vergessen?«, und gibt selbst die Antwort: »Camilla hat mit ihrer stillen Würde und ihrer unbeugsamen Kraft all jene beeindruckt, die einst gegen sie waren. Im Grunde ist sie eine gute Seele und ein verdammt nettes Mädchen.«

Camilla als »nettes Mädchen« zu bezeichnen – bei den Briten wird eine Frau mit fünfundachtzig noch so genannt –, nachdem sie vor kurzem noch als böse Hexe von Wiltshire, Rottweiler, Ehebrecherin, Intrigantin oder hässliches Pferd beschimpft worden war, kommt geradezu einer Revolution gleich. Praktischerweise ist von der königlichen Biografin Penny Junor zum fünfzigsten Geburtstag des Kronprinzen eine erste kompakte Darstellung der Liebesgeschichte zwischen Camilla und Charles angekündigt – *Charles: Victim or Villain?* Freunde des Prinzen sollen dafür Informationen beigesteuert haben. Die Autorin ist eine bekannte Verehrerin von Charles, und so ist kaum Skandalöses zu erwarten. Dennoch sind die Mitglieder des königlichen Zirkels in höchster Alarmbereitschaft: »Wir sind uns vollkommen bewusst, dass es jederzeit wieder einen Blutsturz geben kann«, sagt ein Palastangestellter. Man will sich absichern, und durch die üblichen Kanäle wird bekannt gegeben, dass das Paar nicht die Absicht hätte zu heiraten, es wolle einfach nur ein normales Leben führen, öffentlich auftreten und gemeinsam Ferien machen können. Würden die britischen Untertanen diese Verlautbarung akzeptieren?

Der nächste Belastungstest involviert die Queen. Charles hat eine VIP-Einladung nach Sandringham ausgesprochen, und die Queen erlaubt, dass Camilla an seiner Seite ist, um vierzig hochkarätige Gäste zu begrüßen. »Es ist nicht meine Intention, mich hier einzumischen. Als Mutter möchte ich, dass mein Sohn glücklich ist«, kommentiert die Königin. Mit dabei ist auch Peter Mandelson, Minister ohne Ressort, heimlicher Beraterfreund von Camilla und einer der einflussreichsten Drahtzieher in der Regierung von Tony Blair. Was letztlich bedeutet: Monarchie und Regierung haben die Camilla-Charles-Connection akzeptiert.

Es ist der Moment gekommen, wieder mutig in die Welt hinauszutreten. Im Mai geht Camilla zur Hochzeit ihres reichen Patensohns Henry Dent-Brocklehurst mit dem Model Lili Maltese und feiert mit solch scharfen Co-Gästen wie Mick Jagger, Hugh Grant und Claudia Schiffer. Doch der erste öffentliche Auftritt für die Presse, zehn Monate nachdem Camilla in den Untergrund verschwand, ist ihr Erscheinen am 26. Juni beim jährlichen Gartenfest des renommierten TV-Politmoderators David Frost. Die Party ist ein Society-Event der Sonderklasse, zu dem Prominente wie Michael Caine und Richard Branson, aber auch die Kents geladen sind. Camilla wählt Sohn Tom als Begleitung. Im hellen Sommerkostüm, mit Perlenkette und neuen Pumps von Chanel mischt sie sich unter die illustre Gästeschar, und als wenn nichts gewesen wäre, parliert sie fröhlich und ungezwungen vor den klickenden Kameras. Am nächsten Tag wird in den Zeitungen über ihren dezenten, aber erlesenen Kleidungsstil geschrieben. Nachdem sie vor nicht allzu langer Zeit noch als schlechtest angezogene Britin bezeichnet wurde, ist Camilla über dieses Kompliment nun hocherfreut.

Jetzt fehlt einzig die für alle sichtbare Genehmigung der kleinen Prinzen. Natürlich kennen William und Harry

Camilla seit langem. Sie haben mit Tom und Laura gespielt, als Diana und Charles noch gesellschaftlich mit den Parker Bowles verkehrten, trafen sie in Balmoral, wenn sie Queen Mom besuchten, oder auf privaten Kinderpartys im Freundeskreis. Diana hatte nach der Trennung von Charles zwar versucht, diese Treffen zu unterbinden, aber es gab immer wieder Gelegenheiten, Camilla zu sehen, wenn die Jungen mit ihrem Vater und seiner Entourage unterwegs waren. Offiziell wurde dies nicht kommuniziert, und man achtete auch darauf, dass es keine gemeinsamen Fotos mit der Freundin des Vaters gab. Nun sollte eine vorsichtig orchestrierte Begegnung stattfinden, die als erste Zusammenkunft überhaupt ausgegeben werden konnte.

Dieses Unterfangen wird zu einem Bolland-PR-Glanzstück. Der Spindoctor nutzt diesmal seine gute Beziehung zur Chefredakteurin der *Sun* nicht direkt aus, er hat einen viel besseren Plan ausgeheckt. Camillas Assistentin Amanda McManus ist verheiratet mit einem Mann, der Ressortleiter der *Times*-Beilagen ist. Bolland baut darauf, dass Verschwiegenheit nicht zu dessen Tugenden zählt. Und er soll Recht behalten. Im Ehebett der McManus wird über das erste Treffen mit William natürlich gesprochen, und James McManus gibt in Kollegenkreisen mit seinen exklusiven Kenntnissen an. Der Schritt bis zur Druckerpresse der *Sun* ist nicht weit, denn die *Times* und die Boulevardzeitung erscheinen im selben Verlagshaus.

Am 9. Juli 1998 meldet die *Sun*, natürlich wieder exklusiv: »Camilla trifft Wills.« In dem Artikel wird berichtet, dass die beiden schon vor drei Wochen »ganz zufällig« im St.-James-Palast Bekanntschaft miteinander machten. Charles hätte seinen Sohn gefragt – er war gerade aus Eton angereist –, ob er Camilla begrüßen wolle, und William hätte zugestimmt. Sie hätten dann, so ein Palastsprecher, gemeinsam einen Saft getrunken und sich dreißig Minuten lang unterhalten. Camilla sei so aufgeregt gewesen, dass sie »wie Espenlaub gezittert« und danach, mit ihren eigenen Worten, »einen wirklich starken Gin Tonic« gebraucht hätte.

Also, Mister Bolland! Das ist dann doch wirklich »too much«. Den Gin Tonic kann man ja ohne Probleme glauben. Wahrscheinlich war es eh Zeit dazu und die Sonne im Untergehen begriffen. Aber – »wie Espenlaub gezittert«. Camilla! Die Frau, die auf Gypsie Girl todesmutig über die schwierigsten Hindernisse springt und dabei vor Vergnügen juchzt. Die Frau, die fünfundzwanzig Jahre lang wie eine professionelle Agentin ihr geheimes Schattenleben organisierte und sich unbemerkt von den aufmerksamsten Reportern der Boulevardwelt überall auf der Insel und im Ausland mit dem Thronfolger traf. Die Frau, die ihre stählernen Nerven in der Öffentlichkeit so oft bewiesen hat, die Tochter des Kriegshelden Shand. Die soll plötzlich zittern wie Espenlaub, wenn sie einen Sechzehnjährigen trifft, den sie seit seiner Geburt kennt? Aber die *Sun* fällt darauf rein und kolportiert alles so, wie Mark Bolland es geplant hatte. Wahrscheinlich haben Charles, Camilla und William diesen unglaublichen Coup herzlich belacht. Und nachdem die Queen und die Politiker bewiesen haben, mit Camilla an Charles' Seite leben zu können, und nun noch Prinz William, da kann das Volk es ja wohl auch!

Aber Bollands Machenschaften sind damit keineswegs beendet. Er legt noch nach und lässt zwei weitere Treffen mit William – und schließlich eines mit Harry – »bekannt werden«. Das Massenblatt gibt sich jetzt geradezu euphorisch und sendet vier Millionen Mal eine »Message an Prinz Charles« mit folgendem Wortlaut: »Zeig uns, dass du sie liebst.« Besser kann es gar nicht laufen. Die königlichen Berichterstatter haben es endlich kapiert. Positive Presse wird schon mal mit einer exklusiven Information belohnt, negative mit Ausschluss und mit Rügen vom PCC bestraft. Denn da ist jetzt Bolland-Freund Lord Wakeham Vorsitzender, und dieser greift bei unerlaubten Übertritten in die prinzliche Privatsphäre hart durch.

Keine Vorabinformationen bekommen die Medien über das nächste Ereignis. Charles lädt zwölf enge Freunde in den exklusivsten Marks Club in Mayfair zu Camillas einundfünfzigstem Geburtstag ein. Die Fotografen verpassen den Moment, wo sie das erste gemeinsame Bild von Camilla und dem Kronprinzen hätten schießen können. Ärgerlich, denn noch immer ist ein immenses Kopfgeld für ein solches Foto ausgeschrieben. Am 31. Juli trifft Camilla an Charles' Seite zum ersten Mal – wenigstens offiziell – die ganze Royal Family, bis auf Elizabeth II. und Queen Mom. Die beiden Damen verweilen traditionell in der letzten Juliwoche in Sandringham. William und Harry geben eine frühe Überraschungsgeburtstagsparty für ihren Vater in Highgrove, Tom und Laura helfen ihnen bei den Vorbereitungen. »Es ist ein signifikanter Schritt für die Beziehung«, sagt ein Freund. Der Thronfolger wird demnächst fünfzig, und 100 ausgewählte Gäste feiern mit ihm und Camilla und den Söhnen. William und Harry haben zusammen mit den Schauspielern Stephen Fry und Emma Thompson ein Theaterstück in Anlehnung an die *Goon Show* eingeübt, und so werden Sketche aus dem Leben von Charles vorgeführt. Es ist ein Riesenerfolg, und die königliche Verwandtschaft plus Gäste halten sich die

Bäuche vor Lachen. Für Camilla bedeutet dieser Abend, dass ein weiterer Meilenstein auf dem holperigen Weg zur Akzeptanz hinter ihr liegt.

Im August ereilt die Pro-Camilla-Kämpfer eine beunruhigende Nachricht. Das US-Magazin *Newsweek* plant eine Ausgabe mit der Geliebten des Thronfolgers als Titelstory. »Die Leute sind fasziniert davon, warum Camilla nicht mit Charles gesehen werden darf und warum die Briten nicht entspannter mit ihr umgehen«, erklärt ein Insider. Das Porträt soll genau zum Jahrestag von Dianas Tod erscheinen, was zum befürchteten »Blutsturz« führen könnte. Ein *Newsweek*-Titel kann die Person, um die es geht, zum Star machen, kann sie aber auch bei einer Auflage von fünfundzwanzig Millionen Exemplaren weltweit für immer vernichten. Und da kein Einfluss auf den amerikanischen Journalisten, der die Story schreibt, auszuüben ist und keiner weiß, ob er sich positiv oder negativ über Camilla äußern wird, muss das Schlimmste um jeden Preis verhindert werden. Die einzige Waffe, die bleibt, ist, den Freunden und Familienmitgliedern einen Maulkorb zu verpassen. Und sie sind folgsam. Keiner redet mit dem Amerikaner.

Bolland geht sogar so weit und bittet die Verantwortlichen von *Newsweek*, das Porträt nicht zu diesem Datum zu veröffentlichen. Im nächsten Jahr okay, man würde auch für eine Kooperation sorgen, aber nicht jetzt. Hatte eine Umfrage des *Guardian* und der ICM (Research Marketing Communication, eine Londoner Meinungsforschungsagentur) doch gerade gezeigt, dass 35 Prozent der Leser der Meinung sind, Charles solle Camilla heiraten, und 54 Prozent möchten ihn als König sehen. Diese erfreulichen Ergebnisse und der fortwährende Aufwärtstrend könnten mit einem

Schlag durch einen negativen *Newsweek*-Artikel zerstört werden. Undenkbar! Bollands Bemühungen und das eisige Schweigen der Freunde führen zum gewünschten Ergebnis: *Newsweek* verschiebt die Camilla-Story auf unbestimmte Zeit. Inzwischen ist das britische Rat Pack müde geworden. Die Verfolgungsjagden haben vollständig aufgehört. Ja, es passiert sogar schon, dass sie Ereignisse verpennen, die sie vor einem Jahr noch zur Schnappatmung veranlasst hätten. Charles und Camilla gelingt es, Clubs in London zu besuchen und an Wochenenden gemeinsam Freunde zu besuchen. Ende September schaffen sie es, unentdeckt nach Griechenland zu fliegen und auf der Yacht des Millionärsfreundes Spiros Latsis eine Woche in der Ägäis herumzuschippern. Unbelästigt von Fotografen und Reportern legen sie in kleinen malerischen Häfen an, essen Fisch am Strand, schauen sich hellenische Ruinen an oder sitzen auf Felsen und malen. So herrlich unbeschwert konnten sie seit Jahren nicht mehr zusammen sein. Das Glück, das sie empfinden, können sie kaum fassen. Und sie genießen es in vollen Zügen. Der ganze Stress fällt von ihnen ab, und sie sind einfach nur Camilla und Charles, ein älteres Liebespaar, herrlich entspannt und zusammen: vierundzwanzig köstliche Stunden am Tag.

»Ich scheine schon immer den Eindruck eines Mannes im mittleren Alter erweckt zu haben«, sagt Charles. »Oder zumindest kam ich so rüber. Und jetzt werde ich diesen Eindruck endlich erfüllen, wenn ich demnächst auch tatsächlich dieses Alter erreicht habe. Und hoffentlich werde ich dann weniger um die Dinge, die um mich herum sind, besorgt sein.« Der Thronfolger steht kurz vor seinem wirklichen fünfzigsten Geburtstag, und er ist wahrlich jemand, der sich Gedanken macht. Und nicht nur um seine Zukunft mit

Camilla. Er ist ein unermüdlicher Kämpfer für die Angelegenheiten, die ihm am Herzen liegen – und da ist in den letzten fünfundzwanzig Jahren eine Menge hinzugekommen. Neben seinen rund 360 Wohltätigkeitsaufgaben, für die er entweder die Schirmherrschaft oder die Präsidentschaft übernahm, hat Charles auch die Modernisierung der Monarchie, die problematischen sozialen Zustände in vielen Städten, die geistig Geschädigten, die arbeitslose Jugend, das Ozonloch, die Regenwälder und ihre Bewohner, die Armee, die Umweltzerstörung, die unmenschliche Städtearchitektur, die britische Verfassung, die Verarmung der dritten und vierten Welt und die nachhaltige Land- und Forstwirtschaft im Auge. Über 500 Reisen und Veranstaltungen absolviert er jedes Jahr im In- und Ausland. Wen wundert es da noch, dass er sauer wird, wenn jemand behauptet, er sei faul und würde dem Staatssäckel auf der Tasche liegen? Und wen erstaunt es, wenn er ständig angestrengt und sorgenvoll aussieht? Umso mehr fällt auf, dass er in Begleitung von Camilla ganz anders wirkt. Relaxed und fröhlich. Ja, manches Mal sogar verschmitzt und leutselig.

An seinem fünfzigsten Geburtstag wird er endlich mal so richtig gefeiert. Die zwei wichtigsten Frauen in seinem Leben veranstalten jeweils ein Jubelfest. Die Queen richtet am 13. November ein Mittagessen aus, und am 14. November, dem eigentlichen Geburtstag, ist es Camilla, die die Party des Jahres steigen lässt.

Am Nachmittag nimmt sie Charles an der Hand und geht mit ihm in den Garten. Sie führt ihn zu seiner Lieblingsecke bei den versteinerten Bäumen aus Schottland. Und da steht sie, ihre Geburtstagsüberraschung: eine Liebesbank aus Holz, auf der man sich – versetzt – Rücken an Rücken niederlässt, um dann dort miteinander zu flüstern, zu flirten oder auch zu küssen. Es ist ein beliebtes Möbelstück aus dem 19. Jahrhundert. Camilla ließ es nach einem eigenem Entwurf von einem örtlichen Tischler anfertigen. Charles ist »total begeistert«. Aber seine Geliebte hat noch ein weiteres Geschenk parat. Ihm zuliebe will sie mit diesem Tag das Rauchen aufgeben. Charles, ein militanter Nichtraucher, nervte sie jahrelang, doch mit den Zigaretten aufzuhören. Was aber nie klappte. Bis zu dreißig Marlboros am Tag waren für sie normal. In Highgrove, wo es ein Rauchverbot gibt, stahl sie sich alle Stunde in den Garten, um sich ungesehen hinter einer Mauer eine Zigarette anzuzünden. Wenn sie ein Diener dabei entdeckte, drohte sie: »Wenn Sie ihm das petzen, bring ich Sie um!« Ständig lutschte sie Pfefferminzbonbons, damit Charles nichts roch.

Um halb acht fahren die ersten Wagen vor. Etwa 250 Gäste werden in Highgrove erwartet. Seit Wochen hat Camilla alles generalstabsmäßig organisiert: Pomp und Gloria, Feuerwerk, Sketche und Discomusik aus den Siebzigern. Starkoch Anton Mosimann zaubert ein Sieben-Gänge-Menü mit Fasan, Wachteln, Lamm, schottischem Lachs und organischem Gemüse aus dem hauseigenen Garten, dazu strömt Charles' Lieblingsgetränk: Champagner Rosé. William hält die Rede auf seinen Vater, er hat sie zuvor mit Camilla geprobt. Aber es ist nicht nur ein großer Tag für den Kronprinzen. Es ist auch Camillas Coming-out-Party. Sechs regierende Monarchen, sämtliche Freunde aus dem Highgrove-Wiltshire-Set, Prominente aus Wirtschaft, Politik und Showbusiness sowie die Familien Shand, Parker Bowles und Windsor – sie alle stehen und klatschen, als Charles mit Camilla den Tanz zu einem Song von Abba eröffnet. Irgendwann später wird eine

Riesentorte aus Schokolade in den Saal hereingerollt und 250 Kehlen singen »Happy birthday to you« und »For he's a jolly good fellow«. Nachdem er die fünfzig Kerzen ausgeblasen hat, legt Charles seinen Arm um Camilla und gibt ihr einen Kuss, für alle zu sehen. Das Fest ist ein Bombenerfolg.

Nur die Queen, die fehlt. Sie muss Camilla erst offiziell akzeptieren – was sie privat schon längst getan hat. Aber so sind die Spielregeln. Wahrscheinlich wäre auch sie gerne auf die Party gegangen, aber die von ihr aufgestellten Regeln – nie mit Camilla unter einem Dach – verhindern das. Und so feiern die Verwandten eben ohne sie.

Camilla erscheint auf der Feier in einem neuen Styling: jugendlicher Haarschnitt mit Pony, perfekt geschminkte Augen, wunderschönes smaragdgrünes Samtkleid mit türkisfarbenem Jäckchen, Smaragde und Diamanten blitzen an Hals und Ohren, ehemalige Juwelen von Alice Keppel, die Charles auf einer Auktion erstanden und sie Camilla geschenkt hatte. Sie sieht fantastisch aus. Und Charles ist völlig hingerissen. »Er war so stolz auf sie, das war nicht zu übersehen. Beide wirkten sehr glücklich«, sagt einer der Anwesenden. Und so ist sie auch nicht unter den Gästen, die Highgrove in den frühen Morgenstunden wieder verlassen. Camilla geht offiziell die Treppe nach oben. »Wir haben heute Nacht eine Menge Vögel mit einem Schuss erledigt, my Darling«, sagt der Kronprinz, bevor er erschöpft in den Armen seiner Geliebten einschläft.

Jetzt bleibt nur noch eins: das gemeinsame Foto, perfekt geplant von Charles' Spindoctor. Es soll keine heimliche Ablichtung geben, die ein Fotograf dann meistbietend verkaufen kann, sondern eine, aufgenommen auf einem großen

Event. Und natürlich soll es aussehen, als würde es beiläufig passiert sein. Am 26. Januar 1999 sickert – von wem wohl? – die Information durch, Charles und Camilla würden übermorgen zur Party anlässlich des fünfzigsten Geburtstages von Annabel Elliot ins Ritz gehen, sie würden getrennt ankommen, dann aber gemeinsam von der Feier nach Hause gehen. Nachmittags schon stellen Fotografen Leitern auf, Fernsehteams erscheinen mit Satelliten-Übertragungswagen, um sich ihre Plätze vor dem Hotel zu sichern.

Seit der Hochzeit von Diana und Charles hat es nicht mehr ein solches Aufgebot von internationaler Presse gegeben. Jeder will das One-Million-Dollar-Foto schießen. Camilla ist nervös, so nervös wie noch nie. »Die Leute vergessen, dass der Prinz an solche Auftritte mit hunderten von Kameras gewöhnt ist. Aber für Camilla ist es das erste Mal, also etwas vollkommen Neues«, sagt ein Freund.

Die »Royal Night of History« (»Königliche Nacht, die Geschichte macht«) beginnt um 20.45 Uhr. Camilla erscheint mit ihrer Tochter Laura. Die Geliebte des Kronprinzen trägt ein schwarzes Samtkleid und ihre schon berühmte Perlenkette mit dem großen Stein. Ohne die rund 300 Journalisten eines Blickes zu würdigen, betritt sie das Hotel. Charles erscheint um 22.55 Uhr. Er ist zu Fuß gekommen und trägt ein rotes Päckchen in der Hand. Während er der Presse zulächelt, verschwindet er ins Ritz. Eine volle Stunde passiert gar nichts. Dann, um 23.58 Uhr, ist es endlich so weit. Charles ist zu sehen, einen Schritt hinter ihm geht Camilla, als wolle sie sich verstecken. Zusammen verlassen sie das Ritz, bleiben kurz am Kopf der Treppe stehen, ein Blitzlichtgewitter bricht los, es ist taghell. Beide schauen kurz in die Kameras, steigen dann in den wartenden Wagen und schwups, weg sind sie.

Das war's! Fünfzig Sekunden Rampenlicht nach fünfundzwanzig Jahren Schattendasein.

Eine Fernsehübertragung von Camillas Outing findet nicht statt, obwohl der Auftritt in den Nachrichtensendungen um Mitternacht gesendet werden sollte. Der Grund: Das ungeheure Blitzlichtgewitter bewirkt einen Stroboskop-Effekt, und das kann Anfälle bei vor dem Bildschirm sitzenden Epileptikern auslösen. Und so hat die britische Epilepsiegesellschaft es erreicht, dass die Ausstrahlung untersagt wird. Die Beweisbilder sind damit erst am nächsten Morgen in den Zeitungen zu finden.

Aber egal: Camilla und Charles haben sich jetzt ganz offiziell gezeigt, sichtbar für alle Briten, ja für die ganze Welt. Die *Sun* fasst am 29. Januar zusammen: »Wir alle haben gehört, dass er sie liebt. Nun haben wir es gesehen. Ein neues Kapitel in der Geschichte des Hauses Windsor ist aufgeschlagen.« Mark Bolland und sein Team lassen die Korken knallen: »Die Mission ist abgeschlossen!«

Der One-Million-Dollar-Kuss

Nach dem ersten offiziellen Fotoshooting von Charles und Camilla kehrt 1999 endlich eine Art Ruhe ein. »Das Leben«, sagt die Geliebte des Kronprinzen, »fängt an, sich wieder normal anzufühlen.« Es ist wie ein Befreiungsschlag. Das Versteckspiel ist endlich Vergangenheit. Sie können sich jetzt als Paar in der Öffentlichkeit zeigen, in die Ferien fahren, Theater und Konzerte besuchen, auf Partys gehen und zusammen auf den Reitjagden der Beauforts erscheinen. Nie mehr müssen sie sich heimlich, im Dunkel der Nacht, zueinander schleichen. Und vor allem brauchen weder sie noch die Freunde zu lügen oder die Wahrheit zu verdrehen – wie Charles wahrscheinlich vorzugsweise die Vortäuschungen bezeichnen würde. Denn lügen – das tut der Prinz der Angelsachsen natürlich nicht.

Die Kinder von Charles und Camilla können sich an den Wochenenden in Highgrove gemeinsam vergnügen, sich dem Polospiel widmen oder jagen gehen. Die vier verstehen sich bestens, und Tom wird sogar zu einer Art Vorbild für William, weil er so offen und lustig und gar nicht arrogant oder eingebildet ist. Das Quartett trifft sich auch ab und an in London, und die jungen Leute gehen dann zum Essen in die In-Lokale oder zum Tanzen in die angesagten Clubs.

Camillas Leben ändert sich von nun an allerdings erheblich. Kein Gang ohne Sicherheitsbeamte, und immer muss sie schick oder zumindest anständig gekleidet sein. Vorbei die Zeiten, als sie in Jeans, Lotterpullover und mit verwilderter Frisur im Garten herumwerkeln konnte. Jetzt hat sie zum ersten Mal einen Ruf zu verlieren, der ihr auch etwas bedeutet. Als Begleiterin des Prinzen ist sie verpflichtet, sich königlich zu benehmen, auch wenn sie keine Royal ist. Sie muss ihre Garderobe aufstocken, denn zu Terminen mit Charles kann sie ja nicht immer dasselbe anziehen. Und so besucht sie verschiedene Couturiers in London, geht jede Woche zum Friseur, zur Maniküre und zur Kosmetikerin – oder lässt sie kommen. Auch ihre leicht schiefen Zähne lässt sie richten und bleichen. Charles ist von dem Ergebnis äußerst angetan und findet – da er den neuen Look bezahlt –, dass sein Geld gut angelegt ist.

Camilla genießt ihre neue Freiheit und geht oft und gerne mit Freundinnen zum Lunch. Annabel, Lady Carina Frost und Rosemary, ihre alte Freundin und die neue Frau Parker Bowles, begleiten sie regelmäßig. Im März hopst sie schnell mal ins Flugzeug nach Paris und erscheint unangesagt auf der Modenschau des Hauses Chloé, dessen Designerin damals die Britin Stella McCartney ist.

Mark Bolland steht weiterhin an Camillas Seite, denn gerade die ersten öffentlichen Auftritte von ihr müssen für eine positive Medienresonanz perfekt vorbereitet werden. Und natürlich muss alles langsam, sehr langsam geschehen, damit die Briten sich nicht überrollt vorkommen. Zunächst besucht das Paar zwei Musicalaufführungen, *Animal Crackers* und *A Midsummer Night's Dream* in der Royal Shakespeare Company. Kultur ist ein ungefährliches Terrain, und beide lieben Musik.

Im Mai offenbart sich eine weitere Familienkrise, die von der Öffentlichkeit genauestens verfolgt wird. Eine Reporterin hat Tom Parker Bowles, der für eine PR-Firma arbeitet, während der Filmfestspiele in Cannes dazu verleitet, ihr zu erzählen, wo man Kokain bekommen könnte. Und Tom, ziemlich dumm, gibt der Journalistin einen Tipp. Das ist Beweis genug, dass er das Zeug selbst konsumiert.

»Camillas Sohn: Ich nehme Kokain« titelt der *Sunday Mirror* am nächsten Tag. Camilla ist erschreckt und natürlich sehr besorgt – weniger um den Skandal als um die Gesundheit ihres Sohnes.

Zurück in London gibt es zwischen ihr und ihrem Sohn ein langes, intensives Gespräch, in das sich auch Vater Andrew einschaltet. Charles benimmt sich vorbildlich, spricht mit Tom und William über das Problem Rauschgift, und empfiehlt ihnen, ein Rehabilitations-Center zu besuchen, um sich vor Ort ein Bild über die grässlichen Folgen einer Sucht zu machen. Mit dem Sohn von Camilla hat er aber auch noch einen anderen Aspekt zu klären. Denn wenn Tom und Laura in Zukunft weiterhin mit den jungen Prinzen befreundet sein wollen, dann sind Drogen jeder Art und andere Exzesse absolut verboten. Tom verspricht sich zu ändern, und er will in Zukunft mit solchen Dingen nicht mehr in Berührung kommen. Er kündigt bei seiner PR-Firma und startet mit seinem Vetter Ben Elliot die Internetfirma Quintessentially.com. Mit einer exklusiven Kreditkarte, die sie auf den Markt bringen, wird den Mitgliedern jeder noch so ausgefallene Wunsch erfüllt, und sie gewährt Zutritt zu exklusiven Clubs und VIP-Lounges weltweit. Jahresbeitrag 250 Pfund (400 Euro). David Bowie, Elton John und Mick Jagger bestellen gleich eine. Nebenbei schreibt Tom, wie einst sein Urgroßvater, Artikel übers Essen und Kochen. Beim Society-Magazin *Tatler* hat er seine eigene Kolumne. Laura arbeitet ebenfalls dort – als Redakteurin für den Bereich Auto und Motor.

Charles will seine Geliebte auch an seiner Seite wissen, wenn er offizielle Verpflichtungen wahrnehmen muss. Er bittet seine Mutter um Erlaubnis, Camilla bei einem Event im Buckingham-Palast dabeihaben zu dürfen. Sie gestattet, ist aber aushäusig, als Charles mit Camilla ein Dinner als Dank für achtzig amerikanische Sponsoren gibt, die viel Geld für seine karitativen Aufgaben gegeben haben. »Wenn die Katze aus dem Haus ist, tanzen die Mäuse auf dem Tisch«, juxt Charles bei seiner Rede. Das Abendessen wird im Court Circular angegeben – und ist damit eine königliche Veranstaltung. Camilla, Tischdame von Charles, ist laut Protokoll jetzt bei Hofe eingeführt, aber immer noch nicht von der Königin persönlich akzeptiert. Dennoch wird es als ein deutliches Zeichen gesehen, dass die Queen langsam weich wird.

Prinz Edward gibt wenig später jedoch den Opportunisten. Zu seiner Hochzeit mit Sophie Rees Jones am 19. Juni 1999 in Windsor bereitet er seinem Bruder keinen Gefallen – er lädt Camilla nicht zu der Trauung ein. Charles findet dieses Verhalten sehr kindisch. Aber die Queen lässt sich in diesem Punkt nicht hintergehen. Sie will die Zügel in der Hand behalten und selber bestimmen, wann sie Camilla öffentlich annimmt. Noch ist es nicht so weit.

Im Juni zeigt eine neue Umfrage, dass es mit dem Image des Kronprinzen weiter aufwärts geht und auch Camillas öffentliches Auftreten Gefallen findet. So sind jetzt drei von fünf Briten der Meinung, dass Charles Camilla heiraten und dennoch König werden kann. Das erfreut die Mitarbeiter aus dem PR-Team des Prinzen und bestätigt, dass sie weiterhin auf dem richtigen Weg sind.

Im August fahren die Windsors und die Parker Bowles das erste Mal als Patchwork-Familie in die Sommerfrische. Wieder verleiht Spiros Latsis, der griechische Tycoon, sein Boot zu dieser besonderen Premiere, und zusammen mit einer Gruppe von Freunden segelt die königliche Truppe vierzehn Tage um die griechischen Inseln. In England lanciert Bolland derweil in den Medien, dass William die Idee hatte, Camilla und ihre Kinder zu dieser Fahrt einzuladen. Camilla sagt später zu einer Freundin: »Die Reise war ein voller Erfolg.« Sie meint das aber nicht PR-mäßig, sondern ganz persönlich. Selten hat sie so viel Spaß gehabt, und auch Charles kommt seinem Traum von einem normalen Familienleben mit Kindern und Freunden, die sich um ihn herum scharen und amüsieren, immer näher.

Die nächste Zielgruppe, die es zu erwärmen gilt, sind die Amerikaner. Für die verschiedenen Charity-Aufgaben der Royals sind sie von größtem Nutzen. Promigeil, wie die Reichen jenseits des Atlantiks sind, geben sie unglaubliche Gelder dafür aus, mit echten Prinzen und Prinzessinnen oder gar gekrönten Häuptern einmal die gleiche Luft atmen zu können. Und im Hinblick auf die zu erwartenden dicken Schecks für die jeweilige gute Sache zieren sich die Royals nicht und paradieren wohlwollend. Diana hatte echten Spaß an diesem Tun gehabt; sie fühlte sich in den Vereinigten Staaten verehrt und wohl. Die Amerikaner – und die New Yorker insbesondere – zählten zu ihren größten Fans. Die Prinzessin fuhr oft über den großen Teich, das letzte Mal im Juni 1997, nur wenige Wochen vor ihrem Unfall.

Mark Bolland heckt einen neuen Plan aus, der äußerst riskant ist: Camilla muss nach Manhattan. Denn, davon ist der PR-Experte überzeugt, »wenn sie Amerika erobern kann, dann kann sie überall siegen«. Charles ist der Meinung, dass sie diese Reise auf jeden Fall unternehmen soll, er würde auch alles bezahlen. Wochenlang diskutieren sie mit Bolland über den Ablauf des Trips. Dieser wird Camilla dann höchstpersönlich begleiten, vor Ort soll ja alles hundertprozentig klappen. Es wird eine erstaunliche Tour, die den Spuren von Diana folgt. Der Medienberater reist schon drei Wochen vorher in den Big Apple. »Es ist eine königliche Unternehmung, nur wird sie nicht so genannt«, sagt einer aus dem Organisationsteam. »Es läuft dieselbe Prozedur ab, als würde einer der Royals einen Auslandsbesuch antreten, nur wurde sie jetzt für Camilla gestartet. Zeitplan und Ablauf der Reise sind genauestens mit dem Büro von Charles abgestimmt. Er ist über alles informiert, sogar über das Menü, das bei den verschiedenen Einladungen serviert wird. Es ist sozusagen eine Royal-Tour light.«

Erster Stopp auf diesem Vier-Tage-Trip sind die Hamptons auf Long Island. Hier verbringen reiche Amerikaner ihre Sommerferien. Camilla besucht Scott Bessent, ein Finanzgenie und wichtiger Sponsor des »Prince's Trust«. Mit dem Helikopter von Bessent fliegt Camilla anschließend nach New York. Dort wohnt sie in Dianas einstigem Lieblingshotel, dem Carlyle an der Upper East Side, für 1000 Dollar die Nacht. In der amerikanischen Metropole gibt es so viele First-Class-Hotels, warum es gerade Lady Dis bevorzugte Herberge sein muss – und was Bolland mit dieser Entscheidung beweisen will –, bleibt schleierhaft.

Camilla besucht mit dem PR-Berater das Musical *Cabaret* im Studio 54, früher In-Disco, heute ein Theater. Sie besichtigt die wichtigsten Galerien dieser Stadt – und zwar in Begleitung von Kunstguru Eileen Guggenheim. Am nächsten Tag gibt Brooke Astor, die Gesellschaftsqueen, eine Lunchparty für Camilla. Sie trifft Catherine Zeta-Jones, Michael Douglas, den Verleger Mort Zuckerman, den Uno-Chef Kofi Annan und sitzt neben Modezar Oscar de la Renta, der ihr anbietet, sie bei ihrer Garderobe zu beraten. Camilla nimmt dankend an. Sie kann die TV-Moderatorin Barbara Walters, eine Freundin und Bewunderin von Diana, für sich begeistern und hat es somit geschafft. New York hat sie akzeptiert. Keine Begeisterungsstürme wie bei Diana, aber respektvolle Anerkennung.

Charles ist erleichtert und stolz. Camilla erzählt ihm telefonisch mehrmals am Tag, wie es läuft. Eines gesteht sie ihm allerdings nicht. Vor lauter Aufregung hat sie wieder angefangen zu rauchen – und das in der Stadt, die dem blauen Dunst konsequent den Kampf angesagt hat. So berichtet sie einer Freundin: »Ich konnte nirgends rauchen. Ich versuchte, wenigstens im Auto eine zu qualmen, aber auch das wurde mir verboten. Ich war süchtig nach einer Zigarette.« In Großbritannien gibt es nach der US-Tour ein mittleres Aufsehen über das, was Camilla den Prinzen kostet. 150 000 Pfund sollen es im Jahr sein, inklusive der Unterbringung und Pflege ihrer Pferde, dem Gehalt der Assistentin und diverser Geschenke. Der Trip nach New York soll allein 20 000 Pfund verschlungen haben. Aber nachdem er als Erfolg verbucht werden kann, lässt sich der Thronfolger auf einen Streit darüber nicht ein. Ein Mitarbeiter erklärt: »Charles will, dass Camillas offizielle Rolle, wenn sie auch keine Royal ist, dann doch eine entsprechende einnimmt, und er will auch nicht, dass sie sich finanziell verausgabt.«

Die Jahrtausendwende feiern Camilla und Charles in Highgrove mit einer kleinen netten Party, nur ein paar beste Freunde sind da. Hunderte von fantastischen Einladungen aus aller Welt hatten sie, ohne mit der Wimper zu zucken, abgesagt. »Nach allem, was wir durchgemacht hatten, wollten wir einfach nur allein sein. Kein anderer außer uns vermag nachzuvollziehen, was für Gefühle wir in dieser Nacht füreinander empfanden«, erzählt Camilla im Nachhinein. Im Garten von Highgrove begrüßen sie Hand in Hand das neue Jahrtausend und schauen den Raketen zu, die die Bürger von Tetbury in den Nachthimmel schießen. Was haben sie nicht schon alles erreicht! Sie sind zusammen, die Kinder kommen gut miteinander aus, Camillas Outing okkupieren nicht mehr tagelang die Schlagzeilen in den Zeitungen, sie sind oft nur noch eine Notiz im Gesellschaftsteil. Aber eines fehlt noch immer, die öffentliche Akzeptanz durch die Queen – und die ist vor allem für Charles eine Herzensangelegenheit.

Die Chance dazu kommt am 3. Juni 2000. Charles und Camilla geben eine Geburtstagsparty für König Konstantin II. von Griechenland. Er ist der Cousin von Prinz Philip, Patenonkel von William und besonderer Freund der Queen. Der letzte Herrscher der Hellenen wird sechzig, und in Highgrove findet zu seinen Ehren ein Barbecue-Lunch statt. Charles hat seine Eltern dazu eingeladen, und wenn sie Konstantin II. nicht beleidigen wollen, müssen sie wohl oder übel erscheinen. Camilla wird natürlich in jedem Fall da sein. Der König ohne Land und auch andere in der Familie beknien Elizabeth II., diese Chance zu nutzen. Es sei doch besser, finden sie, Camilla auf einer eher familiären Feier offiziell anzunehmen, als wenn dies bei einer staatlichen Veranstaltung geschehen würde. Und überhaupt sei es an der Zeit, sie endlich zu treffen, sonst könnte es einen nicht mehr zu kittenden Bruch zwischen Mutter und Sohn geben.

Und tatsächlich, die Queen lässt sich darauf ein: Sie taucht auf dem Geburtstagsfest von König Konstantin II. auf. Camilla macht einen perfekten Hofknicks, und die beiden sprechen ein paar Minuten miteinander. Natürlich waren die Zeitungen von diesem Treffen aller Treffen informiert. »Sie waren entspannt miteinander. Der Prinz war erleichtert und sah glücklich aus. Für ihn war es ein historischer Moment«, erzählt ein Beobachter. Endlich standen sich die zwei wichtigsten Frauen in seinem Leben für alle sichtbar gegenüber. Camilla fiel ein Stein vom Herzen, die Begegnung war gut verlaufen. Aber warum auch nicht? Die Königin und Camilla fanden sich schon immer sympathisch, kein Wunder bei den vielen gemeinsamen Interessen: Hunde, Pferde, Landleben – und Charles.

Und jetzt die Hochzeit? Die *News of the World* ist der Ansicht: »Sie werden heiraten, früher oder später, aber im Moment ist es genug zu wissen, dass sie es nun könnten.« Der *Independent* kommentiert: »König Charles oder König William, aber nicht Königin Camilla«, während der konservative *Daily Telegraph* es mit seiner Schlagzeile »Warum Charles und Camilla nicht heiraten können« anscheinend noch genauer weiß.

Auch die Kirche meldet sich zu Wort, aber anders als erwartet. Ein Referendum unter den Diözesen ergibt, dass die Mehrheit der Gläubigen an eine Heirat innerhalb von fünf Jahren glaubt. Die *Times* wiederum zitiert den Erzbischof von Canterbury, George Carey. Der oberste Kirchenmann hat gegenüber anderen Geistlichen zu verstehen gegeben, dass er »die Situation zwischen Mrs. Parker Bowles und dem Prinzen geklärt sehen will«. Zwei seiner geschiedenen Kinder hat der liberale Kirchenfürst selbst in einer zweiten Hochzeit gesegnet. Andere hohe Kirchenmänner sind ebenfalls zunehmend besorgt darüber, dass der zukünftige Kirchenführer in Sünde leben könnte, entsprechend halten sie eine Wiederverheiratung für möglich. Und der Verfassungsexperte Lord St. John of Fawsley gibt kund: »Das Leben ist zu kurz, um über so etwas zu streiten.«

Der St.-James-Palast schweigt zu all diesen Spekulationen. Charles reicht es zunächst, dass Camilla bei gesellschaftlichen Anlässen an seiner Seite sein darf. Alles Weitere wird sich zeigen, und so lange wird das Mantra »Prinz und Camilla haben keine Intention zu heiraten« weiter aufgesagt. Aber dass der Kronprinz in letzter Instanz eine Ehe anstrebt, das ist nicht zu übersehen. Aber ist das auch in Camillas Sinn? Sie müsste noch mehr − ja, eigentlich alles − aufgeben, was ihr bisher im Leben lieb gewesen war. Und nun, wo sie sich mit Charles überall zeigen kann, erscheint ihr dies als ausreichend. Doch auch ihr ist bewusst, dass der Kronprinz, sollte er König werden − und davon ist auszugehen −, einen klar umrissenen Status vorweisen muss. Ein Prinz mit einer Lebensgefährtin mag gerade noch zu tolerieren sein, aber ein König? Undenkbar. Das heißt: Wenn Charles Camilla in zweiter Ehe heiratet, dann wird sie logischerweise auch Königin werden, wenn er den Thron besteigt.

Aber bevor die Briten damit einverstanden sind, muss noch viel Wasser die Themse hinunterfließen. Und Charles wie sein Spindoctor werden den Teufel tun, dieses Thema öffentlich anzusprechen. Im privaten Umfeld allerdings haben die Freunde für Camilla schon einen neuen Spitznamen parat: Sie nennen sie: Queenie.

Im Juni gibt die Monarchin in Windsor eine Riesenparty: Queen Mom wird hundert, Margaret siebzig, Anne fünfzig, Andrew vierzig und William achtzehn. Und da die Queen sparsam ist, gibt sie ein Fest für alle zusammen. Alle Welt ist eingeladen – nur Camilla nicht. Charles ist mehr als enttäuscht. Er dachte, nach dem Treffen in Highgrove sei alles in Ordnung und Camilla in der Familie aufgenommen. Aber dem war nicht so. Obwohl er seine Mutter anbettelt, bleibt sie dabei: Auf dieser imposanten Familienfeier will sie Camilla nicht sehen. Besonders gemein findet ihr Sohn, dass zum Beispiel Andrew Parker Bowles mit seiner neuen Frau kommen darf. Beleidigt geht er zwar zur Megaparty hin, verlässt sie aber auch wieder sehr früh. Camilla macht sich daraus nicht viel, sie mag solche Riesenveranstaltungen sowieso nicht. Aber für ihren Charles findet sie es natürlich traurig, er hätte sie dort gern und stolz vor aller Welt vorgeführt.

Im September fahren sie an die Französische Riviera nach Cap d'Antibes, wo sie Ferien in der Villa eines Freundes machen. Im eigenen Land werden die ersten Bilder von Charles und Camilla im Badeoutfit gedruckt, mit der erhellenden Erkenntnis unterschrieben, dass Camilla keine Orangenhaut plagt. Prompt gibt es einen Verweis von der PCC. Zu Weihnachten lässt Charles die Geliebte von seinem Ex-Onkel Lord Snowdon fotografieren. Wer dieses Foto geschenkt bekommt, bleibt ein Geheimnis.

Im Februar 2001 organisiert Mark Bolland einen neuen, diesmal eindeutig zynischen Coup: einen königlichen Auftritt in der Schlangengrube. Anlässlich des zehnjährigen Bestehens der Press Complaints Commission am siebten des Monats lässt er Charles, Andrew, Edward und Camilla als Ehrengäste einladen. Und als besonderes Bonbon für die

Medienleute: Nachdem er volljährig geworden ist, begleitet Prinz William seinen Vater und die Onkel zu seinem ersten öffentlichen Engagement. Gleichzeitig ist es auch sein erster Auftritt mit Camilla. Zu der Jubiläumsfeierlichkeit sind die Chefredakteure aller Medien eingeladen, die Camilla jahrelang beleidigt und angepöbelt haben. Camilla meistert die Situation bravourös. Sie smalltalked mit den Presseleuten, gibt sich humorvoll und locker – und kommt bei ihren ehemals gnadenlosen Richtern bestens an.

Ostern 2001 meldet sich endlich auch Queen Mom zum Thema. Sie lädt das Paar ein, zu ihr nach Schloss Birkhall in Schottland zu kommen. Der *Sunday Express* titelt: »Königinmutter bietet Charles und Camilla ein Liebesnest.« Nun hat also auch die Königinmutter die Lebensgefährtin ihres Enkels in der Familie aufgenommen. Dies scheint auch die Tochter milder zu stimmen. Sie bleibt nämlich im Buckingham-Palast, als Charles und Camilla im Mai ein Abendessen für achtundfünfzig Sponsoren geben, und haut dieses Mal nicht ab, nur weil die Freundin ihres Sohnes im Haus ist. Später, bei einem Dinner in Schottland, der nächste Test. Camilla bekommt den Earl of Airlie, ehemals Lord Chamberlain und ein sehr guter Freund der Queen, als Tischherrn. Wenn Camilla mit ihm gut kann, dann sammelt sie Punkte bei der Königin, munkeln Eingeweihte.

Doch die Briten wollen nicht nur die Zustimmung der Queen. Jetzt, wo sie Camilla ständig in Begleitung von Charles oder bei Veranstaltungen mit Celebrities vorgeführt bekommen und ihre wechselnde Garderoben, ihre Juwelen und ihre Figur im Badeanzug kennen gelernt haben, wollen sie endlich »The Big K« sehen, wie es im St.-James-Palast genannt wird – den ersten öffentlichen Kuss. Und den bekommen sie am 26. Juni 2001 präsentiert. Natürlich feinstens vorbereitet von Mark Bolland. Camilla gibt eine Party in Somerset House anlässlich des fünfzehnjährigen Bestehens der Osteoporose-Gesellschaft. Sie trägt ein mauvefarbenes Chiffonkleid und begrüßt die ankommenden Gäste. Charles erscheint als Ehrengast und küsst sie auf beide Wangen. Das war's! Unaufregend, gar nicht sexy, kein Lippenkontakt, aber doch der erste Kuss, freundschaftlich und natürlich. Und alle dürfen es miterleben. Fotografen und TV-Leute sind anwesend, sie waren vorher informiert worden. Noch am Abend wird die Geste der Zärtlichkeit wieder und wieder im Fernsehen ausgestrahlt, und in allen Zeitungen ist sie am nächsten Tag abgedruckt. Die *Daily Mail* schreibt: »Endlich! Ein öffentlicher Kuss für Camilla von ihrem Prinzen.«

Spindoctor Mark Bolland legt im Februar 2002 seinen Zauberstab nieder. Sein Job beginnt ihn zu ermüden, mit dem neuen Privatsekretär Michael Peat kann er nicht besonders, und er findet, dass mit dem Kuss sein Auftrag — die C+C-Charme-Offensive zum Erfolg zu führen — erledigt ist. Ziel erreicht! Doch Charles und Camilla wollen ihn nicht ziehen lassen, sie sind ihm unglaublich dankbar. Allein ihm und seinem Geschick ist es zu verdanken, dass sie jetzt offen zusammen sein können. Sie bieten ihm einen freien Beraterjob für 130 000 Pfund im Jahr — und er nimmt an. »Mark ist sechs Jahre lang ein leitendes und sehr wertvolles Mitglied meines Teams gewesen«, lobt der Prinz zum Abschied. »Er will nun seine Karriere auf anderen Gebieten weiter verfolgen. Aber ich bin sehr glücklich darüber, dass er mir dennoch weiterhin mit Rat und Hilfe zur Seite stehen will.«

Von nun an soll der neue Privatsekretär Bollands Job mit erledigen. Michael Peat, renommierter Wirtschaftsprüfer, hat bisher für die Queen gearbeitet und ihren Finanzhaushalt modernisiert. Peat setzte drastische Sparmaßnahmen durch und bringt sogar Prinz Philip dazu, hinter sich das Licht auszumachen. »Er schafft es noch, dass ich demnächst Holzklasse fliege«, maulte der Prinzgemahl. Kaum im St.-James-Palast angekommen, macht Peat sich daran, Charles' Haushaltsausgaben zu untersuchen. Sein erklärtes Ziel: Einsatz statt Ehebruch auf den Titelseiten. Nicht Camilla will er promoten, sondern des Prinzen unermüdlichen Arbeitseinsatz hervorheben. Im Vordergrund muss wieder »Ich diene« – der Wappenspruch der Prinzen von Wales – stehen und nicht »ich liebe«.

2002 ist das Jahr des goldenen Kronjubiläums von Königin Elizabeth II. Fünfzig Jahre sitzt sie nun schon auf dem Thron. Die Porzellanhersteller produzieren emsig Erinnerungsgeschirr, Journalisten wühlen in den Archiven und schreiben fleißig an ihren Queenporträts. Um den 4. Juni herum, das Datum ihrer Thronbesteigung, sind verschiedene Feiern, private und staatliche, angesetzt. Charles will, dass Camilla bei diesen Festlichkeiten dabei ist. Als Auftakt setzt er durch, dass sie zu dem Galakonzert zu Ehren des russischen Cellisten Mstislaw Rostropowitsch im Buckingham-Palast geladen wird, und so meldet die PR-Abteilung die Anwesenheit beider Damen im selben Raum. Eine halbe Stunde sieht man den Sohn mit Mutter und Mätresse im Gespräch. Die Medien hören die Hochzeitsglocken schon bimmeln. Das Eis ist endlich gebrochen.

Doch es sind zunächst die Totenglocken, die über Londons Dächern läuten. Am 9. Februar 2002 stirbt Prinzessin Margaret, und wenig später, am 30. März, schließt Queen Mom für immer die Augen. Königin Elizabeth II. verliert ihre zwei engsten Familienmitglieder in nur acht Wochen, und Charles, gerade in Klosters beim Skilaufen mit den Söhnen, mit Queen Mom seine Ersatzmutter. Camilla darf an der Beerdigung der Königinmutter teilnehmen, hält sich aber dem Anlass entsprechend im Hintergrund. Der Thronfolger empfindet tiefe Trauer, aber auch Dankbarkeit über die lange Zeit, die ihm mit seiner Großmutter vergönnt war. Er zieht sich nach Schottland zurück, um allein zu sein. Camilla hilft ihm durch die melancholischen Tage. 101 Jahre alt ist die von allen so geliebte ehemalige Königin geworden, die sich ihre Anerkennung und Verehrung vor allem in der Zeit des Zweiten Weltkriegs durch ihre intensive Fürsorge verdiente. Die Rückblicke in den Zeitungen füllen Doppelseiten über Doppelseiten, und im Fernsehen werden lange Porträts über die Königinmutter gezeigt, die die Briten liebevoll nur Queen Mom nannten.

Charles erbt von seiner Großmutter das Clarence House in London und den schottischen Besitz Birkhall, der nördlich des Flusses Muick gelegen ist. Zusammen mit Camilla erarbeitet er ein Restaurations- und Renovierungsprogramm, das sie beaufsichtigen wird. Beide Residenzen haben eine Modernisierung dringend nötig, da Queen Mom nur wenig an den Häusern getan hatte. Camilla ist begeistert, das gibt ihr endlich eine Aufgabe, und eine, die ihr Spaß macht. Schwester Annabel und ihr bewährter Inneneinrichter sollen helfen, und gemeinsam werden sie präsentable, aber auch gemütliche Heime aus den altehrwürdigen Gemäuern machen. Charles lässt seiner Geliebten freie Hand, stellt 10 Millionen Pfund zur Verfügung und berät im Hintergrund. Camilla ist es, die sich vor allem in den Häusern wohl fühlen muss, und mit ihrem Geschmack ist er bisher vollends zufrieden gewesen. Highgroves Einrichtung trägt ja schon lange ihre Handschrift.

Am 17. März gehen Camilla und Charles erstmalig gemeinsam in die Kirche von Sandringham. Fotos von dem Paar im Partnerlook erscheinen in den Montagsausgaben der Zeitungen. Beide tragen kamelhaarfarbene Blazermäntel, und die Kommentatoren schmunzeln. Am 11. Mai hören die Briten zum ersten Mal Camillas angenehme und tiefe Stimme im Fernsehen, als sie in Lissabon auf der internationalen Osteoporose-Konferenz über ihr Engagement und den Tod ihrer Mutter aufgrund dieser Krankheit spricht. Nervös sitzt sie neben Königin Rania von Jordanien, aber sie steht es durch – und die Beurteilungen ihres Auftritts auf ausländischer Bühne sind durchweg positiv. Und jetzt, wo Queen Mom, die Bewahrerin der Familienehre, nicht mehr unter ihnen weilt, kann auch Camilla in die Royal Family aufgenommen werden. Die Königinmutter war für die Queen – neben der Kirche – der Hauptgrund, warum sie Camilla nicht offiziell als Lebensgefährtin akzeptieren konnte. Doch nun ist dies möglich, und die Queen lädt die Geliebte ihres Sohnes jetzt zu diversen öffentlichen Veranstaltungen ein.

Die wichtigste Einladung, die Camilla erhält, ist die zu einem Jubiläumskonzert im Garten des Buckingham-Palastes am 1. Juni, denn da sitzt sie direkt hinter Elizabeth II. vor den Kameras der Weltöffentlichkeit. »Es sieht so aus, als ob die Queen es bei Charles wieder gutmachen will«, sagt ein Palastler. Auf diesen Moment hat Charles jetzt fünf Jahre gewartet – und er ist »absolutely delighted« (»außerordentlich erfreut«). Auch bei der Messe anlässlich des Kronjubiläums in Westminster Abbey darf Camilla in der Nähe von Prinz Philip, Prinz Andrew und Prinzessin Anne sitzen. Ein

Sprecher der Queen erklärt: »Mrs. Parker Bowles wurde von der Queen persönlich eingeladen.«

Von nun an geht es hurtig voran. In Vertretung der Queen begrüßen Charles und Sohn William Anfang Juli die Gäste zur Gartenparty im Holyroodhouse in Schottland. Camilla steht daneben, drückt 8000 Hände und lächelt. Sie sieht aus, als hätte sie so etwas schon immer getan. Kein bisschen nervös und sehr herrschaftlich. Die Schotten, viel weniger prüde, wenn es um königliche Liebesaffären geht, sind begeistert. Und als Camilla wenig später mit Charles – er im Schottenrock mit Kornblume im Knopfloch, sie in einem moosgrünen Tweedkostüm mit keltischer Brosche am Revers – zu den Highland Games erscheint, haben die Schotten sie schon ins Herz geschlossen.

»Es gibt keinen Plan, aber wer weiß, was die Zukunft bringt«, zitiert die *Times* einen Freund des Thronfolgers. Dies wird als erstes vorsichtiges Zeichen dafür gedeutet, dass sich hinter den Kulissen wieder etwas tut und es einen Schritt weitergehen könnte. Kommentatoren machen sich Gedanken, wann denn wohl die Verlobung bekannt gegeben wird. Normalerweise sind solche Ankündigungen in der Folge von positiven königlichen Auftritten nicht unüblich. Doch in diesem Jahr geschieht nichts mehr. Also warten alle auf das nächste. Dann wird William einundzwanzig, volljährig nach altem Brauch, und die Royal Family wird feiern. Vielleicht gibt es danach ein Statement.

Die Kirche kommt dem ausharrenden Paar unerwartet zu Hilfe. Anfang Juli entscheidet sich die Synode der anglikanischen Kirche, angeschoben vom neuen Erzbischof von Canterbury, Rowan Williams, in Zukunft geschiedene Paare wieder kirchlich heiraten zu lassen. Das mindert zwar nicht das konstitutionelle Problem, aber im Zuge der Gleichbehandlung steht nun einer Heirat des Thronfolgers mit Camilla nichts mehr im Wege. Außer der Genehmigung der Queen. Ohne die geht immer noch gar nichts. Aber die Diskussion darum wird durch einen erneuten Skandal erst einmal unterbrochen. Wäre ja auch zu einfach gewesen.

Eine Polizeiuntersuchung gegen Dianas ehemaligen Butler Paul Burrell füllt die Zeitungen im Herbst. Sarah, Dianas Schwester, hetzte die Polizei auf den Diener. Er habe nach dem Tod der Prinzessin 310 Dinge aus Dianas Besitz gestohlen und verkauft, lautet der Vorwurf. Es kommt zum Prozess. Die beiden Schwestern, die Mutter und ehemalige Angestellte von Diana müssen aussagen. Kurz bevor Burrell in den Zeugenstand gerufen wird, platzt das Ganze. Die Queen ist verspätet von der Angelegenheit unterrichtet worden und entsinnt sich, dass der Butler ihr in einem persönlichen Gespräch nach der Beerdigung von Diana gesagt habe, er würde einige Besitztümer der Prinzessin in Verwahrung nehmen. Das hatte Burrell von Beginn an auch behauptet, doch erst jetzt wird seine Aussage durch die Königin bestätigt. Die Anklage wird sofort fallen gelassen, aber es bleiben viele Fragen offen. Der Queen wird unterstellt, sie habe sich nur »erinnert«, um in letzter Minute den Auftritt von Familienmitgliedern vor Gericht zu verhindern.

In Wahrheit ist diese Geschichte wohl eher dem Intrigenspiel am Hofe, verdrehten Fakten, rachsüchtigen Spencers, verkrusteten Strukturen bei der Polizei und dem vorauseilenden Gehorsam hoher Palastangestellter zuzuschreiben. Jedenfalls wurde dadurch wieder einmal gezeigt, dass die interne Kommunikation zwischen den Royals in Krisenzeiten immer noch nicht richtig funktioniert. Zurück bleibt der

Eindruck von Borniertheit, Rechtsbeugung und chaotischen Zuständen innerhalb der Paläste. Die allgemeine Stimmung in Bezug auf die Royals und ihre Entourage ist wieder kritisch. Die Hochzeitsdiskussionen werden sofort zurückgestellt. Diana ist wieder Thema – und das heißt vorsichtshalber: Umschalten auf dezente Zurückhaltung.

Im Rahmen der Burrell-Untersuchung werden wieder Wahrheiten und Halbwahrheiten aus dem Leben der toten Prinzessin ans Tageslicht gebracht, auf die Charles und Camilla gerne verzichtet hätten. So soll Diana versucht haben, Camilla mit einem Cocktail aus Champagner, Schlaftabletten und Antidepressiva zu vergiften, als sie von der Affäre ihres Mannes erfuhr. Ein anderes Mal soll sie einen Diamantanhänger von Camilla entwendet und anschließend behauptet haben, er sei für sie von Charles gekauft worden. Am heikelsten ist aber die Anschuldigung des ehemaligen Palastdieners George Smith, ein Domestik von Charles habe ihn vergewaltigt, auch dass ein Royal an homosexuellen Aktivitäten teilgenommen habe. Diana habe mit Smith gesprochen und dabei ein Tape mitlaufen lassen, welches aber nach ihrem Tod verschwunden sei. Weil der Prozess nach elf Tagen platzt, bleibt diese Peinlichkeit ungeklärt – und zunächst auch unkommentiert. Die Royals sind froh, dass das Fass voller Würmer nicht vollends in die Luft geflogen ist.

Aber noch ist es nicht vorbei. Zehn Tage nach dem Prozess, am 10. November, erzählt die *Mail on Sunday* die ganze Geschichte unter dem Titel: »Ich wurde von Charles' Diener vergewaltigt.« Wie der Thronfolger damals im Jahr 1996 davon erfuhr, die Sache aber nicht weiter verfolgte, da George Smith, depressiv, alkoholabhängig und ein traumatisierter Falklandveteran, nicht sehr glaubhaft erschien. Er verließ den prinzlichen Dienst damals mit einer Abfindung von 30 000 Pfund, was nun natürlich als Schweigegeld interpretiert wird. Das kann Charles nicht auf sich sitzen lassen. Er gibt eine offizielle Untersuchung in Auftrag, und drei Monate später veröffentlicht Michael Peat die Ergebnisse auf einer Pressekonferenz. Er habe keine Anzeichen dafür gefunden, dass die Vergewaltigung vertuscht worden sei, und die Behauptung, dass der Prince of Wales die Person gewesen sei, die in homosexuelle Handlungen verwickelt gewesen sei, sei nicht wahr. Ergebnis: »Die ganze Angelegenheit hat nie stattgefunden.« Camilla traut ihren Ohren nicht: Ihrem Charles könnte jemand homosexuelle Neigungen zutrauen. Lachhaft! Wie die Journalisten denkt sie, dass Peat der Hafer gestochen hätte, erst eine unbewiesene Anschuldigung zu dementieren und dann auch noch Prinz Charles als die beteiligte Person zu benennen. Das alles ist derart absurd, dass sogar die Zeitungen das Thema fallen lassen.

Weihnachten darf Camilla nach Sandringham kommen. Zwar nicht zu dem eigentlichen Familienfest, das die Royals nach deutschem Brauch am Abend des 24. Dezember feiern und nicht wie die Briten am Morgen des 25. Dezember. Aber am Tag danach reist sie an und bleibt dort bis zum Ende der Feiertage. Es ist das erste Mal seit Jahrzehnten, dass Charles seine Camilla nicht vom Schloss aus anrufen muss, um ihr eine frohe Weihnacht zu wünschen. Er kann sie umarmen und ihr sein Geschenk, wieder ein besonderes Stück aus dem Keppel-Besitz, das er auf einer Auktion ersteigert hat, unter dem königlichen Christbaum übergeben. Camilla ist gerührt — und natürlich dankbar.

Das neue Jahr, 2003, beginnt für Charles im Krankenhaus. Eine Bandscheibenoperation soll seine schlimmer gewordenen Rückenschmerzen kurieren, denn sonst muss er das Reiten aufgeben – und erst recht das Polospiel. Dazu ist er natürlich nicht bereit, lieber begibt er sich unters Messer. Camilla, die geübte Krankenpflegerin und zertifizierte Stimmungskanone für frustrierte Kronprinzen, ist natürlich bei ihm, als er aus der Narkose aufwacht. In den folgenden Tagen kümmert sie sich nur um ihn, damit er schnell wieder fit ist, denn am 6. Februar muss er eine Staatsreise nach Frankreich antreten.

Im Frühsommer ziehen Camilla und Charles ins frisch renovierte Clarence House. Für Major Shand ist eine Suite eingerichtet worden, damit er, wenn er in London weilt, eine Bleibe hat und Camilla ihren Vater häufiger sehen kann. Natürlich gibt es wieder eine Diskussion in der Presse über die Kosten: Immerhin sind es rund zwei Millionen Pfund, die Camillas Räume und die der Söhne gekostet haben. Das Büro von Charles lässt schnell verlauten, dass der Prinz dafür selbst aufgekommen ist, also für seine Freundin nicht ein einziger Penny aus staatlichen Geldern ausgegeben wurde. Im Gegensatz zu früher beruhigen sich die Kritiker schnell wieder. Deutlich wurde ihnen zu verstehen gegeben: Hier sind wir, und hier bleiben wir. »Wer Camilla und den Major nicht akzeptiert«, sagt ein Freund, »ignoriert die Tatsache, dass daran nicht mehr gerüttelt werden kann. Die einzige Person, die noch etwas ändern kann, ist Camilla selbst, sollte sie entscheiden, dass sie das alles nicht mehr will.« Das allerdings ist wenig wahrscheinlich, wenn man bedenkt, was sie und Charles durchgestanden haben, um an ihr Ziel zu gelangen: Tisch und Bett offiziell miteinander teilen zu können.

Im Juni lädt Prinz William Camilla zu seiner Geburtstagsparty nach Highgrove ein. Es ist sein erstes großes Fest mit vielen Prominenten und den Großeltern. Und er führt allen vor, dass die Freundin seines Vaters inzwischen auch seine ist. »William war den ganzen Abend über immer wieder an Camillas Seite. Zusammen mit Charles und der Queen präsentierten sie sich als eine glückliche Familie«, sagt ein Gast später. »Ich habe Camilla noch nie so oft lachen sehen.« Ende Juli wird das Paar bei den Salzburger Festspielen gesehen. Ist das nun Camillas erster offizieller Auslandsbesuch mit Charles? Der Thronfolger kommentiert: »Nein, wir sind privat hier.« Die österreichische Presse ist da anderer Ansicht. Sie befindet, es sei Camillas »Debüt auf der Weltbühne«, denn sie werden vom damaligen Bundespräsidenten Thomas Klestil begrüßt und auch dem Großherzog von Luxemburg vorgestellt. Mit zwei Staatsführern an einem Tag ist es in jedem Fall ein schöner Testlauf für die semioffizielle Camilla.

Es scheint sich alles bestens zu entwickeln – bis Charles mal wieder vom Pech eingeholt wird. Gerade als er, Camilla und Michael Peat darüber nachsinnen, ob es vielleicht an der Zeit wäre, die Hochzeitspläne zu lancieren, passiert etwas, was sie wieder einmal bei null ankommen lässt. Und erneut hat es mit Diana und ihrem Butler Paul Burrell zu tun. Dieser veröffentlicht sein Buch *Im Dienste meiner Königin*, in dem er von seinem Leben am Hofe und insbesondere von seinen Jahren als Diener von Lady Di berichtet. Die Royals sind entsetzt, die Briten echauffieren sich – und kaufen das Buch, das zum Bestseller wird.

Es werden Details aus dem Privatleben von Diana und Charles bekannt, die man bisher noch nicht wusste, wie der Thronfolger ein Buch nach Burrell warf, weil er seiner Frau von Camillas Besuch in Dianas Abwesenheit erzählt hatte. Oder wie der Butler den peinlichen Befehl bekam, den noblen weiblichen Gästen mitzuteilen, dass Tampons bitte nicht in die Klos zu entsorgen seien, denn das würde die biologische Kläranlage verstopfen. Burrell zitiert aber auch den Inhalt von Briefen, die Prinz Philip an seine Schwiegertochter schrieb und in denen er auch seine Meinung hinsichtlich Camillas äußert. »Wir haben nicht mal im Traum daran gedacht, dass er dich für sie verlassen würde«, heißt es da. Ein anderes Mal formuliert der Prinzgemahl: »Man muss doch verrückt sein, dich für Camilla zu verlassen.« Oder: »Denk mal drüber nach, ob du Charles nicht durch dein irrationales Verhalten in ihre Arme getrieben hast.«

Das alles ist schlimm genug, aber noch schlimmer ist eine Passage, in der Burrell seinen Eindruck von Diana wiedergibt, nämlich dass »sie sich um ihre Sicherheit sorge«. Er zitiert eine Notiz, die die Prinzessin ihm zur Verwahrung gegeben hatte. Da heißt es unter anderem, zehn Monate vor ihrem tragischen Ende am dreizehnten Pfeiler im Tunnel: »Diese Zeit in meinem Leben ist die gefährlichste.« Dann nennt sie den Namen von jemandem, den der Butler jedoch nicht preisgibt. Und weiter schreibt Diana: »... plant einen Unfall mit meinem Auto, mit Bremsversagen und schweren Kopfverletzungen, damit der Weg für Charles frei ist, wieder heiraten zu können ... Aber ich bin stark, und das ist wohl das Problem für meine Feinde.« Um die Konspirationstheorie noch zu untermauern, fragt der Butler, warum es in England bisher keine Untersuchung des Unfalls durch einen hiesigen Gerichtsmediziner gegeben habe.

Und genau diese Frage stellen sich jetzt auch die Medien. Spekulationen darüber, wen Diana gemeint haben könnte, der ihr nach dem Leben trachtete, füllen wochenlang die Zeitungen. Dabei gibt es auch immer wieder einen Fingerzeig in

Richtung der Royals. Der *Mirror*, der Burrells Buch finanzierte, veröffentlicht den Namen der ungenannten Person: Prinz Charles. Camilla ist entsetzt. Wie konnte Diana dem Kronprinzen nur etwas Derartiges unterstellen! Unverschämt und völlig verrückt. Aber sie weiß auch, dass solche Beschuldigungen, wenn sie auch nicht bewiesen werden können, haften bleiben. Unbedingt muss eine britische Untersuchung des Unfalls angeordnet werden, sonst werden die Royals, so Camillas Sicht der Dinge, nie aus diesem Dilemma herauskommen. Charles sorgt dann persönlich dafür, dass Scotland Yard Anfang 2004 endlich damit beginnt. Ergebnisse, so wird ihm mitgeteilt, werden aber erst für den Sommer 2005 erwartet. »Die Untersuchung ist lebenswichtig für die Operation PB«, sagt ein Freund. »Prinz Charles weiß, dass er von jedem Verdacht freigesprochen werden muss.«

Ein König braucht eine Königin

Das Jahr 2003 endet, wie es begann: im Krankenhaus. Diesmal ist es Camilla, die sich wegen ständiger Rückenschmerzen untersuchen lassen muss. Sie kann nur mit Mühe länger als dreißig Minuten sitzen bleiben. Charles hat Angst, dass es vielleicht erste Anzeichen von Osteoporose sind, und schickt sie zu seinem Spezialisten. Seit seiner Operation geht es ihm viel besser; er hat jetzt zwar immer ein spezielles Sitzkissen dabei, um sein Rückgrat zu entlasten, aber er ist seine Schmerzen los.

Camillas Diagnose ist beunruhigend. Es besteht tatsächlich die Gefahr, dass diese Stoffwechselkrankheit der Knochen, bedingt durch die erbliche Vorbelastung, bei ihr ausbrechen könnte. Sie ist jetzt sechsundfünfzig, und die Menopause hat eingesetzt, dann sind Frauen besonders gefährdet. Als Präsidentin der Osteoporose-Gesellschaft weiß sie zwar, dass es Medikamente gibt, um den Knochenschwund nicht zu forcieren, aber sie können ihn nicht verhindern. Der Arzt legt ihr nahe, das Reiten, zumindest das Jagdreiten, aufzugeben. Camilla ist unglücklich über diesen Rat. Zweiundfünfzig Jahre hat sie auf dem Rücken von Pferden zugebracht — und jetzt soll das vorbei sein? Charles kann wenigstens selbst entscheiden, wann er zum letzten Mal von einem Pferd absteigen will. Er will »so lange reiten, wie es rechtlich erlaubt ist«, hat er nach seiner Operation verkündet. Jetzt bekniet sie der Prinz, auf den Mediziner zu hören, und sie verspricht, in Zukunft nur noch gemütliche Ausritte zu unternehmen.

Der Thronfolger sorgt sich aber nicht nur um die momentane Gesundheit seiner großen Liebe, er will sie auch versorgt sehen, falls ihm etwas zustoßen sollte. Die 130000 Pfund, die er ihr im Jahr zur Verfügung stellt, würden im Fall seines Todes sofort gestrichen werden. Aus diesem Grund schließt Charles eine Lebensversicherung über zwei Millionen Pfund ab, deren Begünstigte Camilla ist. Zusätzlich ist ein Trust gegründet worden, der ihr 150000 im Jahr auszahlt, auch im Falle seines Todes. Wird sie seine Witwe, hat sie Anspruch auf einen Teil seines Besitzes in Cornwall (Wert: etwa fünf Millionen Pfund). Und dann besitzt sie ja noch ihr schönes Ray Mill House, das ihr keiner mehr nehmen kann. »Charles war stets mehr als generös zu Camilla«, kommentiert ein Freund. »Diana hingegen hat sich immer über seinen Geiz beschwert.« Viel ärmer macht das Arrangement den Prinzen nicht. Als zum ersten Mal am 1. Juli 2004 seine Jahresbilanz veröffentlicht wird, können die Briten feststellen, dass ihr Thronfolger immerhin 16 Millionen Pfund im Jahr einnimmt, 11,9 Millionen von seiner Duchy of Cornwall. Allerdings sind auch seine Ausgaben mit 14,5 Millionen nicht gerade gering.

Im Team von Clarence House gibt es im Sommer einen Neuzugang: der Ire Paddy Harverson wird Charles' neuer Sekretär für Kommunikation. Der Ex-Journalist und ehemalige Pressechef des Fußballclubs Manchester United soll sich mit der Außendarstellung des Kronprinzen beschäftigen. Seine Einstellung ist ein weiteres Zeichen dafür, dass

Clarence House, das wichtigste Tochterunternehmen der »Firma«, die Zeichen der Zeit erkannt hat und nun in allen Bereichen professionell arbeitet. Der Krieg der Paläste und die Tage des Chaos sind endgültig Geschichte.

Ende 2004 ergibt eine Umfrage, dass mehr als 50 Prozent der Briten eine Hochzeit von Charles und Camilla akzeptieren würden. Scheinen die beiden doch unzertrennlich zu sein, und Camilla von William und Harry angenommen. Nur noch der konservative Flügel der Kirche verlangt öffentlich Abbitte für die begangenen Sünden. Das wäre kein Hindernis. Es fehlt eigentlich einzig die Zustimmung des Premierministers und der Queen. Elizabeth II. ist jetzt neunundsiebzig und so gesund wie eh und je. Aber sollte doch etwas passieren, würde ihr Sohn König werden, ohne verheiratet zu sein. Und dieser Zustand würde wieder eine Krise innerhalb der Monarchie auslösen. »Das darf auf keinen Fall passieren«, gibt die Queen kund. Klar ist, der König braucht eine Frau, keine Mätresse.

Mitte Januar fahren Charles und Camilla, wie immer, nach Birkhall. Es ist ein grauer Januar, und die Stimmung ist ein wenig bedrückt. Gerade hatten sie in Windsor Sir Angus Ogilvy zu Grabe getragen. Sie beide mochten den Ehemann von Prinzessin Alexandra besonders gern und nicht nur deshalb, weil er und seine Frau als Erste in der Royal Family Charles und Camilla als Paar akzeptiert hatten. Zur allgemeinen Aufheiterung wirft Camilla einen Namen in die Runde: Rompy. Der Prinz hatte das Pony, das zu der seltenen Rasse der Fellponys zählt, beim letzten Besuch im vergangenen August auf einer Weide nahe Balmoral entdeckt und sich sofort in das Tier verliebt. Schnell ziehen sich die beiden etwas Warmes an und steigen in den Range Rover. An der

Weide angekommen, beobachten sie es lange. Es ist rabenschwarz und gehört zu den rund 200 Hengsten, die es weltweit nur noch von dieser Rasse gibt.

Das trübe Wetter scheint Rompy nichts auszumachen. Das Pony hebt den Kopf und schaut interessiert zu ihnen herüber. »Wäre es nicht lustig, ein paar Fellponys zu halten?«, fragt Camilla. Charles kennt die Rasse gut. Seine Mutter ist Patronin der Fell Pony Society, und früher hatten sie in Windsor ein Gespann mit solchen Pferden, mit dem Prinz Philip an Wettbewerben teilnahm. Der Thronfolger schmunzelt: »Ja, das wäre nett. Ich schenke dir Rompy zum Valentinstag.« Camilla ist hingerissen und fällt ihm um den Hals. Das war nicht ihr Plan gewesen, aber der Tag ist gerettet und die Stimmung wieder bestens. Die Ferien können beginnen.

Was Camilla nicht ahnt, ist, dass diese Tage in Birkhall die schönsten ihres Lebens werden. Und nicht nur, weil ihr Geliebter ihr ein Pony schenkt. Ihr Prinz handelt nach einem geheimen Plan.

Anfang Dezember hatte Charles sich endlich entschieden. Er wollte nicht mehr abwarten, was die Untersuchung über Dianas Tod erbringen würde. Das Resultat kannte er sowieso. Mit dem Unfall hatte er nicht das Geringste zu tun, ebenso wenig ein anderer aus der Royal Family oder ein Hofangestellter. Zudem hatten Mutter Elizabeth und Vater Philip ihn aufgefordert: »Nun tu es endlich!« Charles hatte daraufhin mit seinen Söhnen William und Harry gesprochen, die ihm ebenfalls grünes Licht gaben. Und auch Paddy Harverson bestätigte die momentan günstige Situation: Die Briten waren ihren Royals gegenüber gerade gnädig gestimmt. Es wurden Sitzungen mit der Queen, ihrem Privatsekretär, dem Premierminister, dem Erzbischof und einigen Verfassungsexperten angesetzt. Es wurde geredet, telefoniert, beschlossen – und geheim gehalten. Charles fiel es schwer, aber Camilla sollte dieses Mal nicht über das eingeweiht werden, was da hinter den Palastmauern vor sich ging. Er wollte, dass es eine Überraschung blieb. Schließlich schickte die Queen kurz vor Weihnachten den Lord Chamberlain zum Safe und ließ sich verschiedene Schmuckstücke holen. Sie wählte einen besonderen Ring aus: einen großen rechteckigen Diamanten, in Platin gefasst, komplettiert mit je drei kleineren Steinen an den Seiten. Er gehörte Queen Mom, und Elizabeth II. machte Charles mit dieser Wahl eine besondere Freude. Mit dem Ring in einem samtenen Gehäuse reiste er mit der nichts ahnenden Camilla dann nach Birkhall. Sie gehen wie immer zusammen fischen, wandern durch Wald und Flur, die Hunde tollen herum, und wenn das Wetter zu scheußlich ist, flüchten sie in die abgelegene Blockhütte vor ein prasselndes Feuer. Und dann sitzen sie beim Abendessen. Das Dessert ist serviert, die Diener haben sich zurückgezogen. Charles scheint irgendwie nervös, nestelt an seinen Manschettenknöpfen herum, immer ein sicheres Zeichen dafür, dass ihm etwas im Kopf herumgeht. Schließlich steht er auf, nimmt den Ring aus seiner Hosentasche, begibt sich zu Camilla, kniet vor ihr nieder und fragt: »Willst du mich heiraten?« Camilla schaut ihn mit ihren dunklen blauen Augen an und antwortet: »Aber natürlich, my Darling.«

Was danach geschah

Am 10. Februar 2005 gibt Clarence House offiziell die Verlobung von Charles und Camilla bekannt: »Der Prince of Wales und Camilla Parker Bowles werden in einer zivilen Zeremonie am 8. April in Windsor Castle heiraten, gefolgt von einer Segnung in der St.-George-Kapelle durch Dr. Rowan Williams, den Erzbischof von Canterbury. Mrs. Parker Bowles wird den Titel HRH Duchess of Cornwall tragen. Wenn der Prince of Wales seiner Mutter auf den Thron folgt, wird sie Princess Consort werden, die erste in der Geschichte Großbritanniens.«

Es wird darauf hingewiesen, dass Camilla nicht Königin werden will und sich, im Gedenken an Diana, nicht Prinzessin von Wales nennen wird. Am Abend dann der offizielle Pressetermin: Camilla erscheint in Klatschmohnrot und zeigt stolz ihren Verlobungsring. »Ich komme gerade erst wieder auf die Erde zurück«, sagt sie strahlend und gibt zu, dass Charles sie auf Knien um ihre Hand gebeten hat. Charles bedankt sich artig für all die Glückwünsche und sagt: »Ich bin sehr aufgeregt und glücklich.«

Doch wer dachte, das war's, und nun könne man sich ums Menü kümmern, der hatte sich getäuscht. Das Schicksal hielt noch ein paar weitere Stolpersteine in petto.

In einem BBC-Polit-Programm wird behauptet, dass das Gesetz für zivile Hochzeiten erst geändert werden müsse, damit der Kronprinz seine Camilla überhaupt heiraten dürfe. Denn im Marriage Act von 1949, der zivile Eheschließungen möglich gemacht habe, seien Mitglieder der Royal Family explizit ausgeschlossen.

Und tatsächlich haben andere Royals in der Vergangenheit im Ausland geheiratet, wenn sie entweder geschieden oder die Partner katholisch waren. Der abgedankte Edward heiratete seine zweifach geschiedene Wallis in Frankreich, Prinz Michael von Kent ehelichte die geschiedene und katholische Marie-Christine von Reibnitz auf einem Standesamt in Wien, der Earl of St. Andrews und auch Prinzessin Anne fanden sich in einem Standesamt in Schottland ein, um das Verbot zu umgehen. Im nördlichsten Landesteil Großbritanniens ist eine zivile königliche Trauung nämlich legal. Doch für den Thronfolger und zukünftigen Führer der anglikanischen Kirche und Verteidiger des Glaubens ist eine solche Möglichkeit ausgeschlossen. Er muss in England heiraten – oder auf seinen Thronanspruch verzichten.

Clarence House veröffentlicht daraufhin ein Statement: Man habe vier verschiedene Rechtsberatungen eingeholt, und alle seien der Überzeugung, eine zivile Zeremonie in England sei legal. Die wichtigste Stimme zum Thema kommt von Lord Falconer of Thornton, der als Lord Chancellor den Vorsitz im britischen Oberhaus führt: Er stellt die Menschenrechte (Human Rights Act von 1998) über den Marriage Act von 1949 und erklärt die Angelegenheit für rechtens.

Dann melden sich einige Kirchenmänner und verlangen eine Diskussion über diese Angelegenheit auf der Vier-Tage-

Synode im Februar. Sie wollen diese Heirat unter allen Umständen verhindern. Sie halten es für skandalös, dass der zukünftige König erstens eine geschiedene Frau heiraten darf, deren erster Mann noch lebt und deren Ehe durch ihre und Charles' Schuld zerbrochen ist. Zweitens wollen sie keinen König und Königin akzeptieren, die nicht in der Kirche geheiratet haben. Das Ansinnen der Erzkonservativen wird vom Erzbischof von Canterbury abgelehnt. Doch einige Kirchenmänner lassen sich nicht beruhigen. Sie beschuldigen die Queen, ihren Krönungseid gebrochen zu haben, die Doktrin der Kirche von England nicht zu beschützen. Und der Vikar Paul Williamson wird noch elf Stunden vor der Hochzeit seinen Protest bei der Standesbeamtin Claire Williams einreichen. »Ich glaube, diese Trauung ist ein Verbrechen in den Augen Gottes und des Gesetzes«, sagt er.

Der nächste Schlag ereilt das Brautpaar am 17. Februar. Ein paar schlaue Füchse haben in den Gesetzen geblättert und herausgefunden, dass ein Ort, der eine Lizenz für eine zivile Trauung erhält, auch in den nächsten drei Jahren von den Briten zu demselben Zweck genutzt werden darf. Da die Queen aber in den kommenden drei Jahren nicht ständig in Windsor Castle über Hochzeitspaare stolpern möchte, wenn sie in ihrem Schloss weilt, muss die Hochzeit woanders stattfinden. Die Guildhall von Windsor wird angefragt – und erklärt sich natürlich bereit.

Kaum ist das geklärt, meldet der Buckingham-Palast, dass die Queen und auch Prinz Philip nicht an der standesamtlichen Trauung, sondern nur an der Segnung in der St.-George-Kapelle teilnehmen werden. Das interpretiert die Presse natürlich gleich als Beweis dafür, dass die Königin Camilla und die ganze Trauung ablehnt. In Wahrheit will sie aber nur der

Devise, dass die Feier eine familiäre und keine opulente öffentliche Veranstaltung werden soll, Rechnung tragen. Besucht sie das Standesamt, ist das eine staatliche Angelegenheit, und auch die Sicherheitsvorkehrungen müssten erheblich verstärkt werden. Das alles will sie nicht und wird deshalb zu Hause bleiben, während der Rest der Familie zur Guildhall gehen wird.

Nächste Negativmeldung: Elf Einsprüche von britischen Bürgern sind beim Superintendent des Standesamtes eingegangen. Sollte einem von ihnen oder gar allen entsprochen werden, dann ist es mit der Hochzeit vorbei. Kein Zertifikat zur Durchführung einer Trauung kann erteilt werden, solange die Einsprüche noch bearbeitet oder gar akzeptiert werden. Aber zu Camillas und Charles' Glück werden alle elf abgelehnt, und vier Wochen vor dem Termin ist die Deadline für derartige Anträge abgelaufen. Camillas Nerven liegen langsam blank. »Ich dachte, wir schaffen es nicht mehr«, sagt die sonst immer optimistische Braut.

Und dann wäre es fast doch noch schief gegangen. Am 2. April stirbt Papst Johannes Paul II., und der Vatikan setzt die Beerdigung für den 8. April fest. Die Queen und der Erzbischof wollen, dass Charles sie bei den Trauerfeierlichkeiten vertritt. Der Kronprinz widersetzt sich, muss aber klein beigeben, als auch Premierminister Blair seine Begleitung nach Rom wünscht. Die Königin will nun die Hochzeit um ein halbes Jahr verschieben, auf einen Termin irgendwann im Herbst. Doch da bleibt Charles hart. Auf gar keinen Fall. Clarence House meldet die Verschiebung des Termins um vierundzwanzig Stunden, auf Samstag, den 9. April 2005.

Hektik bricht nicht nur beim Organisationskomitee in Windsor aus. Juweliere überall im Land müssen das Datum ändern, das schon auf die Geschenke an Charles und Camilla eingraviert wurde, Porzellanhersteller werfen ihre Produktionsbänder an und stellen neue Erinnerungstassen und -teller her, T-Shirts und Handtücher werden mit dem neuen Datum bedruckt, und die Polizei muss einen alternativen Dienstplan für den 9. ausarbeiten. Mehrkosten von 250 000 Pfund fallen für das geänderte Sicherheitsprogramm an. Charles ist das alles egal. Es bleibt dabei. Sein großer Tag mit Camilla steht fest.

***

Nach den Hochzeitsfeierlichkeiten steigt Camilla mit Charles zum ersten Mal in ein Flugzeug der Königlichen Flotte. Ziel: Birkhall in Schottland, vierzehn Tage Flitterwochen. Von nun an wird es für Camilla vieles geben, was für sie eine Premiere darstellt. Und einiges davon wird ihr sprichwörtlich starkes Nervenkostüm ankratzen. Doch Charles verspricht Beistand und Hilfe. Gemeinsam fliegen sie in dieses neue Leben, das nach der Landung in Schottland beginnt. Dort nennt sich Camilla mit ihrem schottischen Titel Duchess of Rothesay, und sie trägt, als sie aus dem Flieger aussteigt, ein Kleid und einen Schal mit den entsprechenden Wappenfarben: lindgrün, weiß, rotes Karomuster. Charles steuert seinen schnellen Audi selbst nach Birkhall. Und dort, in dem traditionellen Ambiente, verbringen sie ihre erste Nacht als Mann und Frau. Sie genießen ihre Flitterwochen und machen das, was sie immer in Schottland gemacht haben. Lange Spaziergänge, Fischen im klaren Fluss und ...

Am 14. April eröffnet Camilla in strömendem Regen einen Kinderspielplatz in Ballater, einem kleinen Ort in der Nähe von Birkhall. Die Schotten sind stolz, dass die neue Frau von Charles ihren ersten offiziellen Einsatz bei ihnen und nicht in England hat. Und wie erwartet stellt sich Camilla äußerst geschickt an. Sie parliert mit den Honoratioren des Ortes und schäkert mit den aufgeregten Kindern, als hätte sie nie etwas anderes gemacht. Charles steht stolz dabei und assistiert ihr beim Zerschneiden des Eröffnungsbandes. In Clarence House in London sortiert das Team um Michael Peat derweil die Post. Insgesamt 23 083 Briefe sind zur Hochzeit eingegangen, nur 1073 davon waren unfreundlich. »Alle Briefe – bis auf die ganz gemeinen – wurden an den Prinzen und die Herzogin weitergeleitet, und alle werden beantwortet«, sagt der persönliche Sekretär.

Am 26. April kehren die Frischvermählten wieder nach London zurück. Am nächsten Tag treten Camilla und Charles bei einem Empfang in der Queen's Gallery im Buckingham-Palast vor die Öffentlichkeit, und Camilla eröffnet einen Sportpavillon im Regent Park. Sie beginnt ihre Aufgaben als Royal Highness und Frau des Thronfolgers auszuführen, und jeder ist erstaunt, wie glatt alles abläuft. Was sie nicht wissen, ist, dass die neue Duchess of Cornwall heimlich geübt hat – damit es keine Patzer gibt. Die Büroetage in Clarence House wurde kurzfristig zur Übungsbühne erklärt. Sekretärinnen mimten das Volk, und Camilla übte die königliche Routine: wie HRH richtig grüßt, winkt, mit den Leuten spricht, Blumen entgegen nimmt und lächelt. »Sie hat es sehr schnell begriffen«, sagt eine Sekretärin. »Und sie wurde von Mal zu Mal selbstsicherer.«

Damit sie aufgrund der vielen offiziellen Essen nicht dick wird, hat die Herzogin angefangen, regelmäßig morgens und abends Yogaübungen zu machen und vorsichtiger zu essen. »Sie lässt nichts weg, aber sie isst bedachter, gesünder«, sagt eine Freundin. Es fällt auf, wie gut sie aussieht, und die

Presse spekuliert natürlich sofort, sie habe mit Botox-Spritzen nachgeholfen. Aber es ist nur das Glück, das sie so strahlend aussehen lässt – plus ein paar Korrekturen an ihren Zähnen und eine gute Kosmetikerin, die sie nun täglich in Anspruch nimmt.

Anfang Mai stehlen sich Charles und Camilla eine Woche Sonne, Segeln und Spaß in Griechenland. Der immer spendable Millionär und alte Freund Spiros Latsis schippert mit ihnen durch die Ägäis. Ein paar Tage verschwindet Charles auf den Berg Athos zu Exerzitien mit den Mönchen, während Camilla lieber mit den Freunden baden geht und sich den eher weltlichen Genüssen hingibt. Als Frau hätte sie sowieso nicht auf den »men only«-Berg gedurft.

Am 11. Juni kommt dann Camillas großer öffentlicher Auftritt, der bedeutendste nach ihrer Hochzeit. Mit der gesamten Schwiegerfamilie steht sie nach Trooping the Colour, der Geburtstagsparade der Queen, auf dem Balkon vom Buckingham-Palast – und sie trägt ihr Hochzeitskleid (Standesamt). Kein Sparsamkeitsfimmel, sondern ein Herzenswunsch ihres Mannes. »Charles wollte unbedingt mit ihr in diesem Hochzeitskleid dort oben fotografiert werden«, erklärt ein Palastinsider.

Camilla entwickelt zunehmend ihren eigenen Kleidungsstil. Ein besonderes Faible hat sie für Kopfbedeckungen, meistens große und opulent verzierte Kreationen von ihrem bevorzugten Modisten Philip Treacy. Und so ist es bald ein Ondit unter den Gesellschaftsdamen: Welchen fabelhaften Hut trägt die Duchess wohl dieses Mal? Einen mintgrünen, wagenradgroßen mit langen Federn, an deren Spitzen kleine Blätter wippen, wie etwa zur Gartenparty der Queen im Buckingham-Palast? Oder eine blauschwarze Strohkreation mit einem Rand voller Straußenfedern, mit der sie bei der Jubiläumsparade zum Kriegsende zu bewundern war? Und natürlich Ascot, die britische Hutwoche schlechthin: Da trug Camilla ein hellblaues Etwas mit einer schiefen Krempe und einem gen Himmel ragenden Strohband. Dazu wählt sie gerne Kostüme, die farblich korrespondieren. Und immer wieder sieht man sie mit ihrer Lieblingshandtasche von Hermès aus dunkelbraunem Kroko. Die liebte sie schon in Parker-Bowles-Zeiten.

Am 7. Juli explodieren Bomben in der Londoner U-Bahn und zerfetzen einen Bus. Zweiundfünfzig Menschen sterben, und viele Verletzte werden in die Krankenhäuser eingeliefert. Sofort machen sich Charles und Camilla auf und besuchen Opfer im St. Mary's Hospital. Auch bei dieser schweren Aufgabe, Mut zu machen und Trost zu spenden, ist Camilla an Charles' Seite eine gute Partnerin.

Es fällt allen auf, dass der Prinz seit seiner Hochzeit viel relaxter ist. Es scheint, als ob das Korsett, in das er sich eingezwängt fühlte, von ihm abgefallen ist. Oder dass er es zumindest nicht mehr als so quälend empfindet. Die Erfüllung seines Lebenstraums hat alle Geister vertrieben, und er schaut fröhlicher und positiver in die Zukunft. Nun sehen auch die härtesten und übelsten Kritiker, dass Camilla gut für ihn ist.

Am liebsten hätte es der Thronfolger, dass sie ihn überallhin begleitet, aber ab und an braucht Camilla eine Pause. Die offizielle Lesart dazu lautet: »Die Herzogin wird ihren Mann unterstützen, aber sie wird nicht überall mit ihm hingehen.« Und wenn sie nicht eine eigene Veranstaltung im Kalender stehen hat, dann fährt sie nach Ray Mill House. Da kann sie ungeschminkt und in Jeans herumlaufen und sie selbst sein. Und seit ihr Sicherheitsoffizier eine Frau ist – Sandra Perry wurde Mitte Mai verpflichtet und ist nur eine von zwei weiblichen Beamten in königlichen Diensten –, kann sie sich auch viel ungezwungener in ihrem schönen Haus und Garten bewegen.

Die Kinder kommen oft vorbei, gemeinsam wird dann gekocht. Ein Spaß, den Camilla nur noch hier hat. In London und in Highgrove übernimmt das die prinzliche Küchencrew. Als Prinzgemahlin braucht sie keinen Finger mehr zu rühren, für alles und jedes gibt es einen Diener. Manchmal kann das Vierundzwanzig-Stunden-Rundum-Sorglos-Paket aber auch nerven. Nicht dass Camilla es vermisst, den Mülleimer rausbringen zu müssen, aber sich so richtig gemütlich in einen Sessel fläzen zu können und nichts weiter zu tun, als einen Roman zu lesen und dazu eine Tüte Werther's Karamellbonbon zu vernichten, das kann sich die Herzogin von Cornwall nicht mehr leisten.

Zu Camillas achtundfünfzigstem Geburtstag, am 17. Juli, schenkt die Queen ihrer neuen Schwiegertochter ein eigenes, höchst symbolisches Wappen. Ein Wildschweinkopf nach links schauend, mit mächtigen Hauern auf blauem Grund, darüber zwei rote Sterne und ein schwarzes Kreuz. Auf der linken Seite des Schildes erscheint traditionell das Wappen des Ehemannes, also das des Prinzen von Wales. Über dem Schild, das von dem königlichen Löwen (links) und einem stattlichen blauen Keiler mit goldener Kette (rechts) gehalten wird, thront die geschlossene Krone. Das Wappen wird Camillas Briefpapier schmücken und auf Fahnen zu sehen sein, die zu ihren Ehren gehisst werden.

Am 9. September feiern Camilla und Charles die nächste Hochzeit. Tom Parker Bowles heiratet seine sexy Freundin, die Moderedakteurin Sara Buys, in einer romantischen klei-

455

nen Kirche in Rotherfield Greys, nahe Henley-on-Thames. William und Harry, Andrew und seine neue Ehefrau Rosemary – alle Mitglieder der Patchworkfamily sind anwesend, und alle amüsieren sich prächtig. Aber im Grunde ist das keine Neuigkeit, das war ja nie anders. Nur waren die Partner anders verteilt.

Die jungen Prinzen haben Camilla inzwischen nicht nur akzeptiert, sondern richtig ins Herz geschlossen. Harry sagt das unmissverständlich in einem BBC-Interview zu seinem einundzwanzigsten Geburtstag: »Camilla ist eine wundervolle Frau. Sie ist kein bisschen die böse Stiefmutter. William und ich lieben sie sehr. Und sie hat unseren Vater sehr, sehr glücklich gemacht – und das ist das Wichtigste.« Das findet auch die Queen. Als Camilla Ende Oktober anlässlich des Banketts zu Ehren von König Harald von Norwegen zum ersten Mal eine Tiara trägt, interpretieren das die Beobachter als endgültige Akzeptanz der neuen Schwiegertochter – und als besondere Auszeichnung, da die Königin ihr zu diesem Anlass die diamantenbesetzte Tiara ihrer Großmutter Queen Mary geliehen hat.

Doch die wirklich entscheidende Unternehmung der neuen Prinzgemahlin steht im November an. Die erste Staatsreise: acht Tage USA, zweiundzwanzig Termine, New York (Ground Zero und Kofi Annan), Washington (Weißes Haus), New Orleans (Hurrikan-Opfer), Marine County (Biomarkt) und San Francisco (Tuntenmusical). Auftrag: eine PR-Tour, um die Popularität der königlichen Familie in Amerika wieder herzustellen, die nach dem Tod Dianas gefallen war. Und um nach den Bombenanschlägen im Sommer wieder mehr amerikanische Touristen nach Großbritannien zu locken. Eine schwierige Aufgabe, denn die Staaten sind auch nach Camillas letzter Solotour in New York weiterhin »Diana-Territorium«, und die Erinnerung an die wunderschöne junge Prinzessin, die im Weißen Haus 1984 mit John Travolta tanzte, hat jeder Amerikaner noch im Kopf. »Es ist ein High-Profile-Besuch, der Camillas Verwandlung in ein Mitglied der britischen Royal Family testen wird«, sagt Peter Hunt, der Royal Correspondent der BBC.

Vier persönliche Assistenten, inklusive Friseur und Kosmetikerin, begleiten Camilla. Und im Gepäck hat sie fünfzig verschiedene Outfits – für jede Eventualität ist vorgesorgt. Camilla ist aufgeregt und äußerst nervös. Eine ganze Woche lang wird sie jede Minute im Licht der Kameras stehen, und das Entscheidende ist: Sie muss als Charles' neue Partnerin an seiner Seite sein, soll ihn unterstützen, aber auf gar keinen Fall darf sie ihm die Show stehlen. Doch die Gefahr besteht gar nicht. Charles ist begeistert, wie Camilla sich anpasst, und bei jeder Rede, die er hält, spricht er von »my darling wife«. Zu Tina Brown, der Chefredakteurin des renommierten Magazins *New Yorker*, sagt er: »Nun kann jeder sehen, wie wundervoll sie ist.«

Camilla benimmt sich »normal«. Entgegen den Gepflogenheiten der Royals, niemals in der Öffentlichkeit etwas zu essen, probiert Camilla gerne angebotene Kleinigkeiten aus, beispielsweise auf dem biologischen Farmers Market in Marine County. Und sie macht Witze über sich selbst, das kommt immer gut an. Als jemand ihr ein Kompliment über ein rotes Kleid macht, das sie gerade trägt, sagt sie: »Es hat wahrscheinlich die gleiche Farbe wie gerade mein Gesicht.« Und obwohl 81 Prozent der Amerikaner beim Start der Reise kein Interesse hatten, das königliche Paar zu treffen, wie eine Umfrage der größten überregionalen Zeitung, *USA Today*, herausfand, waren die Medien ununterbrochen voll mit Geschichten über die Details der Tour. Und am Ende fasste die *New York Post* zusammen: »You gotta love the old gal!« (»Man muss das alte Mädchen einfach lieben«!)

Während Camilla in den USA eine gute Figur macht, verlobt sich ihre Tochter Laura in London. »Ich bin begeistert«, kommentiert die Herzogin fröhlich. Zurück in der britischen Hauptstadt beginnt Camilla mit den Weihnachtsvorbereitungen. Mal eben aus Clarence House zu verschwinden und Shoppen zu gehen, darf sie nicht mehr. Zu großes Sicherheitsrisiko! Dafür kann sie sich nach den offiziellen Öffnungszeiten in den Geschäften ihrer Wahl anmelden und ohne Gedrängel ihre Geschenke aussuchen. Oder sie kann sich, wie die Queen, eine Auswahl in den Palast schicken lassen. Oder sich eine Perücke aufsetzen und inkognito losziehen. Camilla wird sich den Spaß nicht nehmen lassen.

Die letzte Premiere dieses aufregenden Jahres ist der Abend des 24. Dezember. Camilla feiert das erste Mal zusammen mit den Royals in Sandringham unter dem königlichen Tannenbaum. Wer hätte das je für möglich gehalten?

Camilla Shand, das wilde, furchtlose Mädchen aus Plumpton, eroberte das Herz von Charles Mountbatten Windsor, dem sensiblen Thronfolger, und es wurde die ganz große Liebe. Vierunddreißig Jahre währt nun schon diese Leidenschaft, hat Lug und Trug, Diffamierung, Tod und Tränen überdauert, ohne zu zerbrechen. Und wenn er als Charles III. irgendwann den Thron besteigt, wird Camilla seine Herzenskönigin.

Das ist sicher.

Anhang

Familienstammbaum

Camilla ist die Urenkelin von Alice Keppel, jener Frau, die Ende des 19. Jahrhunderts das Herz von König Edward VII.

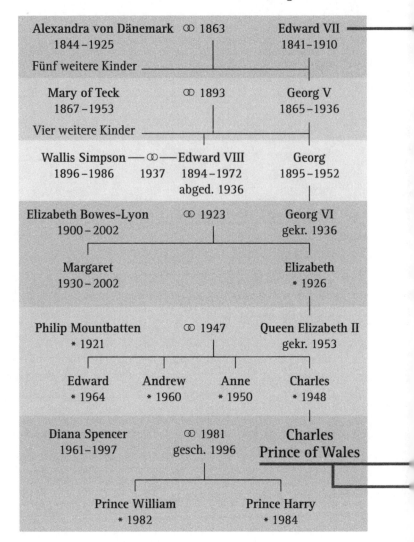

eroberte. Demnach ist Camilla eine Tante zweiten Grades der Queen und eine Tante dritten Grades von Prinz Charles.

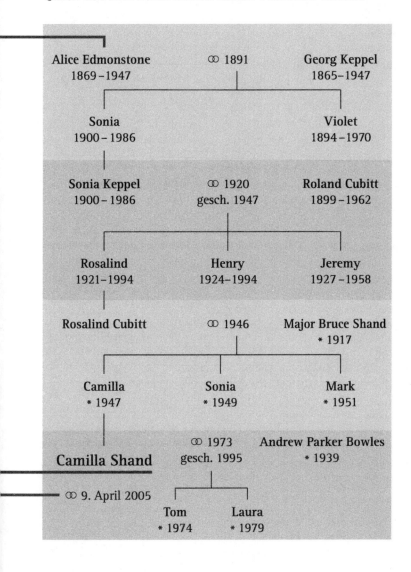

Literatur, Webadressen und Bildnachweis

Literatur

Paul Burrell: *A Royal Duty*. Updated with new material. Penguin Books Signet. London/New York 2004 (*Im Dienste meiner Königin*. Knaur. München 2004)

Beatrix Campbell: *Diana Princess of Wales. How Sexual Politics Shook the Monarchy*. The Women's Press. London 1999

Barbara Cartland: *Romantic Royal Marriages*. Express Books. London 1981

Jonathan Dimbleby: *The Prince of Wales*. Warner Books. London 1998

Caroline Graham: *Camilla and Charles. The Love Story*. John Blake Publishing. London 2005

Penny Junor: *The Firm. The Troubled Life of the House of Windsor*. HarperCollins. London 2005

Andrew Morton: *Diana: Her True Story*. Michael O'Mara Books. London 1992/1997 (*Diana. Sie suchte die Liebe*. Knaur. München 2005)

Rebecca Tyrrel: *Camilla. An Intimate Portrait*. Short Books. London 2004

Christopher Wilson: *The Windsor Knot. Charles, Camilla and the Legacy of Diana*. Citadel Press. New York 2003

463

Webadressen

Wichtige und spannende Informationsquellen im Internet:
www.bbc.co.uk
www.royal.gov.uk
www.princeofwales.gov.uk
www.thepeerage.com

Bildnachweis

Seite 1: dpa
Seite 2: oben Getty Images; unten dpa
Seite 3: Getty Images
Seite 4: oben Getty Images (W. Vanderson/Hulton Archive); unten Rechteinhaber unbekannt, gescannt aus dem »Wedding Souvenir«
Seite 5: Getty Images (F. Barrett/Hulton Archive)
Seite 6: oben Getty Images (D. Hudson); unten action press, Hamburg
Seite 7: oben Picture Press (Camera Press) Hamburg; unten Empics Ltd, UK
Seite 8: action press (Rex Features)
Seite 9: dpa
Seite 10: oben Getty Images; unten dpa
Seite 11: dpa
Seite 12: Corbis, Düsseldorf
Seite 13: oben Getty Images; unten Empics Ltd, UK
Seite 14: oben dpa; unten Getty Images (Tim Graham)
Seite 15: oben Getty Images (St. Hird/AFP); unten dpa
Seite 16: dpa

Trotz intensiver Bemühungen gelang es in einem Fall nicht, den Rechteinhaber des Fotos festzustellen. Der Verlag bittet diesen oder eventuelle Rechtsnachfolger, sich mit ihm in Verbindung zu setzen. Er verpflichtet sich, rechtmäßige Ansprüche nach den üblichen Honorarsätzen zu vergüten.